Rebecca Strätling

Die Aktiengesellschaft in Großbritannien im Wandel der Wirtschaftspolitik:
Ein Beitrag zur Pfadabhängigkeit der Unternehmensordnung

Schriften
zu Ordnungsfragen der Wirtschaft

Herausgegeben von

Prof. Dr. Gernot Gutmann, Köln
Dr. Hannelore Hamel, Marburg
Prof. Dr. Klemens Pleyer, Köln
Prof. Dr. Alfred Schüller, Marburg
Prof. Dr. H. Jörg Thieme, Düsseldorf

Unter Mitwirkung von

Prof. Dr. Dieter Cassel, Duisburg
Prof. Dr. Karl Hans Hartwig, Münster
Prof. Dr. Hans-Günter Krüsselberg, Marburg
Prof. Dr. Ulrich Wagner, Pforzheim

Redaktion: Dr. Hannelore Hamel

Band 62: Die Aktiengesellschaft in Großbritannien im
Wandel der Wirtschaftspolitik: Ein Beitrag zur
Pfadabhängigkeit der Unternehmensordnung

 Lucius & Lucius · Stuttgart · 2000

Die Aktiengesellschaft in Großbritannien im Wandel der Wirtschaftspolitik

Ein Beitrag zur Pfadabhängigkeit der Unternehmensordnung

Rebecca Strätling

 Lucius & Lucius · Stuttgart · 2000

Anschrift der Verfasserin:

Dr. Rebecca Strätling
Durham University Business School
Mill Hill Lane
Durham City DH1 3LB / Großbritannien

Die Deutsche Bibliothek - CIP-Einheitsaufnahme

Strätling, Rebecca:
Die Aktiengesellschaft in Großbritannien im Wandel der Wirtschaftspolitik:
ein Beitrag zur Pfadabhängigkeit der Unternehmensordnung / Rebecca
Strätling. – Stuttgart : Lucius und Lucius, 2000

    (Schriften zu Ordnungsfragen der Wirtschaft; 62)
    Zugl.: Marburg, Univ., Diss., 1999
    ISBN   3-8282-0128-8

© Lucius & Lucius Verlags-GmbH • Stuttgart • 2000
Gerokstraße 51 • D-70184 Stuttgart

Druck und Einband: ROSCH-BUCH Druckerei GmbH, 96110 Scheßlitz
Printed in Germany

ISBN 3-8282-0128-8
ISSN 1432-9220

Vorwort

Das Aktienrecht erhält in Abhängigkeit von der jeweils realisierten Wirtschaftsordnung einen spezifischen wirtschaftlichen Inhalt, der sich analytisch erst mit Hilfe geeigneter Beurteilungskriterien erschließt. Diese ordnungstheoretische Erkenntnis ist wegleitend für die vorliegende Arbeit.

Die Beurteilungsmaßstäbe werden aus der Annahme gewonnen, daß die Aktiengesellschaft (AG) wie keine andere Unternehmensrechtsform zwei gesamtwirtschaftlichen Aufgaben entgegenzukommen scheint: *erstens* der Entwicklung von Institutionen der internen und externen Kontrolle der Unternehmensleitung, die geeignet sind, in großen Publikumsgesellschaften die Interessen aller Beteiligten unbewußt und ungewollt so aufeinander abzustimmen, wie es einer dezentralen Ordnung der Wirtschaft entspricht; *zweitens* der Beteiligung breiter Schichten der Bevölkerung am Produktivvermögen als Grundlage für die Deckung eines hohen, langfristig verfügbaren Bedarfs an Risikokapital und der Vermögensbildung – nicht zuletzt auch im Dienste der Altersvorsorge. Dies erfordert eine hohe Umlauffähigkeit sowie eine realistische Bewertung der Aktie.

In der vorliegenden Arbeit wird am Beispiel Großbritanniens gezeigt, wie sich dieses Aufgabenverständnis im Wechselspiel von staatlicher Rechtssetzung und spontanen (wettbewerblichen) Verfahren der Rechtsfindung entwickelt und in einem teilweise turbulenten Wandel der Wirtschaftspolitik verändert hat. Die Verfasserin hat mit Großbritannien ein Land als Beispiel gewählt, das im Vergleich zu Deutschland eine besonders lange Tradition des Aktienwesens hat.

Die Kenntnis der wirtschaftlichen Wirklichkeit in Vergangenheit und Gegenwart ist eine wichtige Voraussetzung für die Gestaltung zukünftiger Wirtschaftsordnungen. In dieser Hinsicht kommt die vorliegende Arbeit, obwohl in ihr die Besonderheiten der Entwicklung des Verhältnisses von Aktienrecht und Wirtschaftspolitik in Großbritannien im Vordergrund stehen, gleichwohl zu einer verallgemeinerungsfähigen Erkenntnis. Diese bezieht sich auf den Nachweis von solchen institutionellen Vorkehrungen und Ordnungsbedingungen, die für die Lösung der beiden oben genannten gesamtwirtschaftlichen Aufgaben notwendig und hilfreich sind.

Die Verfasserin untersucht auf dem Weg durch die britische Wirtschaftsgeschichte im allgemeinen und die Geschichte des Aktienrechts im besonderen *zum einen* das Wechselspiel von spontaner und gesetzter Regelentwicklung unter Berücksichtigung der britischen Rechtstradition und dem Wandel der Wirtschaftspolitik, *zum anderen* die daraus entstandenen Rechtsstrukturen (einschließlich der Organisationen mit selbstbindendem Charakter). Hierbei zeigt sich eine bemerkenswerte institutionelle Konstanz, die selbst durch verschiedene wirtschaftspolitische Experimente nicht verloren gegangen ist. Insoweit erweist sich die Untersuchung als Beitrag zur These von der Pfadabhängigkeit der Unternehmensordnung.

Die Arbeit wurde im Sommersemester 1999 fertiggestellt und vom Fachbereich Wirtschaftswissenschaften der Philipps-Universität Marburg als Dissertation angenommen.

Marburg, im November 1999   Prof. Dr. Alfred Schüller

Inhalt

1. Einleitung 1

2. Die Aktiengesellschaft als Gegenstand der volkswirtschaftlichen Theorie der
   Unternehmung 5
   2.1. Unternehmen als Organisation 5
   2.2. Die "Theorie der Unternehmung" in der Neuen Institutionenökonomik 8
      2.2.1. Grundzüge und Annahmen der Neuen Institutionenökonomik 8
      2.2.2. Die Unternehmung aus der Perspektive der Transaktionskosten-
             theorie 9
      2.2.3. Die Unternehmung in der Property Rights-Theorie 12
      2.2.4. Die Unternehmung in der Agency-Theorie 14
      2.2.5. Zur Entstehung und Entwicklung von Institutionen 17

3. Die britische Aktiengesellschaft als Unternehmensform und ihre historische
   Entwicklung 22
   3.1. Die Aktiengesellschaft als Kapitalgesellschaft mit frei handelbaren
        Anteilen und begrenzter Haftung der Eigentümer 22
   3.2. Von der Joint Stock Company zur Public Limited Company: Zur Ent-
        stehung von Aktiengesellschaften in Großbritannien 23
      3.2.1. Die Entwicklung von Joint Stock Companies bis zum 18. Jahr-
             hundert 23
      3.2.2. Die Entwicklung der Joint Stock Company in der Zeit zwischen dem
             Bubble Act von 1720 und dem Repeal Act von 1825 29
         3.2.2.1. Die South Sea Bubble und der Bubble Act von 1720 29
         3.2.2.2. Die Entwicklung von Deed of Settlement Companies 32
         3.2.2.3. Die Einführung von Statutory Companies 33
         3.2.2.4. Der Repealing Act von 1825 34
      3.2.3. Die Entwicklung der Joint Stock Company zur Limited Company im
             19. Jahrhundert 35
   3.3. Britische Aktiengesellschaften zu Beginn des 20. Jahrhunderts 37
      3.3.1. Die Entwicklung von Private und Public Companies 38
      3.3.2. Die Entwicklung des Eigentümereinflusses in den Aktiengesell-
             schaften Anfang des 20. Jahrhunderts 39
      3.3.3. Die Entwicklung des Marktes für Unternehmenskontrolle bis 1945 41
      3.3.4. Aktiengesellschaften und Wettbewerbspolitik: Die Situation vor
             1945 43
   3.4. Die Entstehung der Aktiengesellschaft in Großbritannien aus Sicht der
        Neuen Institutionentheorie 44

4.   Die Entwicklung des britischen Aktienrechts nach 1945 48

4.1. Die Gesetzgebung im Bereich des Aktienrechts nach 1945 48

4.2. Die Funktionsweise der internen Unternehmenskontrolle von Aktien-
     gesellschaften 53

   4.2.1. Die Stellung der Aktionäre 54

   4.2.2. Die Funktion der Direktoren 58

   4.2.3. Mitspracherechte sonstiger Stakeholder der Unternehmen 60

4.3. Die Bedeutung der externen Wirtschaftsprüfer für die interne Unter-
     nehmenskontrolle 61

4.4. Der Einfluß der Börse auf das Aktienrecht 64

   4.4.1. Die Regulierung von Unternehmensübernahmen am Aktienmarkt 66

      4.4.1.1. Die Entwicklung des Takeover Code durch das Takeover
               Panel 66

      4.4.1.2. Die Regeln des Takeover Code 68

   4.4.2. Die Vorschriften der Börse zur Unternehmensführung und -kontrolle 73

   4.4.3. Die Entwicklung selbstbindender Institutionen im Rahmen der
          Börsenordnung der ILSE 76

4.5. Die Entwicklung des britischen Aktienrechts seit 1945 aus Sicht der
     Neuen Institutionenökonomik 78

5.   Die britische Wirtschaftspolitik zwischen 1945 und 1979 81

5.1 Die Ausgangslage 81

5.2. Die Politik der Marktinterventionen zwischen 1945 und 1979: Direktes
     und indirektes Nachfragemanagement 82

5.3 Die Verstaatlichung privater Unternehmen 87

   5.3.1. Ziele der Verstaatlichungspolitik 87

   5.3.2. Public Corporations als Aktiengesellschaften im Staatseigentum............89

   5.3.3. Objekte und Finanzierung der Verstaatlichung 92

   5.3.4. Die Ausweitung des Staatseigentums durch die Beteiligung des
          Staats an Privatunternehmen 96

   5.3.5. Wie erfolgreich war die Verstaatlichungspolitik? 98

5.4. Eckpunkte der britischen Wettbewerbspolitik zwischen 1945 und 1979 101

5.5. Der Einfluß der Wirtschaftspolitik auf die Entwicklung der
     Aktiengesellschaft zwischen 1945 und 1979 107

6.   Die Wende in der Wirtschaftspolitik nach 1979 113

6.1. Die Geld- und Fiskalpolitik der Regierungen nach 1979 114

6.2. Die Gewerkschaftspolitik der Regierung Thatcher 118

6.3. Die Privatisierungspolitik...120

    6.3.1. Die Politik der Unternehmensprivatisierung während der ersten Legislaturperiode Margaret Thatchers.................................122

    6.3.2. Die Ausweitung der Unternehmensprivatisierung zwischen 1984 und 1989..124

    6.3.3. Die Unternehmensprivatisierung nach 1989.........................128

    6.3.4. Die Rolle des Underpricing bei der Privatisierung von Unternehmen in Großbritannien..129

    6.3.5. Die Förderung direkter Investitionen privater Kleinanleger in Aktien....136

6.4. Eckpunkte der britischen Wettbewerbspolitik nach 1979...................144

    6.4.1. Die Entwicklung des Wettbewerbs- und Kartellrechts seit 1979...........145

    6.4.2. Die wettbewerbspolitischen Implikationen des Privatisierungs-programms...148

        6.4.2.1. Die wettbewerbspolitischen Wirkungen der Überführung des Staatseigentums in Privateigentum.....................148

        6.4.2.2. Die Regulierung der Versorgungsunternehmen.................151

    6.4.3. Die Veränderung der Wettbewerbsordnung der Kapitalmärkte..............155

        6.4.3.1. Die Deregulierung des grenzüberschreitenden Kapital-verkehrs...155

        6.4.3.2. Die Regulierung und Deregulierung im Bereich der Banken und Bausparkassen...156

        6.4.3.3. Die Neugestaltung des Systems der Selbstregulierung im Finanzsektor..157

6.5. Der Einfluß der Wirtschaftspolitik auf die Entwicklung der Aktiengesell-schaft nach 1979..165

6.6. Anhang..174

7. Kapitalmarktentwicklung und Unternehmenskontrolle in Großbritannien...........177

7.1. Die Finanzierungsstruktur der Aktiengesellschaften und das Anlageverhalten der Investoren auf den Kapitalmärkten...............................178

    7.1.1. Das Verhalten der Aktiengesellschaften bei der Unternehmens-finanzierung...178

        7.1.1.1. Die Innenfinanzierung von Aktiengesellschaften...............180

        7.1.1.2. Die Außenfinanzierung von Aktiengesellschaften..............182

    7.1.2. Das Sparverhalten der privaten Haushalte.............................188

    7.1.3. Die Finanzintermediäre..193

        7.1.3.1. Die Banken..193

        7.1.3.2. Die institutionellen Anleger.............................195

        7.1.3.3. Die Beteiligung der Finanzinstitutionen an der Unter-nehmenskontrolle...199

7.2. Der Markt für Unternehmenskontrolle...204

    7.2.1. Der Markt für feindliche Unternehmensübernahmen in Groß-
    britannien 210

    7.2.2. Das Konzept des Going Private als Alternative zur Kontrolle durch
    den Markt für Unternehmenskontrolle 214

7.3. Der Kapitalmarkt als Teil des Systems der Unternehmenskontrolle 215

7.4. Kapitelanhang...216

8.   Unternehmenskontrolle in der britischen Aktiengesellschaft: Wandel und
    Kontinuität..221

8.1. Zur Entstehung des Verhältnisses von externer und interner Unter-
    nehmenskontrolle – Das historische Kontrollmuster 221

8.2. Externe und interne Unternehmenskontrolle zwischen 1945 und 1979
    - Abschied vom historischen Kontrollmuster...................................225

8.3. Externe und interne Unternehmenskontrolle nach 1979 – Die Wieder-
    belebung des historischen Kontrollmusters.....................................228

8.4. Externer und interne Unternehmenskontrolle im Vergleich zu Deutschland ...232

Literaturverzeichnis..244

Verzeichnis der Abbildungen und Tabellen

Abbildungen:

Abb. 6.1   Entwicklung der Inflation in Großbritannien 1970 - 1995 in %..............114

Abb. 6.2   Staatliche Kreditaufnahme in Mrd. £ 1970 - 1995 117

Abb. 6.3   Entwicklung der Arbeitslosenrate in 1970 - 1998 (in %)......................122

Abb. 6.4   Verteilung der Privatanleger in Großbritannien nach der Höhe ihrer Aktienportfolios (1997) 143

Abb. 7.1   Feindliche Übernahmeversuche in Großbritannien pro Jahr..................211

Abb. 7.2   Verwendung von Verteidigungsstrategien gegen feindliche Unternehmensübernahmeangebote 212

Tabellen:

Tab. 3.1   Die Entwicklung der Investitionen in Joint Stock Companies bis zum Bubble Act von 1720 32

Tab. 5.1   Regierungen in Großbritannien seit 1945..............................85

Tab. 5.2   Die wichtigsten Bereiche der Verstaatlichung unter den Labour-Regierungen Attlees von 1945 bis 1951 92

Tab. 5.3   Unternehmensanteile des National Enterprise Board (30. April 1978).....97

Tab. 5.4   Die größten Staatsunternehmen 1976 - 77..............................100

Tab. 6.1   Anteil der Staatsausgaben am Bruttosozialprodukt (in %)....................117

Tab. 6.2   Verminderung der Belegschaft zwischen 1977 und 1983 (in %)...........120

Tab. 6.3   Zusatzgewinne der Aktionäre privatisierter Versorgungsunternehmen und die windfall tax 135

Tab. 6.4   Personal Equity Plans (in Mio. £)........................137

Tab. 6.5   Aktienportfolios privater Kleinanleger (1990) 142

Tab. 6.6   Privatisierungsemissionen 174

Tab. 6.7   Einnahmen aus dem Verkauf staatlichen Vermögens (in Mrd. £)...........175

Tab. 6.8   Überzeichnung von Privatisierungsaktien 175

Tab 6.9   Die wichtigsten Privatisierungen staatlicher Unternehmen in Großbritannien 176

Tab. 7.1   Anzahl börsennotierter Aktiengesellschaften in Großbritannien, 1955 - 1979 178

Tab. 7.2   Börsennotierte Unternehmen und Marktkapitalisierung im internationalen Vergleich (1994) 180

Tab. 7.3   Finanzierung von Großunternehmen in Großbritannien und Deutschland, 1982 - 1988 (in %) 181

Tab. 7.4   Ausgeschüttete Dividende in % der Unternehmensgewinne, 1984 - 1988 181

Tab. 7.5   Die Finanzierungsquellen von Unternehmen (in % des Finanzierungsvolumens) 185

Tab. 7.6   Finanzierungsquellen von Unternehmen der verarbeitenden Industrie und des Dienstleistungssektors in Großbritannien (in Mrd. £) 185

Tab. 7.7   Börsenkapitalisierung in ausgewählten OECD-Ländern 186

Tab. 7.8   Aktienemissionen (in Mio. US $) in Großbritannien und Deutschland 1989 - 1995 186

Tab. 7.9   Konzentration der Marktkapitalisierung und der Börsenumsätze in Deutschland und Großbritannien 1988 - 1995 187

Tab. 7.10   Die Verteilung des Aktieneigentums britischer Unternehmen (in % des Eigenkapitals jeweils zum 31. Dezember) 188

Tab. 7.11   Zusammensetzung des Nettovermögens der privaten Haushalte in Großbritannien (in %) 189

Tab. 7.12   Anteil der Privatpersonen über 16 Jahren mit Aktienbesitz 191

Tab. 7.13   Durchschnittliche reale Jahreserträge von Aktien und Staatsanleihen im Großbritannien 1949 - 1988 (in %) 195

Tab. 7.14   Nettoinvestitionen von Lebensversicherungen, 1980 - 88 (in %) 196

Tab. 7.15   Nettoinvestitionen von Pensionsfonds, 1980 - 88 (in %) 196

Tab. 7.16   Eigentum an den Unternehmen, die zum FTSE 100-Index gehören (Ende 1994) 198

Tab. 7.17   Registrierte Public Companies in Großbritannien 1970 – 1983 216

Tab. 7.18   Anzahl nationaler Aktiengesellschaften, die an der Londoner Börse gehandelt werden 217

Tab. 7.19   Finanzierungsquellen von Industrie- und Handelsunternehmen 1963 - 1989 (in Mio. £ current prices) 217

Tab. 7.20   Verhältnis von Dividenden zu Bruttogewinnen von Nicht-Finanzunternehmen 218

Tab. 7.21   Kapitalaufnahme durch Wertpapieremissionen von Unternehmen 1940 - 1969 (in Mio. £) 218

Tab. 7.22   Arten von Unternehmenswertpapieren (in Mio. £)..................................219

Tab. 7.23   Eigenkapitalquoten in wichtigen Industrieländern (in %) 219

Tab. 7.24   Vermögen von ausgewählten institutionellen Anlegern, 1976 - 88
             (in Mrd. £)..220

Tab. 7.25   Prämien auf die Aktienkurse bei feindlichen und freundlichen
             Unternehmensübernahmen von britischen Aktiengesellschaften
             (in % des Aktienkurses)..220

Tab. 7.26   Kosten der Verteidigung gegen Versuche von Unternehmens-
             übernahmen..220

Tab. 8.1   Börsenumsätze (in Mio. DM) in Großbritannien und Deutschland
             1988 - 1995 231

Tab. 8.2   Die Stimmrechtsanteile der Banken in den Hauptversammlungen der
             24 größten Unternehmen in mehrheitlichem Streubesitz in Deutsch-
             land im Jahre 1992..236

Tab. 8.3   Kontrolle der Kontrolleure: Stimmrechte der fünf größten deutschen
             Aktienbanken auf ihren eigenen Hauptversammlungen im Jahre 1992 ..240

1. Einleitung

Die meisten Menschen sehen einen Vorteil darin, ihre wirtschaftlichen Handlungsrechte mittels Unternehmen zu nutzen. Daraus folgt, daß die Lösung des zentralen
volkswirtschaftlichen Problems, nämlich Knappheiten zu mindern, ganz entscheidend
davon abhängt, wie die Handlungsrechte der in Unternehmen handelnden Menschen
geordnet sind. Deshalb hat die handlungsrechtliche Organisation der Leistungserstellung in Unternehmen seit jeher eine zentrale Bedeutung für Richtung und Ausmaß der
wirtschaftlichen Entwicklung von Volkswirtschaften.

Die Aktiengesellschaft stellt eine Unternehmensverfassung dar, die nicht - wie etwa
die deutsche Gesellschaft mit beschränkter Haftung (GmbH) - das Ergebnis einer ge-
setzgeberischen Reißbrettlösung ist, sondern vielmehr in einem komplizierten Wechselspiel von staatlicher Rechtssetzung und wettbewerblichen Verfahren der Rechtsfindung
entstanden ist und sich weiterentwickelt hat.

In der neueren Institutionenökonomik wird nach der *ökonomischen Logik* gefragt, die
der Institutionenentwicklung, also auch der Entstehung unterschiedlich strukturierter
Unternehmensverfassungen zugrunde liegt. Das allgemeine Erklärungsprinzip in der
Denktradition von *Ronald Coase* lautet: Die Aussicht auf Transaktionskostensenkung
bietet einen wichtigen Anreiz für die Wahl und den Wandel von Unternehmensrechts-
formen. Der Versuch, transaktionskostensparende Unternehmensverfassungen zu entdecken, zu erproben und zu etablieren, gehört in dieser Sicht ebenso zur wirtschaftlichen Entwicklung wie Produkt- und Verfahrensinnovationen, ja sie werden nach diesem
institutionenökonomischen Erklärungsprinzip als eine entscheidende Voraussetzung für
letztere angesehen. Demzufolge liegt es nahe, die Entwicklung der Aktiengesellschaft
als das Ergebnis von rechtlichen Neuerungen im Dienste menschlicher Bemühungen zu
betrachten, die unternehmensinternen Transaktionskosten in einer Weise zu senken, daß
auf dieser Grundlage organisationsspezifische Wettbewerbsvorteile im Bereich der unternehmensexternen Transaktionen erzielt werden können.

Die Frage ist, ob dieses Erklärungsprinzip hinreichend ist, ob die isolierte Anwendung des Transaktionskostenarguments - etwa für die Entwicklung der Aktiengesellschaft im Wettbewerb mit anderen Rechtsformen der Unternehmung - nicht eine ökonomische Rationalität zum Ausdruck bringt, die "hochgradig empfänglich für eine Rationalisierung der jeweils getroffenen Institutionenwahl nach Bedarf der Entscheidungsträger ist" (*Schüller* 1986a, S. 158)?

So zeigt ein Vergleich deutscher und britischer Aktiengesellschaften, daß sie zwar
viele Gemeinsamkeiten haben, aber gleichwohl beträchtliche Unterschiede bestehen. Sie
betreffen: das Finanzierungsverhalten der Aktiengesellschaften, den Zugang kleiner und
mittelgroßer Unternehmen zur Börse, das Verhalten der Anleger auf den Aktienmärkten, den Anteil der Aktionäre an der Bevölkerung, das Ausmaß der Börsenkapitalisierung in Prozent des Bruttoinlands- bzw. des Bruttosozialprodukts und das Verhältnis
von unternehmensinternen und unternehmensexternen Kontrollen.

Offensichtlich rufen ähnliche Institutionen bei durchaus vergleichbarer Ressourcen- und Motivlage der handelnden Personen ganz unterschiedliche Handlungsergebnisse hervor. Diese Feststellung legt es nahe, die Frage der Entstehung und Entwicklung der Aktiengesellschaft nicht auf den engen ökonomischen Blickwinkel der Transaktionskosteneffizienz zu beschränken, sondern in übergreifenden Ordnungszusammenhängen der Rechts- und Wirtschaftsordnung mit den zugrundeliegenden historischen Traditionen, geistig-sittlichen und politischen Strömungen und - davon abgeleitet - der Wirtschaftspolitik zu untersuchen. Dabei steht das Wechselspiel von unternehmensinternen und unternehmensexternen Kontrollen im Mittelpunkt dieser Arbeit.

Vor diesem Hintergrund werden am Beispiel der britischen Aktiengesellschaft die Entstehung und die Entwicklung der Aktiengesellschaft aufgezeigt, und zwar im Hinblick auf Wirkungen, die vom Wandel des ordnungspolitischen Denkens und der davon bestimmten Wirtschaftspolitik in Großbritannien ausgehen. Aus institutionenökonomischer Sicht verdient die britische Aktiengesellschaft deshalb ein besonderes Interesse, weil sie auf einer Rechtstradition beruht, in der die Rechtsschöpfung mit Hilfe des Vertragsrechts und das Richterrecht eine große Rolle spielen. Wenn es richtig ist, daß der beste ökonomische Bewährungstest für die Entstehung und den situationsgerechten Wandel von Institutionen darin besteht, daß die beteiligten Parteien damit einverstanden sind (*Buchanan* 1984, S. 9 - 24), dann scheint die englische Rechtstradition im Vergleich zur deutschen dem genannten institutionenökonomischen Erklärungsprinzip eher entgegenzukommen. Zugleich weist die englische Wirtschaftsordnung im Spannungsfeld von staatswirtschaftlichem und wohlfahrtsstaatlichem Dirigismus einerseits und einer liberalen wettbewerblichen Marktwirtschaft andererseits, vor allem seit Beginn des Ersten Weltkriegs, erhebliche Umbrüche mit Phasen eines allgemeinen wirtschaftlichen Niedergangs auf, für den zeitweise das Schlagwort von der *Britischen Krankheit* verwendet wurde. Von daher ist mit einem beachtlichen Potential an wirtschaftspolitisch verursachten Rückwirkungen auf den Handlungs- und Entwicklungsspielraum der Aktiengesellschaft zu rechnen. Wie steht es damit?

Das Ziel der Arbeit besteht darin, einen Beitrag zum besseren Verständnis der Zusammenhänge zwischen Unternehmensordnung und Wirtschaftsordnung im allgemeinen und der Interdependenzen zwischen Aktienrecht, Kapitalmarktentwicklung und verschiedenen wirtschaftspolitischen Ordnungsstrukturen im besonderen zu liefern. Neben dem Verhältnis von externen und internen Unternehmenskontrollen spielt dabei auch die Möglichkeit, über Aktiengesellschaften breite Schichten der Bevölkerung am volkswirtschaftlichem Produktivvermögen zu beteiligen, eine wesentliche Rolle. Hierdurch wird nicht nur die Fähigkeit zur Deckung eines hohen Bedarfs an langfristig verfügbarem Risikokapital und zur Vermögensbildung (z.B. im Dienste der Altersvorsorge) beeinflußt, sondern gegebenenfalls auch die Einstellung der Bevölkerung zur Wirtschaftspolitik mit geprägt.

Im Hinblick auf die der Arbeit zugrundeliegende ordnungs- oder institutionenökonomische Perspektive liegt es nahe, im folgenden *zweiten* Kapitel zunächst die Aktiengesellschaft als Gegenstand der Theorie der Unternehmung zu behandeln. Aufbauend auf der Darstellung der drei wichtigsten Ansätze innerhalb der Neuen Institutionentheorie: der Transaktionskostentheorie, der Property Rights-Theorie und der Agency-

Theorie, wird gezeigt, wo aus institutionenökonomischer Sicht die Vorteile und Probleme der Organisation wirtschaftlicher Aktivitäten in Aktiengesellschaften liegen. Dabei wird auf die Wechselwirkungen zwischen verschiedenen unternehmensinternen und -externen Institutionen der Unternehmenskontrolle eingegangen und geprüft, wie sich die Entstehung und Veränderung formeller und informeller Regeln institutionenökonomisch erklären lassen.

Im *dritten* Kapitel werden die Entstehung und Entwicklung der Aktiengesellschaft in Großbritannien bis 1945 nachgezeichnet. Unter dem Gesichtspunkt der Transaktionskostenminimierung interessiert hierbei der Prozeß, in dem sich die institutionellen Kernmerkmale der Aktiengesellschaft herausgebildet haben: die juristische Person, die Haftungsbegrenzung der Eigentümer und die Handelbarkeit der Unternehmensanteile.

Im Mittelpunkt des *vierten* Kapitels steht die Entwicklung des britischen Aktienrechts nach dem Zweiten Weltkrieg - vor allem im Hinblick auf die vom Gesetzgeber, der EG bzw. EU und von der Börse ausgehenden Einflüsse auf die Gewichtung und das Zusammenspiel von formellen und informellen Regeln. In diesem Zusammenhang interessiert besonders auch der Prozeß der Entfaltung selbstbindender Regeln und deren Bedeutung für Art und Ausmaß des Einflusses, der vom Aktienmarkt auf die interne und externe Unternehmenskontrolle ausgeht.

Das *fünfte* Kapitel befaßt sich mit der britischen Wirtschaftspolitik im Zeitraum von 1945 bis 1979, die konzeptionell im Gedankengut von *J. M. Keynes* und in starken wohlfahrtsstaatlichen und industriepolitischen Bestrebungen und Verstaatlichungsneigungen der damaligen Regierungsparteien wurzelt. Hierbei geht es vor allem um die Konsequenzen für die institutionelle Weiterentwicklung der Aktiengesellschaft und für die von dieser Wirtschaftspolitik auf das Wechselspiel von interner und externer Unternehmenskontrolle ausgehenden Einflüsse, wobei auch auf die Bedeutung dieser Veränderungen für die Entwicklung der Wirtschaftsprozesse hingewiesen wird.

Im *sechsten* Kapitel werden die Auswirkungen behandelt, die mit der Wende der Wirtschaftspolitik unter der Regierung von *Margaret Thatcher* seit 1979 entstanden sind - im Hinblick auf die Entwicklung des Aktienrechts, der internen und externen Kontrollverhältnisse und die Bedeutung der Aktiengesellschaften für die Entwicklung der Wirtschaftsprozesse.

Von den völlig unterschiedlichen Konzeptionen der Wirtschaftspolitik gingen tiefgreifende Wirkungen auf Art und Ausmaß der institutionellen und funktionalen Verknüpfung der Akteure in den Aktiengesellschaften und auf den Aktienmärkten aus. Die Frage nach der Bedeutung dieses Wechselspiels insbesondere für das Verhältnis von interner und externer Unternehmenskontrolle wird deshalb im *siebten* Kapitel noch einmal grundsätzlich behandelt.

Im abschließenden *achten* Kapitel werden die Ergebnisse der Arbeit unter vier Aspekten des Verhältnisses von interner und externer Unternehmenskontrolle zusammengefaßt und kommentiert, und zwar im Hinblick auf: erstens typische Merkmale im Prozeß der historischen Entstehung des britischen Kontrollmusters, zweitens die Besonderheiten des wirtschaftspolitisch bedingten Bedeutungsverlusts dieses Kontrollmusters in der Zeit von 1945 bis 1979, drittens die Charakteristika der gleichfalls wirtschaftspolitisch verursachten Neubelebung des historischen Kontrollmusters nach 1979 und schließlich viertens einen Vergleich der unterschiedlichen Kontrollmuster in Großbritannien und in Deutschland.

2. Die Aktiengesellschaft als Gegenstand der volkswirtschaftlichen Theorie der Unternehmung

Die Entstehung von Aktiengesellschaften, in denen einzelne Teilhaber oder angestellte Manager - stellvertretend für eine große Gruppe von Eigentümern - die Geschäftsführung übernehmen, wurde im 18. und 19. Jahrhundert zum Teil skeptisch beurteilt. Einer der wohl berühmtesten Kritiker jener Zeit war *Adam Smith* (1723 - 1790). Seine Kritik an *Regulated Companies* und *Joint Stock Companies* bezog sich zum einen auf deren Monopolrechte (*Smith* 1776/1981, S. 733 f., 754 f.), zum anderen auf das Auseinanderfallen der Interessen der Geschäftsführer und der Eigentümer dieser Unternehmen, also auf das sogenannte Principal Agent-Problem. *Smith* monierte, viele Aktionäre würden nichts von den Geschäften ihrer Unternehmen verstehen und hätten kaum Interesse an einer aktiven Überwachung des Direktoriums durch die Eigentümerversammlung. Die mangelnde Kontrolle der Geschäftsführung, bedingt durch den eingeschränkten Wettbewerb auf den Gütermärkten und die Passivität der Eigentümer, führt nach *Smith* (1776/1981, S. 741; 756 - 758) zwangsläufig zu einem durch Nachlässigkeit gekennzeichneten Mißmanagement.[1]

Karl Marx sah in der Trennung von Eigentum und Unternehmenskontrolle in großen Publikumsgesellschaften die „Aufhebung der kapitalistischen Produktionsweise innerhalb der kapitalistischen Produktionsweise", da sie die „Privatproduktion ohne die Kontrolle des Privateigentums" (*Marx* 1894/1957, S. 479 f.) ermögliche. Diese Entwicklung führe nicht nur zu staatlichen Interventionen und der Errichtung von Monopolstellungen ebenso wie zu Betrügereien bei Unternehmensgründungen und beim Anteilshandel. Vielmehr verwandele sich in den Aktiengesellschaften das Privat- in Gesellschaftseigentum. Somit markierten für *Marx* Aktiengesellschaften gleichzeitig den Höhepunkt der Entwicklung des kapitalistischen Systems wie auch den unaufhaltsamen Beginn seiner Transformation.

2.1. Unternehmen als Organisation

In der neoklassischen Preistheorie wurde die Unternehmung als Organisationsform bis in die dreißiger Jahre dieses Jahrhunderts als Veranstaltung eines Eigentümers betrachtet, der wie ein Automat handelt. Es wird eine Entscheidungslogik unterstellt, nach der der Eigentümer bei gegebener Produktions- und Nachfragefunktion einerseits und Marktform andererseits in der Lage ist, den Gewinn zu maximieren. Die Komplexität der inneren Handlungsstruktur moderner Unternehmen, insbesondere die von großen Aktiengesellschaften, steht im Widerspruch zu dieser Vorstellung. Deshalb nahm das Interesse an realistischeren Unternehmenserklärungen zu.

---

[1] Die Aktiengesellschaft ist nach *Smith* (1776/1981, S. 756 - 758) lediglich für Unternehmen sinnvoll, die standardisierbare Geschäfte betreiben, zu deren Finanzierung mehr Kapital nötig ist, als Personengesellschaften aufzubringen in der Lage sind. Hierzu zählt er das Banken- und Versicherungswesen, die Wasserversorgung und den Bau und die Erhaltung von Schiffahrtswegen.

Die modernen Unternehmenstheorien betrachten Unternehmen als Organisationen, die auf bestimmten formellen und informellen Regeln beruhen. Diese Regeln verleihen den Unternehmensorganisationen ein bestimmtes institutionelles Muster. Institutionen definieren die Möglichkeiten und Grenzen menschlichen Handelns in einer Gesellschaft. Kennzeichnend hierfür sind ein regelgebundenes Handeln und eine daraus entstehende Handelnsordnung, durch die ein bestimmtes Verhalten in sich wiederholenden sozialen Entscheidungssituationen an Berechenbarkeit gewinnt. Die Unsicherheiten in den Sozialbeziehungen nehmen ab; dadurch lassen sich Ressourcen einsparen. Diese können anderen Verwendungen zugeführt werden. Deshalb lohnt es sich, in die Entwicklung und Durchsetzung von Regeln zu investieren.

Die Unternehmung als Organisation beruht auf organisationsinternen Regeln mit formellem und informellem Charakter. Diese Regeln lenken das Verhalten der Mitglieder der Organisation. Deshalb werden Organisationen auch als die *persönliche Seite der Institution*[2] bezeichnet. Die organisationsinternen Regeln bilden quasi die Strategie der Organisation im Wettbewerb mit anderen Organisationen (*North* 1994, S. 361; 1995, S. 10). Neben organisations- oder gruppenspezifischen Regeln, die nur für die Mitglieder bestimmter Gruppen oder Organisationen gelten und die angestrebten Verhaltensmuster mehr oder weniger *konkret* spezifizieren, existieren allgemeine Handlungsregeln, die sich aus objektiven oder subjektiven Rechten ableiten lassen (*Richter* 1994, S. 2) und für alle Individuen gleichermaßen Gültigkeit besitzen. Sie haben den Charakter grober Leitlinien und sind als solche eher *abstrakter* Natur. Diese Vorstellung entspricht der Sicht *von Hayek*s (1963/1969, S. 33 f., 42 f.; *Vanberg* 1981, S. 7), nach der sich komplexe Ordnungen nur mittels abstrakter Regeln erfassen und charakterisieren lassen. Einerseits stellen diese Regeln sicher, daß die realisierte Gesamtordnung bestimmte erwünschte Charakteristika aufweist, andererseits bieten sie den Individuen aber auch Spielräume, um eigene Ziele zu verfolgen und sich an ständig verändernde Bedingungen anzupassen. Abstrakte Regeln spielen nicht nur eine wesentliche Rolle bei der Koordination der Handlungen vieler Menschen und bei der Koordination von Handlungen über große Zeiträume hinweg, sondern auch bei der effizienten Nutzung der gesellschaftlich verfügbaren Informationen in Entscheidungsprozessen (*Hayek* 1963/1969, S. 44 f.; 1965/1969, S. 86), da sie eine bessere Nutzung des dezentral vorhandenen Wissens erlauben und stärkere Anreize zur Neuentdeckung von Wissen setzen als konkrete Regeln.

Dabei können sich Regeln spontan als unbeabsichtigtes Resultat der Verfolgung individueller Eigeninteressen entwickeln oder gezielt gesetzt werden, was das Verbot oder die Modifizierung gewachsener Regeln einschließt. Soweit spontan entstandene Regeln im Interesse aller Beteiligten sind, kann von ihrer Einhaltung ausgegangen werden. Gesetzte Regeln müssen dagegen stets überwacht und durchgesetzt werden. Nur wenn die Regeln bekannt sind und bei Mißachtung eine den davon erwarteten Vorteil übersteigende Bestrafung zu befürchten ist, werden sich die Individuen regelkonform verhalten (*Hayek* 1963/1969, S. 40).

---

[2]   *Gustav Schmoller*, nach: *Richter* und *Bindseil* 1995, S. 133.

Den organisationsinternen Regeln liegen Verträge zwischen den Mitgliedern der Organisation zugrunde. Nach der Vertrags- oder Kontrakttheorie basieren Unternehmen auf Netzwerken geschriebener und ungeschriebener Verträge zwischen den Eigentümern der bei der Leistungserstellung des Unternehmens verwendeten Produktionsfaktoren (*Jensen* und *Meckling* 1976, S. 310). Die Unternehmung erscheint als eine Organisation, deren Mitglieder eigeninteressiert handeln, die aber gleichzeitig erkennen (müssen), daß ihr Schicksal entscheidend von dem Überleben der Gruppe im Wettbewerb mit anderen Gruppen abhängt (*Fama* 1980, S. 289). Die Verträge dienen der gemeinsamen Leistungserstellung auf Grundlage der gemeinsamen Ressourcennutzung (*Leipold* und *Schüller* 1986b, S. 12). Als *interne Spielregeln* spezifizieren die Verträge die Verfügungs- und Kontrollrechte der einzelnen Mitglieder in der Unternehmung, die Leistungskriterien, an denen die Mitglieder gemessen werden, und ihre Ertragsbeteiligung (*Fama* und *Jensen* 1983b, S. 302; *Pfaffmann* 1996, S. 646). So entsteht ein (unternehmensspezifisches) institutionelles Muster, das das Verhalten der Unternehmensmitglieder beeinflußt. Da dieses Verhalten mit ausschlaggebend ist für die Chancen eines Unternehmens im Wettbewerb auf den Märkten, bilden die unternehmensinternen Regeln einen wichtigen Teil der Erfolgsstrategie der Unternehmen.

Die zeitraumbezogenen, häufig vergleichsweise gering spezifizierten *relationalen* Verträge,[3] die innerhalb der Unternehmen geschlossen werden, dienen dazu, die Kooperation der Vertragsteilnehmer über eine längere Zeitspanne hinweg sicherzustellen. Im Rahmen langfristiger Verträge erfolgt innerhalb des Unternehmens eine Risikotransformation.[4] Bestimmte Unternehmensmitglieder erklären sich bereit, am Ende einer Produktionsperiode für das Verlustrisiko zu haften. Das Einkommen der anderen Unternehmensmitglieder wird vertraglich festgelegt. Für die Einkommenssicherheit haften die Risikoträger mit ihrem Vermögen. Im Gegenzug dafür sichern sie sich vertraglich das Recht auf die Geschäftsführung und das Recht an den Gewinnen.[5] Eigentümer des Unternehmens sind also nicht die Eigentümer der in der betrieblichen Leistungserstellung verwendeten Produktionsfaktoren, sondern die Eigentümer des Haftungskapitals, also des Eigenkapitals des Unternehmens (*Fama* 1980, S. 289 f.). Dabei steht es den Eigentümern frei, einen Teil ihrer Rechte und Ansprüche zu delegieren und z.B. ein professionelles Management mit der Geschäftsführung zu beauftragen.

---

[3]   Im Gegensatz zu den klassischen Verträgen begründen relationale Verträge eine langfristige Beziehung mit relativ offenem Preis-Leistungs-Verhältnis zwischen den Vertragspartnern.

[4]   Zur betriebswirtschaftlichen Forschung bezüglich der Unternehmung als Institution zur Verringerung von Einkommensunsicherheiten siehe auch: *Schneider* 1993, S. 5 ff.

[5]   Hierbei muß zwischen dem (langfristigen) Einkommensrisiko, welches auch z.B. die Arbeitnehmer tragen, und dem kontinuierlichen Einkommens- und Vermögensrisiko der Eigenkapitalgeber unterschieden werden (*Lachmann* 1979, S. 74). Sicherlich tragen auch Arbeitnehmer (im Falle unternehmensspezifischer Investitionen in das Humanvermögen) und Gläubiger in gewissem Umfang Vermögensrisiken, doch in weitaus geringerem Ausmaß als die Eigenkapitalgeber, deren eingebrachtes Vermögen explizit dazu dient, das Risiko der anderen Vertragspartner des Unternehmens zu verringern.

2.2. Die "Theorie der Unternehmung" in der Neuen Institutionenökonomik

Während sich die traditionelle neoklassische Mikroökonomik auf die Preistheorie unter der Annahme transaktionskostenfreier Märkte konzentriert, erweitert die Neue Institutionenökonomik „das Anwendungsfeld der Mikroökonomik, indem sie unter Verwendung eines neoklassischen Instrumentariums die Organisation der Wirtschaft zu ihrem Erkenntnisobjekt macht" (*Richter* und *Bindseil* 1995, S. 132).

2.2.1. Grundzüge und Annahmen der Neuen Institutionenökonomik

Ziel der Neuen Institutionenökonomik ist zum einen die Erklärung der Wirkung von Institutionen auf das Verhalten der Individuen und somit auf die daraus entstehenden wirtschaftlichen und politischen Prozesse. Zum anderen bemüht sie sich, die Existenz und den Wandel ökonomischer Institutionen mikroökonomisch zu begründen (*Leipold* 1996, S. 93).

Dabei werden zur Neuen Institutionenökonomik die Transaktionskostentheorie, die Property Rights-Theorie und die Agency-Theorie gerechnet. Diese drei Konzepte sind eng miteinander verknüpft und basieren auf denselben Grundannahmen:

1. Der methodologische Individualismus

   Ausgehend von der Annahme, daß Abstrakta nicht handeln können, werden Organisationen wie *der* Staat oder *die* Unternehmung nicht als eigenständige Wesen angesehen, die wie eine Person handeln. Vielmehr wird versucht, die Handlungen sozialer Gruppen durch die Einstellungen und Verhaltensweisen ihrer individuellen Mitglieder zu erklären. Dabei wird berücksichtigt, daß das Verhalten der Gruppenmitglieder einer Organisation, wie etwa einer Unternehmung, durch die jeweils vorherrschenden Regeln und Kontrollmechanismen beeinflußt wird. Dieser Ansatz enthält insoweit ein normatives Element, als die Bewertung von Ergebnissen und Verfahren exklusiv aus Sicht der Individuen vorgenommen wird (*Leipold* 1990, S. 57).

2. Individuelle Rationalität

   Diese Annahme besagt, daß Individuen stabile, konsistente Präferenzen haben und sich bei der Auswahl von Handlungsalternativen davon leiten lassen, ihren Nutzen zu vermehren, und von daher auf wirtschaftliche Anreize systematisch reagieren. Das Konzept des Homo Oeconomicus geht von einem perfekt rationalen Verhalten auf der Grundlage vollständigen objektiven Wissens aus. Demgegenüber wird bei der Annahme begrenzt rationalen Verhaltens[6] unterstellt, daß Menschen sich zweckratio-

---

[6]   Dieser Ansatz basiert auf *Herbert Simons* Theorie der *bounded* oder *subjective rationality*. Die Begrenzungen, denen der Mensch bei der Suche und Verarbeitung von Informationen unterliegt, führen nicht lediglich dazu, daß Menschen nur so lange Informationen suchen und verarbeiten, bis die Grenzkosten dieser Tätigkeit ihrem Grenznutzen entspricht. Dies ist eine unzulässige Verkürzung der Theorie, die in neoklassischen Ansätzen teilweise jedoch vorgenommen wird (*Williamson* 1988b, S. 67 f.; 1991, S. 109 f.). Die Annahme unvollständiger Information führt vielmehr dazu, daß das Wissen der Wirtschaftseinheiten als subjektiv angesehen wird, d.h., das *Wissen* ist zumindest teilweise von subjektiven persönlichen Einschätzungen oder kulturellen Bedingungen (z.B. religiösen Vorstellungen) geprägt (*Simon* 1982, S. 8).

nal verhalten wollen, dies aber auf Grund hoher Kosten und begrenzter Möglichkeiten der Informationsbeschaffung, -weitergabe und -verarbeitung nur beschränkt tun können.

3. Opportunistisches Verhalten

Menschen neigen dazu, ihre Interessen auch unter Zuhilfenahme von List zu verfolgen, wobei die unvollständige oder verzerrte Weitergabe von Informationen eine wichtige Rolle spielt (*Williamson* 1988b, S. 68; 1990, S. 54). Informationsasymmetrien dieser Art sind sowohl Auslöser als auch Folge opportunistischen Verhaltens.

2.2.2. Die Unternehmung aus der Perspektive der Transaktionskostentheorie

Die Transaktionskostentheorie beschäftigt sich mit der "Untersuchung der komparativen Kosten von Planung, Modifizierung und Überwachung der Aufgabenerfüllung in alternativen Beherrschungs- und Überwachungssystemen (governance structures)" (*Williamson* 1990, S. 1 f.). Ausgangspunkt der Transaktionskostentheorie ist die in dem von *Ronald Coase* 1937 veröffentlichtem Aufsatz *The Nature of the Firm* aufgeworfene Frage: Warum gibt es Unternehmen, wenn gleichzeitig Märkte als effiziente Koordinationsmechanismen wirtschaftlichen Handelns zur Verfügung stehen?

Die Ursache für die Existenz von Unternehmen sowie für die Begrenzung ihrer Größe sieht *Coase* in den Kosten, die mit der Organisation wirtschaftlicher Aktivitäten auf Märkten und in Unternehmen verbunden sind (*Coase* 1937, S. 390 f., S. 396 f.). Diese Kosten, für die *Williamson* den Begriff *Transaktionskosten* geprägt hat, umfassen die Kosten der Übertragung, Sicherung und Nutzung absoluter und relativer Verfügungsrechte. Im Hinblick auf die Unternehmen formuliert die Transaktionskostentheorie das Problem ökonomischer Organisation also als Vertragsproblem (*Williamson* 1990, S. 22). Damit knüpft die Transaktionskostentheorie an die Annahmen der Kontrakttheorie (siehe Kapitel 2.1.) an.

Transaktionskosten können dadurch eingespart werden, daß Transaktionen[7] mit ihren jeweiligen spezifischen Eigenschaften[8] bestimmten Beherrschungs- und Überwachungssystemen zugeordnet werden; diese unterscheiden sich hinsichtlich ihrer Ausgestaltung und den damit verbundenen Kosten (*Williamson* 1990, S. 19). Hierfür ist es wichtig, die mit Transaktionen verbundenen Kosten näher zu spezifizieren. Als Kosten der Marktnutzung lassen sich Transaktionskosten in Such- und Informationskosten (Anbahnungskosten von Verträgen), Verhandlungs- und Entscheidungskosten (Kosten des Vertragsabschlusses) und Kosten der Überwachung und Durchsetzung von Leistungsverpflichtungen differenzieren (*Richter* 1994, S. 6).

---

[7]   Unter Transaktionen werden Tauschhandlungen verstanden, bei denen Güter oder Leistungen über eine technisch trennbare Schnittstelle übertragen werden (*Williamson* 1990, S. 1).

[8]   Aus der Tatsache, daß die im Marktpreissystem bewerteten Transaktionen nicht homogen sind, folgert *Coase* (1937, S. 396), daß die Kosten von direkten Markttransaktionen und von Tauschbeziehungen innerhalb von Unternehmen sehr unterschiedlich sein können.

Bei den unternehmensspezifischen Transaktionskosten handelt es sich um die Kosten der Nutzung von internen Verträgen. Wie bereits dargestellt wurde, wird mit diesen Verträgen gleichzeitig die Betriebsorganisation strukturiert. Damit wird festgelegt, welche Aufgaben die im Unternehmen tätigen Arbeitnehmer zu erfüllen haben, wie die Arbeitsteilung innerhalb der Unternehmung koordiniert wird und wem die Weisungsbefugnisse zugeordnet sind. Dabei werden auch Vorkehrungen gegen opportunistisches Verhalten getroffen.[9] Zu den in der Unternehmung anfallenden Transaktionskosten gehören somit Kosten der Leitung und Informationsverarbeitung, der Kommunikation und der Überwachung.

Die Art und das Ausmaß der anfallenden Transaktionskosten werden zum einen von der Vertragsgestaltung, zum anderen von bestimmten Transaktionsspezifika bestimmt. Hierzu gehören (a) die Häufigkeit der Transaktionen,[10] (b) Umfang und Art der Ungewißheit der Transaktion und (c) die Bedingung der Faktorspezifität.[11] Die besonderen Probleme der Faktorspezifität werden vor allem im Zusammenhang unvollständiger, d.h. nicht vollkommen spezifizierter, Verträge offensichtlich (*Williamson* 1988b, S. 69 f.).

Durch die Organisationsform der Unternehmung wird die Anzahl der geschlossenen Verträge deutlich reduziert. Darüber hinaus verändert sich der Charakter der abgeschlossenen Verträge. Die Vertragsbeziehungen laufen häufig über einen längeren Zeitraum und der Vertragsinhalt ist weniger genau spezifiziert. Dies zeigt sich besonders deutlich an Arbeitsverträgen. Im Austausch für eine (feste oder flexible) Bezahlung, erklärt sich der Arbeitnehmer bereit, den Anordnungen des Unternehmers innerhalb bestimmter Grenzen Folge zu leisten. So muß der Unternehmer nicht von vornherein alle auszuführenden Aufgaben kennen und kann flexibel auf zukünftige Ereignisse reagieren. Hierdurch kann auch der unterschiedlichen Risikoneigung verschiedener Individuen in den Verträgen Rechnung getragen werden (*Coase* 1937, S. 391). Markttransaktionen liegen dagegen relativ spezifizierte, separate und immer wieder neu abzuschließende Verträge zwischen unabhängigen Tauschpartnern zugrunde (*Leipold* 1992b, S. 104).

Komplexe Verträge mit längerer Laufzeit, wie z.B. die relationalen Arbeits- und Lieferverträge in Unternehmen, sind auf Grund der begrenzten Rationalität der Akteure

---

[9]   Auf Grund des Persönlichkeitsprofils einzelner Akteure und der Sozialordnung einer Gruppe oder Gesellschaft (z.B. unter dem Einfluß kultureller Normen) können sich Konstellationen ergeben, die spezifische Vorkehrungen zur Aufdeckung und Verhinderung opportunistischen Verhaltens in Unternehmen überflüssig machen (*Williamson* 1988b, S. 68). Da solche Vorkehrungen Kosten verursachen, plädiert *Williamson* (1990, S. 25 f.) dafür, Sitten, Normen und Gebräuche, die Einfluß auf Transaktionen haben, zu beachten.

[10]   So zeigt sich in auf der Spieltheorie basierenden Computersimulationen, daß Spieler, die, bei *Wiederholungsspielen* der Tit-for-Tat-Strategie folgend, auf kooperatives Verhalten stets kooperativ reagieren und sich nie als erste opportunistisch verhalten, langfristig wesentlich bessere Auszahlungen erhalten als Spieler, die stets defektieren (*Hill* 1990, S. 507).

[11]   Die Faktorspezifität gibt an, inwieweit Produktionsfaktoren alternativen Verwendungsmöglichkeiten zugeführt werden können und wie hoch die Opportunitätskosten der alternativen Verwendung sind.

notwendigerweise unvollständig. Neben den ex ante-Kosten der Vertragsanbahnung und Vertragsgestaltung fallen deshalb ex post-Vertragskosten für die Errichtung und Aufrechterhaltung von Beherrschungs- und Überwachungssystemen, die Sicherstellung der Durchsetzung der Vertragsvereinbarungen und laufende Verhandlungen im Rahmen unvollständiger Verträge oder zur Korrektur von Fehlentwicklungen an. Vertragsbeziehungen bestehen also nicht ausschließlich aus der ex ante-Gleichrichtung der Anreize, sondern zum Teil auch aus ex post-Überwachungs- und Durchsetzungsaktivitäten.[12] Die ex ante- und ex post-Vertragskosten sind wechselseitig eng voneinander abhängig (*Williamson* 1988b, S. 68; 1990, S. 24; 1991, S. 102).

Mit Hilfe der Untersuchung der „komparativen Kosten von Planung, Modifizierung und Überwachung der Aufgabenerfüllung in alternativen Beherrschungs- und Überwachungssystemen" (*Williamson* 1990, S. 1 f.), d.h. alternativen Vertragssystemen, wird es möglich, verschiedene Institutionen im Hinblick auf bestimmte Ziele des Vertragsabschlusses vergleichend zu analysieren. Dabei kommt es auf die Differenz zwischen den Transaktionskosten an, nicht auf deren absolute Höhe. Kosteneinsparungen müssen allerdings stets im Hinblick auf die Summe der Produktions- und der Transaktionskosten gesehen werden, da mögliche Trade-offs zwischen beiden berücksichtigt werden müssen[13] (*Demsetz* 1988, S. 146; *Williamson* 1990, S. 25).

Die Frage, wie vergleichsweise effiziente Koordinationsmethoden als solche erkannt und ausgewählt werden können, ist mit dem Problem der empirischen Messung von Transaktionskosten behaftet. Nach wie vor ist umstritten, wie Transaktionskosten sinnvoll abgegrenzt, erfaßt und genau quantifiziert werden können (*Schneider* 1993, S. 255 - 258; *Leipold* 1992a, S. 103). Allerdings mindert dieser Umstand nicht die analytische Brauchbarkeit dieser Kostenkategorie, denn auch andere wichtige ökonomische Phänomene entziehen sich der zahlenmäßigen Meßbarkeit.

Es ist davon auszugehen, daß auf Wettbewerbsmärkten diejenigen Wirtschaftseinheiten, die - durch Glück oder unternehmerische Inspiration - die Transaktionskosten vergleichsweise günstig gestalten können, Vorteile haben. Der Wettbewerb, soweit er frei ist, führt zu einer Selektion von Vertragsformen, die eine Einsparung von Transaktionskosten erlauben. In einer Weiterentwicklung dieses Ansatzes wird davon ausgegangen, daß aufgrund der Interdependenz der Märkte auch dann der Druck zur Einsparung von Transaktionskosten besteht, wenn auf einem einzelnen Markt der Wettbewerb nicht funktioniert (*Hill* 1990, S. 502, 507).

---

[12] *Demsetz* (1988, S. 151) votiert dafür, den Begriff *Transaktionskosten* so eng zu definieren, daß diese lediglich die Kosten der Vertragsverhandlungen und des Vertragsabschlusses umfassen, nicht aber die der Vertragsdurchsetzung. Dieser Vorschlag wird im folgenden nicht aufgegriffen, da die Durchsetzungsmechanismen als grundlegend für die mit Institutionen verbundene Verhaltens- und Erwartungssicherheit angesehen werden. *Demsetz* selbst weist an anderer Stelle (1964, S. 17) darauf hin, daß der Tauschwert von Gütern nicht nur von den mit ihnen verbundenen Handlungsrechten, sondern auch von deren Durchsetzungskosten abhängig ist.

[13] So führt die Intensivierung der Arbeitsteilung einerseits zu höheren Transaktionskosten, da mehr Wirtschaftssubjekte an der Leistungserstellung beteiligt sind, andererseits können Spezialisierungsvorteile der Arbeitsteilung helfen, die Produktionskosten zu senken.

Auch die Transaktionskostentheorie nimmt demnach an, daß die institutionelle Ausgestaltung der Vertragsbeziehungen innerhalb von Unternehmen deren Wettbewerbsfähigkeit auf den Güter- und Faktormärkten nachhaltig beeinflußt und daß die Modifikation des institutionellen Musters, das sich aus den Verträgen ergibt, gezielt als Strategie zur Verbesserung der Wettbewerbsposition eingesetzt werden kann.

Dabei ist wichtig zu beachten, daß sowohl Art und Ausmaß der Transaktionskosten als auch die Funktionsweise der Selektionsmechanismen wesentlich durch den rechtlich-institutionellen Bedingungsrahmen bestimmt werden, innerhalb dessen die Allokation von Gütern stattfindet (*Leipold* 1978, S. 518). Dies ist nicht nur wichtig für den Vergleich von institutionellen Entwicklungen in verschiedenen Kulturkreisen, sondern auch - wie in dieser Arbeit dargelegt wird - für vergleichende historische Untersuchungen. Jedoch ist die Lehre von der rationalen Auswahl von Institutionen - insbesondere im Hinblick auf die Wirkung von Auswahlmechanismen - noch nicht ausreichend ausgearbeitet worden.

2.2.3. Die Unternehmung in der Property Rights-Theorie

Property Rights definieren den Handlungs- und Verfügungsbereich des einzelnen hinsichtlich der Nutzung von Fähigkeiten und Gütern gegenüber anderen Personen (*Leipold* 1992a, S. 100; *Schüller* 1985, S. 260). Im Mittelpunkt der Property Rights-Theorie steht die Frage, welchen Einfluß alternative rechtlich-institutionelle Regelungen auf das Verhalten der Wirtschaftssubjekte haben. Angestrebt wird dabei eine „Theorie der geregelten Beziehungen zwischen Individuen bei der Produktion, beim Austausch und der Nutzung knapper Güter" (*Leipold* 1978, S. 518).

Grundsätzlich gibt es zwei Arten von Property Rights: (1) absolute Verfügungsrechte, die gekennzeichnet sind durch die absolute Herrschaftsmacht des Berechtigten; sie wirken gegenüber jedermann. Beispiele hierfür sind Rechte an Sachen (Nutzungsrechte, Übertragungsrechte etc.), immaterielle Rechte (z.B. Urheberrechte, Markenzeichen) und individuelle Freiheitsrechte. Daneben gibt es (2) relative Verfügungsrechte; sie beruhen auf Ansprüchen, die sich aus persönlichen Beziehungen zwischen bestimmten Personen ergeben, z.B. auf Grund von Verwandtschaft, Gesetzen (z.B. gesetzlichen Schadensersatzverpflichtungen) oder Vertragsbeziehungen (*Richter* 1994, S. 12). Nach der Nutzungsart lassen sich Property Rights des weiteren unterscheiden in Handlungsrechte, welche die Substanz und Funktion eines Gutes bestimmen (Gebrauchsrechte), die Ertrags- und Verlustzuweisung lenken (Aneignungsrechte) oder den Transfer von Nutzungsrechten auf andere Personen regeln (Übertragungsrechte) (*Leipold* 1992a, S. 101; *Schüller* 1986b, S. 36; *Williamson* 1990, S. 30).

In einer Welt ohne Transaktionskosten bestehen keine Informations- und Kontrollprobleme. Bei Annahme vollkommener Konkurrenz erfolgt dann die volkswirtschaftliche Allokation und Produktion aus neoklassischer Sicht stets effizient, unabhängig davon, wer die Verfügungs- und Nutzungsrechte an den Gütern und Produktionsfaktoren besitzt. In einer Welt mit positiven Transaktionskosten werden jedoch die Allokation und die Nutzung wirtschaftlicher Güter maßgeblich von der vorherrschenden Handlungsrechtsstruktur bestimmt (*Coase* 1966, S. 15 f.; *Alchian* 1965/1977, S. 134).

Im Zuge der Arbeitsteilung in Unternehmen werden die Gebrauchs-, Aneignungs- und Übertragungsrechte an wirtschaftlichen Gütern häufig verschiedenen Personen zugeordnet. Dies ermöglicht eine Spezialisierung entsprechend den Fähigkeiten und Präferenzen (z.B. hinsichtlich der Risikoneigung) der Wirtschaftssubjekte. Diese Aufteilung der Rechte führt dazu, daß den Individuen die Kosten und Erträge ihrer Handlungen nicht mehr direkt selbst zugerechnet werden. Die Verantwortlichkeit der Entscheidungsträger sinkt. Die Existenz positiver wie negativer externer Effekte[14] führt zu einer aus volkswirtschaftlicher Sicht mangelhaften Allokation und Verwendung von Gütern sowie zu einer Beeinflussung der Wohlstandspositionen Dritter.

Je stärker die Property Rights aufgeteilt werden und je mehr Personen an ihnen beteiligt sind, um so größer ist die Gefahr, daß der Wert der Handlungsrechte verdünnt wird. Die Stärke der Handlungsrechte, d.h. der effektive Handlungsspielraum, den sie den Wirtschaftssubjekten verschaffen, hängt außerdem von der Wahrscheinlichkeit und den Kosten ihrer Durchsetzung ab. Der Wert von Property Rights wird somit auch durch die Durchsetzbarkeit staatlicher Rechtssetzung (und Rechtssicherung) und privatrechtlicher Verträge, durch Gewohnheiten, Sitten und Moral sowie durch staatliche und persönliche Macht bestimmt (*Alchian* 1965/1977, S. 129 f.; *Demsetz* 1964, S. 17 f.; *Meyer* 1983, S. 19 ff.).

Die Verteilung der Property Rights beeinflußt maßgeblich die Entstehung von Transaktionskosten bei der Organisation wirtschaftlicher Kooperation, sei es auf Märkten oder in Unternehmen (*Schüller* 1983a, S. IX). Die im Zuge von Transaktionskosten auftretenden Informations-, Kontroll- und Durchsetzungsprobleme führen dazu, daß für die Wirtschaftssubjekte zusätzliche Handlungsspielräume entstehen. Von der Verteilung der Verfügungs- und Nutzungsrechte gehen wirtschaftliche Anreize aus, welche das Verhalten der Individuen bei der Ausnutzung dieser Spielräume - und damit die Allokation und Nutzung wirtschaftlicher Güter - prägen. So wirkt sich die Verteilung der Property Rights sowohl auf die Transaktionskosten als auch auf die Handlungsanreize aus (*Coase* 1992, S. 718; *Schüller* 1985, S. 262). Sie beeinflußt die Neigung zu opportunistischem Verhalten und die Leistungsbereitschaft der Wirtschaftssubjekte sowie die Kosten der Kontrolle und Durchsetzung der Handlungsrechte und der damit verbundenen Pflichten. Aus diesem Grund weisen die internen Verträge, welche die institutionelle Grundlage von Unternehmen bilden, eine Vielzahl von Kontroll- und Anreizmechanismen auf wie beispielsweise leistungsabhängige Entlohnungssysteme oder Vorschriften zur internen und externen Wirtschaftsprüfung.

Ziel jeder Wirtschafts- und Unternehmensordnung ist es, im Hinblick auf die Lösung des Allokationsproblems die Handlungsrechtsstruktur so zu gestalten, daß zum einen

---

[14] Externe Effekte treten auf, wenn der individuelle und der soziale Ertrag von wirtschaftlichen Aktivitäten divergiert. Dabei ergibt sich der soziale Ertrag aus der Summe von privatem Ertrag und den Nettoeffekten, die anderen Gesellschaftsmitgliedern, also Dritten, aus der Initiative einzelner zufallen. Bei positiven externen Effekten ist die Divergenz beider Größen für einzelne Wirtschaftssubjekte gleichbedeutend mit der Unsicherheit, den Ertrag ihrer Anstrengungen zugerechnet zu bekommen, während sie für Dritte Free Rider-Positionen ermöglicht (*Leipold* 1978, S. 520). Entsprechendes gilt für Schäden, die durch negative externe Effekte verursacht werden.

Informationen über den Nutzen von Ressourcen in alternativen Verwendungen generiert werden und zum anderen Anreize hervorgebracht werden, welche die Wirtschaftssubjekte dazu bringen, diese Informationen bei der Wahl ihrer Handlungen zu berücksichtigen (*Demsetz* 1964, S. 16; *Coase* 1992, S. 718; *Schüller* 1979, S. 325 f.).

Im Rahmen der Suche nach vorteilhaften Handlungsrechtsstrukturen stellt sich unter anderem die Frage nach der Effizienz alternativer Unternehmensverfassungen. Aus dieser Sicht wird seit den dreißiger Jahren dieses Jahrhunderts[15] an der Unternehmensform der Aktiengesellschaft massiv Kritik geübt. Damit wurde an Gedanken angeknüpft, die, wie bereits gezeigt wurde, sich schon bei *Adam Smith* finden. Die Verdünnung der originären Eigentümerrechte bei wachsender Streuung des Aktienbesitzes an Großunternehmen hindere die Eigentümer daran, die Manager effektiv zu kontrollieren, insbesondere deren Neigung zu opportunistischem Verhalten systematisch zu unterdrücken. Unter der Annahme, daß die Interessen der professionellen Manager von denen der Eigentümer abweichen, wird davon ausgegangen, daß sich die Ziele der Geschäftsleitung mehr und mehr von der Maximierung der Unternehmensgewinne[16] entfernen und sich stärker an den persönlichen Interessen des Managements orientieren (*Leipold* 1978, S. 522 f.).

2.2.4. Die Unternehmung in der Agency-Theorie

Principal Agent-Beziehungen beruhen darauf, daß eine Person (Agent) im Auftrag einer anderen Person (Prinzipal) agiert. Meist kommen solche Beziehungen zustande, weil der Agent über spezielles Wissen oder besondere Fähigkeiten verfügt, welche es ihm erlauben, die in Frage stehende Aufgabe besser zu lösen, als dies dem Prinzipal möglich wäre (*Schmidt-Mohr* 1997, S. 65). Beispiele für Principal Agent-Beziehungen sind das Verhältnis von Patienten zu Ärzten, von Unternehmern zu Mitarbeitern oder von Aktionären zu Geschäftsführern.

Agenten erhalten Entscheidungsmacht delegiert, deren Nutzung Auswirkungen auf die Wohlstandsposition des Prinzipals hat. Bei Existenz positiver Transaktionskosten führen Informations-, Kontroll- und Durchsetzungsprobleme dazu, daß auf Grund unterschiedlicher Nutzenfunktionen von Prinzipal und Agent, der Agent seinen Informationsvorsprung und seine Möglichkeit, Handlungen zu verschleiern und Informationen zu verzerren, nutzen kann, um seine Situation auf Kosten des Prinzipals zu verbessern. Um seine eigenen Interessen zu schützen, kann der Prinzipal entweder versuchen, Anreize gezielt zu setzen, um die Interessen des Agenten an seine eigenen anzupassen oder den Handlungsspielraum des Agenten durch Überwachungsaktivitäten zu begrenzen.

In den meisten Beziehungen, die durch Handlungsvertretung gekennzeichnet sind, tragen sowohl die Prinzipale als auch die Agenten positive (monetäre und nichtmonetäre) *Agency-Kosten*. Dazu gehören zum einen die Überwachungs- und Kontroll-

---

[15] Auslöser für diese Diskussion war das 1932 erschienene Werk *The Modern Corporation and Private Property* von *Berle* und *Means* 1932/1968.

[16] Dieses Ziel hatte seine motivationale Basis ursprünglich in der personellen Identität von Eigentümern und Unternehmern (*Leipold* 1978, S. 522).

kosten des Prinzipals bezüglich der Handlungen des Agenten, zum anderen kann der Agent versuchen (oder vom Prinzipal dazu gebracht werden), Selbstbindungsinvestitionen zu tätigen, z.B. in unternehmensspezifisches Humanvermögen oder in Risikokapital der Unternehmung zu investieren. Hierdurch können die Interessen des Agenten mit denen des Prinzipals in Einklang gebracht werden. Trotz solcher Maßnahmen werden die Entscheidungen des Agenten in der Regel bis zu einem gewissen Grad von den Entscheidungen abweichen, welche die Wohlfahrt des Prinzipals maximieren würden. Die so entstehenden *Gewinneinbußen* des Prinzipals bilden die dritte Kategorie der Agency-Kosten (*Jensen* und *Meckling* 1976, S. 308).

Die Kernfrage der Agency-Theorie[17] lautet: Welche Anreize muß der Prinzipal setzen, damit der Agent sich seinen Wünschen entsprechend verhält? Dabei besteht das zusätzliche Problem, daß dem Prinzipal in der Regel nicht nur die Fähigkeiten, sondern auch die Informationen des Agenten fehlen. Die Anreize sollen den Agenten also dazu bringen, seine Fähigkeiten und Informationen im Sinne des Prinzipals zu nutzen, obgleich der Prinzipal den Einsatz des Agenten nur ansatzweise beobachten und bewerten kann (*Sappington* 1991, S. 46; *Conyon* und *Leech* 1994, S. 230).

In ihrer Kritik an den zu Beginn des 20. Jahrhunderts vermehrt entstandenen großen Aktiengesellschaften mit breit gestreutem Aktieneigentum weisen *Berle* und *Means* (1932) zum einen auf das Auseinanderfallen der Interessen von Eigentümern (Prinzipalen) und Geschäftsführern (Agenten) hin, zum anderen machen sie auf die wachsenden Kosten der internen Unternehmenskontrolle aufmerksam. Ihre Untersuchungen zeichnen ein Bild vieler Großunternehmen in den Vereinigten Staaten,[18] in denen es kaum mehr einzelne Aktionäre oder Aktionärsgruppen gibt, die mittels ihrer Aktienbeteiligungen das Direktorium der Unternehmung im Rahmen der internen Unternehmenskontrolle wirksam überwachen und beeinflussen können.

Die Größe vieler moderner Kapitalgesellschaften und die enorme Konzentration von wirtschaftlichen Ressourcen, die sie repräsentieren, konnten nur durch die Kombination des Vermögens vieler Menschen entstehen. Aber eine so große Zahl von Eigentümern kann nicht erfolgreich direkt an der Unternehmensführung teilhaben. Deshalb wird die

---

[17] Die *Positive Agency-Theorie* ist eng mit der Property Rights-Theorie verbunden. Sie zielt auf die Beschreibung und Erklärung der institutionellen Gestaltung von Auftragsbeziehungen, wobei die Zuteilung von Property Rights an verschiedene Akteure eine wichtige Rolle spielt. Die *Normative Principal Agent-Theorie* versucht, Empfehlungen für effiziente Vertragsgestaltungen auf Grundlage mathematischer Optimierungsrechnungen abzuleiten. Dabei geht es darum, vertragliche Gleichgewichtsbedingungen zu finden, die dem Kriterium der Pareto-Optimalität genügen (*Fischer* 1995, S. 320; *Schmidt-Mohr* 1997, S. 66 f). Obgleich sich beide Agency-Theorien immer noch stark auf die Gestaltung von ex ante-Anreizordnungen konzentrieren, hat die Einführung der Konzepte *begrenzter Rationalität* und *unvollständiger Verträge*, insbesondere in der Positiven Agency-Theorie, zu einer größeren Realitätsnähe und praktischen Anwendbarkeit der Theorie geführt (*Sappington* 1991, S. 61; *Williamson* 1990, S. 32).

[18] Die Unternehmensstrukturen, die *Berle* und *Means* 1932 den Großunternehmen in den Vereinigten Staaten attestierten, zeigten sich ab den fünfziger Jahren auch in Großbritannien. Siehe z.B. *P. Sargant Florence* (1961), Ownership, Control and Success of Large Companies, London; nach: *Davies* 1993, S. 74.

Unternehmesleitung weitgehend professionellen Geschäftsführern übertragen. Diese wichtige Funktionentrennung zwischen Eigentümerschaft und Risiko auf der einen und Geschäftsführung auf der anderen Seite hat zu einer wesentlichen Veränderung der Organisation von Unternehmen geführt, da die beiden Gruppen häufig widerstreitende Interessen haben. Für den einzelnen Aktionär nehmen die Kosten der effektiven Nutzung der internen Kontrollmechanismen der Unternehmen ständig zu. Je höher das Eigenkapital des Unternehmens und je stärker die risikobedingte Anlagediversifikation der Aktionäre, um so schwieriger wird es für einzelne Investoren, die in Opposition zur Geschäftsführung stehen, eine ausreichende Anzahl von Aktionären für sich zu gewinnen, um Einfluß auf die Unternehmenspläne zu nehmen. Zum einen steigt die Zahl der Aktionäre, die sich einig sein müssen, um in einer Hauptversammlung eine Entscheidung zu beeinflussen, zum anderen nimmt auf Grund der Risikodiversifikation der Anleger auch das Interesse der Aktionäre ab, sich an der internen Kontrolle eines einzelnen Unternehmens zu beteiligen. Da der Einfluß einzelner Aktionäre geringer wird und etwaige Kontrollbemühungen allen Aktionären zugute kommen, entsteht das Dilemma einer Free-Rider Position. Viele Aktionäre gehen deshalb immer stärker dazu über, bei Unzufriedenheit mit dem Management nicht ihre internen Kontrollbemühungen zu verstärken, sondern ihre Unternehmensanteile zu verkaufen (*Davies* 1993, S. 74).

Aus diesen Beobachtungen wird vielfach geschlossen, daß sich die Handlungsspielräume der Geschäftsführungen erweiterten und sich somit die Ziele der Unternehmensleitungen veränderten.[19] Ob sich jedoch der Handlungsspielraum der Geschäftsführung mit der Entwicklung großer Aktiengesellschaften tatsächlich vergrößert, gilt in der Agency-Theorie als umstritten.[20] Insbesondere die Positive Agency-Theorie geht davon aus, das Selektionsprozesse auf Märkten mögliche Defizite der internen Unternehmenskontrolle kompensieren können (*Williamson* 1990, S. 31). Es wird angenommen, daß der Wettbewerb auf Absatz- und Beschaffungs- sowie den verschiedenen Kapital- und Arbeitsmärkten die Unternehmensführung zu Gewinnorientierung und effizientem Ressourceneinsatz zwingt - und somit die Kontrollkosten der Eigentümer vermindert.[21] Darüber hinaus wird auf das Aufkommen neuer unternehmensinterner Kontroll- und Anreizmechanismen verwiesen wie z.B. auf die Einführung der externen Wirtschaftsprüfung oder die Kapitalbeteiligung von Managern (*Watts* und *Zimmermann* 1983, S. 614 f.).

Allerdings wird auch darauf aufmerksam gemacht, daß die externe Unternehmenskontrolle über Märkte häufig nur sporadisch und zeitverzögert stattfindet, beispielsweise weil Unternehmen nicht ständig Mittel am Kapitalmarkt aufnehmen müssen (*Davies* 1993, S. 78). Außerdem ist die externe Kontrolle durch Märkte abhängig von der Funktionsfähigkeit wettbewerblicher Selektionsmechanismen, so daß die institutionelle Aus-

---

[19] Siehe z.B. *Davies* 1993, S. 74, 77.

[20] Vgl. *Schüller* 1979, S. 328 f.; *Williamson* 1988b, S. 84.

[21] Siehe *Lachmann* 1979, S. 74; *Leipold* 1978, S. 523; *Richter* 1994, S. 14. *Schüller* (1978, S. 50 - 64) verweist explizit darauf (S. 56), daß zwischen den internen und externen Kontroll- und Anreizmechanismen nicht nur Substitutionsbeziehungen, sondern vielmehr auch Interdependenzen - also komplementäre Beziehungen - bestehen.

gestaltung der volkswirtschaftlichen Wettbewerbsordnung hohen Ansprüchen genügen muß.

Trifft es tatsächlich zu, daß die Geschäftsführer von großen Publikumsgesellschaften Handlungsspielräume haben, die es ihnen ermöglichen, neben dem Gewinninteresse der Eigentümer auch andere Interessen zu verfolgen, stellt sich die Frage, welche dies sind und welche volks- und einzelwirtschaftlichen Konsequenzen daraus erwachsen.

In seinen späteren Arbeiten vertrat *Berle* die Meinung, daß der zusätzliche Entscheidungsspielraum von den Managern genutzt werden kann, um das langfristige Interesse der Unternehmung oder aber auch das *Unternehmensgewissen* stärker zu fördern (*Berle* 1960). Da ein Unternehmen weder ein eigenständiges Gewissen noch ein eigenständiges Interesse haben kann, muß zur Operationalisierung dieser Begriffe konkretisiert werden, welchen am Unternehmen beteiligten Personen oder Gruppen von Personen damit entgegengekommen werden soll. Im Sinne des Stakeholder-Ansatzes kann sich dies auf die Beschäftigten, Zulieferer, Gläubiger, Kunden, die *Öffentlichkeit*, wie die Kommunen am Standort der Unternehmen, oder die Aktionäre beziehen. Dabei stellt sich jedoch das Problem konkurrierender Interessen. Das Argument, der langfristige Erfolg der Unternehmung liege im Interesse aller Beteiligten und deshalb löse sich das Problem konkurrierender Interessen von selbst, greift zu kurz. Insbesondere beim Verkauf, bei der Verlagerung oder der Auflösung eines Unternehmens verteilen sich die Vor- und Nachteile auf die Betroffenen unterschiedlich. Auf Grund der unterschiedlichen Interessenlage der Betroffenen werden verschiedene Maßstäbe an den *Unternehmenserfolg* angelegt. Als Indikatoren gelten je nachdem der Umsatz, der Gewinn, die Anzahl der Beschäftigten oder der Aktienkurs (*Davies* 1993, S. 74 - 76; *Williamson* 1990, S. 266).

Von anderen Autoren wird allerdings gewarnt, daß die Verteilung von Residualansprüchen und Entscheidungskompetenzen an Gruppen, die nicht auch im gleichen Maße an der Verantwortung für die Unternehmensentscheidungen - vor allem an der Haftung - beteiligt sind, zu ineffizienter Ressourcenallokation und -nutzung führt. Es wird befürchtet, daß wegen Verteilungskämpfen zwischen den Gruppen Investitionen in das Vermögen der Unternehmung ausbleiben und die Wettbewerbsfähigkeit auf den Produktmärkten beeinträchtigt wird.[22]

2.2.5. Zur Entstehung und Entwicklung von Institutionen

Den Vertretern der Neuen Institutionentheorie wird häufig vorgeworfen, die Dynamik wirtschaftlicher und institutioneller Entwicklung nicht erklären zu können, da ihre Ansätze auf der neoklassischen Gleichgewichtstheorie aufbauen. Dennoch weist insbesondere die Property Rights-Theorie eine Reihe dynamischer Elemente auf, die zur Erklärung der Entstehung und des Wandels von Institutionen beitragen können (*Leipold* 1978, S. 524). Hierbei werden allerdings meist exogene Faktoren als Auslöser institutionellen Wandels betrachtet. Der Wandel der wirtschaftlichen, sozialen oder politischen Rahmenbedingungen, z.B. durch Bevölkerungswachstum oder technische Erfindungen, führt zu veränderten Knappheitsbedingungen und somit zu einer Neubewertung

---

[22] Vgl. *Lachmann* 1979, S. 74 f.; *Schüller* 1983b, S. 172 - 176 ; 1997, S. 180.

von Handlungsrechten. Damit steigt das Bestreben der Wirtschaftssubjekte, Ressourcen zu investieren, um Institutionen zu entwickeln und durchzusetzen, welche diese Rechte sichern (*Leipold* 1992a, S. 101; *North* 1981, S. 79 - 89).

In diesem Kontext wird auch die Entstehung der Unternehmensform der Aktiengesellschaft erklärt. So sieht *North* (1981, S. 106 f.) den Grund hierfür darin, daß versucht wurde, Portfoliodiversifikationen zu ermöglichen, um so das Einkommens- und Vermögensrisiko der Unternehmenseigentümer zu senken. Diesem Streben ging die Entwicklung des Fernhandels (z.B. in Italien) und von Produktionstechnologien voraus, die das Wachstum der verarbeitenden Industrien förderten und ein höheres Anlagekapital in Fabriken und Ausrüstung voraussetzten, z.B. im Zuge der Industriellen Revolution in Großbritannien (siehe *North* 1991, S. 101 - 107). Mit diesen neuen Produktions- und Handelsverfahren entstanden neue Buchführungsregeln, Formen der Wirtschaftsprüfung, das Handels- und Gesellschaftsrecht, Waren- und Wertpapierbörsen, welche die Informationsgrundlage der Eigentümer sowie ihre Möglichkeiten verbesserten, die Handlungsbeauftragten zu kontrollieren.[23] Diese institutionelle Ausformung des industriellen Wirtschaftsprozesses ermöglichte es, die Transaktions- und auch die Agency-Kosten des Fernhandels sowie der Portfoliodiversifikation zu senken - der zunehmenden Arbeitsteilung entsprach eine rasche Entwicklung risikoteilender und risikomindernder Institutionen.

Es wird davon ausgegangen, daß die Qualität von Property Rights, vor allem hinsichtlich der Fähigkeit der Wirtschaftssubjekte, sich die Erträge aus der Nutzung ihrer Eigentums- und Verfügungsrechte anzueignen, die wirtschaftliche und technologische Entwicklung einer Gesellschaft entscheidend beeinflußt. Wer über die Erträge der Ressourcennutzung verfügen kann, hat einen Ansporn, Neues zu erfinden oder nachzuahmen. Gleichermaßen beugt die Verpflichtung, für etwaige Verluste zu haften, der leichtsinnigen Ressourcenverschwendung vor. Die zentrale Rolle des Staates bei der Spezifizierung, Zuweisung und Durchsetzung von Property Rights läßt die enge wechselseitige Verknüpfung politischer und wirtschaftlicher Institutionen erkennen.[24]

Die These, daß die Wahl und der Wandel von Institutionen einem rationalen Kosten-Nutzen-Kalkül folgen und somit in effizienten (transaktionskostenminimalen) Institutionen ausmünden, ist in den vergangenen Jahren zunehmend kritisiert worden (*Leipold* 1998, S. 27 - 31).[25] Die Empirie zeigt, daß Institutionen in der Regel nicht geschaffen werden, weil sie gesellschaftlich effizient sind, sondern um den Interessen derjenigen zu dienen, die die Verhandlungsmacht besitzen, um neue Regeln zu erlassen (*North* 1994, S. 360 f.). Die Gestaltung von Institutionen kann im Wettbewerb zwischen politischen und wirtschaftlichen Einheiten als Aktionsparameter dienen, um den Erfolg der Einhei-

---

[23] Dabei zeigte sich vielfach ein wechselseitiger Druck und Sog bei der Entfaltung und Veränderung von Institutionen. So dürfte die vergleichsweise späte Entwicklung der Kapitalgesellschaften in Großbritannien auf die lange Zeit mangelhafte Entwicklung von Buchführungstechniken zurückzuführen sein (*Davies* 1997, S. 19).

[24] Mit der Frage der Entwicklung von Property Rights stellt sich deshalb auch die Aufgabe, staatliches Handeln zu erklären (*Leipold* 1978, S. 520; *Richter* 1994, S. 16).

[25] Siehe auch *Leipold* 1996, S. 93 f.; *North* 1994, S. 365.

ten zu erhöhen.[26] So wird die freiwillige Implementierung von Mechanismen zur Förderung der internen Unternehmenskontrolle in börsennotierten Aktiengesellschaften, z.B. im Rahmen der Befolgung der Empfehlungen der *Cadbury Kommission zur Untersuchung der Finanzaspekte der Unternehmensführung und -kontrolle*, unter anderem damit begründet, daß dies zu einer Verbesserung der Wettbewerbsfähigkeit der Unternehmen führt, da Property Rights effektiver zugeordnet werden und so Transaktions- und Agency-Kosten sinken. Darüber hinaus beeinflussen Institutionen als Rahmenordnung dieses Wettbewerbs auch die Selektionskriterien, die Einfluß auf die Richtung des wirtschaftlichen und institutionellen Wandels haben (*North* 1994, S. 359.). Der rechtliche Ordnungsrahmen des Kapitalmarkts ist beispielsweise mit ausschlaggebend dafür, wie wichtig eine effektive interne Unternehmenskontrolle für die Chance eines Unternehmens ist, sich auf dem Markt für Unternehmenskontrolle erfolgreich gegen feindliche Übernahmeversuche zu wehren. Ob im Laufe der Zeit der Wettbewerb tatsächlich zu Institutionen führt, welche durch die Verteilung und Durchsetzung von Property Rights die Transaktions- und Agency-Kosten sozialer Interaktionen senken und die Leistungsfähigkeit der Volkswirtschaft stärken, ist offen. Dies ist abhängig von den wirtschaftlichen, politischen und sozialen Rahmenbedingungen.

Zwischen den inneren Institutionen, die quasi die Strategien der Individuen und Organisationen im Wettbewerb darstellen, und den äußeren Institutionen bestehen enge Interdependenzen (*Lachmann* 1963, S. 67; *Schüller* 1983b, S. 148 f.). Langfristig können die spontan entstandenen inneren Institutionen das Wesen und die Wirkungsweise der äußeren Institutionen verändern. Gleichzeitig können äußere Institutionen die Entwicklung und den Erfolg innerer Institutionen beeinflussen. Es wird angenommen, daß eine solche wechselseitige Beziehung auch zwischen der unternehmensinternen institutionellen Ordnung, die auf den Verträgen zwischen den Unternehmensmitgliedern beruht, und der Wirtschaftsordnung besteht.

Die Entwicklung und Veränderung äußerer wie innerer Institutionen kann zum einen im Zuge der Nachahmung erfolgen, zum anderen kann sie auf der kreativen Verarbeitung eigener Erfahrungen gründen. Die Intensität des Wettbewerbs zwischen den wirtschaftlichen und politischen Einheiten beeinflußt über die Rate des individuellen, vor allem aber des gesellschaftlichen Lernens die Geschwindigkeit des wirtschaftlichen und institutionellen Wandels (*North* 1994, S. 364).

Die Weiterentwicklung der Neuen Institutionentheorie hin zu einer *Theorie des institutionellen Wandels* zeigt das Werk von *Douglass North*. Sukzessive wird hier die neoklassische Analyse durch neue Erklärungselemente ergänzt, teilweise sogar ersetzt. So räumt *North* nach und nach Elemente wie kulturellen Gegebenheiten, historischen Entwicklungen, der Interdependenz politischer und wirtschaftlicher Institutionen - die von der traditionellen neoklassischen Theorie systematisch vernachlässigt wurden - und Ideologien bei der Erklärung institutionellen und wirtschaftlichen Wandels immer mehr Priorität ein (*North* 1994, S. 362 - 364; 1995, S. 7). Inzwischen sieht er im Konzept der „Pfadabhängigkeit den Schlüssel zum Verständnis der institutionellen und damit auch

---

[26]   In diesem Bereich bestehen enge Verbindungen zur evolutorischen Ökonomik. Siehe *Vanberg* und *Kerber* 1994a, S. 9 16 f.; 1994b, S. 196 f., 202 f.

der wirtschaftlichen Entwicklung" (*Leipold* 1998, S. 7). Das Konzept der Pfadabhängigkeit betont die Bedeutung von in der Vergangenheit gemachten Erfahrungen für gegenwärtige Entscheidungen. Während einerseits, insbesondere mit Blick auf die technologische Pfadabhängigkeit, positive Netzwerkexternalitäten sowie Fixkostendegressionen herausgestellt werden,[27] konzentriert sich *North* auf die Bedeutung der Kultur als dem prägenden Element der gesellschaftlichen Anreizordnung. Die kumulativen Erfahrungen vorangegangener Generationen, die sich über das kollektive Lernen in der Kultur manifestieren, beeinflussen sowohl die Art und Weise, wie Erfahrungen in der Gegenwart interpretiert werden, als auch die (nicht-monetären) Handlungsanreize in einer Gesellschaft (*North* 1994, S. 364; 1995, S. 7).

Gerade bei dem Versuch, die Entstehung und den Wandel von Institutionen mit Hilfe der Neuen Institutionenökonomik zu erklären, zeigt sich ein wesentliches Manko dieses Ansatzes. Die Transaktionskostentheorie, die Property Rights-Theorie sowie die Agency-Theorie beschränken sich hauptsächlich auf die Analyse spezifischer institutioneller Arrangements, ohne das System als Ganzes, wie es z.B. für die Ordnungstheorie *Eukken*scher Prägung[28] typisch ist, zu berücksichtigen.[29] Dabei wird die Bedeutung der rechtlichen, politischen und wirtschaftlichen Rahmenbedingungen für die Funktionsweise institutioneller Arrangements übersehen. Zu Recht verweist *Eucken* (1952/1990, S. 24, 181) darauf, daß sich z.B. Institutionen wie Genossenschaften in Abhängigkeit vom Charakter der gesamten Wirtschaftsordnung durch ganz unterschiedliche Ziele und Funktionsweisen auszeichnen. Die gilt auch für andere Unternehmensformen wie bei-

---

[27] Zum Konzept der technologischen Pfadabhängigkeit siehe: *Leipold* 1996, S. 95 f.; *Margolis* und *Liebowitz* 1995a; 1995b.

[28] Das ordnungstheoretische Erkenntnisprogramm von *Walter Eucken* ist darauf gerichtet, im Zuge der Erarbeitung einer Morphologie ein Instrumentarium zur Beschreibung und Klassifikation von Wirtschaftsordnungen bereitzustellen und die Funktionsweise alternativer Wirtschaftsordnungen und deren prozessuale Auswirkungen zu erklären. Durch die Beobachtung historisch-konkreter Wirtschaftssysteme werden einzelne Teilsysteme isoliert, die wesentlichen Einfluß auf die Art der Wirtschaftsordnung, insbesondere auf die Art der Wirtschaftsplanung haben. Die Ausgestaltung dieser Teilsysteme wird in idealtypischen Ausformungen in einer Morphologie erfaßt. Die Art der Wirtschaftsordnung bestimmt sich aus der Gestaltung der Teilsysteme, die interdependent aufeinander wirken. Auf der Grundlage dieser Morphologie wird die Gewinnung und Anwendung allgemeiner ökonomischer Gesetze zur Analyse von Wirtschaftsprozessen möglich (*Leipold* 1998, S. 4).

[29] Dabei ist anzumerken, daß *Eucken* in seiner ökonomischen Analyse die soziale, politische und rechtliche Ordnung als ein Datum ansah. Er ging davon aus, daß die Entwicklung und der Wandel dieser Elemente nicht ausreichend mit Hilfe ökonomischer Analyse erklärt werden kann (*Leipold* 1990, S. 56). Gleichzeitig verwies er darauf, daß die Entwicklung ökonomischer Institutionen (z.B. im Rahmen der Wirtschaftspolitik) weder historisch zwangsläufig noch vollkommen unabhängig von historischen Entwicklungen sei (*Eucken* 1952/1990, S. 213). Insoweit lassen sich durchaus Parallelen zum Konzept der Pfadabhängigkeit bei *North* ziehen. *Eucken* nahm an, daß es historische oder systematische Einflüsse auf das menschliche Verhalten gibt. Die Regeln und Institutionen, die eine gegebene Sozialordnung ausmachen, sind aus historischen Präferenzen und Entscheidungen hervorgegangen. Nur innerhalb dieses Handlungsrahmens und damit dieser Beschränkungen kann sich rationales wirtschaftliches Verhalten vollziehen und analysiert werden (*Leipold* 1990, S. 56).

spielsweise für Aktiengesellschaften (siehe Kapitel 8.4). Obgleich *North* sich darum bemüht, verstärkt auch den Einfluß des politischen und sozialen Systems sowie kultureller Traditionen und ideologischer Anschauungen auf die Entwicklung ökonomischer Institutionen in die Analyse einzubeziehen, gelingt es ihm nicht, die Interdependenz der gesellschaftlichen Teilordnungen systematisch in seine Theorie einzubinden.

Daß Institutionen und Organisationen ohne die Menschen, welche sie entwickeln *und* nutzen, nicht denkbar sind, kommt in dem Zitat von *Karl Popper* (1992, S. 151) deutlich zum Ausdruck: "Institutionen sind wie Festungen; sie müssen wohlgeplant *und* wohlbemannt sein". Ihre Entstehung, Entwicklung und Wirkungsweise hängen wesentlich von persönlichen Entscheidungen ab. Auf die Bedeutung menschlicher Kreativität und Neugier für die Entwicklung von technischen wie institutionellen Neuerungen wird zwar teilweise hingewiesen (z.B. *North* 1994, S. 36; 1995, S. 11), doch gelingt es bisher nur unzureichend, diese Einflüsse systematisch in die Neue Institutionenökonomik einzubinden. Das gleiche gilt für die zufällige Entstehung von Neuerungen.

3. Die britische Aktiengesellschaft als Unternehmensform und ihre historische Entwicklung

3.1. Die Aktiengesellschaft als Kapitalgesellschaft mit frei handelbaren Anteilen und begrenzter Haftung der Eigentümer

Aus Sicht der Neuen Institutionentheorie stellt die Aktiengesellschaft *eine* mögliche Unternehmensform zur Verringerung der Kosten delegierten Handelns und zur Nutzung der Vorteile der gemeinschaftlichen, arbeitsteiligen Leistungserstellung dar. Die (sich wandelnde) Ausgestaltung der Unternehmensverfassung und die Entwicklung von Märkten und Marktordnungen beeinflussen die Ressourcenallokation und -nutzung in den Aktiengesellschaften.

Durch die Inkorporation wird ein Unternehmen zu einer juristischen Person mit eigenen Rechten und Pflichten. Handlungen, die Unternehmenseigentümer oder Beschäftigte als Agenten des Unternehmens ausführen, können und müssen im folgenden von ihren privaten Handlungen unterschieden werden.[1] Als Körperschaft kann das Unternehmen gleichsam für sich selbst durch seine Agenten als Kläger oder Beklagter vor Gericht auftreten. Das Eigentum des Unternehmens wird vom Eigentum der Unternehmensmitglieder unterschieden. Hierdurch wird es möglich, die Haftung der Unternehmenseigentümer, z.B. auf ihre Kapitaleinlage, zu begrenzen. In der so entstehenden *Kapitalgesellschaft* ist eine Arbeitsteilung zwischen einer professionellen Geschäftsführung und Eigentümern möglich, die nicht am Tagesgeschäft interessiert sind. Die knappen Faktoren *unternehmerische Fähigkeiten* und *Risikokapital* können so zum wechselseitigen Vorteil kombiniert werden.

Da die Unternehmensleitung als Agent für das Unternehmen - und somit indirekt auch für die Eigentümer (Aktionäre) - handelt, müssen nicht nur die offiziellen und privaten Handlungen der Agenten voneinander unterschieden werden, es muß auch festgelegt werden, welche Handlungen die Agenten zulässigerweise ausführen dürfen. Dabei dürfen die Grenzen nicht zu eng gezogen werden, um den Geschäftsführern Spielraum für wirtschaftliches Handeln - inklusive der Übernahme unternehmerischer Wagnisse - zu geben. Zugleich muß auch sichergestellt werden, daß die Geschäftsführer nicht fahrlässig oder kriminell die ihnen anvertrauten Eigentumsrechte mißbrauchen. Aus diesem Grund ist es wichtig, daß interne und externe Kontrollen entwickelt werden, mit deren Hilfe das Management überwacht, bewertet und gegebenenfalls auch diszipliniert werden kann.

Als Unternehmenseigentümern steht den Aktionären das Recht zu, sich an der internen Unternehmenskontrolle zu beteiligen. Als Mitglieder der Hauptversammlung können sie Informationen über die Geschäftspolitik verlangen und über die Zusammensetzung und Bezahlung des Direktoriums bestimmen. Dadurch sind sie in der Lage, das Direktorium zu disziplinieren und gegebenenfalls auszutauschen. Gleichzeitig spielen

---

[1]   In Großbritannien erhielten die Körperschaften hierfür eigene Siegel (*common seal*). Durch die Besiegelung von Verträgen kann festgestellt werden, welche Handlungen in offizieller Funktion des Unternehmens ausgeführt werden und welche privat.

die Aktionäre auch eine wichtige Rolle bei der externen Unternehmenskontrolle durch den Kapitalmarkt. Die Handelbarkeit von Unternehmensanteilen - inklusive der dazugehörigen Haftungsverpflichtungen - verringert das Risiko der Anleger. Aktionäre, die mit der Geschäftsentwicklung des Unternehmens unzufrieden sind und keinen internen Kontrolleinfluß auf das Management ausüben können oder wollen, können versuchen, ihre Aktien an einflußreichere oder risikofreudigere Anleger zu verkaufen. Das Kaufs- und Verkaufsverhalten der Aktionäre beeinflußt die Kurse der Anteilspapiere im öffentlichen Handel. Die Aktienkurse, insbesondere die von Publikumsgesellschaften mit breit gestreutem Aktienbesitz, reflektieren die Informationen und Einschätzungen vieler Investoren. So liefern die Aktienkurse auch für wenig informierte Anleger Anhaltspunkte für die Bewertung der Chancen von Unternehmen und der Leistungsfähigkeit von Managerteams.

Durch die Begrenzung der Haftungsverpflichtungen der Aktionäre auf den Wert ihrer Anlage wird das Risiko der Investitionen besser kalkulierbar. Das begrenzte Risiko und die freie Handelbarkeit von Unternehmensanteilen ermöglichen es Aktiengesellschaften, Eigenkapital von einer Vielzahl von Investoren zu sammeln, die über keine besonderen Kenntnisse über das jeweilige Unternehmen verfügen müssen. Darüber hinaus bieten sie den Anlegern durch die jederzeitige Verkaufsoption ein hohes Maß an Liquidität (*Gower* 1992, S. 9).

Die Wahl der Unternehmensform der Aktiengesellschaft als Grundlage für die rechtliche Organisation wirtschaftlicher Aktivitäten in Unternehmen wird jedoch nicht nur von den sich daraus ergebenden einzelwirtschaftlichen Vorteilen durch Spezialisierung und Risikostreuung beeinflußt. Sie ist auch von den notwendigen Formalitäten und Kosten der Inkorporation sowie des Betriebs einer inkorporierten Unternehmung sowie von steuerlichen Behandlung dieser Unternehmensform und der Einkommen aus Unternehmensgewinnen abhängig (*Gower* 1992, S. 98 - 106).

3.2. Von der Joint Stock Company zur Public Limited Company: Zur Entstehung von Aktiengesellschaften in Großbritannien

Um die Bedeutung und Funktionsweise der modernen Aktiengesellschaft in Großbritannien zu verstehen, ist es wichtig, sich mit ihrer Entstehungsgeschichte zu befassen. Dabei zeigt sich, daß die Entwicklung der Aktiengesellschaft sowohl durch die Findigkeit und Kreativität von Unternehmensgründern als auch durch die wirtschaftliche Entwicklung, das britische Rechtssystem und die staatliche Wirtschaftspolitik geprägt worden ist.

3.2.1. Die Entwicklung von Joint Stock Companies bis zum 18. Jahrhundert

Die Entwicklung der Aktiengesellschaft in Großbritannien ist eng mit der Erfindung der Institution der Körperschaft verbunden. Schon im 14. Jahrhundert wurden in Großbritannien durch königliches Statut (*Charter*) Körperschaften mit eigener Rechtspersönlichkeit geschaffen. Dabei handelte es sich zunächst vorwiegend um religiöse oder politische Institutionen, z.B. Klöster und Stadtverwaltungen, die durch Inkorporation unabhängig von dem persönlichen Geschick und der rechtlichen Stellung ihrer Mitglieder und Agenten wurden (*Gower* 1992, S. 19). In diesem Vorteil ist der tiefere ökonomische Entstehungsgrund von Aktiengesellschaften zu sehen, und zwar vor dem Hintergrund folgender Ausgangsbedingungen:

Es gab damals prinzipiell nur zwei Möglichkeiten, ein Unternehmen zu führen: entweder als Einzelkaufmann (*Sole Trader*) oder als Personengesellschaft (*Partnership*), also als Vereinigung gleichberechtigter Unternehmer. Für den Fall, daß sich mehrere Unternehmer zu einer Personengesellschaft zusammenfanden, galten alle Gesellschafter als Agenten des Unternehmens. Geschäftsgrundlage war dabei der *Joint Stock*, das Unternehmensvermögen, das die Gesellschafter in Form von dinglichen oder monetären Einlagen einbrachten. Zwischen privaten und unternehmensbezogenen Handlungen der Beteiligten wurde nicht unterschieden. Aus diesem Grund waren die Mitglieder nicht nur persönlich und unbeschränkt für die Geschäfte des Unternehmens haftbar, das Unternehmen mußte auch unbegrenzt für die privaten Schulden der Gesellschafter aufkommen (*Gower* 1992, S. 22 f.). Da mit jedem neuen Mitglied das Risiko wuchs, für dessen Handlungen haftbar gemacht zu werden, war die Möglichkeit, durch Aufnahme neuer Mitglieder das Unternehmenskapital zu erhöhen, begrenzt. Die Beteiligung *Stiller Teilhaber*, die bei begrenztem Risiko am Unternehmenserfolg partizipieren konnten, ohne sich direkt in die Unternehmensführung einzumischen, war juristisch nicht möglich, weil Gläubiger, deren Zinsforderungen sich am Unternehmenserfolg orientierten, in Haftungsfragen wie die Eigentümer behandelt wurden.[2] Schied eines der Unternehmensmitglieder durch Tod oder auf Wunsch aus, änderte sich die Haftungsgrundlage des Unternehmens, so daß es aufgelöst werden mußte. Dies führte zu einer extremen Kurzlebigkeit der Unternehmen. Es lag daher nahe, Rechtsformen der Unternehmung zu entwickeln, die eine größere Überlebensfähigkeit und damit auch die intergenerative Vermögenssicherung und eine höhere Liquidität der Unternehmensbeteiligungen ermöglichten.

Die Vergabe des Körperschaftsstatus an *ökonomische* Organisationen reicht in Einzelfällen schon bis in das 14. Jahrhundert zurück; doch wurde diese Praxis erst im Zuge der Ausweitung des internationalen Handels mit den Kolonien im 16. Jahrhundert üblich (*Gower* 1992, S. 21; *Scott* 1912, S. X). Das ist deshalb bemerkenswert, weil das Rechtsinstitut der juristischen Person für wirtschaftliche Handlungen über große räumliche Distanz und bei vergleichsweise größerer Unsicherheit der kulturellen und rechtlichen Rahmenbedingungen besonderes vorteilhaft für die Interessensicherung der Eigentümer ist.

---

[2] Im Handelsrecht des europäischen Kontinents war diese Möglichkeit durch die Rechtsform der *Commenda* gegeben, bei der ein Kreditgeber am Gewinn beteiligt werden konnte, aber nur mit seiner Einlage haftete. Im 13. und 14. Jahrhundert wurde diese Unternehmensform durch italienische Finanziers auch in England eingeführt. Aufgrund des Rückgangs des italienischen Einflusses in England nach 1345, der Haftungsregel im englischen Unternehmensrecht und der im Vergleich zum europäischen Festland mangelhaften Entwicklung der Buchführungstechniken in England fand die *Commenda* hier keine weite Verbreitung (*Gower* 1992, S. 20, S. 90, *Scott* 1912, S. IX). Auf dem Kontinent jedoch entwickelte sich aus dieser Unternehmensform später die Kommanditgesellschaft (KG), die in Großbritannien erst durch den *Limited Partnership Act* von *1907* zugelassen wurde.

Die ersten sogenannten *Regulated* oder *Chartered Companies*[3] hatten noch wenig mit den modernen Kapitalgesellschaften gemein. Vielmehr handelte es sich bei den frühen *Regulated Companies* in erster Linie um Institutionen zur Internationalisierung des Zunftwesens (*Butler* 1986, S. 170; *Gower* 1992, S. 21; *Smith* 1776/1981, S. 733 f.). So waren es anfänglich vor allem Händler- und Handwerkerzünfte (*Guilds*), die sich auf den Handel mit dem Ausland konzentrierten, die versuchten, eine königliche Charter oder - insbesondere ab dem 17. Jahrhundert - ein Parlamentsgesetz zu erwirken, das ihrer Organisation den Status einer Körperschaft zubilligte. Als juristische Person konnten diese Organisationen eigenes Eigentum halten und darüber verfügen sowie vor Gerichten klagen (aber auch verklagt werden). Das *common seal* wirkte wie eine Münzprägung für erlaubte wirtschaftliche Handlungen, senkte also die Transaktionskosten und erlaubte es, die so eingesparten beträchtlichen Ressourcen anderweitig einzusetzen.

Wichtiger als diese ökonomischen Vorteile der juristischen Person waren jedoch die Monopolrechte, die mit den Unternehmenschartern und -gesetzen verbunden waren. Sie erlaubten es den Regulated Companies, den Zugang zum Markt zu kontrollieren und wettbewerbsbeschränkende Regeln für das Geschäftsgebaren festzulegen. Viele *Merchant Adventurers Companies*, die Handel mit Kolonien betrieben, erhielten sogar die Regierungsgewalt über die ihnen zugesprochenen Handelsterritorien. Damit entwickelte sich die Rechtsform der juristischen Person zu einem Instrument der monopolistischen Ausbeutung im Dienste der Zünfte bzw. der davon profitierenden Regierung.

Die enge Verbindung zwischen Zünften und Regulated Companies zeigt sich nicht nur in der personellen Verknüpfung der Mitgliedschaft in Zünften und Regulated Companies im 16. und 17. Jahrhundert, sondern auch in der Ähnlichkeit der Organisation beider Institutionen. Die Regulated Companies übernahmen die traditionelle Verwaltungsstruktur der Zünfte mit geschäftsführendem Direktor (*Governor*), beratender und überwachender Ratsversammlung (*Council*) und regelmäßiger Hauptversammlung der Mitglieder (*General Meeting*). Die Grundzüge dieser Organisationsstruktur finden sich mit dem *Chief Executive Officer*, dem *Board of Directors* und dem *General Meeting* der Aktionäre bis heute in britischen Aktiengesellschaften. Auch die Einführung der Buchführung und der Wirtschaftsprüfung in den Regulated Companies erfolgte parallel zu der in den Zünften (*Scott* 1912, S. IX; *Watts* und *Zimmermann* 1983, S. 620 f.).

Die Unternehmenscharter oder das Unternehmensgesetz legte den Namen, den Status als Körperschaft, den Verwaltungssitz, den Geschäftszweck, die zur Betreibung des Geschäfts erlaubten wirtschaftlichen Handlungen und die gewährten Monopolrechte fest. Der Inhalt dieses Dokuments konnte von der Regulated Company nur sehr bedingt selbst bestimmt werden, da die genaue Ausgestaltung in der Hand der Krone oder des Parlaments lag. Eine nachträgliche Änderung ohne Zustimmung der ausstellenden Institution war nicht möglich. Allerdings konnten die Regulated Companies *Bye-Laws*

---

[3]   Der Begriff *Regulated Company* wird in der Literatur analog zu dem der *Chartered Company* verwendet (Siehe: *Smith* 1776/1981, S. 733 ff; *Gower* 1992, S. 20), obgleich letzterer nur die Unternehmen bezeichnet, die auf Grundlage einer königlichen Charter Handel treiben, während unter den ersten auch die Unternehmen fallen, die durch ein Gesetz des Parlaments zu Körperschaften erklärt wurden.

erlassen, um ihre Organisationsregeln genauer zu spezifizieren. Diese Regeln konnten durch die Mitgliederversammlung verändert werden. Auch diese Vorgehensweise, die Unternehmensverfassung in zwei Dokumenten niederzulegen, hat sich bis heute in den britischen Aktiengesellschaften erhalten. Dabei entsprechen das heutige *Memorandum of Association* der Unternehmenscharter oder dem Unternehmensgesetz und die *Articles of Association* den Bye-Laws (*Gower* 1992, S. 14).

In den frühen Regulated Companies führten die einzelnen Unternehmensmitglieder ihre Geschäfte in der Regel weiterhin aus eigenen Beständen und auf eigene Rechnung durch. Nur allmählich wurde die Vorgehensweise von Personengesellschaften über-nommen, auf gemeinsame Rechnung mit einem Joint Stock-Handel zu betreiben (*Butler* 1986, S. 170; *Gower* 1992, S. 20). Erst in diesem Entwicklungsstadium wandelten sich die Regulated Companies von geschlossenen Vereinigungen zur Wettbewerbsbe-schränkung zu gemeinschaftlichen Unternehmen, die in dem Maße offen wurden und damit Publikumscharakter annahmen, in dem die Anteile übertragbar wurden. An der wettbewerbsbeschränkenden Zielsetzung änderte sich zunächst jedoch kaum etwas.

Diese Entwicklung kann z.B. an der 1600 gegründeten Ost-Indien-Gesellschaft (*East Indian Company*) nachvollzogen werden. Diese stellt allerdings insofern einen Sonder-fall dar, als von Beginn an die Mitglieder neben dem Handel mit ihren eigenen Waren und auf eigene Rechnung auch Anteile (*Shares*) an gemeinsamen Unternehmungen (meist Handelsreisen) zeichnen konnten. Anfangs wurden die geleisteten Einlagen, die den Joint Stock ausmachten, und die erzielten Gewinne nach jeder Handelsfahrt an die Anteilseigner ausgezahlt. Ab 1614 wurden Anteile jeweils für eine feste Anzahl von Jahren gezeichnet, bis schließlich 1653 dauerhafte Anteile eingeführt wurden. Erst 1692 wurde der private Überseehandel der einzelnen Mitglieder untersagt und der Handel exklusiv auf gemeinsame Rechnung über den Joint Stock abgewickelt (*Gower* 1992, S. 21). Hierfür spielte die kostensparende Sicherung der Monopolrechte eine wesentli-che Rolle.

Im Gegenzug zu der zumeist mit der Vergabe von Monopolrechten verbundenen Gewährung einer Unternehmenscharter oder eines -gesetzes mußten die Regulated Companies - wie oben angedeutet - den Staat an ihren Einnahmen beteiligen[4] oder staatliche Ausgaben, z.B. für die Kriegsmarine oder Kolonialstützpunkte,[5] übernehmen. Hinzu kamen Aufwendungen für Bestechungsgelder, mit denen Politiker und Verwal-tungsbeamte davon *überzeugt* wurden, daß die Vergabe eines Körperschaftsstatuts an ein bestimmtes Unternehmen im wirtschaftlichen oder politischen Interesse Großbritan-niens lag.

Um den hohen Kosten zu entgehen, die dieses Verfahren mit sich brachte, wurden Möglichkeiten gesucht, *Joint Stock Companies*[6] zu bilden, die weder auf einem Gesetz

---

[4] Zu den Joint Stock Companies, die verpflichtet waren, die Krone an ihren Einnahmen zu beteiligen, gehörten Ende des 16. Jahrhunderts z.B. auch Freibeutersyndikate wie die von Sir *Francis Drake* organisierten Kaperfahrten (*Scott* 1912, S. XI f.).

[5] Siehe z.B. *Scott* 1912, S. X; *Smith* 1776/1981, S. 731 - 333.

[6] Der US-amerikanische Begriff für Aktiengesellschaft, *Stock Company*, erinnert heute noch an diesen Vorläufer der modernen Kapitalgesellschaft.

noch auf einer Charter beruhten. Hierbei wird erkennbar, wie das bislang dominierende Prinzip der gesetzten Ordnung mehr und mehr durch Elemente einer spontanen Ordnung ergänzt und ersetzt wurde: Durch die findige Gestaltung von Partnerschaftsverträgen wurde versucht, auch nichtinkorporierten Unternehmen die Möglichkeit zu geben, wie eine juristische Person vor Gericht aufzutreten, das Ausscheiden von Gesellschaftern zu überdauern oder sich der Haftung für die privaten Verbindlichkeiten der Gesellschafter zu entziehen. Der oben erwähnte Kernvorteil der juristischen Person wurde offensichtlich im wirtschaftlichen Verkehr mehr und mehr erkannt und angestrebt. Allerdings waren die Common Law-Gerichte häufig nicht bereit, die privat vereinbarten (informellen) Regeln der Partnerschaftsverträge als bindend anzusehen. Dennoch wurden unter dem Einfluß niederländischer Kaufleute, die im 17. Jahrhundert nach England einwanderten, solche nichtinkorporierten Joint Stock Companies trotz ihres zweifelhaften juristischen Status eine populäre Form der Unternehmensorganisation (*Butler* 1986, S. 171; *Davies* 1997, S. 21 f.). Dies zeigt, wie stark sich unter den gegebenen Umständen der Kernvorteil der juristischen Person erwies.

Im Laufe des 17. Jahrhunderts trat als Motiv für die Gründung von Regulated Companies die Ausbeutung eines Monopols allmählich zugunsten der Kapitalakkumulation und der Ermöglichung einer Arbeitsteilung zwischen Unternehmern und Investoren in den Hintergrund. Immer mehr suchten auch solche Unternehmen um Inkorporation nach, die sich auf die gewerbliche Produktion im Inland spezialisiert hatten, wie *Davies* (1997, S. 23) berichtet. Der wirtschaftliche Wandel durch den Ausbau des Fernhandels und technische Innovationen bei Produkten und Produktionsverfahren begünstigten wachsende Betriebsgrößen und verlangten steigende Ausrüstungsinvestitionen. Die inkorporierten und nichtinkorporierten Joint Stock Companies ermöglichten einerseits, die Kapitalausstattung von Unternehmen zu erhöhen, andererseits erlaubten sie den Investoren eine bessere Risikostreuung. Diese Vorteile gegenüber anderen Unternehmensformen sowie die hohen Gewinne, die insbesondere im Fernhandel von Joint Stock Companies erzielt wurden, führten Anfang des 17. Jahrhunderts zu einem regelrechten Gründungsboom von Unternehmen dieser Rechtsform (*Scott* 1912, S. XIV, XXII; *Gower* 1992, S. 24).

Aus dem Nebeneinander von eindeutig wettbewerbsbeschränkenden und wettbewerbsfördernden Companies entwickelte sich ein beträchtlicher Zündstoff. Die Monopolrechte vieler Regulated Companies wurden in der Öffentlichkeit zunehmend kontrovers diskutiert; dies ist vor dem Hintergrund der aufkommenden Freihandelsbewegung in Großbritannien verständlich. Während einerseits die Monopole als ungerechtfertigte Beschränkung des Freihandels kritisiert wurden, wurde andererseits, vor allem von seiten des Staates, auf die Bedeutung von Monopolrechten als Anreiz für Pionierunternehmer verwiesen (*Gower* 1992, S. 23; *Scott* 1912, S. 105 - 128). Wenn es auch zu einer gewissen Begrenzung der Monopole kam, behielt der britische Staat im 17. und 18. Jahrhundert dennoch die Praxis der Monopolvergabe bei. Dabei ging es jedoch weniger um Industriepolitik, als vielmehr darum, dem Staat eine Einnahmequelle zu sichern (*Baker* 1990, S. 512; *Butler* 1986, S. 171). Erst im 19. Jahrhundert setzte sich - unter dem Einfluß der Arbeiten von *Adam Smith, David Ricardo, Jeremy Bentham* sowie *James* und *John Start Mill* - die Lehre von der Vorteilhaftigkeit des Freihandels auch in der Politik durch. Anfang des 19. Jahrhunderts verloren viele Handelsgesellschaften ihre Monopolrechte.[7] Ab 1841 wurden unter der Regierung *Robert Peels* die Zölle deutlich reduziert, und 1849 wurden im Bereich der Handelsschiffahrt die Beschränkungen durch den *Navigation Act* von *1651* aufgehoben.

Parallel zu dieser Art von Transformation der Wirtschaftsordnung breiteten sich die Joint Stock Companies aus und entwickelte sich der Markt für Unternehmensanteile. Gegen Ende des 17. Jahrhunderts war der Aktienhandel bereits hoch organisiert.[8] Schon 1692 wurden die Kurse von Anteilen an Joint Stocks regelmäßig bekannt gemacht, und ab 1696 wurde versucht, unseriösem Geschäftsgebaren im Anteilshandel durch die staatliche Regulierung der Tätigkeit von Aktienmaklern Einhalt zu gebieten (*Gower* 1992, S. 24; *Scott* 1912, S. XXI f.). Unter den freizügigen Ordnungsbedingungen wurden wichtige Merkmale der gehandelten Unternehmensanteile den veränderten Anforderungen angepaßt: Die Aktien wurde stärker gestückelt, so daß der *Nennwert* der Aktien sank, und es wurden verschiedene *Klassen von Unternehmensanteilen* entwickelt: Schuldverschreibungen mit festem Zinssatz (*Debentures*), Vorzugsaktien mit eingeschränktem Stimmrecht oder begrenzter Gewinnbeteiligung (*Preference Shares*) und gewöhnliche Aktien (*Ordinary Shares*), die das höchste Risiko, aber auch die größten Gewinnchancen trugen (*Scott* 1912, S. XI, XXII).

Obgleich die rechtliche Stellung der Regulated Companies nach wie vor klarer war als die der nichtinkorporierten Joint Stock Companies, ergab sich für beide Unternehmensformen im 16. und 17. Jahrhundert ein hohes Maß an Rechtsunsicherheit. Statt eigene Regeln für Kapitalgesellschaften zu entwickeln, versuchten die Common Law-Gerichte, das noch kaum entwickelte Recht für Personengesellschaften und das Zunftrecht auf diese neuen Unternehmensverfassungen anzuwenden (*Gower* 1992, S. 24). Sofern auf gesetzlicher Ebene von der Krone oder dem Parlament allgemeines Unternehmensrecht geschaffen wurde, bezog sich dieses in der Regel auf Personengesellschaften.

Die ökonomischen Vorteile der Inkorporation außerhalb des Monopolprivilegs zeigten sich besonders beim Transfer von Unternehmensanteilen. Obgleich in vielen Partnerschaftsverträgen von Personengesellschaften ein solcher Transfer gestattet wurde, war die rechtliche Zulässigkeit dieses Vorgehens zweifelhaft. Inkorporierte Unternehmen hingegen konnten im Rahmen der Unabhängigkeit ihrer Existenz von der Beteiligung einzelner Gesellschafter die Übertragung von Anteilen am Joint Stock in ihren Chartern oder Gesetzen rechtsgültig regeln. Obgleich der Transfer von Anteilen am Joint Stock und dem damit verbundenen Recht auf Gewinnbeteiligung somit legalisiert wurde, blieben ehemalige Anteilseigner weiterhin für die Schulden des Unternehmens haftbar, auch wenn diese erst nach ihrem Ausscheiden angefallen waren.

---

[7]   So wurde der *East India Company* 1813 zunächst das Monopol für den Handel mit Indien und 1834 auch für den Handel mit China entzogen (*Gossel* 1994, S. 297 f.).

[8]   Dennoch muß darauf hingewiesen werden, daß das Kapital für Investitionen in Joint Stock Companies hauptsächlich regional aufgebracht wurde; im 17. und 18. Jahrhundert kann noch nicht von einem entwickelten nationalen Kapitalmarkt gesprochen werden.

Während die Haftungsbegrenzung der Mitglieder nicht-wirtschaftlicher Körperschaften in England schon im 15. Jahrhundert anerkannt worden war, waren die Gesellschafter inkorporierter wie nichtinkorporierter Unternehmen noch bis Mitte des 19. Jahrhunderts unbeschränkt haftbar. Der Grund, warum auch die Gesellschafter inkorporierter Unternehmen in der Regel für etwaige Verluste unbeschränkt haftbar waren, lag darin, daß in den Unternehmenschartern oder -gesetzen häufig eine unbeschränkte Nachschußpflicht der Gesellschafter festgeschrieben war. Hier zeigt sich eine Rechtstradition, die sich - unabhängig von ihrer wirtschaftlichen Zweckmäßigkeit - gleichsam wie ein alter ausgetretener Trampelpfad erhalten hat. Selbst in den Fällen, in denen eine solche Regel nicht explizit aufgeführt war, gingen die Gerichte üblicherweise davon aus, daß eine Nachschußpflicht bestand. Lediglich, wenn die Haftungsbegrenzung im Körperschaftsstatut explizit festgehalten worden war, wurde die Haftungsbegrenzung auch von den Gerichten anerkannt (*Davies* 1997, S. 21 f., 31). Für Kleinanleger bestand allerdings ein effektiver Schutz gegen Haftungsforderungen darin, daß Gläubiger, welche fällige Schulden der Unternehmung bei den Gesellschaftern eintreiben wollten, jeden Gesellschafter einzeln verklagen mußten. Deshalb wurden in erster Linie besonders wohlhabende Gesellschafter verklagt. Diese hatten ihrerseits jedoch keine Möglichkeit, andere Aktionäre zur Beteiligung am Schuldendienst zu zwingen. Alternativ versuchten Aktionäre, die Eintragung in das Gesellschafterregister hinauszuzögern oder gänzlich zu vermeiden, so daß die Gläubiger nicht feststellen konnten, wer die ehemaligen oder aktuellen Gesellschafter des Unternehmens waren. In diesem Zusammenhang entwickelte sich ein reger Handel mit Inhaberaktien (*Butler* 1986, S. 181).

Die Frage der Begrenzung der Haftung aktueller und ehemaliger Gesellschafter wurde sowohl für inkorporierte als auch nichtinkorporierte Joint Stock Companies erst im 19. Jahrhundert befriedigend geklärt.

3.2.2. Die Entwicklung der Joint Stock Company in der Zeit zwischen dem Bubble Act von 1720 und dem Repeal Act von 1825

3.2.2.1. Die South Sea Bubble und der Bubble Act von 1720

Anfang des 18. Jahrhunderts führten hohe Gewinne und Kurssteigerungen von Joint Stock Companies zu einer Welle von Unternehmensgründungen und verstärkten Spekulationen an der Londoner Börse, dem Zentrum des Aktienhandels in Großbritannien. Doch ungenügende Informationen über die Ursachen der günstigen Gewinnsituation und der hohen Kurssteigerungen vieler Unternehmen sowie die Unsicherheit des rechtlichen Status vieler Joint Stock Companies führten 1720 zunächst zur Bildung einer spekulativen Blase am Aktienmarkt und schließlich zu deren Zerplatzen. Diese Entwicklung ist untrennbar mit der Geschichte der *South Sea Company* verbunden.

Die *South Sea Company* erhielt 1711 eine Charter mit Monopolrechten für den Handel mit Südamerika. 1719 wurde die Charter erweitert, um das Unternehmen zu autorisieren, sein Kapital aufzustocken um damit Schuldtitel des Staates aufzukaufen. Um dieses Recht für sich zu gewinnen, lieferte sich die *South Sea Company* einen erbitterten und teueren Konkurrenzkampf mit der *Bank of England*. Nachdem sie den Bestechungs- und Konditionenwettlauf gewonnen hatte, betrieb das Unternehmen eine aggressive

Marketingkampagne, um seine Anteile an der Börse unterzubringen und um die Eigentümer der Staatsschuldtitel davon zu überzeugen, diese Wertpapiere zu verkaufen oder direkt in Aktien der *South Sea Company* einzutauschen. Dies weckte das Interesse vieler Investoren, erstmals oder verstärkt ihr Kapital in Aktien anzulegen. Da sich die Unternehmensform der Joint Stock Company nur für große Unternehmen eignete, war die Anzahl der zum Kauf stehenden Unternehmensanteile sehr begrenzt. Dies führte zu hohen Kurssteigerungen, was wiederum die Nachfrage nach Aktien weiter anheizte (*Butler* 1986, S. 171; *Gower*, S. 25). Der Marktwert der meisten Unternehmen lag vermutlich erheblich über dem Wert des Unternehmensvermögens. Hierzu trugen wahrscheinlich die optimistische Stimmung der Investoren und die breite Werbung für Aktieninvestitionen bei, konstitutiv hierfür waren jedoch die schlechte Informationslage vieler Investoren und die Praxis einiger Unternehmen, Kredite für den Kauf eigener Aktien zu vergeben.[9]

Im Zuge des Booms des Aktienmarktes wurden viele Joint Stock Companies gegründet, die entweder nicht inkorporiert waren oder den Körperschaftsstatus durch den Aufkauf der Urkunde einer alten aufgelösten Regulated Company erworben hatten.[10] Inwieweit Auslöser für die Gründung dieser Unternehmen die Hoffnung war, im allgemeinen Aktienfieber Kursgewinne verbuchen zu können, oder das Bestreben, gewerbliche Aktivitäten in einem Unternehmen zu organisieren, mag dahingestellt bleiben. Für die *South Sea Company* wird von *Scott* (1912, S. XXIV) und *Gower* (1992, S. 25) angenommen, daß das Gewinnmoment weniger in der Verzinsung der Staatsschuld und dem - zwischenzeitlich nur noch sehr geringen - Handel mit Südamerika lag als in den spekulationsbedingt hohen Prämien auf den Nennwert der Unternehmensanteile. Hierbei profitierte das Unternehmen von der schlechten Informationslage der Investoren bzw. dem Vertrauen der Anleger in die öffentlichen Erklärungen von Politikern, daß die Aktien der *South Sea Company* ein sicheres und hoch rentables Investitionsobjekt seien. Die Politiker profitierten auf zweierlei Weise von dieser Werbung: Zum einen besaßen viele Mitglieder der Regierung und des Unter- sowie des Oberhauses Aktien der *South Sea Company*, zum anderen war es der Regierung aufgrund der hohen Prämien, die auf Emissionen von Aktien der *South Sea Company* gezahlt wurden, möglich, Staatsschuldtitel mit einem Disagio zu emittieren. Dadurch wurde der finanzielle Spielraum des Staates erhöht.

Schließlich erließ das *House of Commons* 1720 den sogenannten *Bubble Act*, durch den das Parlament die Spekulationen an der Börse und die Flut der Neugründungen von nichtinkorporierten Joint Stock Companies eindämmen wollte. *Butler* (1986, S. 171 - 173) geht davon aus, daß das Ziel des *Bubble Act* von 1720 nicht die Herstellung *geordneter Verhältnisse*, sondern eine Wettbewerbsbeschränkung am Aktienmarkt war. Seiner Meinung nach war der Einfluß von Direktoriumsmitgliedern der *South Sea Company* auf das Parlament ausschlaggebend für die Verabschiedung des Gesetzes. Durch

---

[9]   Zur Vorgehensweise der *South Sea Company* siehe *Scott* 1912, S. XXIV.

[10]   Dabei mußten die Namen der Unternehmen, deren Körperschaftsurkunde verwendet wurde, angenommen werden. So firmierten 1720 unter der *Mines Royal Company* und der *Mineral and Battery Works Company* Versicherungen und unter der *Sword Blade Company* eine Bank (*Gower* 1992, S. 25).

die Beschränkung der zum Handel zugelassenen Unternehmensanteile sollten noch höhere Kursgewinne und eine Ausweitung des Kapitalstocks zur weiteren Konversion von Staatsschuldtiteln realisiert werden. Auch hatten das Parlament und die Krone ein erhebliches Eigeninteresse an dieser Gesetzgebung, da durch den *Bubble Act* der Wert der Inkorporation für die Gesellschafter von Joint Stock Companies erheblich anstieg, so daß die Mitglieder des Parlaments und des königlichen Haushalts mit höheren Bestechungsgeldern und größeren Staatseinnahmen im Gegenzug für die Gewährung der Inkorporation rechnen konnten.

Das Parlament versäumte dabei, eine allgemeine gesetzliche Grundlage für Kapitalgesellschaften zu schaffen, die Haftung der Eigentümer und Gläubiger sowie die Legalität des Handels mit Aktien eindeutig zu klären. Auch wurden keine juristischen Verfahren zur Kontrolle der Unternehmensführung vorgeschrieben, die hätten helfen können, die Anteilseigner und die Öffentlichkeit vor Betrug und Mißwirtschaft bei der Gründung und der Führung von Joint Stock Companies zu schützen. Statt dessen wurde durch den *Bubble Act* der Zugang von Joint Stock Companies zu einer eigenen Rechtspersönlichkeit erschwert (*Gower* 1992, S. 28); ihre rechtliche Situation wurde noch unsicherer als vorher. Unternehmen, die nach dem 24. Juni 1718 gegründet worden waren, wurden mit der Auflösung bedroht, falls sie ohne gültige Körperschaftsurkunde Kapital durch frei handelbare Unternehmensanteile aufbrachten, Geschäfte tätigten, die nicht durch die sehr detaillierten Angaben in ihren Körperschaftsurkunden abgedeckt waren oder den Eindruck erweckten, daß die Haftung der Aktionäre begrenzt sei (*Davies* 1997, S. 25, 32).

Durch den *Bubble Act* nahm die Rate der Neugründungen von Joint Stock Companies stark ab. Dies führte zu einer Intensivierung des Handels mit Aktien bereits existierender Joint Stock Companies und zu weiteren Kurssteigerungen (*Butler* 1986, S. 171 f.; *Scott* 1912, S. XXIV). Im August 1720 sollte ein weiterer Teil der Staatsschuld in Aktien der *South Sea Company* konvertiert werden. Die starke Spekulation hatte zu einer Kapitalverknappung geführt. Um Kapital von anderen Unternehmen abzuwerben, beantragte die *South Sea Company* die Einleitung von Ermittlungen wegen des Verstoßes gegen den *Bubble Act* gegen einige nichtinkorporierte Joint Stock Companies. Das Vertrauen der Öffentlichkeit in Aktienanlagen, das nach Erlaß des *Bubble Act* schon zu bröckeln begonnen hatte, ließ erheblich nach. Waren zunächst nur die Unternehmen von Kurseinbrüchen betroffen, gegen die Ermittlungen aufgenommen worden waren, kam es bald zu Panikverkäufen aller Arten von Unternehmensanteilen. Dies führte zu einer Reihe von Unternehmenszusammenbrüchen, insbesondere bei Finanzierungsgesellschaften und Banken (*Scott* 1912, S. XXIV). Ironischerweise wurde auch die *South Sea Company* massiv in Mitleidenschaft dieses Börsenkrachs gezogen. Ihre Aktien litten stark unter Kursverfall, und obgleich das Unternehmen nicht in Konkurs ging, wurde seine Reputation so stark beschädigt, daß es sich nie mehr vollkommen davon erholte. Andere inkorporierte und nichtinkorporierte Joint Stock Companies überstanden das Zerplatzen der sogenannten *South Sea Bubble* erheblich besser und boten in der Folgezeit ein gutes Beispiel für die Vorteile dieser Unternehmensform (*Davies* 1997, S. 26 f.).

3.2.2.2. Die Entwicklung von Deed of Settlement Companies

Bis zum Kanalbauboom Ende des 18. Jahrhunderts wurde die Gewährung von Körperschaftsstatuten durch Parlament und Krone sehr restriktiv gehandhabt. Die starke Beschränkung des Zugangs zur Rechtsform der Körperschaft führte dazu, daß weiterhin nichtinkorporierte Joint Stock Companies gegründet wurden. Allerdings herrschte große Verwirrung darüber, was diesen Unternehmen unter dem *Bubble Act* erlaubt war und was nicht (*Butler* 1986, S. 174). Obgleich zwischen 1724 und 1807 der *Bubble Act* nie angewendet wurde, hing er doch wie ein Damoklesschwert über den nichtinkorporierten Joint Stock Companies. Da insbesondere der Handel mit Aktien juristisch zweifelhaft war und nichtinkorporierte Unternehmen, deren Anteile frei transferiert wurden, jederzeit von der Auflösung bedroht waren, verringerte sich das Volumen des Aktienhandels erheblich. Hinzu kam, daß viele Anleger, die große Verluste in dem Börsenkrach von 1720 hatten hinnehmen müssen, das Vertrauen in die Aktienanlage verloren hatten. In der Folgezeit wurde der Aktienhandel in erster Linie als eine Möglichkeit für Geschäftsleute gesehen, Anteile an Unternehmen zu erwerben, mit deren Geschäften sie vertraut waren. Spekulative Anlagen und Anlagen von Privatpersonen ohne geschäftliche Verbindungen mit den Unternehmen kamen verstärkt erst wieder Ende des Jahrhunderts im Zuge des Eisenbahnbooms und der damit verbundenen Welle von Unternehmensgründungen auf (*Gower* 1992, S. 31).

Tab. 3.1: **Die Entwicklung der Investitionen in Joint Stock Companies bis zum Bubble Act von 1720**

Jahr	In Unternehmensanteile von Joint Stock Companies investiertes Vermögen in £
1553 - 1560	10.000
1570	100.000
1695	4.250.000
1717	20.500.000
1720	50.000.000

Quelle: *Scott* 1912, S. IX - XXIII.

Neben der ständigen potentiellen Existenzbedrohung durch den *Bubble Act* wurde die Entwicklung der nichtinkorporierten Joint Stock Companies wesentlich dadurch behindert, daß sie bei Rechtsstreitigkeiten wie Personengesellschaften behandelt wurden. Dadurch wurde ihnen häufig faktisch der Zugang zu Gerichten verwehrt, um rechtliche Streitigkeiten innerhalb und außerhalb der Unternehmung zu lösen. Gleichzeitig verhinderte die Abwesenheit eines gut ausgebildeten Wertpapiermarktes, daß unzufriedene Aktionäre durch den Verkauf ihre Anteile rasch und ohne hohe Kosten aus dem Unternehmen ausscheiden konnten (*Butler* 1986, S. 173).

Einige nichtinkorporierte Joint Stock Companies, die keine Chance sahen, eine gültige Körperschaftsurkunde zu erwerben, suchten beim Parlament um *Special Private Acts* nach, die ihnen Klagerechte einräumten. Dadurch wurden Joint Stock Companies und Personengesellschaften mit mehreren hundert Mitgliedern in die Lage versetzt, im Namen ihres *Principal Officer* zu klagen und verklagt zu werden. Durch diese Praxis wurde die Existenz nichtinkorporierter Joint Stock Companies vom Parlament anerkannt.

Ob hierbei allerdings die Relativierung des *Bubble Act* oder die Erschließung neuer Einkommensquellen für die Parlamentarier im Vordergrund stand, läßt sich nicht klären (*Butler* 1986, S. 173 f.).

Da die Möglichkeit, inkorporierte Unternehmen mit frei transferierbaren Anteilen zu gründen, massiv beschränkt war, entwickelten findige Unternehmer eine Form der Personengesellschaft, die es ihnen erlaubte, viele der Vorzüge von Körperschaften durch die Errichtung von *Trusts* zu nutzen. Die prospektiven Mitglieder dieser *Deed of Settlement Companies* trafen eine Übereinkunft, bestimmte Anteile am Unternehmenskapital, dem Joint Stock, zu zeichnen. Die Leitung des Unternehmens wurde an ein Direktorium delegiert und das Eigentum des Unternehmens einer Gruppe von Treuhändern (*Trustees*) anvertraut, von denen einige in der Regel auch Direktoren des Unternehmens waren.

Obgleich die genaue rechtliche Stellung der Treuhänder im Common Law nicht ganz klar war, sah der Unternehmensvertrag in der Regel vor, daß die Treuhänder stellvertretend für die Unternehmung klagen und verklagt werden konnten (*Gower* 1992, S. 30, 32). Im Rechtsstreit *Metcalf v. Bruin* (12 East 405 1810) wurde 1810 entschieden, daß die Treuhänder auch dann das Recht hatten, für das Unternehmen aktiv zu werden, wenn in der Zeit seit ihrer Bestellung die Eigentümer der Unternehmensanteile gewechselt hatten. Durch diese Regelung erkannte das Gericht faktisch die Legalität des Handels mit Anteilen der Deed of Settlement Companies an, was zu einem Aufschwung der Nachfrage nach deren Aktien führte (*Butler* 1986, S. 174 - 176).

Die Rolle der Direktoren als Treuhänder in den Deed of Settlement Companies beeinflußt auch heute noch die Stellung und die Rechte sowie insbesondere die Pflichten der Direktoren in modernen britischen Aktiengesellschaften. Nach *Gower* (1992, S. 4, 14) wurde die Entwicklung der modernen Unternehmensform der Kapitalgesellschaft in Großbritannien ungewollt und unbewußt stärker durch die Deed of Settlement Companies als durch die Chartered Companies beeinflußt.

3.2.2.3. Die Einführung von Statutory Companies

Mit dem Ausbau des Systems der britischen Schiffahrtskanäle gegen Ende des 18. Jahrhunderts wurde vom Parlament eine neue Art der Unternehmensverfassung zugelassen, welche die Geschäftsführung mit einem Joint Stock und die freie Übertragbarkeit von Anteilen ermöglichte. Diese *Statutory Company* war eine Körperschaft des öffentlichen Rechts und wurde in erster Linie für Unternehmen geschaffen, welche die Infrastrukturentwicklung Großbritanniens vorantrieben. Hierunter fielen Wasserversorgungs-, Kanalbau- und Straßenbauunternehmen, später auch Eisenbahngesellschaften. Diesen Unternehmen wurden zum Teil regionale Monopole, vor allem aber Wege- und Bebauungsrechte zugesprochen. Ansonsten hätte die Weigerung einzelner Landeigentümer, ihre Grundstücke zu verkaufen, den Bau ganzer Kanal- und Eisenbahnstrecken verhindert oder unverhältnismäßig verteuert. Aber auch einigen Banken und Versicherungen wurde es ermöglicht, die Rechtsform der Statutory Company anzunehmen (*Butler* 1986, S. 176; *Gower* 1992, S. 28). Kennzeichnend für die Mehrheit der Statutory Companies war nicht nur, daß das Investitionsvolumen im Vergleich zu anderen Joint

Stock Companies deutlich höher lag, sie entwickelten sich auch zu einem beliebten Anlageobjekt für mittelständische Kleininvestoren.

3.2.2.4. Der Repealing Act von 1825

Erst in den Jahren 1824 und 1825 herrschte wieder ein Boom auf den britischen Aktienmärkten, der mit dem von 1720 vergleichbar war. Ebenso vergleichbar war der sich daran anschließende Zusammenbruch der Märkte. Die Regeln des *Bubble Act* hatten weder dazu geführt, die Informationsbasis des Aktienhandels zu verbessern, noch hatten sie vermocht, den Schwindel bei Unternehmensgründungen zu unterbinden. Auch die Gerichtsentscheidungen des Common Law hatten wenig dazu beigetragen, einheitliche Regeln für Kapitalgesellschaften zu schaffen. Während die Befürworter der inkorporierten und nichtinkorporierten Joint Stock Companies auf die Bedeutung dieser Unternehmensform für die wirtschaftliche Entwicklung und das Wirtschaftswachstum verwiesen, sahen die Gegner sie als ineffiziente Unternehmensformen an, die zu Schwindeleien einluden und ihre außerordentlichen Gewinne nur durch ihre Monopolrechte erzielen konnten (siehe *Davies* 1997, S. 33; *Smith* 1776/1981, S. 733 f., 741, 754 f.).

Insbesondere der Lordkanzler *Eldon* nutzte seinen Einfluß auf das Parlament und die Common Law Gerichte, um die Ausbreitung von Joint Stock Companies und des Aktienhandels einzuschränken. Seiner Meinung nach war es sowohl nach dem *Bubble Act* als auch nach dem Common Law verboten, als Organisation ohne Körperschaftsstatut wie eine juristische Person zu agieren. Diese Sicht war allerdings nicht nur in der Öffentlichkeit, insbesondere in der Presse, eher unpopulär, sie widersprach auch der Tatsache, daß selbst die *Inns of Court*, denen die Richter und Rechtsanwälte angehörten, sich ähnlich wie Körperschaften verhielten, ohne ein Körperschaftsstatut zu besitzen (*Davies* 1997, S. 33; *Butler* 1986, S. 176).

Doch zumindest im Parlament konnten sich die Befürworter der Joint Stock Companies durchsetzen. Die Gesetzesvorlage zur Aufhebung des *Bubble Act* wurde von dem Parlamentarier *P. Moore* eingebracht, einem bekannten Unternehmensgründer, der aus seiner Profession kein Hehl machte. Er argumentierte, daß die Praxis gezeigt habe, daß Gesellschaften ohne Körperschaftsstatut ebenso stabil sein könnten wie diejenigen mit. Darüber hinaus verwies er auf die staatlichen Einnahmen, welche durch Stempelsteuern, die bei der Übertragung von Aktien fällig wurden, erzielt werden konnten. Mit zunehmender Ausbreitung des Aktienhandels würde auch das Aufkommen aus dieser Steuer steigen (*Butler* 1986, S. 176). Ein weiterer wichtiger Förderer des *Repeal Act* von *1825* war der Präsident des *Board of Trade, Huskinsson*. Seit dieser Zeit wurde das *Board of Trade*, bis es 1970 mit dem *Department of Trade and Industry* zusammengelegt wurde, zu der Regierungsabteilung, die sich zentral mit der Entwicklung des Rechts für Kapitalgesellschaften beschäftigte (*Davies* 1997, S. 34).

Die Rücknahme des *Bubble Act* im Jahre *1825* hob das gesetzliche Verbot von Personengesellschaften mit handelbaren Anteilen auf. Die Frage der Legalität von Joint Stock Companies wurde an das Common Law zurückverwiesen. Hier hatte jedoch der Lordkanzler *Eldon* immer noch einen großen Einfluß auf die Praxis der Rechtsprechung, so daß viele Gerichte des Common Law zunächst der Unternehmensform der nichtinkorporierten Joint Stock Company weiterhin feindlich gesonnen waren; ihre Legalität blieb somit weiter zweifelhaft (*Butler* 1986, S. 173 f.; 176).

3.2.3. Die Entwicklung der Joint Stock Company zur Limited Company im 19. Jahrhundert

Im 19. Jahrhundert wurde erstmals ein zusammenhängendes und kohärentes Regelwerk in bezug auf Kapitalgesellschaften entwickelt. Die treibende Kraft hierfür war die Rechtsprechung im Bereich des Common Law. Viele der grundlegenden Prinzipien des *Company Law*, d.h. des Rechts der Kapitalgesellschaft, wurden von den Gerichten, aufbauend auf den Regeln für Handlungsvertretung (*Agency*), Treuhändertum (*Trust*) und Personengesellschaften (*Partnership*), erarbeitet und erst im Zuge späterer Konsolidierungsbemühungen in Gesetze eingearbeitet (*Gower* 1992, S. 49; *Butler* 1986, S. 169). Außerdem orientierten sich gesetzliche Vorschriften über die inhaltliche Gestaltung der Unternehmensverfassungen häufig an unternehmerischen Praktiken, die sich auf freiwilliger Basis bereits weitgehend durchgesetzt hatten.[11]

1843 wurde die Legalität von nichtinkorporierten Joint Stock Companies mit frei übertragbaren Unternehmensanteilen in zwei Grundsatzentscheidungen[12] von Common Law-Gerichtshöfen anerkannt. In Verbindung mit der Entscheidung zu *Metcalf v. Bruin* (12 East 405 1810) aus dem Jahr 1810 wurden Deed of Settlement Companies in ihrer Funktionsfähigkeit den Regulated Companies immer ähnlicher (*Butler* 1986, S. 178 f.).

1843 wurde *Gladstone* zum Präsidenten des *Board of Trade* bestimmt. Der unter seinem Vorstand erarbeitete Bericht, auf dem der *Joint Stock Companies (Registration) Act* von *1844* basierte, legte die Grundlagen des modernen englischen Rechts für Kapitalgesellschaften.[13] In dem neuen Gesetz wurden Joint Stock Companies von Personengesellschaften getrennt behandelt, wobei unter Joint Stock Companies alle Unternehmen mit mehr als 25 Mitgliedern oder mit frei transferierbaren Unternehmensanteilen[14] fielen. Zur Inkorporation war nunmehr lediglich die Registrierung beim *Registrar of Companies* und kein besonderes Einzelgesetz oder eine Charta mehr notwendig. Zur Verhinderung von Betrügereien bei der Gründung und der Unternehmensführung von Joint Stock Companies wurden erstmals Publizitätsvorschriften erlassen. Die Verträge, welche die Unternehmensverfassung bildeten, mußten gemeinsam mit den Ergebnissen des jährlichen Buchführungsabschlusses beim Registrar hinterlegt werden. Darüber hinaus wurde die Haftung von Mitgliedern der *Registered Companies* eindeutig geregelt. Die persönliche unbeschränkte Haftung der Mitglieder wurde zwar weiterhin beibehalten, allerdings mußten Gläubiger zuerst versuchen, ihre Ansprüche gegen die Unternehmung

---

[11]   Dies läßt sich beispielsweise an der Entwicklung der Wirtschaftsprüfung in Joint Stock Companies nachvollziehen (*Watts* und *Zimmermann* 1983, S. 267 ff.).

[12]   *Garrad* v. *Hardy*, 5 Man. und Gr. 471 (1843); *Harrison* v. *Heathorn*, 6 Man. und Gr. 81 (1843).

[13]   Das Gesetz galt nicht für Schottland, wo die Richter bis zum Gesetz von 1856 weiterhin das Common Law, wenngleich auch entschieden liberaler als ihre englischen Kollegen, anwandten.

[14]   Das heißt ohne Zustimmung aller anderen Mitglieder.

durchzusetzen. Nur falls dies erfolglos blieb, mußten die Mitglieder persönlich haften. Darüber hinaus wurde verfügt, daß die Haftung ehemaliger Mitglieder drei Jahre nach ihrem Ausscheiden aus der Unternehmung erlöschen sollte (*Gower* 1992, S.39).

Die Frage der Notwendigkeit einer Reform der Haftungsregeln für ehemalige und aktuelle Anteilseigner von Joint Stock Companies blieb in der Öffentlichkeit und im Parlament jedoch weiterhin umstritten. Die Forderungen nach einem neuen Gesetz kamen weniger von Unternehmern, welche die traditionelle Form der Unternehmensorganisation als zu beengend empfanden,[15] als von innovativen Geschäftsleuten, die neue Möglichkeiten für die Anlage von Ersparnissen kleiner Investoren suchten (*Dimsdale* 1994, S. 15).

Schon im *Chartered Companies Act* von *1837* war verfügt worden, daß in der Unternehmenscharter inkorporierter Unternehmen die persönliche Haftung der Eigentümer auf einen bestimmten Betrag pro gezeichneter Aktie festgesetzt werden konnte. Durch den *Companies Clauses Act* von *1845* wurde die Haftungsverpflichtung der Aktionäre von Statutory Companies auf den nominellen Wert ihrer Anteile begrenzt[16] (*Gower* 1992, S. 38, 45). Für die Anteilseigner von Registered Companies jedoch wurde das Ausmaß der Haftungsverpflichtung zunächst erweitert. Durch den *Companies Winding-Up Act* von *1848* wurde die de facto-Haftungsbegrenzung von Kleinaktionären aufgehoben.

Ab 1852 erkannten die Gerichte des Common Law nach der Grundsatzentscheidung im Rechtsstreit *Hallet v. Dowdall* (XXI L.J.Q.B. 98 1852) an, daß auch eine nichtinkorporierte Joint Stock Company die Haftung ihrer Anteilseigner begrenzen konnte. Dafür mußte sie in jeden Vertrag, den sie mit Gläubigern schloß, eine Klausel aufnehmen, die vorschrieb, daß etwaige Haftungsforderungen nur gegen das Vermögen des Unternehmens geltend gemacht werden können.

1855 gab das Parlament dem öffentlichem Druck und der faktischen Rechtsschöpfung durch das Common Law nach und verabschiedete den *Limited Liability Act* von *1855* (*Butler* 1986, S. 181). Durch dieses Gesetz wurde eine Begrenzung der Haftung

---

[15]   Wie bereits gezeigt wurde, bestand für die Partner nicht nur das Risiko, für etwaige aktuelle Verluste haften zu müssen, was zwangsweise dazu führte, daß die Partner ein Mindestmaß an Interesse für die Geschäftsentwicklung aufbringen mußten, um sich gegen Inkompetenz oder Betrug ihrer Kollegen abzusichern. Wollte sich einer der Partner aus dem Unternehmen zurückziehen, so mußte entweder das Unternehmen aufgelöst werden, oder der ehemalige Partner mußte damit rechnen, für Schulden der Unternehmung auch noch Jahre nach seinem Ausscheiden haften zu müssen.

[16]   Auf Grund der Möglichkeit, daß Unternehmen in Großbritannien Aktien ausgaben, die beim Kauf nicht voll bezahlt wurden, ergab sich eine beschränkte Nachschußpflicht der Aktionäre. Bis heute läßt sich das gezeichnete Kapital (*Issued Capital*) britischer Kapitalgesellschaften aufteilen in das *Paid-Up Capital*, d.h. den Betrag des gezeichneten Kapitals, den die Aktionäre bereits an das Unternehmen gezahlt haben, das *Uncalled Capital*, d.h. den Betrag des gezeichneten Kapitals, den das Unternehmen jederzeit von seinen Aktionären nachfordern kann, und das *Reserve Captial*, daß nur im Falle eines Unternehmenskonkurses von den Aktionären eingefordert wird. Die beim Kauf junger Aktien möglicherweise gezahlten Prämien auf den Nennwert beeinflussen die Nachschußpflichten bis zum Nennwert der Aktien nicht (*Companies House* 1998).

von Aktionären von Joint Stock Companies, die nach dem Gesetz von 1844 inkorporierte waren, möglich. Um Investoren und Geschäftspartnern zu signalisieren, daß diese
Unternehmungen nur mit dem Unternehmensvermögen hafteten, wurde verfügt, daß sie
das Wort *Limited* quasi als weithin sichtbares Signal ihrem Firmennamen anfügen
mußten. Dieses Gesetz wurde bei der Revision des *Joint Stock Companies Act* im Jahre
1856 in denselben aufgenommen (*Gower* 1992, S. 45 f.). Das Gesetz von 1856 lockerte
die Bedingungen für die Registrierung als Körperschaft und den Erwerb der Haftungsbegrenzung stark. Davon waren insbesondere die Publizitätsvorschriften[17] und die Vorschriften zur Kapitalerhaltung betroffen. In der Folgezeit wurden mehrfach Gesetze
oder Gesetzesänderungen eingebracht, um Betrug und Mißstände im Bereich der Kapitalgesellschaften zu beheben[18] (*DTI* 1998a). *1862* wurden die verschiedenen Gesetze
über Kapitalgesellschaften zum ersten *Companies Act* konsolidiert, der bis 1908 das
bestimmende Gesetz blieb (*Gower* 1992, S. 47).

Das finanzielle Volumen vieler Infrastrukturprojekte im 19. Jahrhundert war so groß,
daß nur durch die Kombination der Vermögen einer Vielzahl von Investoren genügend
Kapital für ihre Durchführung aufgebracht werden konnte. Gleichzeitig führte die mit
der industriellen Entwicklung einhergehende Verbreitung des Mittelstandes und die
Erhöhung der Einkommen der Arbeiter über das Subsistenzniveau hinaus zu einer verstärkten Nachfrage nach Investitionsmöglichkeiten für Personen mit nur geringem Vermögen (*Butler* 1986, S. 178). Doch erst als die Existenz von Kapitalgesellschaften und
der Transfer ihrer Anteile über jeden juristischen Zweifel erhaben waren, sanken die
Transaktionskosten der Nutzung der Arbeitsteilung zwischen Kapitalgebern und Geschäftsführern so weit ab, daß sich diese Art der Unternehmensorganisation durchsetzten konnte. Dies zeigt sich unter anderem daran, daß nach der Verabschiedung *der Joint
Companies Acts* von *1856* und *1862* auf Grund der vereinfachten (und erheblich billige-
ren) Möglichkeit, einen Körperschaftsstatus zu erlangen, auch kleinere Unternehmen
dazu übergingen, sich als Kapitalgesellschaft zu organisieren. Parallel dazu stieg auch
die Anzahl börsennotierter Unternehmen unter den Großunternehmen, vor allem der
Eisen- und Stahl- sowie der Schiffbauindustrie, deutlich an (*Dimsdale* 1994, S. 15).

3.3. Britische Aktiengesellschaften zu Beginn des 20. Jahrhunderts

Gegen Ende des 19. Jahrhunderts führte das *Board of Trade* die Tradition ein, ca. alle
20 Jahre eine Kommission einzuberufen, die das Recht über Kapitalgesellschaften untersuchen sollte. Auf Grundlage dieser Berichte wurden neue zusätzliche Gesetze eingeführt, die später im Rahmen von Konsolidierungen des Rechtswesens in Neufassungen

---

[17] Zum Beispiel wurde die Verpflichtung der Direktoren, ihre Bücher prüfen zu lassen, wieder aufgehoben (*Watts* und *Zimmermann* 1983, S. 627).

[18] So verschärfte der *Director's Liabilities Act* von *1890* die Haftung der Unternehmensgründer bzw. der Direktoren für Prospektangaben bei der Begebung junger Aktien; der
Companies Act von *1900* schrieb die Veröffentlichung eines Emissionsprospekts mit bestimmten vorgeschriebenen Angaben und die Wiedereinführung der Rechnungsprüfung
vor (*Horn* 1979, S. 318; *Watts* und *Zimmermann* 1983, S. 628).

des Companies Act aufgenommen wurden. Diese Konsolidierungen fanden 1908[19] 1929[20] und 1948[21] statt (*Gower* 1992, S. 49).

3.3.1. Die Entwicklung von *Private* und *Public Companies*

Nach 1880 stieg der Anteil der Unternehmen, die als Kapitalgesellschaften geführt wurden, deutlich an. Allein zwischen 1880 und 1914 wurden ca. 132.000 Unternehmen in London als Kapitalgesellschaften registriert. Die Mehrheit dieser Registered Companies hielt die Anzahl ihrer Mitglieder gering, beschränkte den Handel mit ihren Anteilen und versuchte nicht, in der Öffentlichkeit zusätzliches Eigenkapital aufzubringen. Wurden Finanzmittel benötigt, wurden diese zumeist über die Ausgabe nicht stimmberechtigter Schuldverschreibungen aufgebracht (*Dimsdale* 1994, S. 15). Offensichtlich wollten die Gründer sich damit gegen die Verdünnung ihres Kontrolleinflusses schützen.

Im *Companies Act* von *1908* wurde versucht, dieser Tatsache Rechnung zu tragen. Sowohl Großunternehmen mit breit gestreuter Aktienbeteiligung als auch kleine Familienunternehmen sollten in der Rechtsform der Kapitalgesellschaft mit beschränkter Haftung geführt werden können. Deshalb wurde die Rechtsform der *Private Company* eingeführt. An diesen Unternehmen durften maximal 50 Gesellschafter beteiligt sein, die Übertragbarkeit ihrer Unternehmensanteile war beschränkt, und es war den Unternehmen verboten, in der Öffentlichkeit (d.h. außerhalb eines Kreises informierter Investoren) für die Zeichnung ihrer Aktien zu werben.[22] Im Gegenzug für diese Beschränkung wurden Publizitätsvorschriften und administrative Vorschriften über die Unternehmensführung gelockert. Alle anderen Kapitalgesellschaften wurden als *Public Companies* bezeichnet (*Davies* 1997, S. 12). Da davon ausgegangen wurde, daß deren Investoren sich weniger gut mit den Geschäften des Unternehmens auskannten und keine persönlichen Loyalitätsbeziehungen zwischen den Gesellschaftern bestanden, wurde bei diesem Unternehmenstyp mehr Wert auf den Schutz der Investoren gelegt.[23]

---

[19]   Basierend auf dem Bericht des *Loreburn Committees* von 1906.

[20]   Basierend auf dem Bericht des *Greene Committees* von 1926.

[21]   Basierend auf dem Bericht des *Cohen Committees* von 1945.

[22]   Hier zeigt sich eine Ähnlichkeit zu den heute in Deutschland bestehenden Regelungen für die *Kleine AG*.

[23]   Bis heute sind die beiden dominierenden Kapitalgesellschaften in Großbritannien die *Company Limited by Shares* (*Ltd.*, *Private Company*) und die *Public Limited Company* (*Plc.*; *Public Company*). Bei beiden Unternehmensformen haften die Eigentümer, d.h. die Aktionäre, der Unternehmung lediglich mit dem nominalen Wert ihrer Aktien. Die Eigentümer unterliegen nur dann einer Nachschußpflicht, wenn sie Aktien gezeichnet haben, ohne der Aktiengesellschaft dafür den vollen Nominalwert zu zahlen. Der Hauptunterschied zwischen *Public* und *Private Companies* liegt darin, daß letztere keiner Vorschrift über ein Mindesteigenkapital unterliegen und daß es verboten ist, ihre Aktien oder Schuldverschreibungen der Allgemeinheit zum Kauf anzubieten. Während bis 1980 die Unterschiede in der rechtlichen Behandlung der beiden Unternehmenstypen immer geringer wurden, wuchsen sie durch die *Companies Acts* von *1980*, *1981* und *1989* wieder an und werden in Zukunft wohl noch weiter zunehmen, da viele der gesellschaftsrechtlichen Richtlinien der EU lediglich auf Kapitalgesellschaften im Sinne von *Public Limited Companies* angewendet werden müssen (*Gower* 1992, S. 13).

Obgleich von den 63.000 Unternehmen, die 1914 als Kapitalgesellschaften registriert waren, lediglich 14.500 - oder 23 Prozent – als Public Companies geführt wurden, nahm die Anzahl von Public Companies kontinuierlich zu. Wurden 1885 an der Londoner Börse ungefähr 60 Unternehmen notiert, waren es 1907 immerhin schon 600 (*Dimsdale* 1994, S. 15; *Gourvish* 1987, S. 24).

3.3.2. Die Entwicklung des Eigentümereinflusses in den Aktiengesellschaften Anfang des 20. Jahrhunderts

Als Gründe für die zunehmende Inkorporierung in den achtziger Jahren des 19. Jahrhunderts spielen die Verbesserung der Bedingungen in bezug auf das Wachstum des Finanzsektors, der Übergang zu geringeren Nennwerten von Aktien und das Auftauchen spezialisierter Intermediäre eine wichtige Rolle. Für die Mehrheit der Unternehmen war jedoch vor allem die Möglichkeit zur Haftungsbegrenzung der ausschlaggebende Faktor, um die Organisationsform der Personengesellschaft aufzugeben und sich als Kapitalgesellschaft registrieren zu lassen. Schlechte Gewinnaussichten ließen viele Unternehmen, die seit Mitte der siebziger Jahre verstärkt unter Konkurrenzdruck geraten waren, unter den Schutz der begrenzten Haftung flüchten. Aber auch erfolgreiche (expandierende) Unternehmen suchten in den achtziger und neunziger Jahren verstärkt um eine Begrenzung der Haftung ihrer Investoren nach. Die erfolgreiche Ausbeutung neuer Technologien oder externes Wachstum (insbesondere im Brauereiwesen) führten zu steigendem Finanzierungsbedarf. Dieser wurde durch die Aufnahme neuer Gesellschafter, die häufig nicht viel von den Unternehmensgeschäften verstanden, gedeckt. Ein weiterer wichtiger Faktor waren persönliche Umstände. Die Unternehmenserben wollten nicht notwendigerweise in die Fußstapfen ihrer Vorfahren treten, sondern Berufe und Lebensstile ergreifen, die mit einer erfolgreichen Unternehmensführung unvereinbar waren. Die Haftungsbegrenzung ermöglichte die Abkehr von der strengen Unternehmenskontrolle durch die Eigentümer (*Gourvish* 1987, S. 24).

Mit dem Übergang zur Haftungsbegrenzung vollzog sich in den Unternehmen allmählich ein Wandel bei der Aufteilung der Unternehmerfunktionen zwischen den Aktionären und professionellen Managern. Wie gezeigt wurde, bedienten sich schon die Joint Stock Companies der vorangegangenen Jahrhunderte teilweise professioneller Manager. Dabei war es jedoch üblich, daß jene lediglich für die Abwicklung des operativen Tagesgeschäfts zuständig waren, während das Direktorium sie dabei kontrollierte und die strategischen Geschäftsentscheidungen traf. Geschäftsführer, die gleichzeitig im Direktorium saßen, verfügten in der Regel selbst über große Unternehmensanteile. Im 20. Jahrhundert jedoch wurde es üblich, Geschäftsführer und leitende Angestellte der Unternehmen unabhängig von ihren Aktienanteilen zu Direktoren zu wählen. Insbesondere zwischen den beiden Weltkriegen veränderte sich die Rekrutierungsstrategie vieler Direktorien. Anstelle familiärer Bindungen traten Fachwissen im Handel, in der Wirtschaftsprüfung und in Finanzgeschäften als Qualifikationsmerkmale neuer Direktoren in den Vordergrund (*Gourvish* 1987, S. 30, 32). Gleichzeitig setzte ein allmählicher Funktionsverlust der externen Direktoren (*non-executive* oder *outside directors*), d.h. der Direktoren, die nicht gleichzeitig Angestellte des Unternehmens waren, ein. Strategische Entscheidungen wurden mehr und mehr von der Geschäftsführung initiiert und durchgesetzt. Die steigende Komplexität der Unternehmensorganisation, insbesondere in Großunternehmen, beeinträchtigte die Fähigkeit der externen Direktoren, das Vorgehen der Geschäftsführung zu beobachten und zu bewerten (*Horn* 1979, S. 319 - 321).

Im Direktorium mußten die professionellen Geschäftsführer (*managing, inside* oder *executive directors*) eine Doppelrolle ausfüllen: Auf der einen Seite trugen sie die Verantwortung für die Gestaltung des Tagesgeschäfts und die Unternehmensleitung, auf der anderen Seite sollten sie die Interessen der Aktionäre bei der Überwachung und Sanktionierung der Geschäftsführung vertreten. Dort, wo der Managereinfluß in den Direktorien sehr stark war, verschwamm der Unterschied zwischen dem Direktorium und dem obersten Management weitgehend. Probleme traten auf, wenn die Interessen von Management und Aktionären nicht übereinstimmten, z.B. in bezug auf die Höhe des Managementeinkommens, die Gewinnverteilung zwischen Ausschüttung und Thesaurierung, die Betonung des Ziels des Unternehmenswachstums im Vergleich zum Ziel der Gewinnerhöhung (*Dimsdale* 1994, S. 18 f.).

In Großbritannien verlief der Übergang vom *Eigentümerkapitalismus* zum *Managerkapitalismus* jedoch erheblich langsamer als in Deutschland oder den USA (*Gourvish* 1987, S. 24; *Horn* 1979, S. 319 ff.). Bis in die fünfziger Jahre blieben viele Unternehmen weiterhin unter der dominierenden Kontrolle der Familien der Unternehmensgründer. In einer Studie der 82 größten britischen Kapitalgesellschaften von *Florence*[24] zeigt sich, daß 1935 noch 58 % der Unternehmen von einem Eigentümer (bzw. einer Eigentümerfamilie) kontrolliert wurden. Mit einem Aktienpaket von ca. 20 % des Eigenkapitals und der Direktoriumsmitgliedschaft war die effektive Unternehmenskontrolle durch einen einzelnen Interessenten in der Regel möglich. Lediglich in 9 % der Unternehmen war das Eigentum breit gestreut. Dies betraf vor allem Unternehmen wie ICI und Unilever, deren Unternehmensvermögen das Vermögen auch der reichsten Privatleute um ein Vielfaches überstieg (*Dimsdale* 1994, S. 16).

Um sich vor Einmischungen neuer Großaktionäre in die Geschäftsführung zu schützen, wurden viele Familienunternehmen[25] als Private Companies geführt. Somit war der Transfer von Aktien von der Zustimmung des Direktoriums abhängig, und Außenstehende konnten sich nur mit Zustimmung der Mehrheitsaktionäre an dem Unternehmen beteiligen. Hierdurch konnte nicht nur die Dominanz der Alteigentümer in der Geschäftsführung sichergestellt werden, es war auch besser möglich, Geschäftsgeheimnisse vor Konkurrenten zu schützen (*Dimsdale* 1994, S. 15).

Doch im Zuge steigenden Finanzbedarfs gingen nach und nach immer mehr Unternehmen dazu über, die Beschränkungen des Transfers ihrer Anteile zu lockern und Eigenkapital an anonymen Finanzmärkten aufzunehmen. In der Zeit zwischen dem Ersten und dem Zweiten Weltkrieg, insbesondere während der Booms an den Aktienmärkten Anfang und Ende der zwanziger Jahre, wurden mehr und mehr familieneigene Unternehmen an Börsen notiert. So stieg die Anzahl börsennotierter Unternehmen der verar-

---

[24]   Zitiert nach: *Dimsdale* 1994, S. 16.

[25]   Diese *Familienunternehmen* waren nicht notwendigerweise kleine oder mittelständische Unternehmen.

beitenden Industrie und des Handels von 1907 bis 1939 von 570 auf 1.712 an. Aber auch in den börsennotierten Unternehmen nahm der Einfluß der Familien der Unternehmensgründer über die Kontrolle von großen Aktienpaketen und die Mitgliedschaft im Direktorium nur sehr allmählich ab. Die Zunahme börsennotierter Aktiengesellschaften und die Ausweitung der Streuung des Aktienbesitzes eröffneten zwar den Weg für einen Markt für Unternehmenskontrolle, doch waren feindliche Übernahmen bis 1950 so gut wie unbekannt (*Dimsdale* 1994, S. 16; *Hannah* 1974, S. 65 - 68).

3.3.3. Die Entwicklung des Marktes für Unternehmenskontrolle bis 1945

Vor 1950 gab es in Großbritannien keinen *Markt für feindliche Unternehmensübernahmen*, bei denen ein potentieller Käufer über die Köpfe der Direktoren des Zielunternehmens hinweg direkt den Aktionären ein Übernahmeangebot unterbreitete (*Dimsdale* 1994, S. 16).

Die Aktionäre hatten in der Regel eine sehr passive Rolle im Übernahmeprozedere, besonders, da sie aus Gründen der Geheimhaltung - zur Verhinderung spekulativer Kursschwankungen - häufig erst vom Übernahmeangebot informiert wurden, wenn die Direktoren ihre Empfehlung bezüglich der Annahme oder der Ablehnung des Angebots aussprachen (*Hannah* 1974, S. 68, 71). Für dieses Verhalten gab es mehrere Gründe, die nicht allein vom Grad der Streuung des Aktienbesitzes, sondern auch von den institutionellen Bedingungen des Aktienmarktes abhingen (*Hannah* 1974, S. 67).

Vor dem Zweiten Weltkrieg gab es in Großbritannien immer noch viele Unternehmen, in denen die Familien der Unternehmensgründer durch große Aktienpakete und Sitze im Direktorium entscheidenden Einfluß auf die Geschäftsführung hatten. Das Einverständnis der Direktoren zu sichern, war eine Voraussetzung dafür, die Mehrheit der Aktien kontrollieren zu können. Aber auch bei Unternehmen mit breiter gestreutem Aktienbesitz wurden in der Regel keine direkten Übernahmeangebote an die Aktionäre gestellt. Einer der wesentlichen Gründe hierfür war, neben der traditionellen Loyalität der Aktionäre zu ihrer Direktoren und ihrem Vertrauen in deren Empfehlungen, die schlechte Informationslage potentieller Käufer, ja der eigenen Aktionäre. Mangelhafte Gesetze über Buchführung und großzügige Auslegungsregeln über die Veröffentlichung von Unternehmensinformationen führten dazu, daß die Bilanzen und Gewinn- und Verlustrechnungen kein annähernd wahrheitsgetreues Bild der Vermögens-, Gewinnoder Schuldensituation eines Unternehmens zeichnen mußten. Die Regierungen jener Zeit sahen sich dem Recht auf Geheimhaltung bei der Unternehmensführung verpflichtet und gestatteten deshalb selbst die Irreführung durch die Direktoren. Ohne die Kooperation mit den Direktoren der Zielunternehmung konnten die potentiellen Käufer sich kein einigermaßen realistisches Bild über den Wert der Unternehmung machen, wodurch sich das einer Unternehmensübernahme stets inhärente Risiko stark erhöhte (*Dimsdale* 1994, S. 16; *Hannah* 1974, S. 69 - 71).

Auf Grund der schlechten Informationslage konnte die Börsenkapitalisierung der Unternehmen erheblich von deren tatsächlichem Wert abweichen. Unterbewertete Unternehmen waren häufig das Ziel freundlicher Unternehmensübernahmen, bei denen zum Teil beträchtliche Prämien auf den aktuellen Börsenkurs gezahlt wurden (*Hannah*

1974, S. 71). Dennoch wird vielfach darauf verwiesen, daß viele Alteigentümer dem Verkauf ihrer Unternehmen aus persönlichen Gründen ablehnend gegenüberstanden. Eine Untersuchung von 726 im Jahr 1926 an der Londoner Börse notierten Unternehmen zeigt, daß innerhalb der nächsten 15 Jahre weniger als 5 % von ihnen durch Unternehmenszusammenschlüsse verschwanden.[26] Im Zeitraum von 1948 bis 1961 wurden dagegen 25 % der an der Londoner Börse notierten Unternehmen durch andere Unternehmen aufgekauft, von 1957 bis 1968 stieg dieser Anteil sogar auf 38 % an (*Hannah* 1974, S. 66 - 68).

Versuche von Aktionären, sich ohne Rückendeckung des Direktoriums gegen Übernahmen bzw. deren Konditionen zu wehren, waren weitgehend erfolglos. Aufgrund der überragenden Stellung der Direktoren der Zielunternehmung im Übernahmeversuch galten die Bemühungen der Käufer in erster Linie der Überzeugung der Direktoren von der Profitabilität der Übernahmekonditionen, nicht nur für die Aktionäre, sondern auch für die Direktoren. So war es trotz öffentlicher Proteste durchaus üblich, Bestechungsgelder (z.B. in Form des Aufkaufs der Aktien der Direktoren zu einem erheblich höheren Kurs als dem offiziellen Übernahmekurs) zu zahlen und Direktoren der Zielunternehmung mit neuen Direktoriumsposten zu versorgen. Darüber hinaus konnten die Direktoren durch Insiderhandel im Zusammenhang mit Unternehmensübernahmen viel Geld verdienen (*Hannah* 1974, S. 72).

Im Vergleich zu den Aktionären hatten die Eigentümer von Schuldverschreibungen häufig bessere Chancen, Unternehmenszusammenschlüsse zu verhindern oder zu erzwingen, da in der Regel deren Zustimmung zu Veränderungen der Kapitalstruktur nötig war. Häufig konnte schon eine Minderheit der Eigentümer von Schuldverschreibungen die Fusion von zwei Unternehmen nach einer Unternehmensübernahme oder die Aufnahme von zusätzlichen Eigen- oder Fremdkapital[27] zur Finanzierung von Integrations- und Rationalisierungsausgaben verhindern oder zumindest verzögern (*Hannah* 1974, S. 73). Durch die Drohung, die weitere Verschuldung zu beschränken oder die (zumeist kurzfristigen) Bankdarlehen und Überziehungskredite zu kündigen, konnten Banken notleidende Unternehmen aber auch zu Fusionen zwingen (*Hannah* 1974, S. 74 f.).

Bis Anfang der fünfziger Jahre kam es lediglich dann zu einem Wettbewerb verschiedener Managementteams um die Übernahme der Unternehmenskontrolle, wenn Konkursverwalter Unternehmen zur Versteigerung anboten (*Hannah* 1974, S. 74).

---

[26] Allerdings wird als Begründung für diesen geringen Prozentsatz auch auf eine möglicherweise geringere Neigung zu Unternehmenszusammenschlüssen aufgrund der schlechten wirtschaftlichen Lage in der Zeit zwischen dem Ersten und dem Zweiten Weltkrieg verwiesen. Darüber hinaus war das Angebot nichtbörsennotierter Unternehmen, die zum Kauf standen, größer als nach dem Zweiten Weltkrieg (*Hannah* 1974, S. 67).

[27] Insoweit das neu aufgenommene Fremdkapital die gleiche oder eine höhere Priorität genoß als das alte, mußte die Genehmigung der alten Gläubiger eingeholt werden.

3.3.4. Aktiengesellschaften und Wettbewerbspolitik: Die Situation vor 1945

In den vorangegangenen Kapiteln hat sich gezeigt, daß bis zum 18. Jahrhundert ein wesentlicher wirtschaftlicher Anreizfaktor für die Gründung von Regulated Companies die Sicherung von nationalen und internationalen Monopolrechten war; deren ökonomischer Wert dürfte den Kernvorteil dieser Rechtsform der Unternehmung um ein Vielfaches übertroffen haben. Erst im 19. Jahrhundert gewann die Lehre von der Vorteilhaftigkeit des Freihandels und Wettbewerbs auch politisch an Einfluß. Sie löste eine Art von Transformation der Wirtschaftsordnung aus. So waren Ende des 19. Jahrhunderts private Wettbewerbsbeschränkungen zwar nicht verboten, sie waren jedoch auch nicht einklagbar, da sie als *"contrary to public policy and therefore void"* angesehen wurden (*Freyer* 1992, S. 124).

Doch nicht nur die Vergabe von Monopolrechten führte zu einer Beeinträchtigung des Wettbewerbs durch Kapitalgesellschaften. Diese Unternehmensform förderte auch die Konzentration in vielen Wirtschaftsbereichen. Das Aktienrecht und die sich entwikkelnden Kapitalmärkte eröffneten die Möglichkeit, Unternehmensbeteiligungen rasch zu erwerben und zusammenzufassen (*Horn* 1979, S. 321 f.). Solche Unternehmenszusammenschlüsse sollten zum einen im Zuge von Rationalisierungsbemühungen die Wettbewerbsfähigkeit der Unternehmen stärken, zum anderen ging es aber auch darum, sich durch die Errichtung privater Wettbewerbsbeschränkungen vor Konkurrenz zu schützen.

Auslöser für eine Welle von Unternehmenszusammenschlüssen zu Beginn des 20. Jahrhunderts war zum einen die Konkurrenz ausländischer - insbesondere nordamerikanischer - Großunternehmen, zum anderen die positive Einstellung zu Rationalisierungsmaßnahmen, die während des Ersten Weltkriegs entstanden war. Während der Impuls zur Konzentration in der verarbeitenden Industrie von privater Seite stammte, förderte in einigen Wirtschaftsbereichen, z.B. in der Eisenbahnindustrie, auch die Regierung gezielt den Zusammenschluß von Unternehmen. Diese Tendenzen führten zur Oligopolisierung zahlreicher Märkte (*Gourvish* 1987, S. 26 f.).

Im Rahmen der engen Zusammenarbeit zwischen Regierung und Unternehmen während des Ersten Weltkriegs hatte sich die Haltung der Legislative wie der Judikative gegenüber Monopolunternehmen und Kartellen verändert. Während des Krieges wurden Monopole, Unternehmenszusammenschlüsse und private Handelsbeschränkungen bewußt gefördert und für Zwecke der staatlichen Steuerung der Kriegswirtschaft ausgenutzt. Dabei wurden gesetzliche Maßnahmen ergriffen, um nichtleistungsbezogene Renten abzuschöpfen. Doch war die Effizienz solcher Kontrollen allein schon informationsbedingt beschränkt. Nach 1921 ging die Regierung sogar zur Förderung großer Unternehmen und loser Kartellzusammenschlüsse, wie z.B. von Handelsvereinigungen (*Trade Associations*), über (*Freyer* 1992, S. 233). Auch wurden nach 1921 kaum irgendwelche handelsbeschränkenden Vereinbarungen wegen des Verstoßes gegen das *Öffentliche Interesse* aufgehoben, da die Richter meinten, daß dem Wohl der Allgemeinheit nicht notwendigerweise durch *"cut throat competition and unrenumerative prices in a particular trade"* gedient würde. Damit ermöglichten sie britischen Unternehmen, die Einhaltung handelsbeschränkender Übereinkünfte zu erzwingen (*Freyer* 1992, S. 3, 237).

Im Gegensatz zur Entwicklung in Deutschland und in den Vereinigten Staaten führten die Unternehmenszusammenschlüsse in Großbritannien nur selten zur Gründung von Holdingunternehmen mit straffer zentraler Organisation und einheitlicher Leitung.[28] Statt dessen wurden entweder lose Kartellstrukturen aufgebaut oder Holdings gegründet, in denen den einzelnen Unternehmen eine vergleichsweise große Autonomie eingeräumt und ein stärkeres persönliches Management der Unternehmen bevorzugt wurde (*Freyer* 1992, S. 200). Die Unternehmen waren Großunternehmen eher im rechtlichen als im unternehmerischen Sinn. Häufig spielten auch hier einzelne Familien - sowohl was den Aktienbesitz als auch die Besetzung der Direktoriumsposten betraf - immer noch eine herausragende Stellung. (*Gourvish* 1987, S. 25).

Neben dem nach wie vor starken Einfluß einzelner Großaktionäre muß diese Vorgehensweise jedoch auch im Licht der besonderen treuhänderischen Verpflichtungen der Direktoren in den Aktiengesellschaften gesehen werden, die über die Deed of Settlement Companies in das britische Aktienrecht eingeflossen sind. Die starre Unterordnung der Geschäftspolitik der Tochterunternehmen unter die Geschäftsinteressen und die Unternehmenspolitik einer Holdinggesellschaft hätte zu Haftungsverpflichtungen der Holding gegenüber ihren Tochterunternehmen geführt. Darüber hinaus hätten die Direktoren der Tochtergesellschaften wegen der Verletzung ihrer Pflichten gegenüber ihrem Unternehmen verklagt werden können. Die weitgehende Unabhängigkeit der Tochterunternehmen voneinander und von den Anweisungen der Holding schützte im Falle des Konkurses eines der Unternehmen die anderen vor Haftungsverpflichtungen, die über ihre Kapitaleinlage hinausgingen.

3.4. Die Entstehung der Aktiengesellschaft in Großbritannien aus Sicht der Neuen Institutionentheorie

Die Geschichte der Entwicklung der Aktiengesellschaft zeigt, daß der wesentliche Antrieb für die rechtsschöpferischen Aktivitäten der Wirtschaftssubjekte in der Verbesserung der Bedingungen für arbeitsteiliges Wirtschaften lag. Die Unternehmensverfassungen der Personengesellschaften legten eine interne Organisationsstruktur fest, bei welcher der Aufnahme neuer Gesellschafter auf Grund steigender Transaktions- und Principal Agent-Kosten enge Grenzen gesetzt waren. Durch die Übertragung des bereits existierenden Rechtsinstituts der Körperschaft auf wirtschaftliche Vereinigungen konnten die Eigentumsrechte an der Unternehmung stärker spezifiziert und aufgeteilt werden. Die Fähigkeit der Regulated Companies, als Juristische Personen selbst Eigentum zu halten und einen Teil der Eigentumsrechte auf ein geschäftsführendes Gremium delegieren zu können, ermöglichte die Vereinfachung der unternehmensinternen Entscheidungsfindung. So mußten sich über Fragen des Tagesgeschäfts nicht länger alle Mitglieder, sondern nur eine kleine Zahl von Geschäftsführern einigen. Auf diese Weise konnten einerseits die unternehmensinternen Transaktionskosten gesenkt werden, ande-

---

[28] Eine der wohl bekanntesten Ausnahmen war die *Imperial Chemical Industries* (ICI), die zusammen mit der *I.G. Farben* und mit *DuPont* ein internationales Kartell formte und damit die weltweite Chemieproduktion dominierte. Die ICI war eines der ersten Großunternehmen, das nach der juristischen Verschmelzung auch eine zentralisierte Unternehmensführung einführte (*Gourvish* 1987, S. 28; *Freyer* 1992, S. 199).

rerseits wurde hierdurch die Spezialisierung auf bestimmte Tätigkeiten, z.B. auf die Geschäftsführung, die Wirtschaftsprüfung, die Überwachung der Geschäftsführung und die Bereitstellung von Risikokapital, ermöglicht.

Um die Beteiligung für Kapitalanleger attraktiv zu gestalten, wurden unternehmensbezogene Wertpapiere entwickelt, die ihren unterschiedlichen Risikopräferenzen[29] und finanziellen Möglichkeiten Rechnung trugen. Auf diese Weise wurden nicht nur die unternehmensinternen Transaktionskosten reduziert, sondern auch die Transaktionskosten der Investoren bei der Anlage ihrer Mittel auf den Kapitalmärkten vermindert.

Auf Grund der hohen Kosten, die mit dem Erwerb eines Körperschaftsstatuts verbunden waren, versuchten findige Unternehmer, durch die Kombination rechtlich zulässiger Vertragsregeln eine Unternehmensverfassung zu schaffen, welche auch ohne Charta oder Gesetz die Nutzung der Vorteile einer Kapitalgesellschaft ermöglichte. Während die lediglich auf spezifischen Partnerschaftsverträgen beruhenden Joint Stock Companies Schwierigkeiten hatten, vor Gericht anerkannt zu werden, wurde den Deed of Settlement Companies vergleichsweise schnell ihre Legitimität als Unternehmensform zugesprochen.

Die rechtlichen Unsicherheiten, die mit der Rechtsform der Kapitalgesellschaft, insbesondere mit den Joint Stock Companies ohne Körperschaftsstatut, und dem Handel von Aktien lange Zeit verbunden waren, beeinflußten die Transaktionskosten sowohl der Unternehmensgründer als auch der Anleger negativ. Der Wert der Vermögensrechte, die im Rahmen des Aktienhandels übertragen werden, hängt von ihrer Durchsetzbarkeit ab. Deshalb waren die starken Kurseinbrüche nach 1720 nicht lediglich die Folge von Fehlspekulationen, sondern die logische Konsequenz dessen, daß der Staat die Legalität von Aktiengesellschaften ohne Körperschaftsstatus und des Handels mit Aktien in Frage stellte.

Das Verständnis, das die Legislative wie die Judikative hinsichtlich der Funktionsweise und der Funktionsbedingungen von Kapitalgesellschaften mit handelbaren Unternehmensanteilen hatten, war bis zum 19. Jahrhundert sehr begrenzt. Aus diesem Grund war die staatliche Rechtsentwicklung in diesem Bereich, wenn von Einkommensinteressen des Staates und seiner Entscheidungsträger abgesehen wird, stärker von allgemeinen Vorurteilen als vom Verständnis für die Ordnungsprobleme von Aktiengesellschaften geprägt.

Erst im 19. Jahrhundert wurde unter der Federführung der Common Law-Gerichte begonnen, ein spezielles Unternehmensrecht für Kapitalgesellschaften zu entwickeln. Dabei wurde zum einen dem Verlangen der Anleger nach Rechtssicherheit entgegengekommen, indem die Rechtmäßigkeit des Aktienhandels und der Haftungsbeschränkung eindeutig geklärt wurde. Zum anderen wurde das Prozedere für die Erlangung des Körperschaftsstatus vereinfacht. Durch die Stärkung der Property Rights der Aktie sowie die Verminderung der Transaktionskosten des Aktienhandels und der Gründung von

---

[29] Hierunter fallen nicht nur die Entwicklung verschiedener Arten von unternehmensbezogenen Wertpapieren, sondern auch die im 19. Jahrhundert forcierten Anstrengungen zur Begrenzung der Haftung der Aktionäre.

Kapitalgesellschaften wurden der Besitz und der Handel von Unternehmensanteilen attraktiver; mehr Unternehmen konnten sich als Kapitalgesellschaften registrieren lassen.

Die Trennung zwischen dem Vermögen und den Verbindlichkeiten der Unternehmen und der Mitglieder senkte die Principal Agent-Kosten, da die Eigentümer nicht länger auch ihre privaten Handlungen wechselseitig überwachen und von der Zustimmung der Miteigentümer des Unternehmens abhängig machen mußten. Dies erlaubte die Kooperation einer Vielzahl von Eigentümern bei der Aufbringung des Unternehmensvermögens.

Die staatliche Rechtsentwicklung profitierte zum einen von der Arbeit der Untersuchungskommissionen des *Board of Trade* und zum anderen von den Erfahrungen, welche die Richter der Common Law-Gerichte in verschiedenen Gerichtsverhandlungen sammeln konnten. Dabei wurde nicht nur versucht, Analogien zum schon bestehenden Kanon des Körperschafts-, Treuhand- und Unternehmensrechts aufzustellen, sondern auch die *guten Sitten* und *Geschäftsgepflogenheiten*, die sich unter den Direktoren und Eigentümern von Kapitalgesellschaften entwickelt hatten, als Grundlage für Gerichtsentscheidungen heranzuziehen oder in die Gesetze über Kapitalgesellschaften aufzunehmen. Die staatliche Rechtsentwicklung orientierte sich somit an spontan entstandenen Regeln, mit denen die Aktiengesellschaften versuchten, im Wettbewerb auf dem Kapitalmarkt Vorteile zu erzielen. Denn während die Organisationsform der Kapitalgesellschaft einerseits, wie bereits angesprochen, zur Verminderung von Transaktions- und Agency-Kosten beitrug, führte die mit der verstärkten Arbeitsteilung einhergehende Spezialisierung dazu, daß nicht mehr alle Gesellschafter den gleichen Zugang zu Informationen hatten.[30]

Durch den Informationsvorsprung von Aktionären, die dem Direktorium angehörten, entstand die Gefahr, daß diese sich auf Kosten der anderen Aktionäre bereicherten. Die Entwicklung dieses neuen Principal Agent-Problems beeinflußte die Konditionen der Aktiengesellschaften auf dem Kapitalmarkt negativ. Berichte über Scheingesellschaften und den Betrug durch Direktoren schürten die Unsicherheit der Anleger. Die Entwicklung unternehmensinterner Regeln über Publizitätsvorschriften, Buchführungskonventionen und die Prüfung der Geschäftsbücher durch qualifizierte externe Wirtschaftsprüfer sollten das Vertrauen der Anleger in die Integrität und Kompetenz der Direktoren und leitenden Angestellten der Unternehmen fördern. Insoweit der Betrug an den Aktionären ausgeschlossen werden konnte, sorgte die Beteiligung der Direktoren und Geschäftsführer an den Gesellschaften dafür, daß sie einen starken Einkommens- und Vermögensanreiz hatten, eine Geschäftspolitik zu verfolgen, die langfristig eine möglichst positive Gewinnentwicklung versprach.

Zusätzlich zum Wettbewerb auf den Gütermärkten, im Primärbereich des Kapitalmarktes sowie auf den Arbeitsmärkten für Direktoren und Wirtschaftsprüfer entwickelte sich durch den freien Handel mit Aktien im Sekundärbereich des Kapitalmarktes und

---

[30] Hinzu kam, daß die sozialen Bindungen zwischen den Gesellschaftern gelockert wurden, da nicht mehr alle Gesellschafter an der Geschäftsführung beteiligt waren und die Aktien ohne Zustimmung der anderen Eigentümer veräußert werden konnten.

der öffentlichen Notierung von Aktienkursen ein weiteres Kontrollinstrument. Die Kursentwicklung wurde nicht nur vom wirtschaftlichem Erfolg der Unternehmen beeinflußt, sondern stand auch im Wechselspiel mit den spontan entstandenen unternehmensinternen Regeln zur Verbesserung der Unternehmenskontrolle. Die Etablierung interner Anreiz- und Kontrollmechanismen reduzierte das Risiko der Anleger, so daß sich der Risikoaufschlag der Investoren für diese Anlagen verringerte.[31] Die Aktienkurse auf dem Sekundärmarkt spiegelten die Informationen und Erwartungen einer Vielzahl aktueller und potentieller Anleger wider. Die Kursentwicklung wirkte sich nicht nur auf die Möglichkeit der Unternehmen aus, auf den Primärmärkten Kapital aufzunehmen, sondern auch auf die Nutzung unternehmensinterner Überwachungs- und Sanktionsmechanismen durch die nicht an der Geschäftsführung beteiligten Aktionäre sowie auf die Beschäftigungschancen von Direktoren und Geschäftsführern.

Das Principal Agent-Problem, das sich auf Grund der mit der Spezialisierung in Kapitalgesellschaften verbundenen Informationsasymmetrie zwischen Geschäftsführern, Direktoren und Aktionären ergab, wurde so durch die Entwicklung eng miteinander verflochtener interner wie externer Kontroll- und Anreizsysteme verringert.

---

[31] In die gleiche Richtung wirkte auch die staatliche Legalisierung des Handels mit Aktien.

4. Die Entwicklung des britischen Aktienrechts nach 1945

Wie in Kapitel 3. deutlich wurde, hat sich das Aktienrecht im Rahmen der britischen Rechtstradition aus verschiedenen Rechtsquellen entwickelt. Bemerkenswert ist dabei das Wechselspiel von spontaner und gesetzter Regelentwicklung. Wie schon vor 1945 bildet auch heute noch neben dem Richterrecht des *Common Law*[1] das *Statutory Law* des britischen Parlaments den Hauptpfeiler der staatlichen nationalen Rechtssetzung. Die Gesetzesnovellen des Company Law enthalten teils Neuregelungen für den Umgang mit Kapitalgesellschaften und den Handel mit unternehmensbezogenen Wertpapieren, teils dienen sie der Kodifizierung von rechtlichen Regeln, die dem Common Law entstammen. Seit dem Beitritt zur Europäischen Gemeinschaft (EG) im Jahre 1973 wird die Entwicklung des britischen Aktienrechts darüber hinaus durch die Richtlinien der Europäischen Union (EU) und die Entscheidungen des Europäischen Gerichtshofs in Brüssel beeinflußt.[2] Außerdem wurde im Rahmen des *Financial Services Act* von *1986* die Londoner Börse[3] zur *Competent Authority for Listing* ernannt. Dadurch wurden die Vorschriften der Börse über den Handel mit Wertpapieren sowie über die Ausgestaltung interner Mechanismen der Unternehmenskontrolle für börsennotierte Aktiengesellschaften rechtlich bindend und justiziabel. Hierdurch kam es zu einer engen Verbindung von Rechtsentwicklung und Selbstkontrolle. So ist die Börse nicht nur für die Implementierung einer Vielzahl von Richtlinien der EU zuständig, sondern kann von börsennotierten Aktiengesellschaften auch verlangen, daß sie Empfehlungen von Gremien der Selbstkontrolle wie z.B. des Cadbury Committee entsprechen.

Obgleich sich das Aktienrecht nach dem Zweiten Weltkrieg spürbar verändert und weiterentwickelt hat, waren alle grundlegenden Kennzeichen der Aktiengesellschaft als juristischer Person 1945 bereits entwickelt. Hierzu gehört die in zwei verschiedenen Dokumenten niedergelegte Unternehmensverfassung,[4] die Funktionsweise der beiden Unternehmensorgane, der Hauptversammlung und des Direktoriums, die Einführung einer externen Wirtschaftsprüfung und die Begrenzung der Haftung der Aktionäre.

4.1. Die Gesetzgebung im Bereich des Aktienrechts nach 1945

Durch den *Companies Act* von *1948*,[5] der auf den Empfehlungen des 1945 veröffentlichten Berichts des *Cohen Committee*[6] basierte, wurden der Schutz der Minder-

---

[1]   Das Hauptkennzeichen des Common Law war stets, daß seine Entwicklung weitgehend in den Händen der Richter lag; es hat sich im Zuge tatsächlicher Rechtsstreitigkeiten von Fall zu Fall verändert (*Atityah* 1991, S. 74).

[2]   Nach dem *European Communities Act* von *1972* ist das Europäische Recht, sofern es mit nationalem britischen Recht konkurriert, diesem als übergeordnet zu behandeln (*Händel* 1994, S. 142).

[3]   *International London Stock Exchange (ILSE)*.

[4]   Die Verfassung britischer Aktiengesellschaften besteht aus den *Articles of Association* und dem *Memorandum of Association*.

[5]   Bis zum Erlaß des *Companies Act* von *1985* bildete der *Companies Act* von *1948* die Grundlage des Aktienrechts in Großbritannien (*Davies* 1997, S. 50).

[6]   *Report of the Cohen Committee*: 1945 Cmd. 6659.

heitsaktionäre in den Kapitalgesellschaften spürbar verbessert, die Rechte der Aktionäre gegenüber dem Direktorium gestärkt und ihr Schutz durch verschärfte Publizitätsvorschriften erhöht. Damit trug das Gesetz den sich allmählich abzeichnenden Veränderungen im Anlageverhalten der Investoren und der Zusammensetzung der Direktorien Rechnung.

Mit der Berufung professioneller Geschäftsführer in die Direktorien, die meist nicht am Aktienkapital der Unternehmen beteiligt waren, nahmen die Anreizwirkungen der mit dem Eigenkapitalbesitz verbundenen Gewinnrechte und Haftungsverpflichtungen auf die Direktorien ab. Vorher hatte die Beteiligung der Direktoren am Eigenkapital dafür gesorgt, daß die Interessen der Direktoren und der Aktionäre in die gleiche Richtung gingen. Dadurch war das mit der Principal Agent-Beziehung zwischen dem Direktorium und den Aktionären verbundene Überwachungs- und Sanktionierungsproblem entschärft worden. Die zunehmend breitere Streuung des Aktienkapitals und die stärkere Neigung der Anleger zur Risikodiversifikation führten dazu, daß gleichzeitig der Einfluß der einzelnen Aktionäre auf die interne Unternehmenskontrolle abnahm. Aktionäre, die sich in Opposition zur Geschäftsführung befanden, mußten auf Grund der steigenden Anzahl von Aktionären immer größere Koordinationsleistungen erbringen, wenn sie einen Antrag des Direktoriums in der Hauptversammlung erfolgreich ablehnen wollten. Außerdem wurde es immer schwieriger, Aktionäre mit großen Anteilen am Aktienkapital zu finden, die bereit waren, als nicht-exekutive Direktoren die Geschäftsführung der professionellen Manager zu überwachen. Nicht-exekutive Direktoren, deren Einkommens- oder Vermögensposition nicht stark von der Entwicklung des von ihnen zu überwachenden Unternehmens abhing, waren zwar im Vergleich zu den exekutiven Direktoren unabhängiger vom Hauptgeschäftsführer, doch fehlte ihnen ein wichtiger Anreiz zum aktiven Engagement in der Unternehmenskontrolle.

Die Vorschriften des *Companies Act* von *1948* dienten einerseits einer Stärkung der internen Unternehmenskontrolle, indem die Rechte der Hauptversammlung gegenüber dem Direktorium ausgeweitet wurden, und andererseits (durch die Verschärfung der Publizitätsvorschriften) einer Förderung der externen Kontrolle durch die Kapitalmarktakteure. Auf diese Weise wurden neue Anreize geschaffen, um die Direktoren als Agenten der Hauptversammlung dazu zu bringen, die Interessen der Aktionäre zu wahren.

1960 wurde erneut eine Untersuchungskommission einberufen, um die Rechtsentwicklung im Bereich der Kapitalgesellschaften zu überprüfen. Die Empfehlungen des *Jenkins Committee*, das seinen Bericht 1962 vorlegte,[7] wurden jedoch wesentlich zögerlicher implementiert als die vorangegangener Kommissionen. Dies lag zum Teil daran, daß die ständig wechselnden Regierungen bestrebt waren, das Aktienrecht zur Förderung ihrer spezifischen Wirtschaftspolitik zu nutzen. Aus diesem Grund wurden die geplanten Aktienrechtsnovellen bei einem Regierungswechsel jeweils fallengelassen. Erst im *Companies Act* von *1967* wurden einige wenige Empfehlungen des Berichts des Jenkins Committee eingearbeitet. Die amtierende Labour-Regierung strebte jedoch weitergehende Reformen an, durch welche die Struktur und Ausrichtung des Company

---

[7] *Report of the Jenkins Committee*: 1962 Cmd. 1749.

Law grundlegend überarbeitet und verändert werden sollten. Dabei sollten die Ziele der Kapitalgesellschaften sowie die Rechte und Pflichten der Aktionäre, Direktoren, Gläubiger, Beschäftigten und der Öffentlichkeit neu definiert werden. Im Rahmen dieser Überlegungen wurde die Einführung eines zweistufigen Systems der Unternehmensführung, analog dem deutschen Modell mit Aufsichtsrat und Vorstand, und der Mitbestimmung von Arbeitnehmern diskutiert. Das Ziel der Reformbemühungen war, die Eigentumsrechte der Aktionäre zu Gunsten der Beschäftigten und des Staates zu beschneiden. Beim Regierungswechsel 1970 wurde dieser Plan verworfen. Die Konservative Regierung legte 1973 einen Gesetzentwurf zur Umsetzung der Empfehlungen des Jenkins Committees im Unterhaus vor, doch der erneute Regierungswechsel im Jahre 1974 brachte auch diesen Versuch zum Scheitern (*Gower* 1992, S. 49 f.). Deshalb wurden die meisten Empfehlungen des Jenkins Committee erst in den *Companies Acts* von *1980*, *1981* und *1985* umgesetzt.

Seit den siebziger Jahren sind die Gesetzesinitiativen der Legislative im Bereich des Aktienrechts stark von den Verpflichtungen geprägt, die sich aus der Mitgliedschaft Großbritanniens in der Europäischen Union ergeben. Die EU hat ein ehrgeiziges Programm zur Harmonisierung des Unternehmensrechts und des Kapitalmarktrechts in den Mitgliedsländern aufgestellt; die britische Gesetzgebung im Bereich der Kapitalgesellschaften wurde, sowohl was die Gestaltung der Unternehmensverfassungen als auch den Handel mit unternehmensbezogenen Wertpapieren betrifft, davon stark beeinflußt (*Davies* 1997, S. 50).

Schon im *European Communities Act* von *1972* wurde den Verpflichtungen, die sich aus dem EG-Beitritt Großbritanniens 1973 ergeben sollten, entsprochen und die erste gesellschaftsrechtliche Richtlinie der Europäischen Union übernommen. Die Richtlinie bezog sich hauptsächlich auf Publizitätsvorschriften und Befugnisse der Direktoren. Durch die *Companies Acts* von *1980* und *1981* wurden die zweite Richtlinie über die Gründung, Erhaltung und Änderung des Kapitals von Aktiengesellschaften und die vierte Richtlinie über die Bilanzierung von Kapitalgesellschaften eingeführt. Die beiden Gesetze wurden allerdings auch zum Anlaß genommen, lange überfällige rechtliche Reformen durchzuführen.[8] So wurden auch zusätzliche Vorschriften über die Befugnisse von Direktoren, die Behandlung von Interessenkonflikten, über den Insiderhandel, Rechtsmittel gegen die unfaire Benachteiligung von Aktionären, Firmenbezeichnungen, den Aufkauf eigener Aktien durch Unternehmen und die Offenlegung besonderer Interessen an Unternehmensanteilen aufgenommen (*Gower* 1992, S. 51). Die britischen Gesetze zum Insiderhandel, zum Schutz von Minderheitsaktionären und zu den Offenlegungspflichten von Aktionären und Direktoren gehören weltweit zu den schärfsten. Diese Verhaltensregeln dienten in erster Linie dazu zu verhindern, daß sich Direktoren oder Großanleger auf Kosten des Unternehmens oder der übrigen Aktionäre bereichern können. Dadurch wird die Durchsetzbarkeit der durch die Aktien verbrieften Property Rights verbessert. Strenge Informationsvorschriften fördern überdies die Erhöhung der Markttransparenz und reduzieren so die Transaktionskosten der Informationssuche auf

---

[8] Dabei handelte es sich teilweise um die Umsetzung von Empfehlungen des Jenkins Committee.

dem Aktienmarkt. Die dritte und die sechste gesellschaftsrechtliche Richtlinie, die sich mit der Fusion und der Entflechtung von Kapitalgesellschaften beschäftigten, wurden *1987* in die *Companies (Mergers and Divisions) Regulations* aufgenommen. Die siebte Richtlinie über die Konsolidierung von Bilanzen im Konzern und die achte über die Qualifikation der Wirtschaftsprüfer wurden im Rahmen des *Companies Act* von *1989* implementiert,[9] der jedoch auch zum Ziel hatte, weitere nationale Reformen einzuführen, und speziell zur effektiven Abschaffung der *ultra vires*-Doktrin[10] im britischen Unternehmensrecht führte (*Gower* 1992, S. 53 f., S. 61).[11] In den neunziger Jahren haben die europäischen Kapitalmarktrichtlinien darüber hinaus die Voraussetzungen für die Zulassung von Aktiengesellschaften zum Börsenhandel beeinflußt. Die Umsetzung dieser Richtlinien erfolgte zumeist direkt durch die Londoner Börse, die - wie bereits erwähnt - auf Grundlage des *Financial Services Act* von *1986* zur *Competent Authority for Listing* bestellt wurde.

Die Europäische Kommission ließ sich bei der Gestaltung der Vorschriften zum Gesellschaftsrecht und zu den Kapitalmarktregeln vielfach mehr von dem Ziel leiten, Steuerschlupflöcher zu stopfen, als von der Frage, inwieweit solche Mindeststandards tatsächlich der Förderung des Wettbewerbs innerhalb der EU dienen oder ob nationale Regelungen den Bedürfnissen des Marktes eventuell besser Rechnung tragen können. So führten die Kapitalmarktrichtlinien der EU in Großbritannien unter anderem zu einer Lockerung der Notierungsvorschriften der Börse und damit zu einer Verringerung des Anlegerschutzes der Aktionäre, was zum zeitweiligem Untergang der Aktienmärkte für

---

[9] Die elfte und die zwölfte gesellschaftsrechtliche Richtlinie über die Offenlegungsvorschriften von Zweigniederlassungen und die Einpersonen-GmbH wurden 1992 ebenfalls in das britische Unternehmensrecht aufgenommen (*Dine* 1994, S. 319).

[10] Die *ultra vires*-Doktrin besagt, daß Kapitalgesellschaften als juristische Personen nur Handlungen ausführen dürfen, die in ihren *Memoranda of Association* spezifiziert sind. Diese Regelung, die dem Schutz der Aktionäre, aber auch der Gläubiger dienen sollte, stammt aus der Zeit der Regulated Companies. Effektiv führte die ultra vires-Doktrin jedoch nicht nur zu einer Begrenzung des Handlungsspielraums der Direktoren und Vertreter der Unternehmen. Da sich das Memorandum of Association einer Kapitalgesellschaft lange Zeit kaum verändern ließ, wurde den Unternehmen die Möglichkeit genommen, z.B. bei Niedergang einer Branche ihr Geschäftsfeld zu verändern. Da Handlungen, zu denen die Körperschaft nicht berechtigt war, als nichtig galten, konnten darüber hinaus auch Ansprüche von Geschäftspartnern und Gläubigern an das Unternehmen in Gefahr geraten, wenn diese nicht nachweisen konnten, daß sie in gutem Glauben gehandelt hatten. Die Unternehmen versuchten in der Regel, sich gegen die negativen Wirkungen der ultra vires-Doktrin zu schützen, indem sie lange Listen mit allen vorstellbaren Handlungen in ihre Memoranda aufnahmen. Schon durch den *Companies Act* von *1948* war es möglich geworden, ohne die Zustimmung von Gerichten die Liste der legalen Handlungen eines Unternehmens zu erweitern. Allerdings versäumten es viele Unternehmen, solche Zusätze aufzunehmen, da ihre Vertreter nicht glaubten, daß dies nötig sei. Durch den *Companies Act* von *1989* wurden schließlich Rechtsklauseln in die Memoranda eingeführt, die so allgemein sind, daß sie den Unternehmen alle erwerbswirtschaftlichen Tätigkeiten gestatten (*Davies* 1997, S. 201 - 220).

[11] Zur den gesellschaftsrechtlichen Richtlinien der Europäischen Union siehe *Fehl, von Delhaes* und *Schreiter* 1993, S. 324 - 327.

nicht-vollbörsennotierte Aktiengesellschaften in Großbritannien beitrug.[12] Dadurch wurden die Möglichkeiten für kleinere oder sehr junge Unternehmen beschnitten, am Kapitalmarkt finanzielle Mittel aufzunehmen, und ihren Geschäftsführungen die Chance genommen, sich sukzessive an die Bedingungen auf dem Aktienmarkt anzupassen. Der mittels unterschiedlicher interner und externer Regeln ausgetragene Wettbewerb zwischen den Aktienmärkten der EU-Mitgliedsstaaten wurde behindert, und insbesondere wurden die Handlungsoptionen der Londoner Börse im internationalen Wettbewerb beschränkt. Die Harmonisierung beeinträchtigt nicht nur die Fähigkeit der Akteure am Aktienmarkt, in Abhängigkeit vom Wandel der rechtlichen, wirtschaftlichen und politischen Rahmenbedingungen neue Marktregeln zur Verbesserung der Ressourcennutzung zu entwickeln, sie vermindert auch die Möglichkeit, durch Imitation von Verhaltenskodizes Wettbewerbsvorteile zu gewinnen.

Der zweite wichtige Faktor, der die Entwicklung des Aktienrechts seit den siebziger Jahren beeinflußt hat, liegt in dem Streben, das Aktienrecht sowohl in bezug auf die

---

[12]   Um den Zugang kleinerer Unternehmen zum Kapitalmarkt zu erleichtern und Unternehmen allmählich an die volle Börsennotierung auf der *Official List* heranzuführen, eröffnete die *International London Stock Exchange* Marktsegmente, für die erleichterte Zugangsvoraussetzungen bestanden. Dafür wurden die Vorschriften bezüglich der Mindestkapitalisierung, des Mindeststreubesitzes und der Emissionspublizität sowie der laufenden Publizität gelockert. 1980 wurde so der *Unlisted Securities Market* (USM) eröffnet. Bis 1990 stieg die Anzahl der Unternehmen, deren Wertpapiere auf diesem Markt gehandelt wurden, von 11 auf 450 an, wobei eine Marktkapitalisierung von ungefähr 9 Mrd. Pfund erreicht wurde. Auf Grund des anfänglichen Erfolges des USM wurde 1987 der sogenannte *Third Market* eröffnet. Dieser war als ein organisierter *Venture-Capital Markt* für junge Unternehmen konzipiert, der als *erste Stufe* auf dem Weg zur vollen Börsennotierung dienen sollte. Die Publizitätsverpflichtungen lagen noch niedriger als auf dem USM. Im Januar 1987 wurden erstmals die Aktien von acht Unternehmen zugelassen. 1990 bestand der Markt aus etwa 70 Unternehmen mit einer Marktkapitalisierung von 600 Mio. Pfund. Auf Grund der Umsetzung der Börsenzulassungsverordnungen der Europäischen Union (die *Prospectus Directive* wurde im April 1991 umgesetzt, die *Mutual Recognition of Listing Particulars Directive* im Januar 1990) sah sich die Londoner Börse vor dem Problem, daß sie den Handel mit Aktien gestatten mußte, die bei anderen Börsen innerhalb der EU zugelassen waren, auch wenn die jeweiligen Unternehmen die britischen Publizitäts- und Verhaltensvorschriften nicht erfüllten. Da diese in der Regel strenger waren als die in den anderen Mitgliedsstaaten, wurde eine Diskriminierung der britischen Unternehmen befürchtet. Aus diesem Grund reduzierte die Börse die Notierungsvorschriften für die Official List. Um den USM weiterhin attraktiv zu machen, wurden die Zulassungskriterien für dieses Marktsegment weiter vermindert, gleichzeitig mußten die Zulassungskriterien zum Third Market auf Grund der EU Richtlinien verschärft werden. Aus diesem Grund wurde der Third Market 1991 geschlossen und mit dem USM verschmolzen. Trotz der Reduktion der Zulassungskriterien für den USM lagen die Notierungsvorschriften so nahe an denen der Official List, daß viele Unternehmen dazu übergingen, die volle Börsennotierung zu beantragen. Auf Grund von Liquiditätsproblemen wurde der USM 1992 geschlossen (*Foley* 1994, S. 17, 131 f.; *Rasch* 1996, S. 130 f.). Erst im Juni 1995 eröffnete die Börse erneut ein spezielles Marktsegment für Unternehmen, welche die Bedingungen für eine volle Börsennotierung (noch) nicht erfüllen konnten oder wollten. Der *Alternative Investment Market* (AIM) wurde für kleine, schnell expandierende Unternehmen gegründet. Anfang März 1997 wurden auf dem AIM bereits 260 Unternehmen mit einem Marktwert von 6 Mrd. Pfund gehandelt. In den ersten 21 Monaten seines Bestehens wurden auf dem Markt 1 Mrd. Pfund an Kapital aufgebracht (*London Stock Exchange* 1997b).

Unternehmensverfassung als auch den Handel mit unternehmensbezogenen Wertpapieren transparenter und damit effektiver zu machen. Mit dem *Companies Act* von *1985* wurde eine dringend fällige Konsolidierung der seit 1967 erfolgten Rechtsentwicklung angestrebt. Aufbauend auf den Regelungen der *Companies Acts* von *1980* und *1981*, wurden im Zeitraum von 1985 bis 1986 mit dem *Company Securities (Insider Dealing) Act*, dem *Business Names Act*, dem *Companies Consolidation (Consequential Provisions) Act*, den *Insolvency Acts* von *1985* und *1986* sowie dem *Company Directors Disqualification Act* von *1986* mehrere wichtige Gesetze erlassen, um die Transparenz auf dem Aktienmarkt weiter zu erhöhen und die Qualität der Eigentumsrechte der Aktionäre zu verbessern. Durch den *Financial Services Act* von *1986* wurden weitere Vorschriften erlassen, um den Investmentbetrug zu verhindern, den Insiderhandel zu unterbinden und Unternehmensübernahmen zu regeln. Darüber hinaus hat das Gesetz eine Veränderung der Struktur der Rechtsentwicklung und -durchsetzung im Bereich der Kapitalmarktordnung herbeigeführt.[13] Das heutige System der Regulierung des Handels mit Wertpapieren von Unternehmen ist *Gower* (1992, S. 53) zufolge eng an den US-amerikanischen Gesetzen ausgerichtet und spiegelt die wachsende Aufmerksamkeit wider, die diesem Bereich der Wirtschaft seit dem Zweiten Weltkrieg gewidmet wird.

Im März 1998 wurde zum ersten Mal seit dem Bericht des Jenkins Committee von 1962 wieder eine Regierungskommission eingesetzt, um einen umfassenden Bericht über notwendige Veränderungen im Bereich der Gesetze über Kapitalgesellschaften zu erarbeiten. Das Ziel der *Company Law Commission* unter dem Vorsitz von *Karen Hutchinson* ist nicht nur eine Konsolidierung der bisher geltenden Gesetze; die Vorschriften sollen auch verständlicher werden, einfacher umzusetzen sein und ein höheres Maß an Flexibilität erlauben. Insbesondere mit Blick auf die Umsetzung gesellschaftsrechtlicher Richtlinien der Europäischen Union wird befürchtet, daß das Aktienrecht zu kompliziert und inflexibel wird. Deshalb soll weiterhin, soweit wie möglich, auf der Methode der Selbstregulierung im Bereich der Börse und des Finanzsektors aufgebaut werden. Der vollständige Bericht der Kommission wird allerdings erst für März 2001 erwartet (*DTI* 1998b).

4.2. Die Funktionsweise der internen Unternehmenskontrolle von Aktiengesellschaften

Im Prinzip haben die Eigentümer einer Unternehmung in marktwirtschaftlichen Systemen das Recht auf die Unternehmensführung und auf den Unternehmensgewinn. Durch die Wahl der Rechtsform einer Aktiengesellschaft verändert sich jedoch die Stellung der Eigentümer, also der Aktionäre. Zum einen wird durch die Inkorporation eine eigenständige juristische Person geschaffen, die - unabhängig von den Aktionären - bestimmte Rechte und Pflichten besitzt. Zum anderen werden bestimmte Rechte der Unternehmensführung an ein Direktorium delegiert, das zwar der Kontrolle der Aktionäre unterliegt, jedoch nach britischem Recht in erster Linie dem Wohl des Unternehmens verpflichtet ist (*Davies* 1993, S. 78).

---

[13] Zum Inhalt und den Auswirkungen des *Financial Services Act* von *1986* siehe Kapitel 6.4.3.3.

4.2.1. Die Stellung der Aktionäre

Auf Grund der Gestaltung der Unternehmensverfassung von Aktiengesellschaften in Großbritannien führt der Besitz von Aktien nicht dazu, daß die Anleger direkt Eigentum am Vermögen des Unternehmens erwerben. Dieses liegt bei dem Unternehmen als juristischer Person. Dennoch verbriefen die Aktien Rechte an der Unternehmung. Hierzu gehören das Recht auf Veräußerung der Anteile, auf Gewinnbeteiligung,[14] auf die Zuteilung von Bezugsrechten sowie auf die Beteiligung an der internen Unternehmenskontrolle, vor allem durch das Stimmrecht in der Hauptversammlung. Die Aktionäre können ihre Rechte in der Regel jedoch nicht individuell durchsetzen, sondern nur insofern, als sie *als Unternehmen* bzw. *für die Unternehmung* als juristische Person *handeln* (*Griffith* 1993, S. 14).

Eine Möglichkeit, *als Unternehmung zu handeln*, bietet sich den Aktionären in der Hauptversammlung. Zu den Rechten, welche den Aktionären auf der Jahreshauptversammlung (*Annual General Meeting*, AGM) auf Grund zwingender Regeln in den *Articles of Association* und dem *Company Law* zustehen, gehören die Abstimmung[15] über:

- Veränderungen der Unternehmensverfassung,
- den Namenswechsel des Unternehmens,
- bestimmte Veränderungen in der Kapitalstruktur des Unternehmens,
- den Kauf eigener Aktien durch das Unternehmen,
- die Ausgabe und Zuteilung neuer (junger) Aktien oder Gratisaktien,
- die Aufgabe der gesetzlichen Bezugsrechte durch die Aktionäre,
- die Zustimmung zur Dividendenausschüttung auf Vorschlag des Direktoriums,
- die Festlegung der Anzahl der Direktoren,
- die Wahl, Wiederwahl und Abwahl von Direktoren,
- die Festlegung der Gehälter der Direktoren und der Abfindungszahlungen bei Amtsverlust,
- den Abschluß von Dienstverträgen mit Direktoren, welche 5 Jahre Laufzeit überschreiten,
- die Bestellung und Absetzung der externen Wirtschaftsprüfer sowie die Festlegung ihrer Vergütungen,
- Transaktionen, welche den Kauf oder Verkauf von 25 oder mehr Prozent des Unternehmenswertes beinhalten,
- die Ausgabe von Mitarbeiteraktien, insofern die Ausgabe neuer Aktien damit verbunden ist,
- den freiwilligen Konkurs.

---

[14] Bei Konkurs gehört hierzu auch das Anrecht auf den Liquidationserlös, der nach Abzug aller Verbindlichkeiten unter den Aktionären aufgeteilt wird.

[15] Die Mehrheit der börsennotierten Unternehmen in Großbritannien hat heute nur noch eine Klasse von Aktien, wobei jede Aktie eine Stimme bei der Abstimmung in der Hauptversammlung zählt. Aktien ohne Stimmrecht oder mit begrenztem Stimmrecht sind nur noch selten, da die institutionellen Anleger ihnen ablehnend gegenüberstehen (*Stapeldon* 1995, S. 144, 152).

Die Berichte der externen Wirtschaftsprüfer und des Direktoriums sowie die Bilanz und die Gewinn- und Verlustrechnung müssen der Jahreshauptversammlung zwar vorgelegt werden, es besteht jedoch keine gesetzliche Notwendigkeit, daß die Hauptversammlung über ihre Annahme beschließt[16] (*Stapeldon* 1995, S. 145).

Neben der Teilnahme an den regelmäßig stattfindenden Jahreshauptversammlungen können Aktionäre, die über mindestens zehn Prozent des stimmberechtigten Aktienkapitals verfügen, das Direktorium zwingen, eine außerordentliche Hauptversammlung (*Extraordinary General Meeting*, EGM) einzuberufen (*Gower* 1992, S. 503). Außerordentliche Hauptversammlungen werden in der Regel kurzfristig anberaumt, um wichtige und eilige Entscheidungen für das Unternehmen zu treffen. Dabei kann es beispielsweise um die Ratifizierung von Geschäften gehen, die das Direktorium unter Bruch seiner treuhänderischen Aufgaben, z.B. *ultra virus*, getätigt hat. Aber auch die Absetzung unfähiger oder krimineller Direktoren, die Vergabe spezifischer Weisungen zur Geschäftsführung, etwa bei Entscheidungsblockade im Direktorium oder bei Unternehmensübernahmeangeboten, sowie die Verpflichtung des Unternehmens zur Klage gegen pflichtvergessene Direktoren können Gründe für die Einberufung einer außerordentlichen Hauptversammlung sein (*Stapeldon* 1995, S. 145).

Obgleich die meisten der in den Hauptversammlungen gestellten Anträge bei börsennotierten Aktiengesellschaften von der Geschäftsführung oder dem Direktorium stammen, sind auch Anträge einzelner Aktionäre möglich. Die Einladung zur Hauptversammlung, die den Aktionären schriftlich oder persönlich zugeht,[17] muß nicht nur Zeit und Ort der Versammlung angeben, sondern auch ihren Gegenstand spezifizieren, d.h. alle für die Hauptversammlung geplanten Anträge enthalten. Bis zum *Companies Act* von *1948* konnten Aktionäre lediglich dann sicher sein, daß die Mitglieder der Hauptversammlung vom Direktorium vorab auch von Mitgliederanträgen (im Unterschied zu Direktoriumsanträgen) unterrichtet wurden, wenn sie selbst eine außerordentliche Hauptversammlung verlangt hatten. Seitdem sind die Unternehmen verpflichtet, die Mitglieder der Jahreshauptversammlung von den Anträgen der Aktionäre[18] zu unterrichten.[19] Allerdings müssen die Kosten dafür von den Antragstellern getragen werden.[20]

Wird lediglich über den Inhalt der Anträge informiert, so sind die Kosten eher gering. Wollen Aktionäre die Mitglieder der Hauptversammlung im vorhinein schriftlich über Begründungen für und Erläuterungen zu Anträgen bzw. Gegenanträgen informieren (in Form sog. *Circulars*), ist die Unternehmung verpflichtet, hierfür die Organisation zu übernehmen. Dabei entstehen erhebliche Kosten, die von den Antragstellern ge-

---

[16] Allerdings wird in der Regel ein Antrag gestellt, dies zu tun.

[17] Hier zeigt sich eine wichtige Bedeutung des Unternehmensregisters.

[18] Hierbei handelt es sich um Aktionäre, die mindestens ein Zwanzigstel des voll eingezahlten stimmberechtigten Aktienkapitals vertreten oder um eine Gruppe von mindestens 100 Aktionären mit einem gemeinsamen nominellen Aktienkapital von 10.000 Pfund.

[19] Vorher mußten die Antragsteller selbst anhand des Unternehmensregisters die übrigen Aktionäre feststellen und deren Benachrichtigung organisieren und finanzieren.

[20] Die Hauptversammlung kann jedoch im nachhinein beschließen, daß die Unternehmung die Kosten erstattet.

tragen werden müssen (*Gower* 1992 S. 508 f., 511). Die Kosten für die Verbreitung der Anträge und Erläuterungen des Direktoriums hingegen trägt stets die Unternehmung. Insgesamt hat zwar das Direktorium bessere Möglichkeiten, seine Anträge und Begründungen den Aktionären zukommen zu lassen, doch wurden die Chancen unabhängiger Aktionärsgruppen auf die rechtzeitige und juristisch einwandfreie Antragstellung deutlich verbessert. Während also die Koordinationsanforderungen durch die zunehmend breitere Streuung des Aktienkapitals zunehmen, sorgte der *Companies Act* von *1948* für eine Erleichterung der Koordination, indem Aktionäre, die nicht mit der Politik des Direktoriums zufrieden sind, die technische Unterstützung des Unternehmens nutzen können. Trotz der deutlichen Verfahrensverbesserungen seit 1948 müssen insbesondere Kleinaktionäre in Großunternehmen mit breiter Aktienstreuung erhebliche Koordinationsleistungen erbringen, um sich gegen Direktorien durchzusetzen, denen häufig von der Mehrheit der Eigentümer ein großes Vertrauen in ihre Kompetenz und Redlichkeit entgegengebracht wird.

Abstimmungen auf Hauptversammlungen finden, soweit die Unternehmensverfassung nichts anderes vorsieht, zuerst per Handzeichen statt, wobei die Regel *eine Stimme pro anwesende stimmberechtigte Person* gilt. Jeder Aktionär hat anschließend das Recht, eine Wiederholung der Abstimmung zu beantragen, wobei dann der Wert des Votums eines einzelnen Teilnehmers der Hauptversammlung von seinen Stimmrechten abhängt. Dies geschieht insbesondere dann, wenn ein Antrag des Direktoriums abgelehnt wurde, da häufig lediglich die Opposition des Direktoriums zahlenmäßig stark bei Hauptversammlungen vertreten ist (*Gower* 1992, S. 522). In dieser Situation spielt die Verteilung von Stimmrechtsvollmachten (*Proxies*) abwesender Aktionäre eine entscheidende Rolle.

Nach dem Common Law muß die Teilnahme und Abstimmung bei Hauptversammlungen qua Person erfolgen, und bis zum *Companies Act* von *1948* bedurfte die Teilnahme an Abstimmungen durch einen Repräsentanten oder Agenten, der mit Stimmrechtsvollmachten ausgestattet war, der ausdrücklichen Genehmigung in der Unternehmensverfassung. Seither ist es den Aktionären möglich, ihre Stimmrechtsvollmachten uneingeschränkt an Agenten zu delegieren.[21] Davon profitieren vor allem die institutionellen Anleger, die zumeist als juristische Person geführt werden. Kritiker monieren, daß diese Regel dazu beigetragen habe, daß viele Aktionäre nicht an Hauptversammlungen teilnehmen und lediglich Stimmrechtsvollmachten ausstellen. Dies führt dazu, daß sie bei ihren Entscheidungen Argumente, die in der Hauptversammlung vorgetragen werden, nicht berücksichtigen können. Da die Mehrheit der Aktionäre allerdings weder die Hauptversammlungen besucht noch Stimmrechtsvollmachten ausstellt, ist fraglich, ob eine Abschaffung oder Modifikation dieser Regel tatsächlich zu einer stärkeren Beteiligung der Anleger an Hauptversammlungen führen würde. Es besteht auch die Möglichkeit, daß sich die Anleger dann überhaupt nicht mehr an der internen Unternehmenskontrolle beteiligen.

---

[21]   Juristische Personen können zur Wahrung ihrer Rechte Repräsentanten einsetzen, welche im Gegensatz zu mit Proxies ausgestatteten Agenten nicht nur an den Abstimmungen teilnehmen können, sondern auch in der Diskussion das Wort ergreifen und Anträge stellen dürfen (*Gower* 1992, S. 515).

Da die persönliche Beteiligung an Hauptversammlungen in Großbritannien in der Regel gering ausfällt, ist das Potential an möglichen Stimmrechtsvollmachten sehr groß. Es ist nicht verwunderlich, daß viele Direktorien versuchen, Stimmrechtsvollmachten zu ihren Gunsten von den Aktionären zu erhalten, um sich so gegen Abstimmungsniederlagen zu wappnen. Meist verschicken die Direktorien auf Kosten der Unternehmung Formulare für Stimmrechtsvollmachten gemeinsam mit der Benachrichtigung über die Hauptversammlung. Direktorien, deren Unternehmen an der Londoner Börse (ILSE) notiert sind, dürfen in Übereinstimmung mit dem Regelwerk der Börse nur *zweigleisige* Formulare für Stimmrechtsvollmachten (*two-way proxies*) verschicken, auf denen die Aktionäre festhalten können, ob sie für oder gegen einen Antrag stimmen. Die Direktoren sind dabei verpflichtet, alle ihnen zugegangenen Stimmrechtsvollmachten auszuüben, auch die, die ihren Interessen zuwiderlaufen (*Gower* 1992, S. 513 f.). Dadurch soll verhindert werden, daß die Stimmrechtsvollmachten von wenig an Unternehmensinterna interessierten Investoren dem Direktorium in der Hauptversammlung eine Quasi-Immunität verleihen.

Eine Möglichkeit, *für das Unternehmen zu handeln*, bietet sich den Aktionären, wenn sie gegen Entscheidungen der Hauptversammlung oder des Direktoriums, die zum Nachteil der Unternehmung gereichen, klagen (*derivative action*). Ein Grund für die Entwicklung der Aktiengesellschaft zur juristischen Person liegt in der Möglichkeit, daß dadurch sowohl die Unternehmung verklagt werden kann, als auch, daß die Unternehmung gegen andere Personen juristische Schritte einleiten kann. Nach der Regel *Foss v. Harbottle* muß die Unternehmung selbst klagen, wenn ihre Rechte verletzt wurden. Tatsächlich aber ist die Aktiengesellschaft für die Wahrung ihrer Rechte auf die Aktivitäten natürlicher Personen angewiesen. Wenn das Direktorium oder die Mehrheit der Aktionäre (bzw. der Aktionäre, welche die Mehrheit der Stimmrechte besitzen) Handlungen vornehmen, die dem Unternehmen schaden, z.B. das Unternehmen betrügen oder ausbeuten, so kann nicht davon ausgegangen werden, daß dieselben Gruppen Anstrengungen unternehmen werden, für Unterlassung und Schadensersatz zu sorgen. In diesem Fall haben Minderheitsaktionäre die Möglichkeit, für das Unternehmen gerichtliche Schritte einzuleiten. Allerdings müssen die klagenden Aktionäre nachweisen, daß der Unternehmung ernsthafter Schaden entstanden ist und die Schuldigen die Kontrolle über die Unternehmung besitzen.

Das Interesse der Minderheitsaktionäre an dem Wohlergehen der Unternehmung rührt daher, daß ihre Gewinnerwartungen durch die unlauteren Aktivitäten beeinträchtigt werden. Andererseits aber müssen sie die Kosten tragen, falls sie die Klage nicht gewinnen; selbst im Fall einer erfolgreichen Klage ist die Hauptbegünstigte die Unternehmung. Alle erstrittenen Rechte und Wiedergutmachungen stehen dem Unternehmen, nicht jedoch dem eigentlichem Kläger zu (*Griffith* 1993, S. 4 f.). Somit profitieren alle Minderheitsaktionäre von der Entscheidung. Damit stellt sich für jeden einzelne die Frage, warum er und nicht jemand anders aktiv werden soll. Wegen dieses Free Rider-Problems ist es nicht verwunderlich, daß diese Form der Aktivität für das Unternehmen nur selten genutzt wird (*Dine* 1994, S. 229 f.).

Handlungen als Unternehmung oder für die Unternehmung sind eine Möglichkeit der Aktionäre, ihrer Zufriedenheit bzw. Unzufriedenheit mit der Unternehmensführung

Ausdruck zu verleihen. Alternativ können sie aber auch *mit den Füßen abstimmen* und ihre Unternehmensanteile verkaufen (*Hart* 1992, S. 4). Im Vergleich zu den erheblichen Informations- und Durchsetzungskosten, die bei den internen Kontrollbemühungen der Aktionäre anfallen, sind die Kosten, die beim Handel auf dem Sekundärmarkt entstehen, insbesondere bei börsennotierten Unternehmen, eher gering. Deshalb sehen viele Autoren die Gefahr, daß die Mehrheit der Aktionäre - vor die Wahl gestellt, die Option *Voice* im Rahmen der internen Unternehmenskontrolle oder *Exit* über den Handel am Wertpapiermarkt zu nutzen - sich für die letzte Möglichkeit entscheidet und damit die interne Kontrolle der Direktoren geschwächt wird. Bei dieser Folgerung wird allerdings vergessen, darauf hinzuweisen, daß mit dem Verkauf prinzipiell die externe Kontrolle des Kapitalmarktes gestärkt wird. Im übrigen bleiben auch der Markt für Unternehmenskontrolle und die Kontrolle auf dem Produktmarkt als mögliche Korrektive bestehen.

4.2.2. Die Funktion der Direktoren

Nach dem *Companies Act* von *1985* muß jede Aktiengesellschaft mindestens zwei Direktoren haben (*Dine* 1994, S. 173; *Charkham* 1995, S. 262). Das Direktorium stellt neben der Hauptversammlung das zweite Hauptorgan der Aktiengesellschaft dar.[22] Im Zuge der Konstituierung der Unternehmung wird dem Direktorium, und zwar allen Direktoren gemeinschaftlich, das Recht zur Unternehmensführung übertragen. Allerdings kann das Direktorium diese Rechte an individuelle Exekutivdirektoren oder an sonstige Angestellte der Unternehmung delegieren (*Gower* 1992, S. 140). Dem Direktorium obliegt es, die Geschäftsführung sicherzustellen sowie die Handlungen der Geschäftsführung zu überwachen, zu genehmigen und gegebenenfalls zu sanktionieren (*Walsh* und *Seward* 1990, S. 423 f.; *Diacon* und *O'Sullivan* 1995, S. 408).

Zwischen dem Unternehmen, dem Direktorium und den leitenden Angestellten besteht eine vertretungsähnliche Beziehung, nicht aber zwischen der Unternehmung und den Aktionären. Die einzelnen Direktoren schulden dem Unternehmen die Verpflichtung, im Sinne eines Treuhänders[23] nach bestem Wissen und Gewissen zu seinem Wohle zu agieren. Das Direktorium handelt sowohl als Agent des Unternehmens als juristischer Person, als auch als Agent der Hauptversammlung, es darf aber nicht als Erfüllungsgehilfe einzelner Aktionäre tätig werden (siehe *Percival v Wright* [1902] 2

---

[22] Bis Ende des 19. Jahrhunderts galt die Hauptversammlung der Aktionäre in Großbritannien als das Hauptorgan der Unternehmung. In einem Urteil von 1906 (*Automatic Self-Cleansing Filter Company Syndicate Co. v. Cuningham*, [1906] 2 Ch. 34, C.A.) entschied der Appellationsgerichtshof jedoch, daß die Aufgabenverteilung zwischen Direktorium und Hauptversammlung von den Regelungen der Unternehmensverfassung abhängig ist und daß die Hauptversammlung nicht das Recht besitzt, sich in Befugnisse einzumischen, die an das Direktorium delegiert worden sind. Wird ein Direktorium bestellt, um die Geschäfte zu führen, kann sich die Hauptversammlung nicht in die Geschäftspolitik des Direktoriums einmischen, solange diese nicht gegen Gesetze oder Bestimmungen der Unternehmensverfassung verstößt.

[23] Diese Betonung der individuellen treuhänderischen Verpflichtungen der einzelnen Direktoren geht auf die Bedeutung der Treuhänder für die *Deed of Settlement Company* zurück (Siehe Kapitel 3.2.2.2).

Ch 421, nach: *Griffith* 1993, S. 14). Dies bedeutet auch, daß die Direktoren einer Tochtergesellschaft eines Unternehmenskonzerns das Unternehmen im Interesse der Tochtergesellschaft und nicht im Interesse des Konzerns führen müssen. Analog tragen die Direktoren von Holding-Gesellschaften gegenüber ihren Tochtergesellschaften keine Haftungsverpflichtungen, solange diese ein eigenständiges Direktorium besitzen.[24] Obgleich, juristisch gesehen, die Direktoren von der Hauptversammlung gewählt werden müssen, kennt das britische Recht (sowohl im Bereich des Common Law als auch des Statutory Law) die Rechtsfigur des *Schattendirektors*. Dies sind Personen, nach deren Weisungen sich die gewählten Direktoren des Unternehmens in der Regel richten. Für Entscheidungen des Direktoriums, die den Interessen des Unternehmens zuwiderlaufen, haften nicht nur die offiziell gewählten Direktoren, sondern auch die Schattendirektoren sowie die Unternehmen, in deren Auftrag sie Anweisungen geben (*Davies* 1997, S. 182).[25]

Ist die Hauptversammlung nicht damit zufrieden, wie das Direktorium das Unternehmen führt, kann es entweder mit der Abwahl einzelner oder aller offizieller Direktoren reagieren oder durch eine Veränderung der Unternehmensverfassung dem Direktorium die in Frage stehenden Vollmachten entziehen (*Dine* 1994, S. 146; *Gower* 1992, S. 147 - 149). Seit dem *Companies Act* von *1948* ist die Hauptversammlung einer Aktiengesellschaft in der Lage, einen Direktor jederzeit und aus jedem Grund durch eine Abstimmung mit einfacher Mehrheit zu entlassen.[26] Ist das Direktorium nicht in der Lage, die ihm zugewiesenen Aufgaben wahrzunehmen, z.B. weil die Direktoren sich nicht einigen können oder gerichtlich für unfähig erklärt wurden, kann die Hauptversammlung direkt an seiner Stelle tätig werden (*Gower* 1992, S. 152 f.).

Die Regel, nach der die Direktoren entweder untereinander Geschäftsführer auswählen oder aber Geschäftsführer einstellen können, welche die Tagesgeschäfte der Unternehmung leiten, führt zu einer großen Flexibilität bei der Gestaltung der Struktur der Unternehmensleitung. So ist es möglich, daß das Direktorium analog zum Aufsichtsrat professionelle Manager einstellt, die selbst keinen Sitz im Direktorium haben. In der Regel sind die Geschäftsführer jedoch Mitglieder des Direktoriums. Dies führt

---

[24]   Siehe *Dine* 1994, S. 145, 177; *Gower* 1992, S. 140, 551 - 553; *Grantham* 1997; *Miles* 1994, S. 202; *Putt* 1994, S. 253 f.

[25]   In den achtziger und neunziger Jahren, wurde in die Unternehmensverfassungen vieler privatisierter Unternehmen im Rahmen sogenannter *golden share*-Regelungen dem Staat das Recht zur Bestellung von ein bis zwei Direktoren gesichert. Dabei haben die Regierungen jedoch wiederholt klargestellt, daß diese Direktoren dem Unternehmen und nicht der Regierung verpflichtet seien. Auf diese Weise sollte verhindert werden, daß der Staat für Entscheidungen der Direktoren haftbar gemacht werden könnte (*Wiltshire* 1987, S. 44).

[26]   Dies gilt auch dann, wenn exekutive Direktoren Arbeitsverträge mit längerer Laufzeit besitzen. Allerdings haben in diesem Fall die Direktoren Schadensersatzforderungen. Vor 1948 war die Absetzung von Direktoren durch außerordentliche Hauptversammlungen nur möglich, wenn dies explizit in der Unternehmensverfassung vorgesehen war. Die strenge Aufgabenverteilung zwischen Direktorium und Hauptversammlung sah vor, daß sich die Unternehmung von einem unliebsamen Direktor in der Regel nur durch die Verweigerung der Wiederwahl in der nächsten Jahreshauptversammlung trennen konnte (*Davies* 1993, S. 78; *Gower* 1992, S. 153 f.).

dazu, daß das Direktorium eine Doppelfunktion erfüllen muß. Wenn sowohl die Überwachung und Sanktionierung der Geschäftsführung als auch die Geschäftsführung selbst durch das Direktorium ausgeübt werden, muß sich das Unternehmensorgan gleichsam selbst überwachen.

Da meist nicht alle Direktoren auch exekutive Aufgaben erfüllen, lassen sich - zwar nicht juristisch, aber im Hinblick auf die Übernahme von Aufgaben in der Unternehmung - zwei Arten von Direktoren unterscheiden: Die *internen* oder *exekutiven Direktoren*, die das Tagesgeschäft betreuen, und die *externen (nicht-exekutiven) Direktoren*, die lediglich Aufgaben im Direktorium und dessen Unterausschüssen wahrnehmen.[27] Externe Direktoren können auf Grund besonderer Sachkenntnisse und Fähigkeiten oder ihrer größeren Objektivität im Hinblick auf Geschäftsentscheidungen wertvolle Dienste für die Unternehmensführung und -kontrolle leisten. Allerdings verwenden sie weniger Zeit auf ihre Arbeit als exekutive Direktoren und haben auch weniger unternehmensinterne Kenntnisse. Hier liegt der Vorteil der internen Direktoren. Die Gruppe der externen Direktoren kann weiterhin unterteilt werden in Direktoren, die *mit dem Unternehmen verbunden* sind (zum Beispiel ehemalige Mitglieder der Geschäftsführung oder Vertreter von Gläubigern des Unternehmens), und in sogenannte *unabhängige externe Direktoren*[28] (*Diacon* und *O'Sullivan* 1995, S. 408; *Hermalin* und *Weisbach* 1991, S.103). Die Doppelfunktion des Direktoriums hat Vor- und Nachteile. Im besten Fall ermöglicht die enge Zusammenarbeit interner und externer Direktoren eine produktive Verbindung von detailliertem Insiderwissen, externen Spezialkenntnissen und objektiver Bewertung der Handlungen der Geschäftsführung. Im schlimmsten Fall dominieren die Geschäftsführer das Direktorium so stark, daß auch die externen Direktoren das Management der Unternehmung nicht überwachen und kontrollieren können (*Walsh* und *Seward* 1990, S. 431; *Charkham* 1995, S. 270).

4.2.3. Mitspracherechte sonstiger *Stakeholder* der Unternehmen

Die Unternehmensverfassung der britischen Aktiengesellschaft sieht keinen Einfluß von Angestellten, Gläubigern, Zulieferern oder Kunden auf die interne Unternehmenskontrolle vor. Diese Gruppen sind gehalten, ihre Ansprüche an die Unternehmen im Rahmen von Verträgen, die auf den Güter- oder Faktormärkten vereinbart werden, auszuhandeln.[29] Allerdings ist es den Direktorien seit dem *Companies Act* von *1980* und

---

[27] Im Prinzip tragen die internen und externen Direktoren die gleichen Rechte und Pflichten (*Charkham* 1995, S. 262 f.). In der Entscheidung im Rechtsstreit *Re City Equitable Fire Insurance* [1925; Ch. 407] wurde jedoch festgelegt, daß juristisch das notwendige Ausmaß der Sorgfalt und des Wissens bei der Pflichterfüllung von der persönlichen Erfahrung und Eignung des jeweiligen Direktors bestimmt wird (*Dine* 1994, S. 180; *Gower* 1992, S. 586 - 588). Dies führt dazu, daß in der Regel an interne Direktoren schärfere Anforderungen gestellt werden als an externe.

[28] Als unabhängig gelten Direktoren dann, wenn sie außer dem Besitz von Aktien und dem Direktoriumsposten keine Verbindungen zum Unternehmen haben (*Charkham* 1995, S. 367).

[29] Kommunen und anderen staatlichen Einrichtungen steht es offen, die Unternehmensführung durch Gesetze oder Verordnungen zu beeinflussen. Nur insoweit golden share-Regeln in die Unternehmensverfassungen einzelner privatisierter Unternehmen aufge-

dem *Insolvency Act* von *1986* gestattet, sich bei ihrer Geschäftsführung nicht nur vom langfristigen Interesse der Aktionäre leiten zu lassen, sondern auch die Interessen der Arbeitnehmer zu berücksichtigen.[30] Insbesondere darf das Direktorium bei Beendigung der Geschäftstätigkeit des Unternehmens großzügige Sozialpläne für die Mitarbeiter beschließen, auch wenn es *nicht im Interesse des Unternehmens* ist.[31] Dies ist jedoch nur möglich, wenn die Hauptversammlung hierzu eine Resolution verabschiedet. Die Angestellten haben keine Möglichkeit, die Berücksichtigung ihrer Interessen rechtlich durchzusetzen, da die Beachtung der Interessen der Beschäftigten eine Pflicht der Direktoren gegenüber der Unternehmung, nicht gegenüber den Mitarbeitern selbst ist (*Gower* 1992, S. 184, 554 f.; *Dine* 1994, S. 178). Die Eigentumsrechte der Aktionäre werden durch diese Regelung nicht eingeschränkt, da die Entscheidung bei ihnen liegt.

Für den Fall jedoch, daß ein Unternehmen liquidiert wird, weil seine Schulden größer sind als sein Vermögen, verlieren die Aktionäre ihre finanzielle Beteiligung an dem Unternehmen. Dann müssen die Direktoren die Interessen der Gläubiger wahren. Tun sie dies nicht, machen sie sich des Betrugs strafbar (*Gower* 1992, S. 555). Hier zeigt sich die Dominanz des Gläubigerschutzes im Konkursfall. Dadurch, daß die Ansprüche der Gläubiger an den Unternehmen vorrangig behandelt werden, verringert sich das Risiko der Bereitstellung von Fremdkapital. Wegen des geringeren Risikoaufschlags, sinken die Kosten der Fremdfinanzierung für die Unternehmen.

4.3. Die Bedeutung der externen Wirtschaftsprüfer für die interne Unternehmenskontrolle

Jede Aktiengesellschaft muß zur Erfüllung ihrer Publizitätspflichten den Aktionären und Gläubigern einmal jährlich einen finanziellen Jahresabschluß (*annual account*) in Form einer Bilanz und einer Gewinn- und Verlustrechnung zukommen lassen. Dieser Jahresabschluß muß auch den Bericht externer Wirtschaftsprüfer enthalten. In dem Bericht wird untersucht, ob der Jahresabschluß gemäß den Rechnungslegungsvorschriften des Unternehmensrechts erstellt wurde und einen wahren und klaren Eindruck über die Geschäftsentwicklung vermittelt (Prinzip des *True and Fair View*). Darüber hinaus müssen die Wirtschaftsprüfer feststellen, ob der Inhalt des Jahresberichts der Direktoren, welcher der Jahreshauptversammlung zugeht, mit den Informationen des Jahresabschlusses übereinstimmt. Dabei haben die Wirtschaftsprüfer umfassende Informationsrechte und sind verpflichtet, ihre Arbeit nach bestem Wissen[32] und Gewissen durchzu-

---

nommen wurden, besteht von staatlicher Seite - im Sinne des Stakeholder-Konzepts - die Möglichkeit, sich auch direkt diskretionär an der internen Unternehmenskontrolle zu beteiligen, diese also nicht nur indirekt (durch den Ordnungsrahmen) zu beeinflussen. Zum Inhalt und den Wirkungen von *Golden Share*-Arrangements siehe Kapitel 6.4.2.1.

[30] Siehe Abschnitt 306 des *Companies Act* von *1985*.

[31] Siehe Abschnitt 719 des *Companies Act* von *1985* und Abschnitt 187 des *Insolvency Act* von *1986*.

[32] Die Anforderungen an die Qualifikation von externen Revisoren wurden im Anschluß an die achte gesellschaftsrechtliche Richtlinie der Europäischen Union im *Companies Act* von *1989* gesetzlich geregelt (*Gower* 1992, S. 477 - 483).

führen. Wirtschaftsprüfer sind verpflichtet, alle Fehler, die sie aufdecken, in ihrem Bericht zu reklamieren (*Gower* 1992, S. 457, 461 f., 485).

Aktionäre sind vielfach auf Grund der Aufteilung ihres Vermögensportfolios im Zuge ihrer Diversifizierungsstrategie nicht bereit oder in der Lage, selbst eine detaillierte Untersuchung der Geschäftsberichte vorzunehmen. Die Prüfung der Geschäftsunterlagen durch professionelle Wirtschaftsprüfer birgt zum einen den Vorteil, daß sich nicht länger jeder einzelne Aktionär mit der Kontrolle der Unterlagen beschäftigen muß, zum anderen verfügen die Revisoren über ein hohes Sachwissen, das sich die Aktionäre erst mühsam erarbeiten müssen. Diese Arbeitsteilung führt demnach zu Kostenersparnissen. Die regelmäßige Kontrolle der Unternehmensberichte durch externe Wirtschaftsprüfer soll den Anreiz des Direktoriums erhöhen, die Anleger wahrheitsgemäß zu informieren, da die Wahrscheinlichkeit der Aufdeckung von Falschaussagen dadurch steigt. Während zwischen den Aktionären und den Revisoren ebenso eine Principal Agent-Beziehung besteht wie zwischen den Aktionären und dem Direktorium, sollen die externen Wirtschaftsprüfer vom Direktorium unabhängig sein. Um diese Unabhängigkeit der Wirtschaftsprüfer zu unterstreichen und um zu verdeutlichen, daß sie in erster Linie der Hauptversammlung und nicht dem Direktorium verpflichtet sind, wird die Bestellung der Wirtschaftsprüfer von der Jahreshauptversammlung entschieden. Tatsächlich aber votiert die Mehrheit der Aktionäre bei der Besetzung dieses Amtes gemäß der Empfehlung der Direktoren (*Davies* 1997, S. 544). Deshalb kann eine de facto-Agency-Beziehung (siehe *Krag* 1998, S. 7) zwischen der Geschäftsführung und den Wirtschaftsprüfern entstehen, wobei es möglich ist, daß das Direktorium den Wirtschaftsprüfern eine Kooperation zu Lasten der Aktionäre aufzwingt. Auf Grund des starken Wettbewerbs zwischen den externen Wirtschaftsprüfern und der Gefahr, daß die Direktoren der Hauptversammlung empfehlen, die Revisoren auszuwechseln, falls ihre Prüfberichte nicht positiv ausfallen, wird befürchtet, daß die Wirtschaftsprüfer die Geschäftsführer und Direktoren nicht effektiv kontrollieren.

Für eine realistische Bewertung von Unternehmen ist das Zahlenmaterial, das die Unternehmung über seine Vermögensposition und den Geschäftsverlauf bereitstellt, äußerst wichtig. Das *Accounting Standard Board* (ASB), die Finanzunternehmen der City und viele führende Unternehmer sind sich allerdings darin einig, daß die Rechnungslegungsvorschriften in Großbritannien einer gründlichen Überarbeitung bedürfen.[33] Die große Flexibilität der Vorschriften habe dazu geführt, daß viele Jahresabschlüsse in die Irre führen, der Mißbrauch werde geradezu heraufbeschworen. Der starke Wettbewerbsdruck auf dem Kapitalmarkt, insbesondere dem Markt für Unternehmenskontrolle, verführe die Direktoren dazu, die finanziellen Erfolge von Unternehmen unter Ausnutzung buchhalterischer Spielräume überzubewerten. Der große Handlungsspielraum bei der Rechnungslegung habe bewirkt, daß aus den Bilanzen und Unternehmensberichten die tatsächliche Geschäftslage von Unternehmen selbst von Spezialisten nicht immer hinreichend ersehen werden könne (*Ruttemann* 1993, S. 61).

---

[33]   Seit 1990 bemüht sich das *Accounting Standards Board*, strengere Rechnungslegungsvorschriften zu entwickeln. Da hierfür jedoch ein Konsens zwischen den Wirtschaftsprüfern und den zu prüfenden Unternehmen notwendig ist, ist es schwierig, Regelungen einzuführen, die den Interessen der Unternehmen entgegenstehen (*Ruttemann* 1993, S. 61).

In den achtziger und neunziger Jahren zeichnete sich immer stärker eine Lücke zwischen den Erwartungen der Öffentlichkeit bezüglich der Aufgaben der externen Wirtschaftsprüfer und dem Selbstverständnis der Wirtschaftsprüfer ab.[34] Verschiedene Großunternehmen kamen in finanzielle Schwierigkeiten und mußten teilweise sogar Konkurs anmelden - wenige Wochen, zum Teil auch nur Tage, nachdem externe Revisoren in der Hauptversammlung den Aktionären erklärt hatten, daß es sich um finanziell gesunde Unternehmen handele. Bei vielen Konkursen sowie Fällen von Mißmanagement und Betrug des Direktoriums wurde moniert, daß die Wirtschaftsprüfer diese Zustände in ihren internen und externen Prüfberichten nicht vorzeitig aufgedeckt hatten (*Marsh* 1994, S. 84 f., 89). Aktionäre, die sich durch die Berichte der Wirtschaftsprüfer getäuscht sahen, gingen immer öfter dazu über, in solchen Fällen die externen Wirtschaftsprüfer auf Schadensersatz wegen Fahrlässigkeit oder Unvermögen zu verklagen.[35] Die Revisoren und ihre Versicherungen hingegen argumentierten, daß sie ihre Aufgaben im Sinne des Gesetzes erfüllt hätten, in der Öffentlichkeit ihre Aussagen lediglich falsch interpretiert worden seien. Um sich vor juristischen Anklagen und Schadensersatzforderungen zu schützen, gingen viele Wirtschaftsprüfer dazu über, den Aktionären Erklärungen vorzulegen, in denen festgehalten wird, daß die Verantwortung für die Führung der Bücher sowie die Wahl der Buchführungstechnik, die Erstellung des Jahresabschlusses und die Aufdeckung von Betrug beim Direktorium des geprüften Unternehmens liegt. Nach Ansicht der meisten Wirtschaftsprüfer besteht ihre Aufgabe lediglich darin, eine externe Kontrolle des vom Direktorium bereitgestellten Materials durchzuführen. Ob dieses auch den tatsächlichen Gegebenheiten entspricht, wird lediglich stichprobenweise ermittelt (*Marsh* 1994, S. 89; *Rutteman* 1993, S. 62).

In dem einflußreichen *Caparo-Urteil*[36] des *House of Lords* von 1990 wurden Entscheidungen über Haftungsverpflichtungen von Wirtschaftsprüfern in verschiedenen Rechtsräumen mit Common Law-Tradition untersucht und die Frage nach der Verantwortlichkeit von Wirtschaftsprüfern für den britischen Rechtsraum geklärt. Danach schulden die Revisoren lediglich dem geprüften Unternehmen und der Gesamtheit seiner Aktionäre als Gruppe eine Sorgfaltspflicht, um sie vor Verlusten zu schützen (*Ruttemann* 1993, S. 65). Einzelne Aktionäre und Gläubiger können die externen Wirtschaftsprüfer nicht auf Schadensersatz verklagen (*Marsh* 1994, S. 89). Kann das Unternehmen als juristische Person jedoch finanzielle Nachteile aus mangelhaften Prüfberichten nachweisen, so kann es Schadensersatz von den Wirtschaftsprüfern verlangen (*Gower* 1992, S. 491 - 500).

Auf Grund der zunehmenden Kritik an der mangelnden Qualität der Finanzbuchführung und dem Versagen der Wirtschaftsprüfer setzten im Mai 1991 das *Financial Reporting Council*, die *International London Stock Exchange* und verschiedene Wirt-

---

[34] Dieses Phänomen läßt sich nicht nur in Großbritannien, sondern auch in Deutschland und in den USA feststellen (*Krag* 1998).

[35] Die Neigung der Anleger, eher Revisoren als Direktoren zu verklagen, wird unter anderem darauf zurückgeführt, daß die Wirtschaftsprüfungsgesellschaften in der Regel eine deutlich höhere Finanzkraft besitzen als die Direktoren und deshalb eher in der Lage sind, hohe Schadensersatzleistungen zu zahlen (*Ruttemann* 1993, S. 65).

[36] *Caparo Industries plc v. Dickman* [1990] 2 A.C. 605. H.L.

schaftsprüfungsgesellschaften ein *Komitee zur Untersuchung der Finanzaspekte der Unternehmensführung und -kontrolle (Committee on the Financial Aspects of Corporate Governance)*, auch *Cadbury Committee* genannt, ein. Die beteiligten Institutionen waren besorgt, da das Vertrauen der britischen Öffentlichkeit in die Finanzbuchhaltung und Wirtschaftsprüfung als Instrumente der Information über die Geschäftsentwicklung und der Kontrolle der Geschäftsführung stark abnahm (*Cadbury* 1993, S. 45; *Ruttemann* 1993, S. 58). Das Interesse der Börse und der Aktiengesellschaften an der Kompetenz und dem guten Ruf der externen Wirtschaftsprüfer rührte daher, daß die Revision ein Instrument zur Verminderung des Anlagerisikos ist. Nur dann, wenn die Kapitalanleger Vertrauen in die Kompetenz und Integrität der Wirtschaftsprüfer besitzen, führen positive Prüfberichte dazu, daß sich der Risikoaufschlag, den die Investoren auf ihr eingesetztes (Risiko-)Kapital fordern, vermindert. Dies wiederum beeinflußt die Wettbewerbsfähigkeit der Unternehmen auf den Kapitalmärkten und die Attraktivität der Londoner Börse als Wertpapiermarkt. Um den *expectation gap* zu beseitigen, empfahl das Cadbury Committee den Direktoren und den Wirtschaftsprüfern, im Jahresbericht schriftlich festzuhalten, welche Aufgaben ihnen im Rahmen der Unternehmenskontrolle zukommen. Insbesondere sollte die erforderliche Feststellung des *going concern* durch die Direktoren - d.h. die Bescheinigung, daß nach sorgfältiger Untersuchung der Geschäftslage die Unternehmung nicht direkt konkursgefährdet scheint - im Jahresabschluß nicht mehr nur in formalisierter Form abgegeben, sondern genauer erläutert werden (*Ruttemann* 1993, S. 63).

4.4. Der Einfluß der Börse auf das Aktienrecht

Das Regelwerk der Londoner Börse ist ein wichtiger Teil des britischen Aktienrechts. Aktiengesellschaften, deren Anteile oder Obligationen an der Börse gehandelt werden, müssen die Vorschriften der Börse, die in dem sogenannten *Yellow Book* zusammengefaßt sind, befolgen. Vor 1986 war die Londoner Börse als *Deed of Settlement Company* in erster Linie ihren Mitgliedern verpflichtet. Die Regeln, welche sie als Voraussetzungen für den Zugang zum Aktienmarkt und den Handel mit Wertpapieren aufstellte, basierten auf dem privaten Vertragsrecht (*Turnbull* 1997, S. 9). Obgleich die Einhaltung der Regeln bei allen Marktteilnehmern im Rahmen der Selbstkontrolle in gewissem Ausmaß kontrolliert wurde, wurden selten offizielle Sanktionen bei Regelbruch durchgeführt. Durch die Neugestaltung der britischen Kapitalmarktordnung mit Hilfe des *Financial Services Act* von *1986* erhielt die Börse den Status einer *Recognised Investment Exchange* und wurde zur *Competent Authority for Listing* ernannt. Seither ist die Börse zwar weiterhin ein privates Unternehmen im Eigentum der Börsenmitglieder, sie besitzt jedoch den Status einer gemeinnützigen Körperschaft und arbeitet nach dem Kostendeckungsprinzip. Dabei kann sie ihre Mitglieder aber weiterhin indirekt dadurch fördern, daß sie Marktbedingungen schafft, die möglichst viele Geschäfte anziehen. Deshalb ist die Börse bestrebt, im Wettbewerb mit anderen Börsen für Anleger wie für Emmittenten besonders attraktive Konditionen zu bieten.

Auf Grundlage des *Financial Services Act* von *1986* wurde der ILSE vom *Securities and Investment Board* (SIB)[37] die Verantwortung für die Kontrolle der Unternehmen übertragen, deren Wertpapiere auf dem Hauptmarkt der Börse, der sogenannten *Official List*, notiert werden. Als *Recognised Investment Exchange* muß sie den Aktienhandel so regulieren, daß die Transparenz der Märkte und ein Mindestmaß an Schutz der Anleger gewährleistet und die Einhaltung der Regeln sowie gegebenenfalls die Sanktionierung von Regelverstößen sichergestellt werden (*FSA* 1997c). Als *Competent Authority for Listing* ist sie darüber hinaus mit dafür verantwortlich, daß die Vorschriften der gesellschaftsrechtlichen Richtlinien und der Kapitalmarktdirektiven der EU für börsennotierte Aktiengesellschaften und den Handel mit unternehmensbezogenen Wertpapieren umgesetzt werden. Die Vorschriften des *Yellow Book* zur Umsetzung der EU-Direktiven erhielten so durch den *Financial Services Act* von *1986* Gesetzeskraft (*Hilton* und *Sharp* 1994, S. 5). Inwieweit die Börse diese Aufgaben erfüllt, wird von der *Financial Services Association* (FSA) kontrolliert. Vor 1986 bestand das Problem, daß sich die Aufsichtsbehörde in den Händen der zu kontrollierenden Organisationen befand. Dies führte zu negativen Anreizwirkungen im Hinblick auf ihre Regelsetzung und ihre Durchsetzungs- und Sanktionsbereitschaft. Während einerseits ein straffes und verläßliches System der Selbstkontrolle das Vertrauen der Kunden erhöht und den beteiligten Unternehmen so Wettbewerbsvorteile verschafft, müssen sich andererseits die Unternehmen selbst Handlungsbeschränkungen auferlegen sowie diese selbst kontrollieren und vor allem sanktionieren. Die Überwachung der Organisationen der Selbstkontrolle durch die FSA und die gesetzliche Vorgabe bestimmter Ziele und Mindeststandards sollen helfen, dieses "Principal Principal-Problem" zu vermindern. Der wesentliche Vorteil dieser Konstruktion wird darin gesehen, daß das Fachwissen der Unternehmensvertreter der zu regulierenden Unternehmen genutzt werden kann.

Die Börsenordnung basiert neben dem *Financial Services Act* von *1986* auf den Gesetzen über Kapitalgesellschaften, insbesondere auf den *Companies Act*s von *1948* bzw. *1985*. Neben den allgemeinen Publizitäts- und Emissionsvorschriften und Regeln für den Kauf von Aktien (*Rules for Acquisition of Shares*) enthält sie Vorschriften und Empfehlungen zur Organisation der internen Unternehmenskontrolle und zum Verhalten der Marktteilnehmer bei Unternehmensübernahmen (*Takeover Code*).

Die Anforderungen der ILSE an die Zulassung zum Börsenhandel gehen häufig über die gesetzlich vorgeschriebenen Normen hinaus. So schreibt die zweite gesellschaftsrechtliche Richtlinie der EU[38] vor, daß die Hauptversammlung den Verzicht der Aktionäre auf Bezugsrechte maximal für einen Zeitraum von fünf Jahren beschließen kann. Die institutionellen Anleger nutzten jedoch ihren Einfluß auf die Regelentwicklung der Londoner Börse, so daß deren Ordnung vorsieht, daß in Unternehmen, deren Aktien an der ILSE gehandelt werden, solche Verzichtserklärungen nur für den Zeitraum von maximal fünfzehn Monaten beschlossen werden dürfen. Der Wert von Bezugsrechten verändert sich in Abhängigkeit von der Entwicklung des Börsenkurses der Aktien. Je länger der Zeithorizont für eine Verzichtserklärung gewählt wird, um so schlechter läßt

---

[37]   1997 wurde das SIB in *Financial Services Association* (FSA) umbenannt.

[38]   77/91/EWG; *Companies Act 1985*.

sich der damit verbundene Verlust der Altaktionäre abschätzen. Darüber hinaus empfiehlt das *Yellow Book* für diesen Fall, daß die Kapitalerhöhung maximal 5 % des Aktienkapitals betragen darf. Ansonsten könnten die Eigentumsverhältnisse an dem Unternehmen zu leicht verändert werden. Hierdurch werden die Eigentumsrechte der Aktionäre gestärkt und ihr Recht auf Kontrolle der Geschäftsführung und auf den Unternehmensgewinn geschützt. In die gleiche Richtung zielen auch jene Vorschriften des *Yellow Book*, nach denen beim Versuch der Unternehmensübernahme die Entscheidung über den Wechsel der Unternehmenskontrolle letztlich den Aktionären vorbehalten bleibt. Dieser Vorbehalt bezieht sich auch darauf, daß Aktionäre zustimmen müssen, wenn wesentliche[39] Unternehmensteile gekauft oder verkauft werden sollen oder Unternehmensübernahmen geplant werden (*Davies* 1993, S. 86 f.).

4.4.1. Die Regulierung von Unternehmensübernahmen am Aktienmarkt

Unternehmensübernahmen sind an eine Vielzahl von Regeln gebunden. Hierzu gehören das Wettbewerbsrecht, das Unternehmensrecht im Rahmen der Companies Acts, Gesetze über Finanzdienstleistungen und Steuergesetze. Für die Übernahme börsennotierter Aktiengesellschaften gelten darüber hinaus die Regeln der Londoner Börse.

4.4.1.1. Die Entwicklung des Takeover Code durch das Takeover Panel

Im Gefolge der lebhaften Übernahmeaktivitäten auf dem Aktienmarkt in den sechziger Jahren und des Auftretens feindlicher Unternehmensübernahmen wurde an der Börse ein *Panel on Takeovers and Mergers (Takeover Panel)* etabliert.[40] Diese Kommission hat Übernahmeregeln aufzustellen, die an Übernahmeversuchen beteiligten Parteien und ihre Berater zu überwachen und bei Streitigkeiten zwischen bietenden Unternehmen und Zielunternehmen als Schiedsgericht zu agieren.[41] Im Laufe der Zeit hat das *Takeover Panel* einen umfassenden Kodex für das Verhalten bei Unternehmensübernahmen aufgestellt. Dieser *City Code on Takeovers and Mergers*, besser bekannt als *Takeover Code*, basiert auf den folgenden Grundprinzipien:

- Die Aktionäre des Zielunternehmens müssen auf der Grundlage ausreichender Informationen eigenständig über das Übernahmeangebot entscheiden können.

---

[39] Ein Unternehmensteil gilt dann als *wesentlich*, wenn er 25% oder mehr des Unternehmensvermögens ausmacht oder 25% oder mehr des Unternehmensgewinns erwirtschaftet.

[40] Das *Takeover Panel* hat keine gesetzliche Basis. Die neunzehn Mitglieder werden aus allen Bereichen des Finanzsektors rekrutiert: aus Vertretern der institutionellen Anleger, Finanzberatern, Buchhaltern, Mitgliedern anderer Regulierungsorganisationen, aus Vertretern der *Confederation of British Industry* (CBI), welche die börsennotierten Unternehmen repräsentieren, schließlich aus Privatpersonen, deren Benennung von der *Bank of England* befürwortet wird (*Paul* und *Friend* 1991, S. 117 f.).

[41] Das *Takeover Panel* ist allerdings auch für die Entwicklung und Durchsetzung der *Rules Governing Substantial Acquisition of Shares* (SARs) zuständig. Diese Regeln legen Fristen für den Erwerb von Aktien fest. So begrenzen die SARs den Anteil der Aktien, der von Aktionären, die mehr als 15 % oder 30 % der stimmberechtigten Aktien an einem Unternehmen halten, innerhalb von sieben Tagen gekauft werden darf (*Paul* und *Friend* 1991, S. 119). Das Ziel dieser Regeln ist einerseits der Schutz der Anleger und andererseits die Sicherstellung einer wettbewerbsfördernden Markttransparenz.

- Alle Aktionäre sind sowohl hinsichtlich der zur Verfügung gestellten Informationen als auch der Übernahmebedingungen gleich zu behandeln.
- Wechselt die Kontrolle des Zielunternehmens tatsächlich, muß die bietende Partei allen verbliebenen Aktionären des Zielunternehmens ein Kaufangebot gegen Barzahlung machen.[42]
- Die Direktoren des Zielunternehmens dürfen Übernahmeangebote nicht vereiteln oder entgegen den Wünschen ihrer Aktionäre behindern.
- Die Verwendung von Übernahme- und Abwehrstrategien ist zu begrenzen, um im Wettbewerb die Chancengleichheit des bietenden Unternehmens und des Zielunternehmens zu erhalten.
- Veröffentlichte Informationen oder Handelsaktivitäten dürfen keine falsche Marktlage vorspiegeln (*Paul* und *Friend* 1991, S. 117 - 122; *Paul* 1993, S. 136 - 148).

Das Ziel des *Takeover Panel* ist es in erster Linie, die Interessen der Aktionäre des Zielunternehmens zu wahren. Wirtschaftliche oder soziale Überlegungen, die beispielsweise die Entscheidungen des *Office of Fair Trading*, der *Monopolies and Mergers Commission* oder des Wirtschaftsministeriums (*Secretary of State for Trade and Industry*) beeinflussen, spielen für das *Takeover Panel* keine Rolle.

Der *Takeover Code* basiert auf den oben angeführten Grundprinzipien, die aus praktischen Erfahrungen mit Übernahmeversuchen gewonnen wurden. Gesetze werden in Großbritannien dem Wortlaut nach ausgelegt, um den Interpretationsspielraum der Richter einzuengen. Im Gegensatz hierzu orientiert sich das *Takeover Panel* bei der Auslegung des *Takeover Code* an dem Sinn der Vorschriften. Dadurch kann das *Takeover Panel* flexibel entscheiden und den sich ständig ändernden Rahmenbedingungen besser Rechnung tragen. Dies ist um so wichtiger, als der *Takeover Code* einen engen Zeitplan vorgibt, um Unternehmensübernahmen abzuwickeln (*Paul* und *Friend* 1991, S. 118).

Die Parteien, die an einer Unternehmensübernahme beteiligt sind, unterwerfen sich der Jurisdiktion des *Takeover Panel freiwillig*. Aufgrund der Sanktionsmöglichkeiten des Panels in Verbindung mit den Notierungsvorschriften der Börse ist es in Großbritannien faktisch jedoch nicht möglich, ein börsennotiertes Unternehmen zu übernehmen, ohne sich an den *Takeover Code* zu halten. Parteien, die dagegen verstoßen, müssen damit rechnen, schadenersatzpflichtig gemacht und mit Strafen belegt zu werden. Zwar können die Entscheidungen des *Takeover Panel* seit 1986 vor Gericht angefochten werden, doch sind die Richter wenig geneigt, die Autorität des *Takeover Panel* in dem hochspezialisierten Bereich der Unternehmensübernahmen in Zweifel zu ziehen (*Paul* und *Friend* 1991, S. 118).

---

[42] Die Höhe des Angebots muß mindestens beim höchsten Preis liegen, den der Bieter in den vorhergehenden zwölf Monaten für die Aktien in bar geboten hat (*Paul* und *Friend* 1991, S. 119). Nach den SARs muß jeder Aktionär, der mindestens 30 % der stimmberechtigten Aktien eines Unternehmens kontrolliert, den übrigen Aktionären ein solches Kaufangebot für ihre Aktien unterbreiten.

4.4.1.2. Die Regeln des Takeover Code

Aktien werden in Großbritannien in registrierter Form gehandelt. Deshalb sind bei einem Übernahmeversuch die Eigentümer (Anteilseigner) des Zielunternehmens mit Hilfe des Aktienregisters für jedermann leicht zu identifizieren. Ein Übernahmeversuch läuft in der Regel so ab, daß die bietende Partei den Aktionären mit dem Angebot ein Annahmeformular zuschickt. Falls die Aktionäre mit den Konditionen einverstanden sind und das Angebot annehmen, schicken sie das Formular ausgefüllt wieder zurück. Diese Art der Unternehmensübernahme[43] basiert auf dem Vertragsrecht, das in Großbritannien zum Großteil nicht kodifiziert ist (*Paul* und *Friend* 1991, S. 117). Der *Takeover Code* legt flankierend Vorschriften für das Verhalten im Zusammenhang mit den Vertragsverhandlungen fest.

Dabei spielt die Einhaltung der zeitlichen Vorgaben für die Abwicklung eines Übernahmeangebots eine wichtige Rolle. Der Kodex stellt einen engen Terminplan für die Durchführung von Unternehmensübernahmen auf. Die Übernahme ist in der Regel innerhalb von 88 Tagen abzuwickeln. Das erste Angebot muß mindestens 21 Tage gelten. Bei feindlichen Übernahmen dürfen in dieser Zeit nicht mehr als 29,9 % der stimmberechtigten Aktien oder Aktienoptionen vom Bieter erworben werden (Regel 5 des *Takeover Code*). Dadurch soll das Tempo, in dem der Anbieter die Aktien kauft, gedrosselt werden, um so dem Management des Zielunternehmens Zeit zu geben, die Aktionäre über seine Sicht zu informieren. Kauft ein bietendes Unternehmen Aktien zu schnell auf, riskiert es nicht nur eine Rüge des Panels, sondern kann auch gezwungen werden, einen Teil der Aktien wieder zu verkaufen. Normalerweise muß das letzte Übernahmeangebot 46 Tage nach der Versendung des ersten Angebots gemacht werden. Im Gegenzug darf das Zielunternehmen jedoch ab dem 39. Tag nach Abgabe des ersten Übernahmeangebots keine Gewinnprognosen oder andere wichtige finanziellen Informationen mehr veröffentlichen. Werden nicht bis spätestens 60 Tage nach Zustellung des ersten Angebots mindestens 50% der stimmberechtigten Aktien akquiriert, scheitert nach Regel 31.6 der Übernahmeversuch (*Paul* 1993, S. 142, 148; *Paul* und *Friend* 1991, S. 119). Wenn die Annahme des Übernahmeangebots feststeht, d.h. wenn mehr als 50 % der Aktien erworben wurden, muß das Angebot noch weitere 14 Tage bestehen bleiben (Regel 9). Auch bei Unternehmensübernahmen gilt die Regel des *Yellow Book*, nach der einzelne Aktionäre oder kooperierende Aktionärsgruppen, die mindestens 30 % der Stimmrechte repräsentieren, allen Anlegern mit voll stimmberechtigten Aktien ein Kaufangebot unterbreiten müssen. Dadurch soll den Minderheitsaktionären die Chance gegeben werden, aus dem Unternehmen auszusteigen und gegebenenfalls an der Kontrollprämie zu partizipieren (*Paul* 1993, S. 147).[44]

---

[43] Im Unterschied zur Übernahme durch Verstaatlichung oder bei Konkurs.

[44] Der *Companies Act* von *1985* enthält allerdings auch eine Klausel, nach der Aktienpakete von Minderheitsaktionären zwangsweise an die Mehrheitsaktionäre verkauft werden müssen. Dieser Fall tritt dann ein, wenn es einem Bieter gelingt, im Zuge eines Übernahmeangebots in der dafür vorgeschriebenen Zeit 90 % der voll stimmberechtigten Aktien zu erwerben (*Paul* und *Friend* 1991, S. 124).

In Ausnahmefällen kann der Zeitraum für die Abwicklung einer Unternehmensübernahme verlängert werden, beispielsweise wenn eine Übernahme an die *Monopolies and Mergers Commission*[45] zur wettbewerbspolitischen Überprüfung verwiesen wird (*Paul* und *Friend* 1991, S. 121).

Nach Regel 35 des *Takeover Code* ist es unzulässig, daß ein Bieter, dessen Übernahmeangebot erfolglos war, ohne Zustimmung des Panels innerhalb von 12 Monaten nach der Aufhebung des Angebots noch einmal einen Übernahmeversuch startet. Darüber hinaus kann das *Takeover Panel* (Panel Statement 1989/9) auch Unternehmen, die öffentlich mit einer Übernahme drohen, ohne diese in die Tat umzusetzen, einen Übernahmeversuch zu einem späteren Zeitpunkt verbieten (*Paul* 1993, S. 137 f., 145). Auf diese Weise soll verhindert werden, daß sich die Direktoren des Zielunternehmens ständig im Belagerungszustand durch einen letztlich erfolglosen Bieter befinden. Dadurch sollen die Direktoren die Chance erhalten, sich wieder auf die eigenen Geschäfte zu konzentrieren. Außerdem soll das Zielunternehmen nicht ständig durch Kosten der Verteidigung gegen Versuche von Unternehmensübernahmen belastet werden. Die Zulassung eines neuen Gebots innerhalb des zwölfmonatigen Zeitrahmens wird normalerweise gestattet, wenn eine Untersuchung der britischen oder europäischen Monopolbehörden zu Verzögerungen geführt oder das Zielunternehmen bei dem Versuch, die Übernahme abzuwehren, gegen die Regeln des Kodex verstoßen hat (*Paul* und *Friend* 1991, S. 122).

Neben den Regeln des *Takeover Code* die den "Terminplan" einer Unternehmensübernahme bestimmen sind vor allem jene hervorzuheben, die

(1) der Sicherstellung der Markttransparenz dienen,

(2) die Pflichten der Direktoren regeln und

(3) Möglichkeiten und Grenzen der Verteidigung gegen Unternehmensübernahmen festlegen.

Zu (1): Ein wichtiges Ziel der Regulierung des Aktienmarktes liegt darin, für Transparenz und Chancengleichheit beim Zugang zu Informationen zu sorgen und eine Irreführung des Marktes zu vermeiden. Deshalb sieht Teil IV des *Companies Act* von *1985* vor, daß Personen, die Einfluß auf mehr als drei Prozent der stimmberechtigten Anteile an einer Aktiengesellschaft erworben haben, dies innerhalb von zwei Arbeitstagen dem Unternehmen anzeigen müssen. Unter *Einfluß* fallen dabei sowohl das unmittelbare Eigentum als auch indirekte Verfügungsrechte (z.B. über *Strohleute*, verbundene Unternehmen oder auf Grund von Absprachen mit Geschäftspartnern). So ist es in Großbritannien nahezu ausgeschlossen, daß Anleger vor einem öffentlichen Übernahmeangebot heimlich einen wesentlichen Anteil des stimmberechtigten Aktienkapitals aufkaufen

---

[45] Obgleich Unternehmensübernahmen nicht im voraus beim *Office of Fair Trading* angezeigt werden müssen, führte der *Companies Act* von *1989* ein freiwilliges Verfahren für die ex ante-Anzeige von Unternehmenszusammenschlüssen ein. Bei Unternehmensübernahmen zu Fusionszwecken kann so eine Vorabentscheidung über die wettbewerbspolitische Unbedenklichkeit der Aktivitäten eingeholt werden. Bei diesem Verfahren werden allerdings das Direktorium des Zielunternehmens und alle anderen Marktakteure von der geplanten Übernahme unterrichtet (*Paul* und *Friend* 1991, S. 125).

können. Durch die Vorschriften des *Takeover Code* ist das Zielunternehmen eines Übernahmeangebots zusätzlich berechtigt, von jeder Person, von der sie weiß oder glaubt, daß sie Verfügungsrechte über Aktien des Unternehmens besitzt oder während der vergangenen drei Jahre besaß, genaue Auskunft darüber zu verlangen (*Paul* und *Friend* 1991, S. 123).

Der Handel mit den Aktien des Zielunternehmens (bei Aktientausch auch der Handel mit Aktien des bietenden Unternehmens) unterliegt während eines Übernahmeversuchs noch strengeren Publizitätsvorschriften als sonst. So müssen nicht nur die Direktoren und Manager des bietenden Unternehmens und der Zielunternehmung, sondern auch ihre Berater und alle Marktakteure, deren wirtschaftliche Lage vom Ergebnis des Angebots abhängt (also auch Zulieferer und Kunden) ihren Handel mit den Wertpapieren der Unternehmen melden. Darüber hinaus müssen auch Anleger, die mindestens ein Prozent der Anteile an irgendeiner Art von Wertpapieren (z.B. voll stimmberechtigte Aktien, Vorzugsaktien, Obligationen) des Unternehmens halten, ihre Transaktionen in solchen Wertpapieren offenlegen (*Paul* und *Friend* 1991, S. 119 f.).

Im Hinblick auf das Prinzip, nach dem den Aktionären umfassende, richtige und gleiche Informationen zur Verfügung zu stellen sind, legt der *Takeover Code* Minimalstandards für den Inhalt von Übernahmeangeboten, Rundschreiben und Werbung, die im Zusammenhang mit Übernahmen veröffentlicht werden, fest. Diese Unterlagen müssen effektiv dem Standard genügen, der an Prospekte für Aktienemissionen gestellt wird. Gewinnprognosen und Vermögensbewertungen müssen öffentlich von unabhängigen Personen wie z.B. Wirtschaftsprüfern oder Finanzberatern testiert werden.[46] Falls Informationen der Finanzberater oder anderer Berater falsch sind, können diese dafür haftbar gemacht werden. Dies gilt nicht nur für Versuche, Anleger in die Irre zu führen,[47] sondern auch für fahrlässige Falschaussagen und die Vernachlässigung der *Pflicht zur Gründlichkeit*. Inwieweit allerdings die Berater des Zielunternehmens auch gegenüber der bietenden Unternehmung und deren Aktionären eine Sorgfaltspflicht für ihre Äußerungen haben, ist nicht eindeutig geklärt (*Paul* und *Friend* 1991, S. 120).

Um allen Aktionären den gleichen Zugang zu Informationen zu sichern, ist es dem Management der bietenden Unternehmen sowie der Zielunternehmen nicht gestattet, sich mit einzelnen Aktionären oder bestimmten Gruppen von Aktionären zu treffen oder mit diesen exklusiv zu kommunizieren.[48]

---

[46] Diese Vorschrift lehnt sich an die Vorkehrungen des *Financial Services Act* von *1986* an, durch die eine stärkere Beschränkung der Werbung für Anlagen eingeführt wurde. Der Inhalt solcher Werbung muß durch autorisierte Personen, z.B. Finanzberater oder Aktienmakler, die Mitglieder der *Securities and Futures Authority* sind, geprüft werden. Dies gilt auch für die Werbung für Aktienemissionen (*Paul* und *Friend* 1991, S. 123).

[47] Nach Abschnitt 47 des *Financial Services Act* von *1986* ist es darüber hinaus ein *kriminelles Vergehen*, wenn Berater und Direktoren im Zusammenhang mit Aktienemissionen oder Unternehmensübernahmen etwas sagen, von dem sie wissen, daß es irreführend oder falsch ist. Das gleiche gilt für den Fall, daß wichtige Informationen zurückgehalten werden (*Paul* und *Friend* 1991, S. 123).

[48] Diese Regel des *Takeover Code* geht nicht nur auf eines seiner Grundprinzipien zurück, sondern stützt sich auch auf den *Company Securities (Insider Dealing) Act* von 1985, der

Zu (2): Die Regeln des *Takeover Code* dienen primär den Aktionären. An ihren Interessen hat das Direktorium des Zielunternehmens seine Handlungen im Zusammenhang mit Unternehmensübernahmen auszurichten. Dies wird an folgenden Aufgaben deutlich, die das Management nach den Regeln des *Takeover Code* zu erfüllen hat:

- Die Direktoren müssen die Aktionäre beraten. Normalerweise zählt es nicht zu den Aufgaben der Direktoren, den Aktionären zu raten, ob sie ihre Anteile verkaufen sollen, oder sicherzustellen, daß sie einen möglichst hohen Preis erzielen.[49] Der Kodex verlangt jedoch, daß die Direktoren, basierend auf einer fundierten Analyse, die Vor- und Nachteile des jeweiligen Übernahmeangebotes aufzeigen, und, wenn möglich, den Aktionären eine Handlungsempfehlung geben. Die Direktoren haften gegenüber den einzelnen Aktionären persönlich für ihre Ratschläge (allerdings werden Direktoren nur sehr selten auf Grund ihrer Beratung in einem Übernahmeprozeß verklagt; *Paul* 1993, S. 137).

- Die Direktoren müssen nach Regel 3 auf Kosten der Zielunternehmung einen Finanzberater beauftragen, der seine Ansichten über die Bedingungen der Unternehmensübernahme öffentlich darlegt. Er soll insbesondere bei Interessenkonflikten der Direktoren sicherstellen, daß die Aktionäre objektiv beraten werden. Dies zwingt das Direktorium dazu, Ressourcen der Unternehmung für eine Verteidigung gegen das Übernahmeangebot bereitzustellen, auch wenn dieses vom Direktorium als freundlich bewertet wird. Wie Tabelle 7.25 zeigt, werden große Summen zur Verteidigung gegen Übernahmeversuche aufgewendet, z.B. für die Beschäftigung von Finanz-, Rechnungslegungs-, Rechts- und PR-Spezialisten (*Paul* 1993, S. 137 f.; 145).

- Grundprinzip Nr. 4 des *Takeover Code* verlangt von den Direktoren außerdem, daß sie den Aktionären eine ausreichend informierte Entscheidung ermöglichen.[50] Auch hinsichtlich der Bereitstellung der Informationen ergibt sich für die Direktoren eine persönliche Haftung gegenüber den einzelnen Aktionären, die nach dem Aktienrecht normalerweise nicht besteht.[51] Das *Takeover Panel* geht davon aus, daß es im Inter-

---

den Insiderhandel verbietet. Danach dürfen Individuen, die Zugang zu nicht veröffentlichten (d.h. nicht allgemein zugänglichen) Informationen haben, die sich auf den Kurs von Aktien auswirken können, weder mit den Aktien handeln noch andere Personen zu einem Handel mit diesen Aktien raten (*Paul* und *Friend* 1991, S. 123).

[49] Nach Regel 25.1 des *Takeover Code* dürfen Direktoren, die an einem Management-Buy Out teilnehmen, die Aktionäre nicht hinsichtlich des Preises beraten. Hierdurch soll sichergestellt werden, daß es nicht zu Interessenkonflikten kommt. Nach Regel 20.3 müssen die an der Übernahme beteiligten Direktoren allerdings sicherstellen, daß den Direktoren, die nicht beteiligt sind (dabei handelt es sich meist um nicht-exekutive Direktoren) und deren Beratern alle relevanten Informationen zugänglich gemacht werden (*Paul* 1993, S. 144 f.).

[50] Nach dem Grundprinzip Nr. 9 sollen die Direktoren bei der Beratung der Aktionäre die Interessen der Gesamtheit der Aktionäre zusammen mit den Interessen der Beschäftigten und Gläubiger beachten (*Paul* 1993, S. 144).

[51] Das Regelwerk der *International London Stock Exchange* (ILSE) verpflichtet die Direktoren aller börsennotierten Unternehmen, den Aktionären und der Öffentlichkeit alle relevanten Informationen hinsichtlich der Bewertung der Unternehmung zur Verfügung zu stellen. Dadurch soll eine fehlerhafte Einschätzung durch den Markt verhindert werden (*Paul* 1993, S. 138).

esse der Aktionäre liegt, den besten Preis geboten zu bekommen, und daß der Preis positiv mit der Informationslage korreliert ist.

Die Vorschriften der *International London Stock Exchange* hinsichtlich der Informationspolitik börsennotierter Aktiengesellschaften werden von Direktoren häufig als Widerspruch zur Verpflichtung des Aktienrechts gesehen, ihre Handlungen an dem Interesse des eigenen Unternehmens auszurichten. Insbesondere die Verpflichtung, Informationen über die Zielunternehmen von Übernahmeversuchen auch den (aktuellen und potentiellen) Bietern zukommen zu lassen, wird von den Direktoren kritisch bewertet. Sie befürchten, daß auf Grund der Informationspflichten wettbewerbsrelevante Unternehmensgeheimnisse an die Konkurrenz fallen. Inwieweit die Direktoren die Vorschriften des *Takeover Code* außer acht lassen können, um Unternehmensgeheimnisse zu wahren und so den Vorschriften der Aktiengesetze zu entsprechen, müssen die Direktoren der Zielunternehmung gemäß Panel Statement 1992/15 selbständig abwägen (*Paul* 1993, S. 138 f.). Einerseits stärkt ein hohes Maß an Informationen die Rechte der Aktionäre zur eigenständigen, informierten Entscheidung und die Funktionsfähigkeit des Marktes für Unternehmenskontrolle. Je besser die Informationslage ist, um so eher können rivalisierende Managementteams abschätzen, ob Schwächen in der Unternehmensführung des aktuellen Managements die Möglichkeit zur erfolgreichen Übernahme eröffnen. Dadurch sinkt das Risiko, daß eine Übernahme scheitert oder nicht zu den erhofften Ergebnissen führt. Deshalb fördern strenge Informationsvorschriften die Bereitschaft alternativer Managementteams und ihrer Kapitalgeber, Übernahmeversuche zu wagen. Obgleich die Kritik der Direktoren an den Richtlinien zur Bereitstellung von Unternehmensinformationen zum Teil gewiß von dem Hintergedanken geleitet ist, daß laxere Informationsstandards die Überwachung und Sanktionierung ihrer Geschäftsführung durch den Markt für Unternehmenskontrolle abschwächen,[52] darf jedoch auch die berechtigte Sorge um die Wahrung von Unternehmensgeheimnissen nicht gänzlich als unbegründet abgetan werden.

Das Direktorium des Zielunternehmens ist zwar berechtigt, sich gegen eine Unternehmensübernahme durch einen bestimmten Bieter auszusprechen und Maßnahmen zur Verteidigung gegen Übernahmeversuche zu treffen; es darf jedoch in keiner Weise das Recht der Aktionäre behindern, über das Übernahmeangebot zu entscheiden.

Zu (3): Nach den Companies Acts und dem Common Law stehen den Direktorien von Aktiengesellschaften eine Vielzahl von Abwehrmöglichkeiten gegen feindliche Unternehmensübernahmen zur Verfügung. Dabei müssen sie jedoch stets die Interessen der Unternehmung wahren. Wenn ein Übernahmeangebot direkt bevorsteht oder bereits aktuell ist, werden die Handlungsrechte der Direktoren und des Managements durch die Regeln des *Takeover Code* stark eingeschränkt. Pläne des Direktoriums, die den Erfolg des Angebots behindern, d.h. den Aktionären die Möglichkeit nehmen, selbst über das Ergebnis zu entscheiden, können nur mit Zustimmung der einfachen Mehrheit der Aktionäre realisiert werden (Grundprinzip 7 und Regel 21 des *Takeover Code*). Zu den Handlungen, die im Zusammenhang mit einem Übernahmeangebot der Ratifizierung

---

[52] Dies zeigt die erst mit der Implementierung des *Companies Act* von *1948* eingeleitete Geschichte des britischen Marktes für Unternehmenskontrolle.

durch die Hauptversammlung bedürfen, zählen der Kauf oder Verkauf wesentlicher Unternehmensteile, die Ausschüttung ungewöhnlich hoher Dividenden, der Ankauf eigener Aktien, die Ausgabe von Aktien oder Optionen, die Einleitung von Gerichtsverfahren gegen bietende Unternehmen und alle Handlungen außerhalb des normalen Geschäftsgebahrens, die zu einer Rücknahme des Angebots führen könnten (*Paul* 1993, S. 139 f.).

Die Richtlinien des *Takeover Code* gelten allerdings nur, wenn ein Übernahmeangebot bereits abgegeben wurde oder unmittelbar bevorsteht. Insofern ist es, so lange kein Übernahmeangebot vorliegt, den Direktoren erlaubt, Verträge abzuschließen, die nur im Fall einer Unternehmensübernahme zum Tragen kommen und dann den Wert des Unternehmens für die bietende Partei erheblich senken. Zu diesen sogenannten *Poison Pill*-Taktiken gehört z.B. die Vereinbarung großzügiger Abfindungen an Manager und Direktoren oder der Verkauf von Teilen des Unternehmensvermögens an einen Konkurrenten. Auf Grund des Widerstands der britischen Aktionäre, vor allem der institutionellen Anleger,[53] werden solche Vorkehrungen jedoch höchst selten vorgenommen (*Davies* 1993, S. 87; *Paul* 1993, S. 140).

4.4.2. Die Vorschriften der Börse zur Unternehmensführung und -kontrolle

In den achtziger und neunziger Jahren wurde das Thema der internen Unternehmensführung und -kontrolle in Großbritannien verstärkt in der Öffentlichkeit diskutiert. Verschiedene Großunternehmen wie z.B. *Polly Peck*, *Maxwell* und *BCCI* gerieten in Schwierigkeiten und mußten teilweise sogar Konkurs anmelden, ohne daß auf vorangegangenen Hauptversammlungen oder in den Geschäftsberichten auf Probleme in der Geschäftsentwicklung hingewiesen worden war (*Bostock* 1995, S. 72). Obgleich die Gerichtsentscheidung im Fall *Caparo* die externen Wirtschaftsprüfer juristisch weitgehend entlastet hatte, registrierten die Interessenverbände der Londoner City mit Sorge, daß das Vertrauen der Öffentlichkeit in die Arbeit externer Revisoren rapide sank. Doch nicht nur die Effektivität der externen Kontrolle des Rechnungswesens wurde kritisiert. Auch die Kompetenz der Direktorien im Hinblick auf die Kontrolle der Geschäftsführungen wurde zunehmend angezweifelt (*Harrison* 1997, S. 62 f.).

Wie bereits angesprochen befürchteten die *International London Stock Exchange* sowie die Vertreter verschiedener Interessengruppen von institutionellen Anlegern, börsennotierten Unternehmen und Wirtschaftsprüfern, daß sich ihre langfristigen Geschäftsaussichten auf Grund negativer Berichte in der Presse und schlechter Erfahrungen von Anlegern drastisch verschlechtern würden und der Staat beschließen könnte, gesetzliche Normen mit dem Ziel zu erlassen, die interne Unternehmenskontrolle von Aktiengesellschaften zu verschärfen. Aus diesen Gründen wurde Mai im 1991 das als *Cadbury Committee* bekannt gewordene *Committee on the Financial Aspects of Corporate Governance* eingesetzt. Das Hauptziel der Kommission war es, Vorschläge zu er-

---

[53] Die institutionellen Anleger befürchten von einer solchen Behinderung der externen Unternehmenskontrolle durch den Kapitalmarkt eine Verschlechterung der Unternehmensergebnisse - eine Entwicklung, die dann allenfalls durch höhere Investitionen in die interne Kontrolle gemildert werden könnte.

arbeiten, wie dem schwindenden Vertrauen in die Finanzbuchhaltung und in die Aussagefähigkeit von Wirtschaftsprüfungsberichten wirkungsvoll entgegengewirkt werden kann (*Charkham* 1995, S. 249). Der 1992 erschienene *Cadbury Report* kulminierte in einem neunzehn Punkte umfassenden *Code of Best Practices* (*Cadbury Code*), der Grundregeln für die Unternehmensleitung und -kontrolle aufstellte[54] (*Bostock* 1995, S. 72; *Hart* 1992, S. 1). Die Empfehlungen des *Cadbury Code* gehen davon aus, daß die Geschäftsführer einerseits ein hohes Maß an Freiheit genießen müssen, um ihre Unternehmen voranzubringen, daß sie jedoch andererseits diese Freiheit nur innerhalb eines Ordnungsrahmens nutzen dürfen, der sicherstellt, daß sie sich für ihre Aktionen - im Sinne des Prinzips der Einheit von Entscheidung und Haftung - verantworten müssen (*Charkham* 1995, S. 4).

Mit der Neufassung des *Yellow Book* der Londoner Börse vom 1. Dezember 1993 müssen alle Unternehmen, deren Aktien in der Official List notiert werden, einmal im Jahr Rechenschaft darüber ablegen, inwieweit sie sich an die Empfehlungen des *Cadbury Code* halten. Während die Vorschläge zur Bereitstellung von Finanzinformationen durch die Aktiengesellschaften bindend sind, müssen die Direktorien im Hinblick auf die übrigen Empfehlungen lediglich Auskunft darüber geben, ob die Unternehmen diesen nachkommen; gegebenenfalls sind Gründe dafür anzugeben, warum sie dies nicht tun (*Atkinson* 1997, S. 6; *Dine* 1994, S. 136).

Zu den Empfehlungen des Cadbury Committee zählt die personelle Trennung der Rollen des Hauptgeschäftsführers (*Chief Executive Officer*, CEO) und des Direktoriumsvorsitzenden. Dadurch soll die Unabhängigkeit der Direktoriumsmitglieder im Hinblick auf die Überwachung der Geschäftsführung gestärkt werden. Der *Code of Best Practices* fordert darüber hinaus, daß jedes Direktorium mindestens drei externe Mitglieder zählen muß, von denen die Mehrheit vom Unternehmen unabhängig sein soll. Um zu verhindern, daß es zwischen den externen Direktoren und dem Hauptgeschäftsführer zu Abhängigkeitsverhältnissen kommt, sollen die Planung und Durchführung des Auswahlverfahrens für externe Direktoren eine Angelegenheit des gesamten Direktoriums sein. Um die Kontrolle der Geschäftsführung innerhalb des Direktoriums effizienter zu gestalten, wird die Einführung einiger Unterausschüsse angeregt. So wird die Einrichtung eines ausschließlich mit externen Direktoren besetzten Wirtschaftsprüfungsausschusses empfohlen. Dadurch soll die Gefahr der Subjektivität bei der Auswahl der Wirtschaftsprüfer vermindert werden. Ebenso soll ein Gehaltsausschuß gebildet werden, der über das Gehalt der exekutiven Direktoren befinde.[55] Auch in diesem Ausschuß sollten externe Direktoren die Mehrheit der Mitglieder stellen.[56]

---

[54] Die Empfehlungen im Rahmen des *Code of Best Practices* beziehen sich auf das Verhalten der nicht-exekutiven Direktoren, der exekutiven Direktoren und auf die Finanzberichterstattung von Aktiengesellschaften (*Charkham* 1995, S. 367 - 370).

[55] Genau genommen befindet dieser Ausschuß lediglich über die Vorschläge, die den Aktionären vom Direktorium in der Hauptversammlung zur Abstimmung vorgelegt werden.

[56] In einer über die Vorschläge des Cadbury Committee hinausgehenden Forderung plädierte das *Institutional Shareholders' Committee* dafür, die Gehaltsausschüsse ausschließlich mit externen Direktoren zu besetzen (*Conyon* 1994, S. 89, 96).

Die Einrichtung und Besetzung von Gehaltsausschüssen wird in der Öffentlichkeit mit besonderem Interesse betrachtet, da insbesondere in der Rezession Ende der achtziger und Anfang der neunziger Jahre überdurchschnittliche Gehaltserhöhungen im Managementsektor in den Medien stark kritisiert wurden (*Charkham* 1995, S. 367 f.; *Diacon* und *O'Sullivan* 1995, S. 409; *Harrison* 1997, S. 61).

Obgleich das Cadbury Committee ursprünglich eingerichtet worden war, um die Berichterstattung der Unternehmen gegenüber ihren Aktionären zu untersuchen und Vorschläge für effektivere Vorgehensweisen zu erarbeiten, wurde in der Folgezeit in der Öffentlichkeit von verschiedenen Seiten der Eindruck erweckt, der Untersuchungsgegenstand wäre auf alle Arten von Problemen, die in den Rahmen der Unternehmensführung und -kontrolle fielen, erweitert worden. Von Kritikern wurde deshalb häufig bemängelt, das Committee hätte seine Aufgabe bestenfalls teilweise erfüllt und viele Fragen unbeantwortet gelassen. Dabei wurde insbesondere moniert, daß die Frage der Gehälter von Direktoren und Managern nur oberflächlich angesprochen wurde (*Cadbury* 1993, S. 45 f.).

Auf Grund der öffentlichen Kritik wurde eine neue Untersuchungskommission, die *Greenbury Study Group on Directors' Remuneration*, eingesetzt. Die Greenbury Kommission beschäftigte sich in erster Linie mit der Frage, auf welche Weise die Einkommen der Geschäftsführer stärker an deren Leistungen gekoppelt werden könnten. Dabei wurde insbesondere die Einführung langfristig orientierter Anreizsysteme untersucht. Im *Greenbury Report* wurden die Unternehmen aufgefordert, formale und transparente Mechanismen zur Bestimmung der Einkommen der Direktoren und der Geschäftsführer einzuführen: So dürfe kein Direktor an Entscheidungen über sein eigenes Gehalt beteiligt sein. Der Jahresbericht soll die Gehaltspolitik des Unternehmens erläutern und die Höhe der Gehälter der Direktoren offenlegen (*Williams* 1998, S. 123; *o.V.* 1998, S. 53). Die Vorschläge des Berichts der Kommission wurden 1995 und 1996 in den Regelkatalog der Londoner Börse aufgenommen[57] (*Atkinson* 1997, S. 6).

Sowohl das Cadbury als auch das Greenbury Committee haben gefordert, in regelmäßigen Zeitabständen Untersuchungsausschüsse einzuberufen, um zu prüfen, ob die Empfehlungen auch umgesetzt wurden. Zugleich sollten neue Vorschläge zur Reform der internen Unternehmenskontrolle unterbreitet werden. Aus diesem Grund setzten im November 1995 die *International London Stock Exchange* (ILSE), die *Confederation of British Industries*, das *Institute of Directors*, das *Consultative Committee of Accountancy Bodies*, die *National Association of Pension Funds* und die *Association of British Insurers* das *Hampel Committee on Corporate Governance* ein. Das Hampel Committee sollte Vorschläge machen, wie die Aktionäre börsennotierter Aktiengesellschaften besser geschützt werden können (*o.V.* 1998, S. 52 f.).

Der im Januar 1998 vorgelegte Bericht des Hampel Committee zeigte, daß die Regeln des *Cadbury Code* von der Mehrheit der börsennotierten Aktiengesellschaften übernommen worden sind. Die Empfehlungen des Greenbury Berichts, die Gehälter für

---

[57] Der Vorschlag des Greenbury Committees bezüglich der Gestaltung und Veröffentlichung von Pensionsanrechten wurde jedoch nicht umgesetzt.

Geschäftsführer anreizkompatibler zu gestalten, sind dagegen nur von wenigen Unternehmen in vollem Maße aufgenommen worden.

Im Sommer 1998 erließ die ILSE neue Notierungsvorschriften. Das überarbeitete *Yellow Book* lehnt sich eng an die Empfehlungen des Berichts des Hampel Committee an. Dabei wurden die schon im alten Regelwerk enthaltenen Empfehlungen des Cadbury und des Greenbury Committee aufgenommen (*Gaved* 1998, S. 1). Der neue *Combined Code on Corporate Governance*,[58] der das zwölfte Kapitel der *Listing Rules* bildet, besteht aus 14 Grundregeln und 44 detaillierten Vorschriften zur Gestaltung der internen Unternehmenskontrolle. Darüber hinaus werden drei Grundprinzipien und drei detaillierte Vorschriften für das Verhalten institutioneller Anleger im Rahmen der internen Unternehmenskontrolle festgehalten, die zwar Teil des Combined Code sind, allerdings nicht zu den Listing Rules gehören und deshalb nicht von der Börse verbindlich durchgesetzt werden können (*Gaved* 1998, S. 2 f.).

In den Empfehlungen des Cadbury, des Greenbury und des Hampel Committee wurden keine neuen Instrumente der Unternehmensführung und -kontrolle entwickelt; vielmehr wurde auf Modelle zurückgegriffen, die bereits in verschiedenen Unternehmen existierten. Dennoch hat der Verhaltenskodex des Cadbury Committee stark dazu beigetragen, daß viele Unternehmen ihr System der Unternehmensführung und -kontrolle überarbeitet und ergänzt haben (siehe *Conyon* 1994, S. 91 – 94).

4.4.3. Die Entwicklung selbstbindender Institutionen im Rahmen der Börsenordnung der ILSE

Während in vielen anderen Staaten wie beispielsweise in Deutschland und in den USA die treibende Kraft hinter der Entwicklung der Regeln für die Unternehmensführung und -kontrolle von Aktiengesellschaften in der Legislativen sowie der Rechtsprechung zu finden ist, sind in Großbritannien hierfür vor allem die Organisationen der Selbstkontrolle des Finanzsektors zuständig[59] (*Barnard* 1998, S. 110 f.). Dabei spielt die *International London Stock Exchange* (ILSE) eine herausragende Rolle. Es stellt sich die Frage, welches Interesse die Börse hat, in Zusammenarbeit mit Aktiengesellschaften, institutionellen Anlegern, Wirtschaftsprüfern, Finanzberatern und Maklern die Bedingungen der internen und der externen Unternehmenskontrolle von Aktiengesellschaften zu verbessern.

Die Antwort scheint darin zu liegen, daß alle diese Organisationen direkt oder indirekt dem Wettbewerb auf dem Kapitalmarkt unterliegen. Die Verhaltensvorschriften und Empfehlungen der Börsenordnung zum Aktienhandel und der Gestaltung der internen Unternehmenskontrolle in Aktiengesellschaften basieren im wesentlichen darauf, daß ursprünglich unternehmensinterne Regeln, die einzelnen Unternehmen auf dem Kapitalmarkt Wettbewerbsvorteile verschafft haben, für alle Marktteilnehmer verbind-

---

[58] Die Regeln sind seit dem 01. Januar 1999 für alle börsennotierten Aktiengesellschaften bindend.

[59] Dennoch darf der wegweisende Beitrag des *Companies Act* von *1948* keinesfalls übersehen werden.

lich erklärt wurden. Die Einführung von unternehmensinternen Regeln, welche die Eigentumsrechte der Aktionäre stärken und das Risiko, durch korrupte oder unfähige Manager und Direktoren Verluste zu erleiden, vermindern, erhöht die Attraktivität der Unternehmen als Anlageobjekte auf den Kapitalmärkten. Aus diesem Grund wird die Einführung solcher Maßnahmen auch von einflußreichen Aktionären wie z.B. institutionellen Anlegern unterstützt. Die Bildung von Unterausschüssen des Direktoriums, die von externen Direktoren dominiert werden, und die Einrichtung leistungsabhängiger Einkommenssysteme für Direktoren und Geschäftsführer zielen darauf hin, die Selbstkontrolle des Direktoriums aus Eigeninteresse zu verbessern und Anreize für das Direktorium und die Manager zu setzen, sich an den Interessen der Aktionäre zu orientieren.

Unternehmensinterne Regeln in bezug auf die Informationspolitik des Unternehmens und die Gestaltung des Handlungsspielraums der Direktoren beeinflussen allerdings nicht nur die Funktionsweise und Funktionsfähigkeit der internen Unternehmenskontrolle, sondern auch der externen Unternehmenskontrolle durch den Kapitalmarkt. Die negativen Anreizwirkungen, die von der starken Risikodiversifikation der Anleger und der breiten Streuung des Aktienkapitals auf die Motivation zur gründlichen Überwachung und Sanktionierung der Geschäftsführung im Rahmen der internen Unternehmenskontrolle ausgehen, werden durch die Verbesserung der Bedingungen für die externe Kontrolle des Kapitalmarktes im Rahmen der Aufnahme von Kapital am Primärmarkt, der öffentlichen Notierung der Aktienkurse auf dem Sekundärmarkt und des Marktes für Unternehmenskontrolle kompensiert. Dabei spielen vor allem die Kosten der Unternehmenskontrolle für die Anleger eine wichtige Rolle. Sinkende Kontrollkosten erhöhen die Attraktivität der Unternehmen als Anlageobjekte für die Investoren und erleichtern den Unternehmen den Zugang zu Kapital.

Solange sich das Verhalten der Unternehmen in bezug auf die Aufstellung und Einhaltung von Regeln, welche die interne und externe Unternehmenskontrolle beeinflussen, unterscheidet, müssen die Anleger die Unternehmensverfassung der Unternehmen jeweils einzeln untersuchen. Die Standardisierung von solchen, ursprünglich spontan und individuell entstandenen Verhaltensregeln reduziert die Informationskosten der Marktteilnehmer. Die Vorgabe eines Verhaltenskodex[60] für börsennotierte Aktiengesellschaften, durch den die Effektivität der Unternehmenskontrolle verbessert wird,[61] die Kontrollkosten für die Eigentümer gesenkt sowie die Informations- und Transaktionskosten der Anleger gering gehalten werden, sichert der Londoner Börse Vorteile im internationalen Wettbewerb um Wertpapiertransaktionen.

Die ILSE hat nicht nur einen wichtigen Anreiz, diese Regeln zu proklamieren, sondern auch, sie durchzusetzen. Würde das Vertrauen der nationalen und internationalen

---

[60] Dies gilt sowohl für die verbindliche Vorgabe von Regeln als auch für die Verpflichtung der Unternehmen anzugeben, inwieweit die Empfehlungen des Cadbury, des Greenbury und des Hampel Committee umgesetzt wurden. Gegebenenfalls ist zu erläutern, aus welchen Gründen das nicht geschehen ist.

[61] Die Effektivität der Unternehmenskontrolle läßt sich aus dieser Perspektive daran messen, inwieweit die Unternehmensführung an den Einkommensinteressen der Aktionäre orientiert ist.

Kapitalanleger in die Einhaltung der Regeln schwinden, würden diese entweder an andere Börsenplätze abwandern oder auf Grund des höheren Risikos und der gestiegenen Transaktionskosten ihre Ertragserwartungen an ihre Anlagen erhöhen. Dies wiederum würde dazu führen, daß auch kapitalnachfragende Unternehmen an andere Börsenplätze mit günstigeren Konditionen abwandern würden. Der damit verbundene Rückgang der Liquidität und Tiefe des Aktienmarktes würde die Wettbewerbsfähigkeit der ILSE zusätzlich schädigen.[62] So läßt sich beobachten, daß seit der Verschärfung des Wettbewerbs durch die Abschaffung der Kapitalverkehrskontrollen 1979 die Entwicklung und Durchsetzung von Verhaltensstandards an der Londoner Börse gezielt forciert wurden.

4.5. Die Entwicklung des britischen Aktienrechts seit 1945 aus Sicht der Neuen Institutionenökonomik

Wie gezeigt wurde, fußte auch nach 1945 die staatliche Rechtsentwicklung bezüglich Aktiengesellschaften stark auf der Arbeit von Rechtskommissionen und Common Law-Gerichten, die sich in ihren Empfehlungen und Entscheidungen häufig an den *guten Sitten* und *Geschäftsgepflogenheiten* orientierten, die sich mit der Zeit in den Unternehmen und auf den Märkten für unternehmensbezogenes Kapital herausgebildet hatten. Dadurch wurde nicht nur eine vergleichsweise kontinuierliche Rechtsentwicklung ermöglicht. Dadurch, daß die Organisationen der staatlichen Rechtssetzung weniger bestrebt waren, selbst neue Institutionen zur Lösung von Problemen zu entwickeln, die mit der Führung arbeitsteilig organisierter Kapitalgesellschaften verbunden sind, als sich privatwirtschaftlich entwickelter Lösungsmodelle zu bedienen, die in Unternehmen und auf Märkten, vor allem durch die ILSE im Rahmen informeller Geschäftsgepflogenheiten oder auf Grundlage privater Verträge ausgeprägt worden waren, konnten sowohl im staatlichen Verwaltungssektor als auch in der Privatwirtschaft Transaktionskosten eingespart werden. Die Motivation zur Entwicklung und Nutzung der in den vorherigen Abschnitten angesprochenen, auf privatwirtschaftlicher Initiative beruhenden Institutionen lag - soweit diese nicht der Beschränkung des Wettbewerbs dienen sollten - in der Verbesserung der Wettbewerbsfähigkeit auf den Faktor- und Gütermärkten. Ansonsten hätten diese Institutionen nicht im Zuge der freiwilligen, durch Eigennutz motivierten Imitation an Verbreitung gewonnen. Soweit sie, z.B. im Rahmen der Selbstorganisation und -kontrolle der Märkte, der (freiwilligen) Übereinkunft vieler Marktteilnehmer bedurften, mußte die Verteilung der Rechte und Pflichten sowie der Vor- und Nachteile, die sich aus den Regeln ergaben, so sein, daß alle Vertragspartner letztlich davon ausgingen, dadurch ihre eigene Wohlstandsposition zu verbessern. Der Wettbewerb zwischen den Wirtschaftssubjekten, die institutionelle Neuerungen als Instrumente zur Verbesserung ihrer Wettbewerbsfähigkeit zu nutzen bemüht waren, führte dazu, daß eine Vielzahl von Menschen sich mit der Gestaltung von Lösungen für Agency-, Property Rights- und Transaktionskostenproblemen in Aktiengesellschaften beschäftigen.

---

[62] So wird in einer Untersuchung von *Huddart, Hughes* und *Brunnermeier* (1998, S. 28 f.) gezeigt, daß der Wettbewerb zwischen Börsen mit Hilfe unterschiedlicher Notierungsvorschriften bei freiem Kapitalverkehr zu einer Verschärfung der Regeln führt.

Durch die Orientierung der Rechtskommissionen und Common Law-Gerichte an institutionellen Regelungen, die von privaten Wirtschaftssubjekten erdacht und ausprobiert und durch den Wettbewerb selektiert worden waren, konnten sie das dezentral in der Gesellschaft vorhandene Wissen über die Probleme des arbeitsteiligen Wirtschaftens in Kapitalgesellschaften und deren Lösungsmöglichkeiten entschieden besser nutzen, als wenn sie versucht hätten, dieses Wissen bei einer Regierungsbehörde zu zentralisieren.[63] Außerdem waren viele private Wirtschaftssubjekte bereits gewohnt, mit diesen Institutionen umzugehen. Dadurch konnten nicht nur die einzel- und volkswirtschaftlichen Wirkungen der rechtsverbindlichen Einführung institutioneller Neuerungen besser abgeschätzt werden. Für die Marktteilnehmer verringerte sich auch die Unsicherheit beim Umgang mit neuen staatlichen Regeln. Die Tatsache, daß Wirtschaftssubjekte die Institutionen schon freiwillig genutzt hatten, bevor sie für rechtsverbindlich erklärt worden waren, sprach für einen hohen Grad ihrer Akzeptanz, wodurch die Durchsetzungskosten der staatlichen Rechtssetzung tendenziell sanken.

Demgegenüber wirkte die Rechtssetzung, die im Rahmen der Mitgliedschaft in der Europäischen Union erfolgte, fast schon als Fremdkörper. Ein Großteil des durch die Europäische Union geprägten Aktienrechts besteht aus sehr konkreten, spezifischen Regeln, die wenig Spielraum zur Anpassung an eine Veränderung der Rahmenbedingungen bieten und, wie bereits angesprochen, eher durch steuerpolitische Erwägungen motiviert waren als von dem Bestreben, die Qualität der Ressourcenverwendung in den Unternehmen und Volkswirtschaften der Mitgliedsländer zu verbessern (siehe Kapitel 4.1). Die Zentralisierung der Rechtssetzung führt dazu, daß viele der weit verstreuten, sachbezogenen Informationen nicht genutzt werden können und für die privaten Wirtschaftssubjekte erhebliche Unsicherheiten im Umgang mit den neuen Regelungen und deren Wirkungen entstehen.

Das Ziel der Empfehlungen der Rechtskommissionen im Bereich des Aktienrechts seit 1945 lag vor allem in der Verbesserung des Zugangs zu Informationen über Unternehmen, in der Stärkung der Rechte der Aktionäre gegenüber den Direktorien und in der Verbesserung des Schutzes der Minderheitsaktionäre. Durch die klare Zuordnung der Property Rights und die Senkung der Transaktionskosten bei der Informationsgewinnung sollten die Vermögensrechte der Investoren geschützt und die Principal Agent-Beziehungen zwischen Aktionären und Geschäftsführern effektiver gestaltet werden. Für Unternehmen, die im Wettbewerb stehen, ist eine strenge Unternehmenskontrolle, d.h. die Sicherstellung der Verantwortlichkeit der Eigentümer und Geschäftsführer für die Geschäftspolitik und die Verwendung der Ressourcen im Unternehmen, grundlegend für die Sicherung des Unternehmenserfolgs. Die eindeutige Zuordnung der Haf-

---

[63] Hier zeigt sich das Problem der Verwertung des dezentral in der Gesellschaft vorhandenen Wissens über Produktionsmöglichkeiten und Bedürfnisse, das nach *Hayek* (1945/1976, S. 104) „niemandem in seiner Gesamtheit gegeben ist". Das wettbewerbliche Preissystem wird von Hayek als Mechanismus zur Vermittlung dieser Informationen angesehen (*Hayek* 1945/1976, S. 115). Der Wettbewerb fördert - auch im Bereich institutioneller Neuerungen - die Suche nach neuem Wissen und dient somit der Entdeckung von Tatsachen, „die ohne sein Bestehen entweder unbekannt blieben oder zumindest nicht genutzt werden würden" (*Hayek* 1968/1969, S. S. 249)

tung für eigene Entscheidungen ist ein wichtiger Anreiz zum sorgsamen Umgang mit Ressourcen und ein wichtiger Ansporn zur Leistungsbereitschaft. Die unterschiedlichen Mechanismen der Unternehmenskontrolle, welche die Beziehung zwischen Handeln und Haftung sicherstellen, besitzen zum Teil substitutiven, zum Teil komplementären Charakter. Inwieweit die verschiedenen Mechanismen zur internen und externen Unternehmenskontrolle genutzt werden, hängt jedoch nicht nur von ihren Anreiz- und Kontrollwirkungen, sondern auch von ihren Kosten ab. Wie eng das wechselseitige Zusammenspiel zwischen formellen und informellen Institutionen sowie zwischen Institutionen zur Förderung der externen und solchen zur Förderung der internen Unternehmenskontrolle von Aktiengesellschaften ist, belegt vor allem die, weitgehend auf Privatinitiative zurückgehende, institutionelle Entwicklung der Londoner Börse.

Diese Entwicklung ist sowohl von der Veränderung der Investitionsstrategie privater Kapitalanleger in den fünfziger und sechziger Jahren als auch von der Deregulierung der nationalen und internationalen Kapitalmärkte in den achtziger Jahren stark beeinflußt worden. Hierdurch wird die enge Verknüpfung der Unternehmens- und der Marktordnungen mit der Wirtschaftspolitik deutlich.

5. Die britische Wirtschaftspolitik zwischen 1945 und 1979

5.1. Ausgangslage

Vor dem Ersten Weltkrieg wurde in Großbritannien eine liberale Wirtschaftspolitik verfolgt. Dies änderte sich nachhaltig mit Beginn des Ersten Weltkriegs. Kleinere Unternehmen wurden zwangsweise zusammengeschlossen, Investitionen wurden staatlich gelenkt. Hiervon versprach man sich eine Beschleunigung des technischen Fortschritts und der Rationalisierung der Produktion im Dienste der Kriegswirtschaft. Der dadurch entstehende staatswirtschaftliche Dirigismus wurde vielfach als genereller Beweis für die Kompetenz des Staates hinsichtlich der Planung der wirtschaftlichen Entwicklung angesehen. Führende Politiker, Juristen und Journalisten gelangten zu der Überzeugung, daß dirigistische staatliche Interventionen und wettbewerbsbehindernde Absprachen der Produzenten dem *öffentlichen Wohl* zuträglicher seien als *halsbrecherischer Wettbewerb* und die Steuerung der wirtschaftlichen Entwicklung nach Maßgabe des unternehmerischen Gewinninteresses (siehe *Freyer* 1992, S. 237; *Blakey* 1993, S. 4).

Wenngleich nach 1918 die staatlichen Bewirtschaftungsmaßnahmen nach und nach wieder aufgehoben wurden, hatte sich dennoch die Einstellung zum Verhältnis zwischen Staat und Wirtschaft grundlegend verändert. Die stagnierende wirtschaftliche Entwicklung zwischen den beiden Weltkriegen und die hohe Arbeitslosigkeit in den dreißiger Jahren wurden als Indizien für die Ineffizienz der Märkte und die Notwendigkeit staatlicher Interventionen in den Wirtschaftsablauf angesehen. Auf der einen Seite sah sich der Staat im Zugzwang bei Monopolen, um den Mißbrauch wirtschaftlicher Macht zu vermeiden, auf der anderen Seite förderte er das interne und externe Unternehmenswachstum von Großunternehmen und Kartellabsprachen. Dabei orientierte man sich an dem Vorbild deutscher und US-amerikanischer Großunternehmen, die als besonders leistungsfähig galten. Der Staat hielt auch in der Friedenszeit daran fest, regulierend in den Wettbewerb und die Preisgestaltung einzelner Branchen einzugreifen (insbesondere in den Eisenbahn- und Straßenverkehr). Einzelne Unternehmen wurden zusammengelegt und verstaatlicht.[1] Auf diese Weise entstand z.B. das *Central Electricity Board*. Mindestpreisabsprachen und eine protektionistische Zollpolitik führten dazu, daß in Kernbereichen der Wirtschaft Überkapazitäten beibehalten wurden und dringend gebotene Rationalisierungsmaßnahmen unterblieben (*Foreman-Peck* und *Millward* 1994, S. 279).

Der vorherrschende staatliche Interventionismus und Protektionismus spiegelte sich auch in der Rechtsprechung bezüglich wettbewerbsbeschränkender Absprachen wider. In den zwanziger und dreißiger Jahren wurde die Behinderung des Wettbewerbs nicht länger als ein Verstoß gegen die Interessen der Öffentlichkeit angesehen. Im Gegensatz zur Rechtsprechung Ende des 19. Jahrhunderts wurden Kartellabsprachen als rechtlich bindend angesehen und waren somit einklagbar (*Freyer* 1992, S. 237).

---

[1] Siehe unter anderem *Foreman-Peck* und *Millward* 1994, S. 4 f., 277 - 279, 284 f., S. 295; *Freyer* 1992, S. 233; *Gourvish* 1987, S. 26 f.

Mit dem Ausbruch des Zweiten Weltkriegs wurden erneut *umfassende* staatliche Preis- und Mengenregulierungen eingeführt. Das Prinzip des Privateigentums blieb unangetastet, doch in seiner wirtschaftlichen Bedeutung wurde es durch kriegswirtschaftliche Interventionen erheblich eingeschränkt. Die kriegswirtschaftliche Lenkung wurde in Absprache mit Vertretern der Industrie, des Finanzsektors und der Gewerkschaften organisiert. Diese Methode, politische Entscheidungen in Absprache oder zumindest nach Konsultation der wichtigsten Interessengruppen zu treffen, hatte in Großbritannien bereits seit dem Ersten Weltkrieg eine lange Tradition. Im Laufe des Zweiten Weltkriegs wurde jedoch die Zusammenarbeit zwischen den ökonomischen Interessengruppen und der Regierung dauerhaft und tiefgreifend institutionalisiert. Die Monopolisierungs- und Kartellierungsbestrebungen in der britischen Wirtschaft wurden während des Krieges von der Regierung weiter vorangetrieben. Unternehmen wurden aus Gründen der besseren kriegswirtschaftlichen Lenkung zum Zusammenschluß gezwungen oder in *Export Groups* organisiert. Einerseits sollte dadurch den Planvorgaben der Regierung ein höherer Verbindlichkeitsgrad verliehen werden, andererseits verfolgten die Unternehmen damit das Ziel, ihre Interessen besser gegenüber der Regierung durchsetzen zu können.

Schon Anfang der vierziger Jahre ließ die Koalitionsregierung unter *Winston Churchill* Pläne für die Wirtschaftspolitik nach dem Ende des Krieges ausarbeiten. Die britische Bevölkerung hatte sich inzwischen an die zentrale Wirtschaftslenkung gewöhnt. Was zunächst als vorübergehende kriegswirtschaftliche Ordnung der Wirtschaft gedacht war, wurde gegen Ende des gewonnenen Krieges als erfolgversprechendes Modell angesehen, um unter Friedensbedingungen die britische Industrie zu modernisieren und die Vollbeschäftigung zu sichern. Der zentralstaatliche Dirigismus umfaßte die Nachfragesteuerung mit Hilfe der Geld- und Fiskalpolitik, ein großes Arsenal von Mengen- und Preiskontrollen sowie die Verstaatlichung von einzelnen Unternehmen bis hin zu ganzen Branchen. Bei Leistungsbilanzdefiziten, Knappheiten auf den Konsum- und Investitionsgütermärkten oder Mangel an spezialisierten Arbeitskräften wurde häufig nicht auf die Lenkungsfunktion freier Preise vertraut. Stattdessen wurden Importbeschränkungen, Exportsubventionen, Kapitalverkehrsbeschränkungen, Rationierungen und Einzelgenehmigungsverfahren angeordnet (siehe *Cairncross* 1994, S. 2 - 4).

5.2. Die Politik der Marktinterventionen zwischen 1945 und 1979: Direktes und indirektes Nachfragemanagement

Die physischen Kontrollen der Kriegswirtschaft wurden in Großbritannien viel langsamer aufgehoben als in anderen westeuropäischen Staaten, z.B. in der Bundesrepublik Deutschland. Dies gilt vor allem für die in den vierziger Jahren vorherrschenden staatlichen Preis- und Mengenvorgaben. Gleichzeitig wurden ganze Branchen verstaatlicht. Dieser direkte Dirigismus wurde in den fünfziger Jahren von einer eher indirekten Lenkung der Wirtschaft durch eine nachfrageorientierte Geld- und Fiskalpolitik abgelöst.

Allerdings bezog sich die Nachfragesteuerung der Konservativen Regierungen der fünfziger Jahren weniger auf die Stimulierung zusätzlicher Nachfrage durch Budgetdefizite als vielmehr auf die Reduzierung der Nachfrage durch Budgetüberschüsse. Dabei wurde weniger die Steuerpolitik als vielmehr die Ausgabengestaltung zur Beeinflussung des Budgets verwandt. Im übrigen legten die Konservativen Regierungen mehr Wert auf freie, offene Märkte als die Opposition der Labour Partei (*Cairncross* 1994, S. 7, 11, 72, 94; *Feldmeier* 1993, S. 119).

Doch bereits zu dieser Zeit kristallisierte sich ein Muster in der Wirtschaftspolitik heraus, das sich bis Ende der siebziger Jahre erhalten sollte: Die Geld- und Fiskalpolitik schwankte beständig zwischen einer expansiven Politik im Dienste des Beschäftigungs-ziels und einer kontraktiven Politik zur Verminderung von Leistungsbilanzdefiziten und zur Sicherung eines (meist unrealistischen) festen Wechselkurses zwischen dem briti-schen Pfund und dem US Dollar.[2] Dies gelang nur höchst unzureichend. Deshalb griffen die Regierungen immer wieder zu Preis-[3] und Mengenregulierungen auf den Güter- und Faktormärkten (einschließlich der Kontrolle des internationalen Kapitalverkehrs).

Bereits gegen Ende der fünfziger Jahre wurde neben der geringen Investitionsrate[4] der Stop and Go-Politik die Hauptschuld an dem im Vergleich zum westlichen Ausland geringen Wirtschaftswachstum gegeben (*Cairncross* 1994, S. 14).

In den sechziger Jahren wurde versucht, die Wachstums- und Beschäftigungsschwä-che mit weitergehenden Maßnahmen des Preis- und Mengendirigismus sowie der Inve-stitionslenkung zu überwinden. So errichtete die Konservative Regierung *Macmillan* 1961/62 ein *National Economic Development Council* (NEDC). Im NEDC sollten Ver-treter der Unternehmen, der Gewerkschaften und der Regierung Vorschläge erarbeiten, wie sich die Leistungsfähigkeit der britischen Wirtschaft verbessern ließe. Der Labour Regierung gingen diese Bemühungen nicht weit genug. Sie gründete 1964 das *Ministry of Technology*, das der britischen Wirtschaft helfen sollte, sich auf neue Technologien umzustellen. Hierzu wurden Investitionen in Forschung und Entwicklung finanziell ge-fördert (*Pollard* 1992, S. 346 f.). Das 1964 neu eingerichtete *Department of Economic Affairs*[5] sollte einen *Nationalen Plan* für die langfristige wirtschaftliche Entwicklung ausarbeiten und durchsetzen. Der Plan bestand zum Großteil aus Output-Zielen für ein-zelne Branchen, die im Sinne der indikativen Planung helfen sollten, höhere Raten des Wirtschaftswachstums zu erreichen. Die Realisierung dieses Plans stieß jedoch auf viel-fältige Probleme. Obgleich viel von zentraler Wirtschaftskontrolle die Rede war, gab es keine wechselseitig abgestimmten, quantifizierten und verbindlichen Volkswirtschafts-pläne. Damit blieb das Ministerium der Tradition der britischen staatlichen Wirtschafts-planung treu, die sich seit jeher durch ihre Inkonsistenz und ihren Punktualismus aus-

---

[2] Das Britische Pfund wurde im Laufe der Zeit immer wieder abgewertet. Erst 1972, kurz vor dem Zusammenbruch des Währungssystems von Bretton Woods, wurde der feste Wechselkurs aufgegeben. Zu diesem Zeitpunkt ließ sich auf Grund der unterschiedlichen Inflationsraten in Großbritannien und den USA trotz der Kredite des Internationalen Währungsfonds (IMF) für Devisenmarktinterventionen der Wechselkurs nicht mehr hal-ten.

[3] Preiskontrollen erwiesen sich als Maßnahmen zur Inflationsbekämpfung als ungeeignet, da sie die Inflation nicht verhinderten, sondern lediglich die offene durch die verdeckte Inflation ersetzten oder zu Preissteigerungen bei nicht bewirtschafteten Gütern führten.

[4] *Cairncross* (1994, S. 14) sah im geringen Wachstum des Sozialprodukts die Ursache für die vergleichsweise geringen Investitionen. Die Tatsache, daß der Kapitalkoeffizient Großbritanniens im internationalen Vergleich sehr hoch war, deutet auf einen kompli-zierteren Zusammenhang zwischen Investitionen und Wirtschaftswachstum hin.

[5] Das Ministerium wurde bereits 1968 wieder aufgelöst (*Gossel* 1994, S. 308).

zeichnete.[6] Darüber hinaus standen dem Ministerium keine zwingenden Maßnahmen zur Verfügung, um die Einhaltung der Pläne zu erreichen. Außerdem versuchte die Regierung, mit Hilfe einer kontraktiven Geld- und Fiskalpolitik den Pfundkurs zu halten. Diese Strategie lief den Ideen der Planer diametral entgegen. Aus diesem Grund wurde der 1965 veröffentlichte Plan wieder fallengelassen (*Cairncross* 1994, S. 15, 135, 142 f.).

1966 wurde die *Industrial Reorganisation Corporation* (IRC) geschaffen, die Unternehmenszusammenschlüsse mit dem Ziel unterstützen sollte, die Produktivität zu steigern. Hiermit wurden insbesondere exportstarke Unternehmen gefördert, von denen erwartet wurde, daß sie zu einer Verringerung des Leistungsbilanzdefizits beitragen konnten (*Cairncross* 1994, S. 171 - 174).

Unter anderem aus zahlungsbilanzpolitischen Gründen wurde in den sechziger Jahren versucht, mit Eingriffen in die Preis- und Einkommenspolitik die Inflationstendenz zurückzudrängen.[7] Die wechselnden Regierungen bemühten sich zunächst, die Tarifpartner für Lohn- und Gehaltsbeschränkungen sowie die Unternehmen für eine Preis- und Dividendenzurückhaltung auf freiwilliger Basis zu gewinnen. Doch nicht einmal in der öffentlichen Verwaltung und in den Staatsunternehmen gelang dies nachhaltig. Die Bereitschaft, für höhere Löhne zu streiken, war sehr hoch, und die Regierungen mußten angesichts der hohen Vermachtung ganzer Wirtschaftszweige bei Streiks mit großen Ausfällen in der Güterversorgung rechnen.[8] Arbeitnehmer und Gewerkschaften konnten deshalb das Selbstbeschränkungsbegehren der Regierungen schlichtweg ignorieren.

Zur Durchsetzung der Einkommenspolitik der Regierung wurde 1965 ein *National Board for Prices and Incomes* geschaffen. Um Einschränkungen des Streikrechts und der Freiheit des Arbeits- und Tarifrechts zu entgehen, erklärte sich der *Trade Union Congress* (TUC) 1965 bereit, bei Lohnverhandlungen eine Zuwachsrate von 3 bis 3,5 % nicht zu überschreiten. Die Einzelgewerkschaften hielten sich jedoch nicht an diese Vorgabe, so daß die Durchschnittslöhne um 7,3 %, die Durchschnittsgehälter um 10,1 % stiegen. Als Antwort darauf verfügte die Regierung *Wilson* 1966 einen sechsmonatigen Stopp der Löhne und Gehälter; dem folgte eine Periode starker Lohnzurückhaltung.[9] Zusätzlich wurden in den sechziger Jahren erneut der Außenhandel und das Investitionsverhalten der Anleger und Unternehmen direkt gelenkt.

---

[6] So wurde sowohl während des Zweiten Weltkrieges als auch danach nur ein Teil der Güter und Produktionsfaktoren bewirtschaftet (*Cairncross* 1994, S. 66), was zu zusätzlichen Verzerrungen im Preisgefüge sowie im Angebot von und in der Nachfrage nach Gütern führte.

[7] Bereits 1948 und 1956 hatte der Staat die Nominaleinkommen phasenweise eingefroren (*Foremann-Peck* und *Millward* 1994, S. 315).

[8] So konnten die Arbeitnehmer in der Elektrizitätsindustrie 1961/62 entgegen den Empfehlungen der Regierung hohe Lohnerhöhungen durchsetzen (*Cairncross* 1994, S. 144).

[9] Um die Löhne und Preise effektiver kontrollieren zu können, wurde damit gedroht, das *National Board for Prices and Incomes* auf gesetzlicher Grundlage zu einer Preis- und Lohngenehmigungsbehörde auszubauen. Dies förderte die Kooperationsbereitschaft der Gewerkschaften (*Cairncross* 1994, S. 135, 154, 157 f., 161 f.).

Die Konservativen Regierungen der sechziger und siebziger Jahre waren offiziell bestrebt, die Wettbewerbsfähigkeit der britischen Volkswirtschaft indirekt durch die Schaffung allgemeiner Wettbewerbsregeln und die Behinderung der Monopolbildung zu fördern. Gleichzeitig versuchten sie jedoch, starken Einfluß auf die verstaatlichten Unternehmen, insbesondere die Rüstungsunternehmen, auszuüben und das Investitionsverhalten sowie den Außenhandel privater Unternehmen zu lenken. Die Labour Regierung der sechziger und siebziger Jahre hingegen proklamierte ihre zunehmend dirigistische Industriepolitik auch in ihren Parteiprogrammen. Insgesamt zeigt sich, daß die Regierungen *beider* Parteien den Aufbau solider, auf lange Zeit gültiger Rahmenbedingungen für wirtschaftliches Handeln vernachlässigten (*Rudolph* 1978, S. 110, 123). Die ständigen Kurskorrekturen in der Wirtschaftspolitik führten dazu, daß sich die Wirtschaftseinheiten, insbesondere die Unternehmen, ständig an neue Rahmenbedingungen anpassen mußten. Dadurch wurden die Ergebnisse längerfristig orientierten wirtschaftlichen Handelns immer unsicherer. Hohe Grenz- und Spitzensteuersätze, die gegen Mitte der siebziger Jahre für Einkommen aus selbständiger und unselbständiger Arbeit bei bis zu 83 % und für Einkünfte aus Kapital bei bis zu 98 % lagen, reduzierten die wirtschaftlichen Leistungsanreize zusätzlich (*Rudolph* 1978, S. 125 f.).

Tab. 5.1   Regierungen in Großbritannien seit 1945

Zeitraum	Regierungspartei	Premierminister
1945 – 1950	Labour-Partei	Attlee
1950 – 1951	Labour-Partei	Attlee
1951 - 1955	Konservative Partei	Churchill
1955 – 1959	Konservative Partei	Eden (bis 1957) Macmillan
1959 - 1964	Konservative Partei	Macmillan (bis 1963) Home
1964 – 1966	Labour-Partei	Wilson
1966 – 1970	Labour-Partei	Wilson
1970 – 1974	Konservative Partei	Heath
1974	Labour Partei (Minderheitsregierung)	Wilson
1974 – 1979	Labour-Partei	Wilson (bis 1976) Callaghan
1979 – 1983	Konservative Partei	Thatcher
1983 – 1987	Konservative Partei	Thatcher
1987 – 1992	Konservative Partei	Thatcher (bis 1990) Major
1992 - 1997	Konservative Partei	Major
1997 -	Labour-Partei	Blair

Quelle: *Cairncross* 1994, S. 308 – 313.

In den fünfziger und sechziger Jahren war zwar das Ausmaß des Staatssektors, der Steuerpolitik und der Preis-, Lohn- und Einkommenspolitik politisch umstritten, doch in der von *Keynes* inspirierten Politik der Nachfragesteuerung waren sich die beiden großen Parteien ziemlich einig. Erst in den siebziger Jahren mit weiterhin rasch ansteigender Geldentwertung entwickelten sich die wirtschaftspolitischen Konzeptionen weiter auseinander (*Cairncross* 1994, S. 31). Dies geschah vor dem Hintergrund der Tatsache, daß die Staatsquote, das Leistungsbilanzdefizit und die Abwertungstendenz des Wechselkurses sowohl in den sechziger als auch (noch verstärkt) in den siebziger Jahren mit jedem Regierungswechsel per Saldo anstiegen. Zwischen 1970 und 1976 verlor das Pfund an den Devisenmärkten ca. 40 % seines Werts (*Cairncross* 1994, S. 210 - 213). Die britische Regierung suchte 1975 beim Internationalen Währungsfonds (IMF) um Kredite nach, um den Kursverfall aufzuhalten. Im Gegenzug verlangte der IMF eine Verringerung der Nettokreditaufnahme des Staates. Um zusätzliche Einnahmen zu mobilisieren, entschloß sich die Labour-Regierung 1978/79, die Beteiligung des Staates an *British Petroleum* (BP) zu reduzieren und Aktien im Wert von 500 Mio. Pfund zu verkaufen (*Cairncross* 1994, S. 216 f.). Diese erste Teilprivatisierung seit den fünfziger Jahren war demnach nicht die Folge eines Wandels der wirtschaftspolitischen Strategie, sondern einer Notlage und des externen Zwangs des IMF.

Zu Beginn der siebziger Jahre wurde unter der Regierung *Heath* versucht, den Staatsdirigismus zurückzunehmen. Der Staat war nicht mehr bereit, im gewohnten Ausmaß die laufenden Verluste von Unternehmen durch Subventionen zu decken. Erstmals wurde es zugelassen, daß Unternehmen mit Staatsbeteiligung Konkurs anmelden mußten. Für die Eigentümer von Schuldverschreibungen dieser Unternehmen bedeutete dies, daß der Staat nicht mehr, wie bisher erwartet, für die Schulden *seiner* Unternehmen bürgte. Die Haftungsverpflichtungen der privaten Aktionäre wurden wieder voll in Anspruch genommen, was bei Aktiengesellschaften mit hohem Verschuldungsgrad zu starken Kursverlusten führte. Dadurch fielen diese Unternehmen wieder stärker unter die überwachende und sanktionierende Kontrolle des Kapitalmarktes. Da die privaten Kapitalanleger nicht mehr davon ausgingen, daß der Staat automatisch das Verlustrisiko tragen würde, schenkten die Investoren der Geschäftspolitik der Unternehmen und ihren Aussichten auf den Güter- und Faktormärkten wieder mehr Aufmerksamkeit. Dies spiegelte sich in den Risikoaufschlägen wider, die von diesen Unternehmen in der Folgezeit auf den Kapitalmärkten verlangt wurden.

Freilich blieb auch die Konservative Partei weiterhin tief im Staatsdirigismus verstrickt. In ihrem Programm hatte sie postuliert, die Einkommenspolitik, die schon gegen Ende der sechziger Jahre an Bedeutung verloren hatte, nicht wieder zu aktivieren; tatsächlich verhängte sie jedoch 1972 und 1973 gesetzliche Kontrollen der Löhne und Gehälter, Mieten, Preise[10] und Dividenden. Auch die Labour-Regierung hielt 1974 im wesentlichen daran fest, was jedoch nichts an den sprunghaft hohen Lohn- und Preissteigerungen änderte. Obgleich es der Labour-Regierung gelang, die Rate der Lohnerhöhungen stärker zu vermindern als ihre Vorgängerin, stieg die Differenz zwischen Lohnzuwachs und Anstieg der Arbeitsproduktivität in der zweiten Hälfte der siebziger Jahre deutlich an.

---

[10] Aufgrund der Preismoratorien im Inland wandten sich viele Unternehmen verstärkt dem Export von Gütern auf Märkte, auf denen sich die Preise frei bildeten, zu. Dies führte dazu, daß 1973 einfache Verbrauchsgüter wie beispielsweise Zucker und Toilettenpapier in Großbritannien nur schwer zu bekommen waren (*Rudolph* 1978, S. 131).

Die Streikwelle im Winter 1978/79, der als *winter of discontent* in die britische Ge-schichte einging, begann damit, daß die Arbeiter der Ford-Werke im November 1978, entgegen der mit dem *Trade Union Congress* (TUC) abgesprochenen Regierungspolitik, eine Lohnerhöhung von 17 % durchsetzten. Die Labour-Regierung versuchte zwar, die-se Vereinbarung zu unterbinden, doch im House of Commons erlitt sie eine Niederlage. Danach sahen sich die Arbeitnehmer in der Lage, frei und unbegrenzt für höhere Löhne zu streiken, auch wenn die Verhandlungsziele weit über den Vorgaben der Regierung lagen. Die Versorgung der Bevölkerung mit Energie und Nahrungsmitteln verschlech-terte sich auf Grund der Streikwelle drastisch (*Cairncross* 1994, S. 189 - 223). Die Ver-sorgungsengpässe und -unsicherheiten führten dazu, daß der Labour-Regierung von vielen Wählern die Fähigkeit abgesprochen wurde, ein Lösung für die chronischen wirt-schaftspolitischen Probleme Großbritanniens zu finden.

5.3. Die Verstaatlichung privater Unternehmen

5.3.1. Ziele der Verstaatlichungspolitik

Schon 1918 hatte die Labour-Partei das Ziel der Verstaatlichung der Produktions-mittel der Volkswirtschaft in Artikel vier (*Clause IV*) ihrer Parteisatzung aufgenommen. Gemäß der sozialistischen Ideologie sollten hierdurch die Einkommensverteilung und die Verteilung wirtschaftlicher Macht unter die Kontrolle des Staates gebracht und die *Demokratisierung* wirtschaftlicher Entscheidungsprozesse herbeigeführt werden.[11] Wel-che Bedeutung dieses Ziel für die Partei lange Zeit hatte, zeigt sich daran, daß bis 1995 der Wortlaut dieses Artikels auf den Mitgliedsausweisen der Partei aufgedruckt war.[12]

In bezug auf diese ideologische Ausrichtung gab es zwischen beiden Regierungs-parteien, der Konservativen Partei und der Labour-Partei, in der Zeit zwischen 1945 und 1979 deutliche Unterschiede. Im Gegensatz zur Labour-Partei trat die Konservative Partei prinzipiell für Privateigentum an den Produktionsmitteln und die Lenkung des Wirschaftsgeschehens durch die freie Preisbildung auf wettbewerblichen Güter- und Faktormärkten ein.

In der praktischen Politik hingegen unterschieden sich die beiden Parteien weniger, als ihre Parteiprogramme dies hätten erwarten lassen. Die *mixed economy* erfreute sich stillschweigend parteiübergreifend großer Beliebtheit (*Feldmeier* 1993, S. 126 f.); das wirtschaftspolitische Instrumentarium, mit dem die verschiedenen Regierungen ver-suchten, die wirtschaftlichen Probleme des Landes zu lösen, blieb meist das gleiche. Auch wenn über Details der gewählten Verfahren und Objekte der Verstaatlichung bis-weilen deutlicher Dissens bestand, gab es doch einen Konsens über die Verwendung des

[11] Siehe *Foremann-Peck* und *Millward* 1994, S. 276; *Glew, Watts* und *Wells* 1979, S. 20; *Peston* 1985, S. 65 f.; *Singleton* 1995, S. 14.

[12] 1995 wurde der Clause IV unter dem Parteivorsitz *Tony Blairs* grundlegend neu gefaßt, so daß er seither ein Bekenntnis zur sozialen Marktwirtschaft und nicht mehr zur Ver-staatlichung der Produktionsmittel enthält.

Mittels der Verstaatlichung als Instrument, um das Wachstum und die Wettbewerbsfähigkeit der britischen Wirtschaft zu fördern.[13]

Insbesondere im Bereich der öffentlichen Versorgungsunternehmen, aber auch in der Grundstoffindustrie, wurde dem Wettbewerb und der Unternehmenskontrolle durch gewinnorientierte Eigentümer häufig eine wohlfahrtssteigernde Wirkung abgesprochen. Die Nutzung von economies of scale im Zuge der Zusammenlegung vieler vorher unabhängiger privater Unternehmen und die Verbesserung der technischen Leistungsfähigkeit der britischen Wirtschaft durch eine gezielte langfristige Investitionspolitik, die nicht durch kurzfristige Ausschüttungsinteressen privater Eigentümer *behindert* würde, wurden als ökonomische Argumente für die Verstaatlichungspolitik angeführt. Gleichzeitig sollte die Verstaatlichung die Konsumenten vor der Ausbeutung durch Monopolunternehmen, die durch die staatliche Förderung der Unternehmenskonzentration entstanden, schützen. Der Einfluß der Regierung auf die verstaatlichten Branchen sollte darüber hinaus Preisauftriebstendenzen entgegenwirken und die nationale Versorgung mit Rohstoffen und Energie sichern helfen. Des weiteren sollte die Verstaatlichung als Instrument der Beschäftigungspolitik dienen. Die beiden großen Parteien sahen in den verstaatlichten Industrien eine entscheidende Voraussetzung für eine hohe Beschäftigung und die Lösung regionaler Arbeitsmarktprobleme.[14] Im Hinblick auf Branchen, die durch langanhaltende Strukturkrisen gekennzeichnet waren, wie z.B. die Kohleindustrie und die Eisenbahngesellschaften, bestand zwischen der Konservativen und der Labour-Partei ein Konsens über die als notwendig erachtete Verstaatlichung.[15]

Bezüglich der Verstaatlichung anderer Branchen wie z.B. der Stahlindustrie und des gewerblichen Straßenverkehrs bestanden hingegen kontroverse Auffassungen. Diese Branchen wurden unter der Labour-Regierung von *Attlee* verstaatlicht und 1951 unter der Konservativen Regierung wieder privatisiert. Die Stahlindustrie wurde von der Labour-Regierung 1967 wieder verstaatlicht, so daß sich in diesem Fall - zusätzlich zur monetären und fiskalischen Stop und Go-Politik - auch ein beständiger Wechsel der ordnungspolitischen Rahmenbedingungen ergab (*Millward* und *Singleton* 1995, S. 309; *Wright* 1979, S. 82 f.).

Die Gegner der Verstaatlichungspolitik argumentierten, daß in den verstaatlichten Industrien die Bedürfnisse der Verbraucher systematisch mißachtet würden. Die Monopolisierung, die mit der Zentralisierung der Verwaltung einhergehe, und die politische Einflußnahme würden dafür sorgen, daß die Unternehmen vor den disziplinierenden Kräften des Marktes geschützt würden; es gäbe keinen Weg, wie die Bedürfnisse der Verbraucher adäquat widergespiegelt oder gemessen werden könnten. Das an der Lei-

---

[13] Siehe *Foreman-Peck* und *Millward* 1994, S. 275, 291; *Singleton* 1995, S. 17 - 23.

[14] Siehe *Blakey* 1993, S. 1; *Chester* 1975, S. 1 f.; *Glew, Watts* und *Wells* 1979, S. 11; *Wright* 1979, S. 58 - 62.

[15] Schon in einer Radioansprache am 22. März 1943 kündigte der damalige Konservative Premierminister *Winston Churchill* an, daß sich das Feld für Staatseigentum und Staatsunternehmen nach dem Krieg erweitern würde (*Freyer* 1992, S. 241). 1947 wurde in der *Industrial Charter* der Konservativen Partei die Notwendigkeit der Verstaatlichung der Kohleindustrie und der Eisenbahngesellschaften sowie der Bank of England postuliert (*Foreman-Peck* und *Millward* 1994, S. 291).

tung der Staatsunternehmen beteiligte Regierungspersonal sei unfähig, diese Aufgabe zu meistern. Zum einen fehle es an Fachwissen, zum anderen an dem produktivitätssteigerndem Leistungsanreiz der Gewinnorientierung. Außerdem schränke die ausgedehnte staatswirtschaftliche Tätigkeit die persönlichen Freiheitsrechte ein, vor allem, wenn der Staat die Bürger zwinge, Privateigentum zu verkaufen, um es in Staatseigentum umzuwandeln (*Glew, Watts* und *Wells* 1979, S. 11).

5.3.2. Public Corporations als Aktiengesellschaften im Staatseigentum

Während die Ziele und die Objekte der Verstaatlichung teilweise umstritten waren, herrschte nach dem Zweiten Weltkrieg weitgehend Einigkeit über die Organisationsform der verstaatlichten Industrien. Anfang des 20. Jahrhunderts waren Verstaatlichungen unweigerlich mit der Leitung des betroffenen Unternehmens durch ein Ministerium verbunden. Beispiele hierfür waren die Regierungsbetriebe des *Post Office* und der *Naval Dockyards*. Diese Art der Unternehmenskontrolle wurde vielfach abgelehnt, da befürchtet wurde, daß es damit zu bürokratischen Rigiditäten und politischer Einflußnahme komme.

Um die Unternehmen vor direkter politischer Einflußnahme der Regierungen zu schützen, wurde vorgeschlagen, die Staatsunternehmen nicht als *Regierungsbetriebe* zu führen, sondern ähnlich wie große privatwirtschaftliche Aktiengesellschaften zu organisieren. Die Trennung von Eigentum und Unternehmensführung in den als Aktiengesellschaft organisierten Großunternehmen wurde als eine besonders effiziente Unternehmensform angesehen. Sie ermöglichte die Geschäftsführung nach unternehmerischen Prinzipien durch angestellte Manager, die in der Regel nicht (direkt) an den Gewinnen der Unternehmen beteiligt waren, ohne hohe Anforderungen an die Kontrollbemühungen der Eigentümer zu stellen. Deshalb wurde gefordert, das verstaatlichte Produktivvermögen in öffentlich-rechtliche Gesellschaften (*Public Corporations*) einzubringen, die analog zu Aktiengesellschaften organisiert und von unabhängigen Direktorien (*Public Boards*) geleitet werden sollten. Schon vor dem Zweiten Weltkrieg wurden die *British Broadcasting Corporation* (BBC) (1926), das *Central Electricity Board* (1926), das *London Passenger Transport Board* (1933) und die *Port of London Authority* (1920) als Public Corporations geführt (*Gordon* 1938, S. 7). Während des Zweiten Weltkriegs kamen die *British Overseas Airways Corporation* (1940) sowie das *North of Scotland Hydro-Electric Board* (1943) hinzu (*Millward* 1995, S. 5).

Die in den vierziger und fünfziger Jahren gegründeten Public Corporations wurden durch jeweils eigene Verstaatlichungsgesetze geschaffen. In diesen Gesetzen wurden der zwangsweise Verkauf privaten Vermögens an den Staat verfügt, die finanziellen und wirtschaftlichen Rechte und Pflichten der Staatsunternehmen festgelegt und die Überwachung durch das zuständige Ministerium, das Parlament und gegebenenfalls durch Beiräte geregelt, die sich aus Vertretern spezifischer Interessengruppen zusammensetzten, (siehe *Glew, Watts* und *Wells* 1979, S. 11). Als eigenständige juristische Personen konnten die Public Corporations unabhängig von der Regierung als Tarifpartner der Gewerkschaften auftreten. Hierdurch sollte die Unabhängigkeit der Regierung im Arbeitskampf gesichert werden (*Chester* 1975, S. 784). Im Hinblick auf die wirtschaftlichen Rechte und Pflichten legten die Verstaatlichungsgesetze Ziele hinsichtlich der

Versorgung der Volkswirtschaft mit den von den Unternehmen produzierten Gütern und Dienstleistungen fest und sicherten den Staatsunternehmen nationale Monopolrechte zu. Die *finanziellen* Rechte und Pflichten bezogen sich zum einen auf die Möglichkeit von Public Corporations, Kapital für Investitionen aufzunehmen,[16] zum anderen auf die Verpflichtung der staatlichen Unternehmen, nach dem Kostendeckungsprinzip zu wirtschaften. Die langfristigen Erträge sollten sowohl die Deckung der laufenden Produktionskosten als auch des mit der Verstaatlichung einhergehenden Schuldendienstes sichern (*Foreman-Peck* und *Millward* 1994, S. 294 - 298).

Die Direktorien der Public Corporations sollten einerseits zwar dem jeweils zuständigen Ministerium und dem Parlament verantwortlich sein, andererseits jedoch die Unternehmen möglichst unabhängig nach wirtschaftlichen Prinzipien führen. Die Direktoren sollten sich als *Wächter des öffentlichen Interesses* verstehen und keine Interessengruppen vertreten.[17] Dennoch konnten die Unternehmensziele der Public Corporations nie weit von den Interessen der Regierung abweichen, da die zuständigen Minister das Recht hatten, Informationen zu verlangen, Anweisungen bezüglich der Unternehmensfinanzierung zu geben und, sobald nationale Interessen betroffen waren, auch allgemeine Vorschriften bezüglich der Leitung und Leistung der Staatsunternehmen zu erlassen. Um die unternehmerische Initiative und den Geschäftssinn der Direktoren der Public Corporations zu fördern, sollten die Direktorien gleichzeitig möglichst unabhängig von der Regierung sein. In diesem Sinne wurde von der Praxis vorangegangener Verstaatlichungen abgewichen und die Personalpolitik der Public Corporations der Kontrolle des Finanzministeriums (*Treasury*) entzogen. Die Ministerien waren gehalten, sich nicht in das Tagesgeschäft der Staatsunternehmen einzumischen. Die Bestellung der Direktoren erfolgte zwar durch die zuständigen Ministerien, feste Amtszeiten sollten den Direktoriumsmitgliedern jedoch eine temporäre Immunität bei einem Regierungswechsel sichern (*Foremann-Peck* und *Millward* 1994, S. 297).

Die Parallele zwischen den Public Corporations und den privaten Aktiengesellschaften bestand darin, daß bei beiden die Übertragung der Rechte der Geschäftsführung an ein weitgehend professionelles Direktorium zu einer Verdünnung der Rechte der Eigentümer führt. Obgleich die Principal Agent-Beziehung zwischen den Aktionären und

---

[16] Als juristische Personen konnten sich die Public Corporations eigenständig durch private Kredite finanzieren, so daß sie nicht mehr ausschließlich auf ihre Erträge und auf öffentliche Zuschüsse oder Kredite angewiesen waren (*Chester* 1975, S. 784). Die Trennung der Finanzierung der staatlichen Unternehmen vom Staatshaushalt sollte eine bessere Überwachung ihrer finanziellen Leistungsfähigkeit ermöglichen. Die Public Corporations durften kein privates Eigenkapital aufnehmen, da sonst das Prinzip des Staatseigentums an den Unternehmen aufgehoben worden wäre.

[17] Obgleich in der Labour Partei immer wieder die Vertretung von Gewerkschaften in den Direktorien gefordert wurde, boten die Verstaatlichungsgesetze hierfür keine Handhabe. Als wesentlicher Grund dafür wurden Interessenkonflikte angegeben, die seitens der Gewerkschaften, der Verbraucher und der Industrieverbände befürchtet wurden (siehe *Chester* 1975, S. 383 f., 457 - 464; *Foreman-Peck* und *Millward* 1994, S. 295). Von 306 bestellten Direktoriumsmitgliedern der verstaatlichten Industrien kamen 1949 lediglich 36 von den Gewerkschaften, 191 kamen aus dem Management von Handels- und Industrieunternehmen, 7 aus der öffentlichen Verwaltung, 32 aus der Kommunalverwaltung (*Chester* 1975, S. 540).

den Direktoren in Aktiengesellschaften zu Überwachungs- und Anreizproblemen führt, war diese Unternehmensverfassung als Organisationsform für privatwirtschaftliche Großunternehmen überaus erfolgreich. Dabei wurde jedoch das Zusammenspiel von interner und externer Kontrolle als Grundvoraussetzung für diesen Erfolg übersehen. Dem zunehmenden Verlust des internen Kontrolleinflusses der einzelnen Eigentümer[18] standen aufgrund der zunehmenden Tiefe und Liquidität des Aktienmarktes sowie der Verschärfung der Regeln zur Bereitstellung von Informationen über Unternehmen sinkende Transaktionskosten der Aktionäre beim Kauf sowie beim Verkauf ihrer Anteile gegenüber. Der Aktienmarkt beeinflußte über die Kursentwicklung die Finanzierungsmöglichkeiten der Unternehmen am Kapitalmarkt sowie die Arbeitsmarktchancen der Direktoren und der professionellen Geschäftsführer. Deshalb konnten es sich die Geschäftsleitungen nicht leisten, Belange wie Produktivität und Gewinnorientierung zu vernachlässigen.

Der Staat kann als juristische Person seine Eigentumsrechte nicht direkt durchsetzen. Er ist dabei auf die Mithilfe der Staatsbediensteten und Politiker angewiesen, die jedoch auch eigene Ziele verfolgen und - wenn überhaupt - primär Anreize haben, die Geschäftspolitik der Staatsunternehmen in ihrem Sinne zu überwachen (*Scott* 1993, S. 233). Als besonderes Problem erscheint, daß die Haftung für schlechte Leistungen und gegebenenfalls auch Verluste nicht bei den Entscheidungsträgern liegt, sondern von den Steuerzahlern getragen wird. Im Vergleich zu den hochorganisierten Interessengruppen, vor allem der Arbeitnehmer, aber auch der Manager von Staatsunternehmen, haben die Steuerzahler und die Konsumenten kaum Anwälte ihrer Interessen in den Staatsunternehmen und der staatlichen Wirtschaftsverwaltung. Die Public Corporations unterlagen nicht der Kontrolle der Kapitalmärkte. Da kein Eigenkapital gehandelt wurde, bestand für die Beschäftigten der Staatsunternehmen nie die Gefahr einer Unternehmensübernahme. Aber auch vom Markt für Schuldverschreibungen ging kaum Druck auf die Unternehmensführung aus. Da der Staat als Bürge hinter den Public Corporations stand, richteten sich die Risikoabschläge, mit denen deren Schuldtitel gehandelt wurden, nach der Bonität des Staates bzw. der Bürgschaftstreue der jeweiligen Regierung und nicht nach den Ertragschancen der einzelnen Unternehmen.

Während die Verstaatlichungsgesetze der vierziger Jahre durch die Vernachlässigung der Unternehmenskontrolle gekennzeichnet waren, wurden gleichzeitig mit dem *Companies Act* von *1948* im Aktienrecht die Voraussetzungen geschaffen, um durch die Revision der Informationspolitik und der Entscheidungsstrukturen von Aktiengesellschaften die Bedingungen zur feindlichen Übernahme und somit zu einer schärferen Sanktionierung durch den Kapitalmarkt zu verbessern. Auf der einen Seite förderte die staatliche Gesetzgebung durch den *Companies Act* von *1948* den Zwang zur effizienten Ressourcennutzung und somit die Wettbewerbsfähigkeit privater Aktiengesellschaften, auf der anderen Seite verminderte sie durch die Verstaatlichungsgesetze den Wettbewerbsdruck für die Staatsunternehmen rapide. Die ohnehin nur äußerst oberflächliche

---

[18]   Wie erwähnt wurden die Eigentumsrechte der Aktionäre nicht nur durch die Delegation von Entscheidungsrechten an die Geschäftsführung, sondern auch durch die zunehmend breite Streuung des Aktienkapitals und die Risikodiversifikation der Anleger geschwächt.

Ähnlichkeit zwischen Public Corporations und privaten Aktiengesellschaften nahm deshalb nach 1948 noch weiter ab.

5.3.3. Objekte und Finanzierung der Verstaatlichung

Sowohl die Konservative Partei als auch die Labour-Partei waren sich - wie schon erwähnt - gegen Ende des Zweiten Weltkriegs darin einig, daß die Bank of England, die Kohleindustrie sowie die Eisenbahngesellschaften in das Eigentum des Staates übergehen sollten. Durch die Verstaatlichung der Bank of England sollte die staatliche Herrschaft über die Geldpolitik ganz im Sinne des keynesianischen Fiskalismus gesichert werden. Ein möglicher Einfluß der Aktionäre der Bank of England auf die britische Geldpolitik, aber auch auf die Verschuldungsmöglichkeiten des Staates erschien im Lichte der vorherrschenden keynesianischen Konzeption unzeitgemäß.

Die Kohleindustrie und die Eisenbahngesellschaften befanden sich - ähnlich wie in Deutschland - schon vor dem Zweiten Weltkrieg in einer Strukturkrise, die sich in Überkapazitäten sowie geringen Neu- wie auch Ersatzinvestitionen zeigte. Die Verstaatlichung sollte zum einen dazu dienen, Rationalisierungsmaßnahmen durchzusetzen und hohe Neu- und Ersatzinvestitionen zu ermöglichen, um so die Produktion dieser heimischen Industrien kostengünstiger und damit wettbewerbsfähiger zu gestalten. Zum anderen wurde diesen beiden Industrien eine große Bedeutung für die nationale Sicherheit beigemessen. Energie und Transport galten als zwei wichtige Grundpfeiler nicht nur der nationalen Verteidigung, sondern auch der wirtschaftlichen Entwicklung Großbritanniens. Auf Grund der Konzentration vieler Kohleminen in strukturschwachen Regionen wurde in der Verstaatlichung darüber hinaus auch ein Mittel der regionalen Arbeitsmarktpolitik gesehen.

Tab. 5.2   **Die wichtigsten Bereiche der Verstaatlichung unter den Labour-Regierungen Attlees von 1945 bis 1951**

	Verstaatlichungsgesetz vom	Anzahl der Beschäftigten 1951[19]
Bank of England	1. 3. 1946	6.700
British European Airways Corporation	1. 8. 1946	23.300
National Coal Board (NCB)	1. 1. 1947	765.000
Cable and Wireless Ltd.	1. 1. 1947	9.500
British Transport Commission (BTC)	1. 1. 1948	888.000
British Electricity Authority (BEA) and Area Electricity Boards	1. 4. 1948	178.900
British Gas Council and Area Gas Boards	1. 4. 1949	143.500
Iron and Steel Corporation of Great Britain	15. 2. 1951	292.000

Quelle: *Chester* 1975, S. 38 f.

---

[19]   Ein Teil der Beschäftigten in den genannten Branchen, insbesondere im Bereich Elektrizität und Gas, arbeiteten damals schon im öffentlichen Sektor. Insgesamt erhöhten die Verstaatlichungsprogramme die Beschäftigung im öffentlichen Sektor jedoch um ca. zwei Millionen Arbeitsplätze. Die Beschäftigung betrug 1951 insgesamt 22,3 Millionen (*Chester* 1975, S. 39).

Die Labour-Regierung unter Premierminister *Attlee* strebte eine bessere Koordination des inländischen Transportwesens an und sah in der Zusammenlegung der Transportunternehmen die Voraussetzung hierfür. Auch im Eisen- und Stahlbereich sollte die Produktion noch stärker zentralisiert werden, um mit Hilfe von Skaleneffekten eine wirtschaftlichere und billigere Produktion zu erreichen. Um eine monopolistische Ausbeutung der Abnehmer auszuschließen, wurden diese Industrien verstaatlicht.

Die Konservative Partei hingegen lehnte die Verstaatlichung der Stahlindustrie und des gewerblichen Straßentransports ab und privatisierte diese Branchen 1951 wieder. Allerdings wurde die Eisen- und Stahlindustrie 1967 von der Labour Regierung erneut verstaatlicht (*Feldmeier* 1993, S. 126 f.).

Politisch umstritten war jedoch nicht nur, welche Industrien verstaatlicht werden sollten, sondern auch, wie diese Industrien sinnvoll abzugrenzen seien, wie weit ihre Monopolrechte reichen dürften und wie die Alteigentümer entschädigt werden sollten.

Während sich die Verstaatlichungsforderungen in den Parteiprogrammen auf ganze Branchen richteten, mußte im Zuge der Gesetzgebung festgelegt werden, wie die jeweiligen Branchen abzugrenzen waren. Viele Unternehmen waren im Zuge der vertikalen Integration in einer ganzen Reihe von Branchen tätig. So gab es Automobilunternehmen mit eigenen Stahlwerken und Minengesellschaften, die Wohnhäuser besaßen. Die Entscheidung, welche Unternehmen oder Unternehmensteile letztendlich zu verstaatlichen waren, war folglich teilweise willkürlich. So wurden die an Minenarbeiter vermieteten Häuser der Zechen in der Regel verstaatlicht, die Eisen- und Stahlproduktion der Ford Motorenwerke jedoch nicht. Insbesondere im Bereich Verkehr und Eisen- und Stahlerzeugung wurden darüber hinaus viele kleine Unternehmen, die sich auch in anderen Produktionsbereichen betätigten, von der Verstaatlichung verschont (*Chester* 1975, S. 179 f.).

Damit verbunden war das Problem, in den Memoranda der Public Corporations die zulässigen Unternehmensaktivitäten zu spezifizieren. Am Tag des Inkrafttretens der Verstaatlichungsgesetze übernahmen die Public Corporations nicht nur die Kerngeschäfte der verstaatlichten Branche, sondern mußten, wie erwähnt, häufig auch noch Aktivitäten übernehmen, die ursprünglich nicht in den Verstaatlichungsprogrammen enthalten waren. Teilweise wurde dieses Problem gelöst, indem solche Unternehmensteile oder Anlagen wieder privatisiert wurden (*Chester* 1975, S. 183 - 189).

Im Hinblick darauf, daß kleinere Unternehmen der Verstaatlichung teilweise entgangen waren, ergaben sich Schwierigkeiten bezüglich der Entscheidung über das Ausmaß der Monopolrechte, die den staatlichen Unternehmen zugesprochen wurden. Die Monopolrechte zur Produktion oder Bearbeitung bestimmter Güter wurden in einigen Branchen gelockert, um kleineren Unternehmen die Möglichkeit zu geben, Lizenzen zu erwerben, damit sie auf dem ansonsten monopolisierten Markt aktiv bleiben konnten. Während diese Ausnahmeregelungen nur für heimische Anbieter galten, die den staatlichen Unternehmen weder auf den Beschaffungs- noch auf den Absatzmärkten nennenswerte Konkurrenz boten, sorgte der internationale Handel - wenngleich auch eingeschränkt - dafür, daß ausländische Anbieter mit den nationalen Monopolen in Wettbewerb traten. Dies galt besonders für die Märkte für Kohle, Eisen und Stahl (*Chester*

1975, S. 189 - 195). Allerdings behinderten die gespaltenen Wechselkurse im Rahmen der Devisenbewirtschaftung sowie Importzölle und -kontingente - die der Verringerung des chronischen britischen Leistungsbilanzdefizits und dem Schutz einheimischer Unternehmen vor ausländischer Konkurrenz dienen sollten - die Wettbewerbsfähigkeit ausländischer Produkte erheblich.

Die Entschädigung der Alteigentümer stellte ein weiteres Problem der Verstaatlichung dar. Zum einen mußte der Wert der angekauften Unternehmen und Vermögensobjekte bestimmt werden, zum anderen stand zur Debatte, ob die Alteigentümer in bar oder mit Schuldtiteln des Staates oder der Public Corporations entschädigt werden sollten. Am einfachsten machte man es sich bei der Bewertung von börsennotierten Aktiengesellschaften, die als Ganzes übernommen wurden. Bei ihnen wurde davon ausgegangen, daß die Aktienkurse den Vermögens- und Ertragswert adäquat widerspiegeln (*Chester* 1975, S. 223). Bei dieser Entschädigung nach den Börsenkursen wurde jedoch übersehen, daß sich mit der Ankündigung der Verstaatlichung auch der Ertragswert der Aktien, der sich in den Kursen widerspiegelt, veränderte. Die Aktienkurse der betroffenen Unternehmen reagierten allerdings nicht einheitlich auf die Bekanntgabe der Verstaatlichung, so daß einige stiegen, andere wiederum fielen.

In den meisten Fällen bezog sich die Verstaatlichung jedoch nicht auf einzelne Unternehmen. So umfaßte die Steinkohleindustrie ca. 800 Unternehmen (*Chester* 1975, S. 240). Die Verstaatlichung erfolgte nicht durch die Aushandlung einer Kompensation mit den jeweiligen Eigentümern der Unternehmen. Vielmehr wurde zwischen Verbandsvertretern der betroffenen Branchen und der Regierung eine pauschale Kompensationssumme vereinbart. Die Verteilung der Kompensation auf die einzelnen Alteigentümer stellte ein zusätzliches Problem dar (vgl. *Chester* 1975, S. 251 - 257).

Um die direkte Staatsverschuldung nicht weiter als nötig auszuweiten, wurde versucht, die Mehrheit der Alteigentümer mit festverzinslichen Schuldverschreibungen der Public Corporations zu entschädigen, an die ihr Vermögen gegangen war. Dies schien auch deshalb ratsam, weil auf diese Weise rasch deutlich würde, inwieweit die Unternehmen in der Lage waren, ihren Schuldendienst selbst zu leisten. Dennoch befürchtete das Finanzministerium von Anfang an, daß der Staat gezwungen sein würde, für die Staatsunternehmen, die ihren Schuldendienst nicht selbst aufbringen konnten, einzuspringen, ob mit oder ohne offizielle staatliche Bürgschaft.

Aufgrund des erheblichen Umlaufs von Kriegsanleihen und der Politik des billigen Geldes war die Aufnahmefähigkeit des Marktes für neu aufgelegte Regierungsanleihen stark eingeschränkt (siehe *Chester* 1975, S. 231). Auch deshalb wurde versucht, die Kompensation in der Regel nicht über Staatsanleihen, sondern mittels Anleihen der Public Corporations zu erfüllen. Wegen der direkten oder indirekten Garantien des Staates für die Public Corporations, waren die Unterschiede zwischen diesen beiden Anlageformen jedoch gering.

Während auf der einen Seite durch die Verstaatlichung Aktien vom Markt verschwanden, stieg andererseits der Umlauf festverzinslicher Anleihen deutlich an. Der Erlaß des *Investment Control Bill* im Januar *1946*, durch den die Begebung neuer Wertpapiere eingeschränkt wurde, ließ die Kurse der Wertpapiere an der Börse leicht steigen

(*Blakey* 1993, S. 17). Die staatliche Investitionslenkung, sowohl in bezug auf Finanz-
als auch auf Realkapitalanlagen, die mit zahlreichen administrativen Kontrollen einher-
ging, schränkte den Umfang der Investitionsmöglichkeiten für private Anleger ein. Dies
trug zur Stabilisierung der Märkte für Staatsanleihen und Anleihen von Public Corporations bei.

Inwieweit die Kompensation der Alteigentümer angemessen war, ist bis heute umstritten. Als am 21. Dezember 1945 die Verstaatlichung der Kohleindustrie bekannt
gegeben wurde, stiegen die Kurse der Aktien der börsennotierten Kohleunternehmen.
Die Anleger gingen demnach davon aus, daß der Staat sehr profitable Übernahmebedingungen bieten würde. *Blakey* (1993, S. 17) zufolge waren viele der Investoren gerne
bereit, ihre Unternehmensanteile an den Staat zu verkaufen, um in neue und profitablere
Unternehmen investieren zu können.

Die Altaktionäre der Bank of England erhielten im Gegenzug für die Verstaatlichung
ihrer Anteile Schuldverschreibungen des Staates zu Sonderkonditionen, die es ihnen
ermöglichten, über die staatlichen Kompensationen hinaus zusätzliche Kapitalgewinne
am Markt für festverzinsliche Wertpapiere zu erzielen.[20] Von verschiedenen Seiten
wurde moniert, daß die Abfindungen zu großzügig waren, da viele der vom Staat übernommenen Anlagen veraltet oder defekt gewesen seien. Dies habe dazu beigetragen,
daß die Staatsunternehmen im Vergleich zu privaten Unternehmen eine geringere Ar-
beits- und Kapitalproduktivität sowie höhere Kosten aufwiesen. Tatsächlich profitierten
Staatsunternehmen mit chronischen Verlusten in der Folge mehrfach von *Kapitalre-
strukturierungen*; hierbei wurden Teile ihrer Schulden gestrichen und vom Finanzministerium übernommen. Da jedoch die Staatsunternehmen auch nach den Kapitalrestruk-
turierungen noch Defizite erwirtschafteten und so die Staatsverschuldung immer weiter
zunahm (*Barclay* 1982, S. 1 f.; *Chester* 1975, S. 225), ist das Argument, überzogene
Kompensationsleistungen seien für die wirtschaftlichen Schwierigkeiten der Public
Corporations ausschlaggebend gewesen, hinfällig.

Viele Alteigentümer der verstaatlichten Unternehmen, insbesondere in der Stahl-
branche, versuchten sich gegen die Enteignung zu wehren. Sie sahen sich in ihren Frei-
heitsrechten eingeschränkt und waren mit der Höhe der Kompensation, insbesondere
mit der Verzinsung der Anleihen unzufrieden. Tatsächlich scheinen die Wertpapiere der
Staatsunternehmen für die meisten privaten Anleger nicht sehr attraktiv gewesen zu
sein. Ab 1955 konnten neue Anleihen von Staatsunternehmen nur noch teilweise bei
privaten Anlegern plaziert werden. Häufig mußten sie deshalb fast vollständig vom *Issue Department* der *Bank of England* aufgekauft werden, was unter anderem Probleme
für die Geldmengensteuerung mit sich brachte (*Barclay* 1982, S. 1).

---

[20]   Im Falle der Bank of England wurde das Aktienkapital von 14.533.000 Pfund, welches
im Zuge einer verstetigten Dividendenpolitik zwischen 1923 und 1946 eine konstante
jährliche Dividende von 12 % erzielt hatte, im Tausch für eine mit 58.212.000 Pfund be-
messene 3 %ige Staatsanleihe erworben. Diese Staatsanleihe hatte eine Laufzeit bis 1966
und konnte vom Staat nicht früher zurückgekauft werden, was sie im Vergleich zu anderen Staatsanleihen, die jederzeit vom Staat erworben werden konnten, unter den gegebenen Umständen sehr beliebt machte (*Chester* 1975, S. 238 f.).

5.3.4. Die Ausweitung des Staatseigentums durch die Beteiligung des Staats an Privatunternehmen

Die Labour Regierung unter *Wilson* schuf mit dem *Industrial Expansion Act* von *1968* die Grundlage für eine zunehmende Beteiligung der öffentlichen Hand am Kapital privater Unternehmen. Dadurch erhöhte sich nicht nur der Anteil der öffentlichen Hand am industriellen Sektor, auch die Beteiligung des Staates an den Verlusten privatwirtschaftlicher Unternehmen nahm kontinuierlich zu. Die Konservative Regierung von *Edward Heath* (1970 - 74) verstaatlichte ebenfalls eine Reihe von heruntergewirtschafteten Unternehmen - wie etwa *Rolls-Royce* und *British Shipbuilders* -, um sie vor dem Konkurs oder der Übernahme durch ausländische Unternehmen zu bewahren.

Durch den *Industry Act* von *1975* wurde das *National Enterprise Board* (NEB) geschaffen, das als Staatsholding die Beteiligungen des Staates an *strategischen* Unternehmen verwaltete (siehe Tabelle 5.3). Die Unternehmen wurden weiterhin in der Rechtsform von Public und Private Companies geführt. Damit unterlagen sie als Kapitalgesellschaften den Companies Acts und behielten gegebenenfalls ihre Börsennotierung bei. Durch die Beteiligung des Staates als Anteilseigner in oft erheblichem Umfang kam es zu einer *Hintertürverstaatlichung*, bei der die Regierung danach trachtete, Einfluß auf die Investitions-, Beschäftigungs- und Exportpolitik dieser (z.T. multinationalen) Unternehmen zu nehmen (*Feldmeier* 1993, S. 127).

Die Ziele der staatlichen Beteiligung an Unternehmen über das NEB glichen denen der Errichtung der Public Corporations weitgehend. Die grundsätzliche Restrukturierung der britischen Wirtschaft um einen größeren Kernbereich staatlicher und staatlich beeinflußter Unternehmen sollte der Sicherung von Beschäftigung und der Verbesserung der Wettbewerbsfähigkeit der britischen Volkswirtschaft dienen. Dabei sollten sowohl defizitäre als auch profitable Unternehmen übernommen werden (*Glew, Watts* und *Wells* 1979, S. 12).

Die Beteiligung des Staates an Unternehmen erweckte bei vielen privaten Investoren den Eindruck, der Staat würde bei Auftreten wirtschaftlicher Schwierigkeiten als *lender of last resort* agieren und insbesondere für die Schuldverschreibungen dieser Unternehmen bürgen. Aus diesem Grund wurde vielfach eine Überprüfung von Investitionsrisiken für nicht notwendig erachtet; die Kontrolle des Kapitalmarktes wurde wesentlich eingeschränkt. Dies veränderte sich erst, als die Konservative Regierung es Anfang der siebziger Jahre zuließ, daß einzelne dieser Unternehmen in Konkurs gingen.

Tab. 5.3   Unternehmensanteile des National Enterprise Board (30.04.1978)

Unternehmen	Anteil der stimmberechtigten Aktien die von der NEB gehalten wurden
- British Leyland Ltd.	95,1
- Bull Motors Ltd.	100,0
- The Cambridge Instrument Co. Ltd.	79,7
- Data Recording Instrument Co. Ltd.	63,1
- Fairey Engeneering Holdings Ltd.	50
- Herbert Ltd.	100,0
- INSAC Data Systems Ltd.	100,0
- Keland Electrics Ltd.	100,0
- The Mollart Engeneering Co. Ltd.	70,6
- Rolls-Royce Ltd.	100,0
- Sinclair Radionics Ltd.	73,3
- Systems Programming Holdings Ltd.	30
- Thwaites & Reed Ltd.	91,1
- United Medical Enterprises Ltd.	70,0
- Agemaspark Ltd.	30,0
- Aqualisa Products Ltd.	40,0
- Automation and Technical Service (Holdings) Ltd.	30,0
- British Tanners Products Ltd.	50,0
- R.R. Chapham (Sub-Sea Surveys) Ltd.	47,2
- Computer Analysts and Programmers (Holdings) Ltd.	29,9
- Hivent Ltd.	25,9
- Hydraroll Ltd.	48,9
- ICL Ltd.	24,4
- North East Audio Ltd.	49,8
- Pakmet International Ltd.	34,4
- Pitocraft Ltd.	20,4
- Power Dynamics Ltd.	33,3
- Sandiacre Electrics Ltd.	30,0
- Systime Ltd.	26,0
- Systems Designers International Ltd.	27,5
- Twinlock Ltd.	33,3
- Barrow Hepburn Group Ltd.	4,1
- Brown Boveri Kent Ltd.	17,6
- Francis Shaw & Co. Ltd.	100,0
- Hemmings Plastics Ltd.	100,0
- Hird-Brown Ltd.	100,0
- Vicort of London Ltd.	100,0

Neben stimmberechtigten Unternehmensanteilen kaufte das NEB auch stimmrechtslose Vorzugsaktien. Insgesamt beliefen sich die Kosten der Beteiligungen auf 789.977.000 Pfund.
Quelle: Glew, *Watts* und *Wells* 1979, S. 12 f.

5.3.5. Wie erfolgreich war die Verstaatlichungspolitik?

Eines der wesentlichen Ziele der Verstaatlichung war die Erhöhung der Produktivität und damit der internationalen Wettbewerbsfähigkeit der britischen Volkswirtschaft durch die Realisierung von Betriebsgrößenvorteilen (economies of scale and scope) und die Beendigung "wettbewerbsbedingter Verschwendung". Die verstaatlichten Unternehmen sollten nach betriebswirtschaftlichen Gesichtspunkten geführt werden und ihre eigenen Kosten (inklusive Schuldendienst und Abschreibungen) decken (*Chancellor of the Exchequer* 1964, S. 4). Gleichzeitig sollten jedoch auch beschäftigungs- und verteilungspolitische Ziele erreicht werden.

Während einerseits die Staatsunternehmen keine Gewinne erzielen sollten, wurde doch anfangs davon ausgegangen, daß die Public Corporations solide Überschüsse erwirtschaften sollten, um ihren Schuldendienst leisten zu können. Darin wurde ein Merkmal der Effizienz der einzelnen Unternehmen gesehen.[21] Im Laufe der Zeit wurde von seiten der zuständigen Ministerien jedoch immer weniger auf die Schuldendienstfähigkeit und -bereitschaft der Staatsunternehmen geachtet. Insbesondere in den sechziger und siebziger Jahren wurde den verteilungspolitischen Zielen immer mehr Gewicht beigemessen. Staatsunternehmen sowie die Unternehmen mit staatlicher Beteiligung erhielten hohe Subventionen, damit sie Entscheidungen über Standorte, Produktion, Beschäftigung und Preise nicht nach betriebswirtschaftlichen Gesichtspunkten treffen mußten.[22]

Während die durchschnittlichen Gewinnraten der häufig als ineffizient gescholtenen privatwirtschaftlichen Unternehmen seit den fünfziger Jahren kontinuierlich zurückgingen, lagen diese dennoch beständig über denen der Staatsunternehmen, von denen die

---

[21] In diesem Zusammenhang wurden die politischen Entscheidungsstrukturen der verstaatlichten Industrien kritisiert (z.B. bei der Standortwahl in marktfernen Regionen oder bei Investitionsentscheidungen ohne Rücksicht auf die Nachfragebedingungen, wie z.B. im Flugzeugbau). Um die Wachstumsvorgabe des Nationalen Plans von 1964 von 4 % des BSP zu erreichen, wurden Überkapazitäten in den Industrien aufgebaut (insbesondere in den Grundstoffindustrien), statt die vorhandenen Kapazitäten auf den neusten Stand zu bringen (*Brailes* 1991, S. 1).

[22] Im Weißbuch der Regierung über die verstaatlichten Wirtschaftssektoren von 1961 (*The Financial and Economic Objectives of the Nationalised Industries*) wurde gefordert, daß sich staatliche Unternehmen *wirtschaftlicher* verhalten sollten. Sie sollten Erträge erzielen, um eine ausreichende Innenfinanzierung zu ermöglichen. Außerdem wurde eine größere Freiheit bei der Festsetzung von Preisen angemahnt. Im Weißbuch der Regierung über die verstaatlichten Wirtschaftssektoren von 1967 (*Nationalised Industries - A Review of Economic and Financial Objectives*) trat die Ertragsfähigkeit der verstaatlichten Industrien in den Hintergrund. Investitionen sollten nicht nach einem Kosten-Ertrags-Kalkül für die einzelnen Unternehmen, sondern nach Gesichtspunkten des Gemeinwohls bewertet werden (z.B. beim Ausbau der Londoner U-Bahn). Den Preisen wurde eine stärkere soziale Funktion zugewiesen. Sie sollten auch externe Kosten und Erträge widerspiegeln. Bei Beschaffungsentscheidungen mußten politische Ziele wie Beschäftigung oder die Erhaltung bestimmter Branchen mit in Betracht gezogen werden (siehe *Glew, Watts* und *Wells* 1979, S. 22 - 24).

meisten nicht in der Lage waren, ihren Zinsverpflichtungen nachzukommen[23] (*Foreman-Peck* und *Millward* 1994, S. 317).

Ein Vergleich der Effizienz zwischen privaten und staatlichen Unternehmen ist wegen der unterschiedlichen Zielsetzungen schwierig. Die schlechte Ertragslage der staatlichen Unternehmen wurde darauf zurückgeführt, daß diese sowohl unter der Regierung *Wilson* (1964 - 1970) als auch unter der Regierung *Heath* (1970 - 1974) gehalten waren, ihre Preiserhöhungen unter der Inflationsrate zuhalten (*Foreman-Peck* und *Millward* 1994, S. 315 f.).[24] Allerdings erhielten die Staatsunternehmen in den sechziger und siebziger Jahren hohe Subventionen, um sie für ihre Preiszurückhaltung sowie für andere Wettbewerbsnachteile[25] zu entschädigen.

In der Frage, ob öffentliche oder private Unternehmen effektiver wirtschaften, widersprechen sich empirischen Untersuchungen zum Teil erheblich. Sowohl theoretisch als auch empirisch läßt sich jedoch zeigen, daß ein Mangel an Wettbewerb durch Monopolisierungstendenzen bei der Verstaatlichung sowie der Bestandsschutz, den der Staat den eigenen Unternehmen und Beschäftigten bietet, die durchschnittliche Produktivität und Innovationsfähigkeit im öffentlichen Sektor negativ beeinflußt.[26]

Ein Grund für die durchschnittlich geringere Produktivität des öffentlichen Sektors ist darin zusehen, daß ineffiziente Unternehmen im staatlichen Sektor länger fortbestehen können als im privaten Bereich. Schlechte Unternehmensergebnisse ziehen keine Konsequenzen durch öffentlich sichtbare Kursverluste, Übernahmeangebote oder Konkursverfahren nach sich. Auch wenn einzelne Unternehmen im öffentlichen Sektor ebenso produktiv sind wie im privaten, wird die Durchschnittsleistung des öffentlichen Sektors in der Regel schlechter ausfallen.

Bei dem Versuch, staatliche Aktivitäten wie privatwirtschaftliche Aktiengesellschaften zu organisieren, wurde die Bedeutung der Eigentümerkontrolle, des Kapitalmarktes und des Wettbewerbs auf den Güter- und Faktormärkten für die Effizienz der Ressourcennutzung in den Aktiengesellschaften weitgehend übersehen. Die Entwick-

---

[23] In den fünfziger Jahren erwirtschafteten lediglich die verstaatlichten Industrien (einen Teil) ihre Zinsverpflichtungen, die im Bereich moderner Technologien wie Elektrizität, Luftfahrt und Telekommunikation tätig waren. Insbesondere das Verkehrswesen (allem voran die Eisenbahnen) deckte nicht einmal seine Betriebs- und Abschreibungskosten. In den sechziger Jahren verbesserte sich die Ertragssituation im staatlichen Sektor, doch mit Beginn der siebziger Jahre sank die Kostendeckung deutlich ab, und die meisten staatlichen Unternehmen wiesen hohe Defizite aus (*Foremann-Peck* und *Millward* 1994, S. 304 f.).

[24] Dabei wurde davon ausgegangen, daß sich private Unternehmen der Preiskontrolle der Regierung leichter entziehen konnten als staatliche.

[25] Die Vorgabe, *billige und angemessene Leistungen* anzubieten, wurde von den Managern der Staatsbetriebe dahingehend interpretiert, daß sie flächendeckend standardisierte Leistungen zu Einheitspreisen anboten. Um dies zu ermöglichen, griffen sie zur Quersubventionierung zwischen dem Angebot in verschiedenen Regionen und verschiedener Produkte. Die damit verbundenen Preissteigerungen führten dazu, daß die private Konkurrenz, die sich nur auf profitable Leistungen spezialisierte, Wettbewerbsvorteile hatte.

[26] Siehe *Domberger* und *Piggot* 1994, S. 40 f.; *Foremann-Peck* und *Millward* 1994, S. 300 - 304, 307 - 309; *Sawyer* 1996b, S. 270 f.

lung der Trennung von Eigentum und Kontrolle in den Aktiengesellschaften im Zuge
der breiteren Streuung des Eigenkapitals an den Unternehmen war begleitet von der
Entstehung neuer Sanktions- und Kontrollmechanismen wie der Bewertung von Unternehmen an Börsen, der Möglichkeit, Unternehmensanteile schnell und zu vergleichsweise geringen Kosten zu veräußern, sowie der Entwicklung eines Marktes für Unternehmensübernahmen und Unternehmenszusammenschlüsse.

Die Bedeutung der internen, vor allem aber der externen Unternehmenskontrolle für
die Ressourcennutzung wurde sträflich mißachtet. Die Annahme, daß durch die Abschaffung der Aktionäre als gewinnorientierter Interessengruppe die Unternehmen frei
vom Einfluß von Sonderinteressen das *öffentliche Wohl* fördern würden, war illusorisch.
Die Beschäftigten, die Konsumenten, die Steuerzahler und die Politiker, die direkt oder
indirekt mit den Unternehmen in Verbindung standen, versuchten, ihre zum Teil diametral entgegengesetzten Ziele durchzusetzen. Von Anfang an war klar, daß der Staat
den Konkurs einer Public Corporation nicht zulassen würde. Deshalb war auch der disziplinierende Effekt des Kostendeckungsprinzips ausgehöhlt. Im Zweifelsfall würde das
Schatzamt einspringen, um den Schuldendienst der Staatsunternehmen zu garantieren.

Die Aufgabe, Manager zu finden, die - nur dem öffentlichen Wohl verpflichtet und
unabhängig von jeglichem Einfluß starker politischer Interessengruppen agierend - die
Unternehmen uneigennützig und qualifiziert führen sollten, erwies sich schon deshalb
als unlösbar, weil es für diese Zielsetzung keine operationalen Bewertungsnormen gibt.
Freilich schließt dies nicht aus, daß die Leistungen der Public Corporations in Abhängigkeit von einzelnen Managerpersönlichkeiten unterschiedlich waren.

1979 erstellte die öffentliche Wirtschaft Großbritanniens 11,1 % der nationalen
Bruttowertschöpfung, sie absorbierte 20 % aller Gesamtinvestitionen und beherrschte
die Wirtschaftsbereiche Transport, Energie, Kommunikation, Stahl und Schiffbau
(*Feldmeier* 1993, S. 127).

Tab. 5.4   Die größten Staatsunternehmen 1976 - 77[27]

Wirtschaftszweig	Umsatz in 1000 £	Beschäftigte
Electricity Council and Boards	4.143.000	160.873
Post Office	3.806.000	407.371
British Steel Corporation	3.059.400	209.000
National Coal Board	2.462.600	307.000
British Gas Corporation	1.957.500	99.926
British Railways Board	1.439.700	243.476
British Airways	1.247.900	59.410
National Bus Company	358.444	67.911
South of Scotland Electricity Board	355.888	13.672
National Freight Corporation	326.000	43.000

Quelle: *Glew, Watts* und *Wells* 1979, S. 10.

[27]   Zum Vergleich: Die *Imperial Chemical Industries* (ICI), das viertgrößte private Unternehmen in Großbritannien, beschäftigte 1976 192.000 Arbeitnehmer und hatte einen Umsatz von 4.135.000.000 Pfund (*Glew, Watts* und *Wells* 1979, S. 11).

Die Finanzhilfen des Staates bildeten einen dauerhaften Krückstock für eine defizitäre Unternehmenspolitik. Rund 25 % der Kreditaufnahme des Staates flossen den öffentlichen Unternehmen als Verlustausgleich oder Investitionshilfe zu (*Feldmeier* 1993, S. 127). Das kontinuierliche Finanzierungsdefizit und der Eindruck, daß staatliche Unternehmen sowie Unternehmen mit staatlicher Beteiligung ineffizienter wirtschafteten als privatwirtschaftliche Unternehmen, waren wesentliche Gründe für die Unzufriedenheit mit den staatlichen Industrien Ende der siebziger und Anfang der achtziger Jahre (*Foreman-Peck* und *Millward* 1994, S. 300; *Millward* 1995, S. 4).

5.4. Eckpunkte der britischen Wettbewerbspolitik zwischen 1945 und 1979

Wie bereits erwähnt, verschwand in der Zeit zwischen dem Ersten und dem Zweiten Weltkrieg in Großbritannien der Glaube an die volkswirtschaftliche Vorteilhaftigkeit der Triebkräfte des Wettbewerbs fast gänzlich. Dies wird vor allem dem lang anhaltenden Niedergang einiger traditionell wichtiger britischer Industrien, insbesondere der Kohle-, der Eisen- und Stahl-, der Schiffbau- sowie der Textilindustrie, zugeschrieben. Der krisenhaften Entwicklung dieser Branchen versuchte man mit einer Strukturpolitik gerecht zu werden, die von einer staatlichen Kontrolle der Investitionen, der Produktion und der Preise bestimmt war. Diese Art der staatlich organisierten Anpassung mit Hilfe von branchenspezifischen Produktionskontingenten und Mindestpreisen wurde sowohl von den Labour als auch von den Konservativen Regierungen jener Zeit präferiert. Der damit verbundene branchenspezifische Wettbewerbsschutz begünstigte die Ansicht, nach der die Monopolisierung und Kartellierung volkswirtschaftlich wünschenswert sei. Richterliche Entscheidungen trugen dem Rechnung. Während Ende des 19. Jahrhunderts Kartellvereinbarungen zwar zugelassen wurden, die ihnen zugrundeliegenden Verträge jedoch keinen rechtlichen Schutz genossen, gestatteten in den zwanziger Jahren dieses Jahrhunderts die Gerichte nicht nur die meisten Kartellpraktiken, Kartellverträge wurden auch einklagbar. Während vor dem Ersten Weltkrieg Kartelle in der Regel als "schädlich für das öffentliche Wohl" angesehen wurden, meinten die Richter in den zwanziger und dreißiger Jahren, der "halsabschneiderische Wettbewerb und geringe Preise" lägen nicht im Interesse der Allgemeinheit (*Freyer* 1992, S. 233 - 237).

Nach *Jewkes* (1958, S. 2) war die Zeit nach dem Zweiten Weltkrieg von einer fast schon pathologischen Furcht vor Überkapazitäten und *ruinösem Wettbewerb* geprägt; diese Furcht hatte sich in der Zeit zwischen den beiden Weltkriegen nicht nur in den Köpfen britischer Unternehmer, sondern auch der Wissenschaftler festgesetzt. Vertreter von einzelnen Unternehmen und des *Central Committee for Export Groups*[28] forderten, nach dem Krieg eine Wirtschaftsstruktur mit stark korporatistischen Zügen aufzubauen. Die einzelnen Branchen sollten im Rahmen von *Trade Associations* mit Zwangsmit-

---

[28] 1940 waren ca. dreihundert *Export Groups* geformt worden, um den Außenhandel, die Verteilung von Rohstoffen, die Verwendung von Arbeitskräften und die Preisgestaltung staatlich zu steuern. Zu diesen Gruppen gehörten die *Federation of British Industries*, die *National Union of Manufacturers*, die *Association of British Chambers of Commerce* und andere Interessengruppen. Im *Central Committee for Export Groups* wurden diese Unternehmen und Interessengruppen durch Unternehmensvertreter repräsentiert (*Freyer* 1992, S. 234).

gliedschaft organisiert und von einem zentralisierten *Industrial Council* gegenüber der Regierung und den Gewerkschaften vertreten werden (*Freyer* 1992, S. 235 - 237).

Die Geschäftsführerin des *Reconstruction Unit* des *Board of Trade*, *Ruth L. Cohen*, hingegen wies in ihren Untersuchungen der britischen Wirtschaftsstruktur auf die Gefahren einer korporatistischen Wirtschaftsordnung hin. Sie bemängelte, daß Trade Associations benutzt würden, um Unternehmen zu drangsalieren, die sich den Kartellvereinbarungen entziehen wollten. Die Zwangsmitgliedschaft würde weniger dem öffentlichem Wohl als der Wahrung von Partikularinteressen dienen. Die Trade Associations würden dafür sorgen, die Preise in schrumpfenden Branchen künstlich hoch zuhalten und neuen Anbietern den Zugang zu den Märkten zu versperren. Dadurch würden Strukturkrisen erzeugt und die industrielle Sklerose gefördert. Außerdem würde der Einfluß der Unternehmen auf die Preis- und Mengenadministration dazu führen, daß sie ihre Energien stärker auf die politische Einflußnahme als auf die Verbesserung ihrer Produktionseffizienz richten würden (*Freyer* 1992, S. 234 - 236). Auch das *Gaitskell-Allen Memorandum "The Control of Monopoly"* von 1943 verwies auf die Gefahren, die von einer kartellierten korporatistischen Wirtschaftsstruktur für die Versorgung der Konsumenten und die Wettbewerbsfähigkeit der britischen Wirtschaft - und damit für die Beschäftigung - ausgingen. Das Memorandum forderte eine schärfere Einschränkung der Zulässigkeit und eine Kontrolle von Kartellen, die staatliche Behinderung der Monopolbildung und eine Mißbrauchsaufsicht der Marktmacht von Großunternehmen (*Freyer* 1992, S. 245 - 247). Gleichzeitig bemühten sich die USA seit 1943, politischen Druck auf internationale Kartelle und weltweit operierende Großunternehmen mit monopolistischer Stellung auszuüben und forderten von Großbritannien eine Verschärfung der Wettbewerbsgesetze (*Freyer* 1992, S. 242).

Zeitungsberichte über den Mißbrauch wirtschaftlicher Macht durch Großunternehmen und Kartelle in den vierziger und fünfziger Jahren spiegelten die zunehmende Unzufriedenheit über monopolbedingt hohe Preise und Versorgungsengpässe in weiten Teilen der Bevölkerung wider. Dies trug zu einem Meinungswandel sowohl in der Konservativen als auch in der Labour Partei bei. Es setzte sich die Überzeugung durch, daß britische Unternehmen nur durch mehr Wettbewerb zu Hause auch international wettbewerbsfähiger werden und bleiben könnten. Dies wurde nicht nur als Bedingung für eine bessere Versorgung der Bevölkerung, sondern auch für eine hohe Beschäftigung gesehen.

Schließlich wurde *1948* der *Monopolies and Restrictive Practices (Inquiry and Control) Act* erlassen, der neue, strengere Regeln über die Zulässigkeit von und den Umgang mit Monopolen und wettbewerbsbeschränkendem Verhalten vorschrieb. Obgleich die Regierung ein erhöhtes Maß an Wettbewerb forderte, wurden in dem Gesetz Monopole und Kartelle nicht als volkswirtschaftlich unerwünscht bezeichnet. Der Gesetzgeber wollte sich nicht auf einen bestimmten wettbewerbstheoretischen Ansatz festlegen lassen. Monopole und wettbewerbsbeschränkende Vereinbarungen sollten auf Empfehlung des *Board of Trade* von einer *Restrictive Practices Commission* nach ihren Auswirkungen auf das *öffentliche Wohl* untersucht werden. Weder wurden Kartelle prinzipiell verboten, noch wurde eine Mißbrauchsaufsicht eingeführt. Der Staat mutete sich selbst zu, in jedem Einzelfall die Informations- und Beweislast für die schädliche Wirkung von wettbewerbsbeschränkenden Maßnahmen zu tragen. Damit war er überfordert, zumal er kaum über Sanktionsgewalt verfügte. Wurden schädliche Wirkungen wettbewerbsbeschränkenden Verhaltens tatsächlich aufgedeckt, gab es nur zwei Sanktionsmöglichkeiten. Entweder wurde der Sachverhalt durch das *Board of Trade* veröffentlicht, wobei darauf vertraut wurde, daß die Angst, das Image der Unternehmen und Geschäftsführer könnte Schaden nehmen, ein starker Anreiz sei, das Verhalten zu verändern. Sollte dies nicht funktionieren, blieb nur die Möglichkeit, im Rahmen der Gesetzgebungskompetenz des Parlaments, neue Wettbewerbsregeln aufzustellen (*Freyer* 1992, S. 253 - 256, 268). Diese Drohung war angesichts der zwiespältigen Einstellung gegenüber dem Wettbewerb wirkungslos. Neue, schärfere Antimonopol- und Antikartellgesetze wurden nur zögerlich und halbherzig umgesetzt. Während die Labour-Regierung auf diese Weise versuchte, für mehr Wettbewerb in einem Teil der britischen Wirtschaft zu sorgen, schuf sie auf der anderen Seite - wie im einzelnen gezeigt - staatliche Monopole (z.B. in der Kohle-, Eisen- und Stahl-, Transport-, Flugzeug- und Elektrizitätsindustrie), die explizit nicht unter die neuen Wettbewerbsregeln fielen.

Während der *Monopolies and Restrictive Practices Act* von *1953* seinen Vorläufer aus dem Jahre 1948 nur im Hinblick auf die Zusammensetzung und die rechtliche Stellung der *Restrictive Practices Commission* ergänzte, lehnte sich der *Restrictive Trade Practices Act* von *1956* enger an die Empfehlungen des *Gaitskell-Allen Memorandums* an. Das Gesetz ging von der Grundannahme aus, daß wettbewerbsbeschränkende Verabredungen zwischen Unternehmen stets gegen das öffentliche Interesse verstoßen. Deshalb wurde ein *Registrar of Restrictive Practices* ernannt, bei dem wettbewerbsbeschränkende Vereinbarungen gemeldet werden mußten. Die Verheimlichung solcher Vereinbarungen wurde strafrechtlich geahndet. Allerdings wies dieses prinzipielle Kartellverbot erhebliche Schlupflöcher auf.[29] Wenn Unternehmen nachweisen konnten, daß ihre Vereinbarungen dem *öffentlichen Wohl* dienten, wurden Ausnahmegenehmigungen erteilt. Die Beweislast hierfür lag bei den Unternehmen. Als Maßstab für die Unbedenklichkeit sollten ökonomische Überlegungen herangezogen werden, wozu allerdings nicht nur Auswirkungen auf die Konsumenteninteressen, sondern auch auf die Beschäftigung und die Produktivität der Unternehmen zählten (*Freyer* 1992, S. 295 f.). Die Genehmigung von Ausnahmen wurden vor dem *Restrictive Practices Court* verhandelt. Deshalb war, neben den Gesetzen über wettbewerbsbeschränkendes Verhalten, auch das Richterrecht, das sich in einer Sammlung von Präzedenzfällen und früheren richterlichen Entscheidungen manifestierte, rechtsverbindlich (*Dennison* 1959, S. 66 f.; *Gower* 1992, S. 74 f.; *Sawyer* 1996a, S. 249).

1968 erließ die Labour Regierung einen weiteren *Restrictive Practices Act*, der die Registrierung bestimmter Informationsvereinbarungen verfügte, um so auch den Tatbestand des abgestimmten Verhaltens als wettbewerbsbeschränkende Maßnahme untersagen zu können. Mit dem *Restrictive Trade Practices Act* von *1976* wurde die Gültigkeit der Regeln, die sich vorher nur auf den Wettbewerb auf Gütermärkten bezogen, auch

---

[29] In diesem Aspekt ähnelt das britische Kartellrecht stark den diesbezüglichen Regelungen in Deutschland (siehe *Rudolph* 1978, S. 119).

auf den Dienstleistungssektor[30] ausgeweitet. Im *Resale Price Act* von *1976* wurde die Preisbindung der zweiten Hand (*Resale Price Maintenance*) gesondert behandelt und prinzipiell für illegal erklärt. Dennoch gab es in der Vergangenheit pro Jahr ca. 35 Beschwerden darüber, daß Produzenten versuchten, Einzelhändlern einen Mindestpreis für die von ihnen produzierten Waren vorzuschreiben (*Sawyer* 1996a, S. 249).

Obgleich durch die Kartellgesetzgebung eine Vielzahl privater wettbewerbsbeschränkender Maßnahmen untersagt wurden, konnten hierdurch die wettbewerbsbeschränkenden Wirkungen, die von der Wirtschafts- und Sozialpolitik ausgingen, nicht ausgehebelt werden. Dies zeigte sich auch bei der Auslegung der Kriterien zur Beurteilung von Kartellvereinbarungen durch den *Restrictive Practices Court*. Wenngleich das Richterrecht einerseits eine flexiblere und kontinuierlichere Rechtsentwicklung ermöglicht, zeigt sich hierbei der Nachteil, daß sich die Rechtsparteien auch nach dem Wechsel der wirtschafts- und sozialpolitischen Paradigmata des Staates noch auf alte Präzendezfälle berufen können.

Wie viele Unternehmensvertreter vorausgesagt hatten, förderte die gesetzliche Beschränkung vieler Kartellpraktiken die starke Zunahme von Unternehmenszusammenschlüssen. Hier zeigt sich, wie unwirksam eine Wettbewerbspolitik ist, die in einzelnen Teilbereichen zwar die Regelungen zum Schutz des Wettbewerbs verschärft, gleichzeitig jedoch andere Formen der privaten Marktvermachtung unbehelligt läßt, ja sogar fördert. Zwischen 1967 und 1969 erreichte die erste *merger wave* nach dem Zweiten Weltkrieg ihren Höhepunkt (*Hannah* und *Kay* 1977, S. 83). Diese Konzentrationstendenzen lassen sich nicht nur auf die Kartellgesetzgebung zurückführen, sondern wurden auch von der Labour-Partei begrüßt und gezielt gefördert.

Bereits 1964 hatte die Konservative Regierung ein Weißbuch veröffentlicht, in dem empfohlen wurde, die Befugnisse der Monopolkommission auszuweiten. Das *Board of Trade* sollte die Möglichkeit erhalten, Unternehmenszusammenschlüsse, bei denen die übernommenen Vermögensteile mehr als 25 Millionen Pfund wert waren oder die dazu führten, daß ein Unternehmen mehr als ein Drittel des Marktes kontrollierte, zur Überprüfung an die Monopolkommission zu verweisen. Die seit 1964 wieder regierende Labour-Partei folgte dem und erließ, basierend auf diesem Weißbuch, den *Monopolies and Merger Act* von *1965* (*Freyer* 1992, S. 285, 297). Dabei zeigte sich erneut ihre wettbewerbspolitische Unentschlossenheit.

Die Labour-Regierung erkannte einerseits zwar die Gefahr, die von der zunehmenden Unternehmenskonzentration für den Wettbewerb ausging, andererseits sah sie in den Unternehmenszusammenschlüssen aber - wie oben bereits erwähnt - auch die Möglichkeit, Produktivitätsfortschritte durch economies of scale und scope sowie durch die Restrukturierung ganzer Branchen zu erreichen. Ein Beispiel hierfür war die bereits erwähnte Gründung der *Industrial Reorganisation Corporation* (IRC), deren Aufgabe die Förderung von produktivitätssteigernden Unternehmenszusammenschlüssen war.

---

[30] Der *Restrictive Practices Act* von *1976* bildete auch die gesetzliche Grundlage für die Einleitung eines Verfahrens wegen wettbewerbsbeschränkenden Verhaltens gegen die Londoner Börse 1979, die 1986 mit zu einem Deregulierungsschub auf dem britischen Aktienmarkt beitrug (*Hilton* und *Sharp* 1994, S. 2 f.)

Charakteristisch für die wettbewerbspolitische Unentschlossenheit war, daß staatliche Unternehmen nicht dem allgemeinen Wettbewerbsrecht unterlagen. Nach der Wahlniederlage der Labour-Partei schaffte die Konservative Regierung 1971 die ICR zwar wieder ab; doch die Sonderrolle der Staatsunternehmen in der Wettbewerbsgesetzgebung behielt sie bei.

Das Dilemma, in das sich alle britischen Regierungen in bezug auf die Wettbewerbspolitik begeben hatten, zeigt sich auch in der folgenden Feststellung: Obwohl das *Board of Trade* alle Arten von Unternehmenszusammenschlüssen (horizontale, vertikale und konglomerate) an die *Monopolies and Mergers Commission* verwies, blieb die Gesamtzahl der überprüften Zusammenschlüsse gering.[31] Sowohl die Kriterien, nach denen entschieden wurde, welche Unternehmenszusammenschlüsse an die Monopolkommission verwiesen wurden, als auch die Gesichtspunkte, nach denen die Entscheidung über deren Zulässigkeit getroffen wurde, wichen in Einzelfällen stark voneinander ab. Der *Fair Trading Act* von *1973* sollte darüber mehr Sicherheit und Transparenz verschaffen und dem Wettbewerb als Bewertungskriterium für die Zulässigkeit von Unternehmenszusammenschlüssen ein stärkeres Gewicht verleihen. Auf Grundlage dieses Gesetzes wurde ein eigenständiges *Office of Fair Trading* (OFT) errichtet. Der *Director General of Fair Trading* war gleichzeitig der *Registrar of Restrictive Practices* sowie der Vorsitzende des *Merger Panels* (*Freyer* 1992, S. 312).

Der *Fair Trading Act* von *1973* sah vor, daß auf diskretionärer Basis Unternehmen, die einen Marktanteil von mehr als 25 % hielten, vom Wirtschaftsminister an die *Monopolies and Mergers Commission* verwiesen werden konnten. Das gleiche galt für Unternehmenszusammenschlüsse, bei denen die beteiligten Unternehmen zusammen einen Marktanteil von mehr als 25 % hielten oder über ein Unternehmensvermögen von mehr als 30 Milliarden Pfund verfügten. Unter Unternehmenszusammenschlüsse fielen nicht nur Unternehmensübernahmen, bei denen es gezielt um die Übernahme der Unternehmenskontrolle ging, sondern auch der Erwerb von Beteiligungen an Unternehmen, der dem Käufer einen *wesentlichen Einfluß* auf die Geschäftspolitik des Zielunternehmens ermöglichte. Als Kriterium für die Gewinnung eines wesentlichen Einflusses wurden Aktienpakete von ca. 10 % - 15 % oder auch die Bereitstellung eines großen Anteils des Fremdkapitals bei gleichzeitiger Beteiligung am Direktorium angesehen (*Paul* und *Friend* 1991, S. 124 f.). Ob diese Kriterien tatsächlich vorlagen, wurde jedoch zunächst vom *Merger Panel* des Office of Fair Trading überprüft. Bei seiner Entscheidung, ob eine Untersuchung durch die Monopolies and Mergers Commission verfügt werden sollte, wurde der Wirtschaftsminister von dem Director General of Fair Trading und seinem Office of Fair Trading beraten. Die Monopolies and Mergers Commission prüfte zunächst, ob der Marktanteil tatsächlich über 25 % liegt. Danach wurde untersucht, inwieweit die Handlungen und Leistungen der Unternehmen im öffentlichen Interesse lag. Der Begriff *öffentliches Interesse* war nicht genau definiert, und

---

[31]   Zwischen 1965 und 1973 hat das *Merger Panel* des *Board of Trade* ca. 800 Unternehmenszusammenschlüsse untersucht; zwanzig davon wurden an die Monopolkommission überwiesen. Sieben von ihnen wurden freiwillig abgebrochen, sieben wurden erlaubt, da angenommen wurde, daß sie nicht gegen das öffentliche Interesse verstoßen würden, nur sechs wurden verboten (*Hannah* und *Kay* 1977, S. 115).

die Interpretationen dieses Begriffs haben sich im Zeitablauf verändert. Als Indikatoren dienten unter anderem die Effizienz der Produktion und Verteilung, die gleichmäßige Verteilung von Industrie und Beschäftigung in ganz Großbritannien und die Ermutigung neuer Unternehmensgründungen. Es ist leicht zu erkennen, daß diese Kriterien einen erheblichen Entscheidungsspielraum eröffneten. Mit dem *Fair Trading Act* von *1973* wurde explizit festgelegt, daß auch die Wettbewerbsintensität ein wichtiger Indikator für die Zulässigkeit von Großunternehmen und Unternehmenszusammenschlüssen sei. Der Grad der Wettbewerbsintensität wird zumeist an der Verteilung der Marktanteile zwischen den (in- und ausländischen) Anbietern gemessen. In ihren Berichten gab die Monopolies and Mergers Commission eine Einschätzung der Wettbewerbssituation und Empfehlungen für Veränderungen im Verhalten des Unternehmens, doch lag deren Implementierung in der Hand des Wirtschaftsministers. Es ist angesichts der beliebigen Auslegbarkeit der Bewertungskriterien nicht verwunderlich, daß es nur selten zu Empfehlungen der Kommission zur Auflösung von Unternehmen oder dem Verkauf von Unternehmensteilen gekommen ist (*Sawyer* 1996a, S. 246 f.).

Im Gegensatz zum Gesetz gegen wettbewerbsbeschränkendes Verhalten war die Bildung von Monopolmacht nicht prinzipiell verboten; die Beweislast für eine Schädigung des öffentlichen Interesses lag beim Staat. Da nicht vor einem Gericht verhandelt wurde, hatten die Entscheidungen keinen Präzedenzcharakter. Obgleich die Anzahl untersuchter Monopole und Zusammenschlüsse nach dem Erlaß des *Fair Trading Act* von *1973* deutlich anstieg, führte die Tradition der detaillierten Einzelfallprüfung dazu, daß nur wenige Monopole und Unternehmenszusammenschlüsse auf ihre volkswirtschaftlichen Wirkungen hin untersucht wurden (*Hannah* und *Kay* 1977, S. 116). Viele privatwirtschaftliche Unternehmen und Unternehmenszusammenschlüsse,[32] die einen Marktanteil von mehr als 25 % hielten, wurden nicht an die *Monopolies and Mergers Commission* verwiesen.

Seit dem Beitritt Großbritanniens zur Europäischen Wirtschaftsgemeinschaft im Jahre 1973 unterliegen britische Unternehmen neben dem nationalen Wettbewerbsrecht auch den Wettbewerbsregeln der *Artikel 85* und *86* der *Europäischen Union*. Art 85 EWGV verbietet alle Vereinbarungen zwischen Unternehmen, Beschlüsse von Unternehmensvereinigungen und aufeinander abgestimmte Verhaltensweisen, die geeignet sind, den Handel zwischen den Mitgliedstaaten zu beeinträchtigen und zu einer Behinderung oder Verfälschung des Wettbewerbs innerhalb des Gemeinsamen Marktes führen. Dies gilt sowohl für Verträge als auch für aufeinander abgestimmte Verhaltensweisen horizontaler wie vertikaler Art. Art. 86 EWGV verbietet die mißbräuchliche Ausnutzung einer marktbeherrschenden Stellung auf dem Gemeinsamen Markt, soweit dies dazu führt, daß der Handel zwischen den Mitgliedstaaten dadurch beeinträchtigt wird. Der Art. 86 EWGV bildet außerdem die gesetzliche Grundlage für die Fusionskontrolle durch die Europäische Kommission. Die Implementierung der EU-Wettbewerbspolitik erfolgt durch die Kommission, wobei der Bruch der Vorschriften von Artikel 85 und 86

---

[32] So wurden zwischen 1965 und 1978 nur 2,5 % der Unternehmenszusammenschlüsse, welche die Kriterien für einen Verweis an die *Monopolies and Mergers Commission* erfüllten, tatsächlich von der Kommission untersucht (*Sawyer* 1996a, S. 248).

EWGV vor dem Europäischen Gerichtshof verhandelt wird (*Hefermehl* 1991, S. 41 f.; *Sawyer* 1996a, S. 250 f.).

5.5. Der Einfluß der Wirtschaftspolitik auf die Entwicklung der Aktiengesellschaft zwischen 1945 und 1979

Die Notwendigkeit, Kapital aufzunehmen, um das interne oder externe Unternehmenswachstum zu finanzieren, trug dazu bei, daß in den zwanziger Jahren Unternehmen vermehrt an die Börse gingen. Schon zwischen 1885 und 1907 war die Anzahl von Unternehmen, deren Aktien an der Londoner Börse gehandelt wurden, von 60 auf 600 gestiegen. Im Zeitraum von 1907 und 1939 erhöhte sich die Zahl börsennotierter Unternehmen im verarbeitendem Gewerbe und im Dienstleistungssektor in ganz Großbritannien von 570 auf 1.700 (*Dimsdale* 1994, S. 15 f.).

Dabei blieb die Unternehmenslandschaft in Großbritannien lange Zeit von kleinen und mittelgroßen Familienunternehmen geprägt. Der Wandel hin zu managergeleiteten Großunternehmen vollzog sich im Vergleich zu der Entwicklung in den USA und in Deutschland erst spät und zögerlich. Durch den Wettbewerbsdruck deutscher und nordamerikanischer Großunternehmen und die staatliche Förderung des internen und externen Unternehmenswachstums während des ersten Weltkriegs entstanden jedoch auch in Großbritannien Anfang des Jahrhunderts mehr und mehr Großunternehmen, die als börsennotierte Aktiengesellschaften geführt wurden (siehe *Freyer* 1992, S. 284; *Gourvish* 1987, S. 21, 25 - 27). Durch die große Anzahl der Unternehmenszusammenschlüsse stieg der Konzentrationsgrad der britischen Wirtschaft erheblich an[33] (*Hannah* und *Kay* 1977, S. 79). Die meisten Unternehmenszusammenschlüsse wiesen eine lose Verbundstruktur auf, bei der die einzelnen Betriebe weiterhin weitgehend unabhängig geführt wurden (*Freyer* 1992, S. 199 f.). Der Anteil managergeleiteter Unternehmen war in Großbritannien im Vergleich zu den USA oder Deutschland sehr gering. Auch in den Großunternehmen dominierte meist der Einfluß einiger Großanleger, die oft auch im Direktorium vertreten waren.

In den vierziger und fünfziger Jahren waren die Gewinnausschüttungen der Kapitalgesellschaften außergewöhnlich niedrig. Ein Grund hierfür lag in der staatlichen Regulierung der Gewinne und Dividenden. Außerdem wiesen viele Unternehmen einen hohen Bedarf an Innenfinanzierung auf, da auf Grund von Kriegsschäden und Verschleiß Ersatzinvestitionen getätigt werden mußten, die Kapitalaufnahme durch die Begebung neuer Aktien oder Schuldverschreibungen sowie die Aufnahme von Bankkrediten jedoch staatlich reguliert und begrenzt waren (*Thomas* 1978, S. 143 f.). Da die Dividendenentwicklung die Bewertung von Unternehmen am Aktienmarkt stark beeinflußte, wirkten sich diese Regulierungen negativ auf die Entwicklung der Börsenkurse aus. Niedrige Aktienkurse, verbunden mit der Erwartung einer systematischen Unterbewer-

---

[33] In den zwanziger Jahren verschwanden im Zuge von Unternehmenszusammenschlüssen und des verschärften Wettbewerbs zwei Drittel aller Unternehmen. In den dreißiger und vierziger Jahren nahm der Grad der Konzentration wieder deutlich ab, da kleine und mittlere Unternehmen ein hohes internes wie externes Wachstum aufwiesen, während die Entwicklung der Großunternehmen stagnierte (*Hannah* und *Kay* 1977, S. 73 - 87).

tung von Unternehmen, lösten Anfang der fünfziger Jahre einen starken Anstieg der Anzahl von Unternehmensübernahmen aus (*Dimsdale* 1994, S. 18). Zusätzlich führte die Verschärfung der Kartellgesetze dazu, daß Unternehmen ihre Strategie zur Durchsetzung von Wettbewerbsbeschränkungen veränderten und anstelle von Kartellen Unternehmenszusammenschlüsse bildeten (*Freyer* 1992, S. 284). Die Verabschiedung des *Restrictive Trade Practices Act* von *1956* und des *Restrictive Practices Act* von *1968* heizte die Übernahmeaktivitäten in Großbritannien weiter an.

Die Konzentrationspolitik vieler Unternehmen verfolgte allerdings nicht nur das Ziel, durch externes Wachstum wirtschaftliche wie auch politische Macht zu erlangen. Sie diente auch als Unternehmensstrategie, um Absatz und Marktanteile zu vergrößern, vor- oder nachgelagerte Produktionsstufen zu integrieren oder Kapital zu mobilisieren. Außerdem wurde der Zusammenschluß teilweise auch als"zivilisierte Alternative" (*Hannah* und *Kay* 1977, S. 88) zum Konkurs gesehen. Unternehmen überließen ihren Rivalen Marktanteile, die sie nicht glaubten langfristig halten zu können, indem sie ihr Vermögen verkauften. Hierfür spricht, daß Unternehmen mit vergleichsweise geringen Gewinnen stark von Übernahmen betroffen waren.

Horn (1979, S. 321 f.) zufolge wird die Bedeutung des Aktienrechts und der sich entwickelnden Kapitalmärkte als Mitursache der Konzentration häufig übersehen. Die hierdurch gegebene Möglichkeit, Unternehmensbeteiligungen rasch zu erwerben und zusammenzufassen, war grundlegend für die Dynamik und das Ausmaß der Unternehmensübernahmen. Im Zeitraum von 1957 bis 1967 wurden 38 % aller börsennotierten Aktiengesellschaften von anderen börsennotierten Aktiengesellschaften übernommen[34] (*Dimsdale* 1994, S. 18).

Der *Companies Act* von *1948* hatte - wie gezeigt - den Grundstein für die Entwicklung des Marktes für Unternehmenskontrolle in Großbritannien gelegt. Die gesetzliche Verpflichtung, umfassende Informationen über die Unternehmen bereitzustellen, ermöglichte erstmals externen Interessenten, Einblick in die Geschäfte zu nehmen, ohne direkt mit den Direktoren zusammenzuarbeiten. Dadurch wurde es möglich, den Aktionären über die Köpfe der Direktoren hinweg ein Übernahmeangebot zu unterbreiten, ohne daß dies zu signifikanten Nachteilen für die Informationslage führte. Die Publizitätsverpflichtungen verringerten das Risiko, daß Direktoren, deren Unternehmen das Ziel von Übernahmeverhandlungen waren, durch falsche Angaben die Bieter und die Aktionäre in die Irre führten. Gleichzeitig konnten die Unternehmensleistung und die Leistung des Direktoriums besser bewertet werden (*Dimsdale* 1994, S. 17 f., *Wright* 1979, S. 71). Trotz der Gesetzesänderung von 1948 galten in den fünfziger und sechziger Jahren Angebote zur feindlichen Unternehmensübernahme jedoch noch als sehr ungewöhnlich; sie machten nur einen geringen Anteil der Übernahmeaktivitäten aus.

In den fünfziger und sechziger Jahren stellten die Unternehmen fest, daß Anleger bereit waren, anstelle der Barauszahlung auch Aktien des übernehmenden Unternehmens als Gegenwert zu akzeptieren. Diese Art der Entschädigung der Alteigentümer fand

---

[34] 1965 waren insgesamt 1.000 Unternehmen pro Jahr von Übernahmen betroffen. Anfang der siebziger Jahre erreichte die Anzahl der Unternehmensaufkäufe mit 1.212 pro Jahr einen vorläufigen Höhepunkt (*Dimsdale* 1994, S. 18).

zunehmend Verbreitung und förderte Übernahmeaktivitäten insbesondere von kleinen und mittleren Unternehmen (*Hannah* und *Kay* 1977, S. 83).

In den fünfziger Jahren wirkte die Tendenz auf den Produkt- und Kapitalmärkten in die gleiche Richtung. Auf Grund neuer technischer Möglichkeiten und der gestiegenen Nachfrage der Konsumenten nach standardisierten Gütern konnten große Produzenten aus dem Einsatz der Techniken der Massenproduktion Wettbewerbsvorteile erzielen. Der Aktienmarkt unterstützte diese Tendenz zur Bildung größerer Einheiten, indem er das Prozedere für externes Unternehmenswachstum nachhaltig vereinfachte (*Hannah* und *Kay* 1977, S. 86). Für die sechziger Jahre hingegen wird konstatiert, daß economies of scale für Unternehmenszusammenschlüsse an Bedeutung verloren. *Hannah* und *Kay* (1977, S. 93) sehen es als wahrscheinlicher an, daß der Enthusiasmus der Unternehmer, der Anleger auf dem Aktienmarkt und der Regierung für externes Unternehmenswachstum ein wesentlicher Einflußfaktor für das hohe Niveau an freundlichen und feindlichen Unternehmensübernahmen war.

Obgleich die Regierung seit 1965 das Recht hatte, Unternehmenszusammenschlüsse durch Verweis an die Monopolkommission zu behindern, förderte der Staat in den sechziger und siebziger Jahren Unternehmenszusammenschlüsse (siehe Kapitel 5.2 und 5.3). Diese Politik nahm in dem Maße zu, wie offensichtlich wurde, daß die makroökonomischen Ansätze zur Verbesserung der britischen Wirtschaftsleistung nicht griffen. Die mikroökonomische Alternative sah vor, ineffizient operierende Unternehmen mit erfolgreichen Unternehmen zu verschmelzen, um so die Verbreitung erfolgversprechender Produktions- und Geschäftsstrategien zu fördern. Den zusätzlichen organisatorischen und technischen Problemen, die mit dem externen Unternehmenswachstum verbunden waren, wurde kaum Beachtung geschenkt. Kritiker dieses Vorgehens karikierten diese Strategie folgendermaßen: *„In order to achieve industrial efficiency, find the most efficient firm in Britain and merge the rest of them into it"* (*Hannah* und *Kay* 1977, S. 83).

Die Inflationsentwicklung in den fünfziger und sechziger Jahren führte dazu, daß Anleger allmählich dazu übergingen, ihre Staatstitel zu verkaufen und in inflationsresistente Aktien zu investieren. Bei der Rentabilitätsberechnung von Aktieninvestitionen wurde nicht länger nur die Dividende, sondern auch der Aktienkurs, also der Kapitalzuwachs der Anlage, beachtet. Obgleich sich der Aktienindex FT30 nur sehr allmählich erhöhte, wurden ab 1959 Aktien auch dann Staatsschuldtiteln vorgezogen, wenn die Dividende unter den Zinsen lag (*Blakey* 1993, S. 2).

Gleichzeitig veränderte sich die Zusammensetzung der Akteure auf dem Aktienmarkt. Der Aktienhandel privater Anleger wurde in der Nachkriegszeit zuerst vom Wachstum des Aktieneigentums von Pensionsfonds und später von Versicherungen in den Schatten gestellt. Einkommenssteigerungen förderten die Sparfähigkeit von Lohn- und Gehaltsempfängern. Diese Ersparnisse wurden zumeist von institutionellen Anlegern[35] verwaltet. Dieser Trend wurde durch steuerliche Anreize verstärkt (*Dimsdale* 1994, S. 17). So stieg der Anteil der Aktien, die von institutionellen Anlegern gehalten

---

[35]   Zu den institutionellen Anlegern zählen Kapitalsammelstellen wie offene und geschlossene Investmentfonds, Versicherungen und Banken.

wurden, zwischen 1953 und 1974 von 13 % auf 52 %. Ihr Anteil an festverzinslichen Unternehmenswertpapieren stieg im selben Zeitraum von 42 % auf 63 % (*Thomas* 1978, S. 145). Obgleich die institutionellen Anleger größere Aktienpakete hielten als die meisten privaten Kleinanleger, erhöhte sich der Anreiz zur Beteiligung an der internen Unternehmenskontrolle nur wenig. Als Treuhänder waren die institutionellen Anleger verpflichtet, die Interessen ihrer Kunden zu wahren.

Das Interesse der Kunden an möglichst geringen Verwaltungskosten und einem geringem Anlagerisiko führte dazu, daß sich die Mehrheit der institutionellen Anleger kaum an der internen Unternehmenskontrolle beteiligten und sich statt dessen bemühten, nicht mehr als zwei bis maximal drei Prozent der Anteile eines einzelnen Unternehmens zu halten. Dies ermöglichte ihnen zum einen eine breite Streuung ihrer Investitionen zur Risikodiversifikation, zum andern konnten sie bei Unzufriedenheit mit der Geschäftsentwicklung ihre Anteile auf dem Aktienmarkt verkaufen, ohne dadurch Kursrückgänge zu induzieren, die ihnen große Kursverluste eingebracht hätten.[36] Während somit der Einfluß der institutionellen Anleger auf die internen Unternehmenskontrolle in Aktiengesellschaften zumindest nicht gestärkt wurde, nahm jedoch gleichzeitig die externe Kontrolle durch den Kapitalmarkt zu. Wenn mehrere institutionelle Investoren gleichzeitig die Aktien eines bestimmten Unternehmens kaufen oder verkaufen wollten, führte dies zu starken Kursausschlägen, so daß auch weniger gut informierte Anleger auf diese Signale reagierten. Außerdem bemühten sich die institutionellen Anleger, rechtzeitig Probleme oder Ertragschancen von Unternehmen zu erkennen, um möglichst früh reagieren zu können, noch bevor es zu stärkeren Kursschwankungen kam. In diesem Zusammenhang stieg auch die Bedeutung von Spezialisten wie Finanzmarktanalytikern und Wirtschaftsjournalisten, welche die Geschäftspolitik der Unternehmen kontinuierlich untersuchten und Prognosen erstellten.

Die zunehmende Sparfähigkeit breiter Bevölkerungsschichten, die sich im Aufschwung institutioneller Anleger abzeichnete, und die staatlich geförderte Fusionspolitik vieler Unternehmen förderten den Übergang zu Aktiengesellschaften mit zunehmend breit gestreutem Aktienkapital und einer von professionellen Managern geleiteten Geschäftsführung. Aber auch Familienunternehmen gingen dazu über, professionelle Geschäftsführer einzustellen.[37] Die Berufung professioneller Geschäftsführer, die keine signifikante Beteiligung an den Unternehmen hielten, in die Direktorien führte zu Interessenkonflikten für diese Direktoren. Im Direktorium hatten sie eine Doppelrolle auszufüllen: Auf der einen Seite trugen sie die Verantwortung für die Gestaltung des Tagesgeschäfts und die Unternehmensleitung, auf der anderen Seite sollten sie die Interessen

---

[36]   Auf Grund ihrer geringen Beteiligungen an den Unternehmen hätte die aktive Beteiligung an der internen Unternehmenskontrolle vergleichsweise hohe Kosten verursacht. Außerdem sahen sich die Finanzmarktspezialisten der institutionellen Anleger häufig nicht in der Lage, zu Problemen von Unternehmen anderer Branchen qualifiziert Stellung zu nehmen.

[37]   So wollten häufig die Erben von Unternehmen nicht in die Fußstapfen ihrer Eltern treten und die Unternehmen selbst leiten. Um ihr Investitionsrisiko zu vermindern, gingen viele Anleger dazu über, eine Diversifizierungsstrategie zu betreiben. Durch die Streuung ihrer Beteiligungen auf mehrere Unternehmen sank ihr Anreiz, sich an der Geschäftsführung der einzelnen Unternehmen zu beteiligen.

der Anleger bei der Überwachung und Sanktionierung der Geschäftsführung vertreten.
Während für die Eigentümer-Direktoren Dividendenzahlungen einen erheblichen Teil
ihres Einkommens ausmachten und deshalb vor dem Zweiten Weltkrieg ein wesentliches Ziel der Geschäftsführung darstellten, bezogen die angestellten Geschäftsführer in
der Regel ein festes, dividendenunabhängiges Gehalt. Da den professionellen Geschäftsführern der Anreiz der Partizipation an den Gewinnen fehlte, traten Interessenkonflikte auf. Die Ziele von Management und Aktionären wichen voneinander ab, z.B.
in bezug auf die Höhe des Managementeinkommens, die Gewinnverteilung zwischen
Ausschüttung und Thesaurierung sowie auf die Betonung des Ziels des Unternehmenswachstums im Vergleich zum Ziel der Gewinnerhöhung. Diese Veränderung im Principal Agent-Verhältnis wird häufig als Begründung dafür angeführt, daß nach dem Zweiten Weltkrieg das Unternehmenswachstum als Unternehmensziel an Bedeutung gewann
(*Dimsdale* 1994, S. 17 - 19).

Nach dem Zweiten Weltkrieg nahm der Einfluß von Eigentümer-Direktoren in den
Aktiengesellschaften immer weiter ab. So kontrollierten die Direktorien der 100 größten
britischen Unternehmen 1968/69 lediglich noch 7,5 % der Aktien ihrer Unternehmen.
1973 hielten die Direktorien der 100 größten britischen Unternehmen im verarbeitendem Gewerbe lediglich 0,5 % des Aktienkapitals (ohne Vorzugsaktien). Da sich institutionelle Investoren im Hinblick auf die interne Unternehmenskontrolle ebenso passiv
verhielten wie die meisten privaten Aktionäre mit breit gestreutem Portfolio, konnten
managementdominierte Direktorien eine vergleichsweise starke Stellung gewinnen. Die
Entstehung eines aktiven Marktes für Unternehmenskontrolle mit Hilfe feindlicher
Übernahmeangebote wirkte dem jedoch entgegen und schuf bessere Voraussetzungen
dafür, daß das Direktorium für schlechte Leistungen zur Verantwortung gezogen werden konnte (*Dimsdale* 1994, S. 17).

Die wechselhafte Geld- und Fiskalpolitik sowie die Neigung zum Korporatismus und
zu direkten staatlichen Interventionen auf vielen Feldern der Geschäftspolitik der Unternehmen (siehe Kapitel 5.2 und 5.3) schien Ende der sechziger, Anfang der siebziger
Jahre große Unternehmen stärker in Mitleidenschaft zu ziehen als kleine. So wies zwischen 1969 und 1973 der *Times Index* für Großunternehmen einen Verlust der Aktienkurse von 5 % aus, während der korrespondierende Index für kleine Unternehmen um
den gleichen Prozentsatz stieg. In der Folgezeit glich sich die Kursentwicklung der
Großunternehmen und der kleineren Unternehmen wieder an. Im Zuge von Konsolidierungsbemühungen nahm das externe Unternehmenswachstum ab; die Konzentration auf
den Produktmärkten war rückläufig.

Ende 1973 geriet der Aktienmarkt in Unordnung und Unruhe, als die wirtschaftliche
und politische Krise starke Kursverluste auslöste. Aufgrund der schlechten Rahmenbedingungen für privatwirtschaftliches unternehmerisches Handeln und der Dämpfung der
Leistungsanreize durch die Steuer- und Subventionspolitik hatte sich schon vorher ein
längerfristig sinkender Trend bei der Entwicklung der Aktienkurse abgezeichnet (siehe
Blakey 1993, S. 4 f.; *Hannah* und *Kay* 1977, S. 96). Das folgenden Jahrzehnt war durch
vergleichsweise geringe Übernahmeaktivitäten gekennzeichnet. Dies wird von einigen
Autoren auf die Enttäuschung zurückgeführt, daß Unternehmensübernahmen nicht zu
den erwünschten positiven Effekten geführt hatten (*Sawyer* 1996a, S. 232).

Auf Grund der Vermachtung vieler Märkte durch die konzentrationsfördernde Politik des Staates, der dirigistischen staatlichen Interventionen in die Geschäftsentscheidungen privater Unternehmen und der hohen Subventionierung verschiedener Branchen wurde die externe Kontrolle der Unternehmen durch die Gütermärkte deutlich geschwächt. Wenn überhaupt Wettbewerb zugelassen oder ermöglicht wurde, dann hingen die Vorteile der Unternehmen immer weniger davon ab, wie gut es ihnen gelang, die Bedürfnisse ihrer Kunden zu befriedigen, sondern davon, welchen Einfluß sie im Rahmen der Wirtschaftspolitik geltend machen konnten. Die Erwartung der Investoren, daß die Regierungen traditionsreiche Großunternehmen gegebenenfalls durch Subventionen, staatliche Beteiligungen oder Verstaatlichung vor dem Konkurs retten würde, schränkte auch die Unternehmenskontrolle privater Unternehmen durch den Kapitalmarkt stark ein. Vor allem bei Unternehmen, die bereits von staatlichen Subventionen oder Beteiligungen profitierten, ließ die Bedeutung der Ertragschancen für ihre Fähigkeit, am Kapitalmarkt Kredite aufzunehmen, deutlich nach, da eine Sicherung der Kredite durch den Staat vermutet wurde. Aufgrund der Kapitalverkehrsbeschränkungen wurde die Wettbewerbskontrolle seitens des internationalen Kapitalmarktes zusätzlich eingeschränkt, da sowohl die Anleger als auch die kapitalnachfragenden Unternehmen kaum auf ausländische Kapitalmärkte ausweichen konnten. Dies führte dazu, daß sich auch im Finanzsektor Kartelle bildeten und Banken, Versicherungen, Bausparkassen und die Londoner Börse im internationalen Vergleich hohe Gebühren von ihren Kunden verlangen konnten.

6. Die Wende in der Wirtschaftspolitik nach 1979

Die als *winter of discontent* bezeichnete Streikwelle, die Großbritannien zwischen November 1978 und März 1979 erfaßte, beeinträchtigte die Lebensqualität der Briten empfindlich. Der öffentliche Verkehr brach zusammen, Schulen wurden geschlossen, Krankenhäuser verhängten Aufnahmestopps, der Müll wurde nicht mehr abgefahren, die Versorgung mit Energie und Nahrungsmitteln wurde eingeschränkt. Im Mai 1979 zeigten die Wähler ihren Unmut über die Situation und wählten eine neue Konservative Regierung. Die Regierung *Thatcher* nahm explizit Abschied von den ökonomischen Theorien, an denen sich die britische Wirtschaftspolitik mehr als dreißig Jahre lang orientiert hatte.[1] Die keynesianische Politik der Nachfragesteuerung mit Hilfe der Geld- und Fiskalpolitik sollte durch eine an der monetaristischen Theorie angelehnte *mittelfristige Finanzstrategie* (*medium-term financial strategy, MTFS*) und durch drastische Einschränkungen der Staatsausgaben ersetzt werden. Anstatt die Wirtschaft mit Hilfe von Verstaatlichungen und staatlichem Preis-, Investitions- und Produktionsdirigismus zu lenken, sollten Privatisierung und Deregulierung sowie die Verminderung von Steuern und Staatsverschuldung die *Selbstheilungskräfte der Märkte* freisetzen.

Der *Thatcherismus* war jedoch mehr als nur der Wechsel eines wirtschaftspolitischen Programms, er war auch eine Vision, die sich stark auf moralische Werte gründete. Wohlfahrtsstaatliches Denken wurde abgelehnt, stattdessen wurde die Eigenverantwortlichkeit und Freiheit der Individuen betont.[2] Die Erhöhung der Wettbewerbsintensität, die Einschränkung der Macht der Gewerkschaften sowie die Förderung der Ersparnisbildung von Arbeitnehmern und deren Investitionen in Immobilien und Aktien sollten dazu beitragen, die von der Regierung als wichtig proklamierten Werte in der Bevölkerung zu verwurzeln.

Die Regierung *Thatcher* bemühte sich, ihre Politik mittel- bis langfristig auszurichten und nicht, wie die vorangegangenen Regierungen, in ein kurzfristig orientiertes Krisenmanagement zu verfallen. Trotz temporärer Schwierigkeiten wurden politische Strategien nicht aufgegeben, auch wenn in einigen Fällen die Umsetzung wirtschaftspolitischer Entscheidungen verschoben wurde. Obgleich einige Kritiker der Regierung

---

[1] Schon 1971 waren Wirtschaftspolitiker von einer Kombination zunehmender Arbeitslosigkeit und rapide steigender Preise und Einkommen aufgeschreckt worden - eine Entwicklung, die zuvor als unmöglich angesehen worden war (*Pollard* 1992, S. 361). In der zweiten Hälfte der siebziger Jahre setzte sich in allen Parteien mehr und mehr die Überzeugung durch, daß die Politik der Nachfragesteuerung gescheitert war. Angesichts des Phänomens der sogenannten *Stagflation* waren selbst der Regierung *Callaghan* Zweifel am Sinn der bisherigen Stabilisierungspolitik gekommen. Diese Einsicht führte allerdings nicht zu einem konfliktreichen Sparkurs in allen Bereichen staatlicher Ausgabenpolitik (*Sturm* 1986, S. 242). Die Erfahrung, daß die Arbeitslosigkeit 1975 bei zunehmender Nettokreditaufnahme des Staates stark anstieg, während sie Mitte 1976, als die Nettokreditaufnahme des Staates sank, nur einen vergleichsweise geringen Zuwachs verzeichnete, galt als empirischer Beleg für das Versagen der Politik der Nachfragesteuerung (*Cairncross* 1994, S. 218).

[2] Siehe: *Cairncross* 1994, S. 234 f.; *Curzon Price* 1982, S. 41; *Fröhlich* und *Schnabel* 1990, S. 37.

Margaret Thatchers vorwarfen, daß sie ihre Politik nicht an bestimmten volkswirt-schaftlichen Theorien ausgerichtet hätte, sondern diese Theorien lediglich zur Rechtfer-tigung für ihre Politik nutze, ist nicht zu bestreiten, daß die neue Regierungschefin viel Wert auf fachliche ökonomische Beratung, z.B. durch Wirtschaftstheoretiker wie *Sir Keith Joseph* und *Sir Alan Walters* oder auch durch den *Conservative Centre for Policy Studies* legte (*Pollard* 1992, S. 376 - 378).

Unter der Regierung *Thatcher* hat die Wirtschaftspolitik Großbritanniens einen grundsätzlichen Wandel erfahren, der auch von den folgenden Regierungen unter *John Major* und *Tony Blair* nicht rückgängig gemacht wurde.

6.1. Die Geld- und Fiskalpolitik der Regierungen nach 1979

In Übereinstimmung mit der monetaristischen Theorie wurde nach 1979 versucht, die Inflation durch eine Begrenzung des Geldmengenwachstums und der Neuverschul-dung des Staates zu verringern. Obgleich es gelang, die Inflationsrate in den achtziger Jahren deutlich zu reduzieren, blieb sie dennoch vergleichsweise hoch.

Abb. 6.1   Entwicklung der Inflation in Großbritannien 1970 – 1997 (in %)

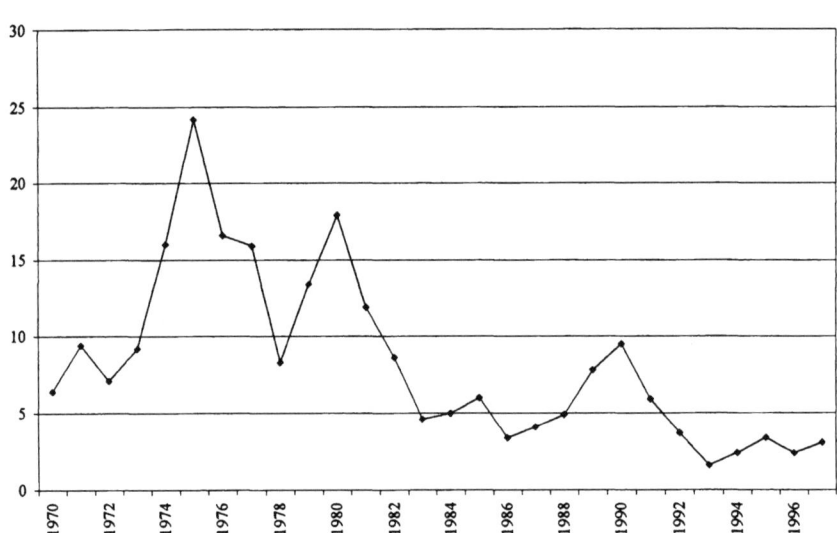

Inflation gemessen in Veränderungen des *Retail Price Index* (RPI).
Quelle: *Kennedy* 1996, S. 150; *OECD* 1998, S. 24.

Dies wurde anfangs auf die Aufhebung der staatlichen Preis- und Einkommenskon-trollen, die Verminderung der Preissubventionen für staatliche Unternehmen und die Erhöhung der indirekten Steuern zurückgeführt (*Cairncross* 1994, S. 236 f.). Längerfri-stig zeigte sich jedoch, daß es Schwierigkeiten bei der Steuerung der Geldmenge gab. Dies führte zu heftigen Diskussionen über die Nützlichkeit verschiedener Geldmenge-naggregate als Zwischenziele der Geldpolitik sowie über die Notwendigkeit, bestimmte geldpolitische Instrumente wie z.B. das *corset*, eine quantitative Restriktion des Wachstums der Bankdepositen, zu erhalten bzw. wieder einzusetzen. Da jedoch die Sorge um die Wettbewerbsfähigkeit britischer Unternehmen im Ausland sowie die Teilnahme am Europäischen Wechselkurssystem zwischen 1990 und 1992 dazu führten, daß die Geldpolitik nicht nur an der inländischen Inflationsentwicklung, sondern auch am Wechselkurs des britischen Pfundes ausgerichtet wurde, gelang es in den achtziger Jahren nicht, den Geldwert des britischen Pfundes nachhaltig zu stabilisieren.[3] Beim Rücktritt *Margaret Thatchers* im Jahr 1990 lag die Inflationsrate in Großbritannien mit 10 % deutlich über dem Durchschnitt aller OECD-Länder. Unter den Regierungen von *John Major* und *Tony Blair* gelang es schließlich, den Geldwert nachhaltig zu stabilisieren.

In der Fiskalpolitik wurde versucht, das Steuerrecht anreizkompatibler zu gestalten. Hierfür wurden die direkten Steuern in Form von Einkommensteuern und Unternehmenssteuern erheblich reduziert, während die indirekten Steuern, insbesondere die Mehrwertsteuer[4], angehoben wurden. Nicht mehr das Einkommen, sondern der Verbrauch sollte das Hauptziel der Besteuerung werden. Im Zuge der sukzessiven Verringerung der Einkommen- und Körperschaftssteuer[5] in den achtziger und neunziger Jahren wurden allerdings auch viele Abschreibungsmöglichkeiten eingeschränkt oder abgeschafft. Dadurch wurde einerseits das Steuersystem einfacher und transparenter (und somit auch effizienter), andererseits wurden durch diese Ausweitung der Steuerbemessungsgrundlage die Steuerausfälle durch die Verringerung der Steuersätze reduziert, so daß sich beispielsweise das Aufkommen der Körperschaftssteuer durch die Steuerreform kaum verändert hat.[6]

Um die Geldwertstabilität zu fördern, die Abgabenbelastung der Bevölkerung insgesamt zu senken und sowohl auf den Kapital- als auch auf den Gütermärkten privatwirtschaftlichen Aktivitäten mehr Raum zu lassen, wurde angestrebt, sowohl die Staatsausgaben als auch die staatliche Kreditaufnahme zu senken. So sollte die Kürzung der Subventionen an die private Wirtschaft zum einen helfen, die Staatsausgaben gering zu halten, zum anderen sollte sie die Lenkung von Produktionsfaktoren in effizientere Verwendungen fördern. Zwischen den Finanzjahren 1979/80 und 1987/88 wurden die Subventionsleistungen real von 1.088 Mrd. Pfund auf 592 Mrd. Pfund[7] gesenkt (*Pollard* 1992, S. 382).

---

[3]   Zur Geldpolitik der Regierung Thatcher siehe: *Fröhlich* und *Schnabel* 1990, S. 59 – 95; *Cairncross* 1994, S. 241 - 244, 262; *Parkin* 1982, S. 72 – 79; *Pollard* 1992, S. 384 - 392.

[4]   Dabei ist zu beachten, daß in Großbritannien Güter des Grundbedarfs von der Mehrwertsteuer befreit sind.

[5]   Die Höchstsätze der 1947 eingeführten Körperschaftssteuer wurden von 1979 bis 1991 von 52 % auf 33 % reduziert. Die Einkommensteuer wurde von 1979 bis 1988 von 83 % auf 40 % gesenkt (*Bladen-Hovell* 1996, S. 208., 212 f.; *Cairncross* 1994, S. 236 f.).

[6]   Zur Steuerpolitik der Regierung Thatcher siehe *Fröhlich* und *Schnabel* 1990, S. 118 - 135; *Pollard* 1992, S. 387 - 392.

[7]   In Preisen von 1979/80. Nominell betrug das Subventionsvolumen im Finanzjahr 1987/88 1.027 Mrd. Pfund.

Auch die Privatisierung staatlicher Unternehmen spiegelte sich in den Staatsfinanzen wider. Zwar wurden teilweise (z.B. bei *British Airways*) die Schulden der zur Privatisierung anstehenden Unternehmen vom Staat übernommen, so daß sie jetzt auch offiziell zur akkumulierten Staatsschuld gerechnet wurden. Der Übernahme der Altschulden stand jedoch ein deutlicher Rückgang der Subventionsleistungen an diese Unternehmen gegenüber. Während die Regierung *Thatcher* Anfang der achtziger Jahre noch Schwierigkeiten hatte, die Subventionen an staatliche Unternehmen zu kürzen, konnte sie, nachdem die Macht der Gewerkschaften gebrochen war, Maßnahmen zur Rationalisierung und Umstrukturierung in den staatlichen Unternehmen durchsetzen. Wurden im Haushaltsjahr 1979/80 fast 1,4 % des Bruttosozialprodukts den staatlichen Unternehmen als Subventionen zugeführt, waren es im Haushaltsjahr 1986/87 nur noch 0,3 % (*Feldmeier* 1993, S. 129 f.).

Während bei vielen Unternehmensprivatisierungen wettbewerbspolitische Aspekte und die Vermögenspolitik der Regierung eine wichtige Rolle spielten, war die Erzielung von Staatseinnahmen stets ebenfalls ein wesentliches Ziel. Dies zeigte sich besonders deutlich an der anfangs ausgesprochen zögerlichen Privatisierung von British Petroleum (BP). Die Verkäufe von BP-Anteilen unter *Geoffrey Howe* wie auch später unter *Nigel Lawson*[8] dienten ebenso wie der unter *Denis Healey*[9] auf Druck des IMF durchgeführte Verkauf in erster Linie der Finanzierung von Staatsausgaben.[10] Zwischen zwei und neun Prozent der Bruttoerlöse aus den Verkäufen staatlicher Unternehmensbeteiligungen wurden allerdings für Kosten der Privatisierung ausgegeben. Hierunter fielen Kosten der Börseneinführung, Provisionen an Banken, Honorare an Berater, Werbekosten, Kosten von Sonderkonditionen für Aktionäre und Beschäftigte etc. (*Fröhlich* und *Schnabel* 1990, S. 157) (siehe Tabelle 6.6 im Anhang). Neben den Einnahmen aus dem Verkauf von staatlichen Unternehmensbeteiligungen und Staatsunternehmen erzielte der Staat bis 1989 mehr als 15 Milliarden Pfund aus dem Verkauf gemeindeeigener Wohnungen. Insgesamt nahm der britische Staat zwischen 1979 und 1995 53.352,5 Mrd. Pfund aus dem Verkauf staatlichen Vermögens ein (siehe Tabelle 6.7 im Anhang).

Die profitabel arbeitenden privatisierten ehemaligen Staatsunternehmen sorgten zusätzlich für höhere Steuereinnahmen des Staates aus der Körperschafts- und Kapitalertragssteuer. Auf der Ausgabenseite des Budgets führte der Personalabbau im Zuge der Unternehmensrestrukturierung vor und nach der Privatisierung jedoch auch zu höheren Sozialausgaben.

Um für mehr Innovation und ein stärkeres Kostenbewußtsein bei der staatlichen Leistungserstellung zu sorgen, führte die Regierung die öffentliche Ausschreibung für die Erstellung staatlicher Leistungen ein. Der Wettbewerb zwischen verschiedenen staatlichen wie privaten Anbietern führte bei gleicher Qualität der angebotenen Leistungen zu

---

[8] *Geoffrey Howe* und *Nigel Lawson* waren von 1979 bis 1983 bzw. 1983 bis 1989 Schatzkanzler in der Konservativen Regierung von *Margaret Thatcher*.

[9] *Denis Healey* war von 1974 bis 1979 Schatzkanzler in den Labour Regierungen von *Wilson* und *Callaghan*.

[10] Zum Verkauf von BP-Aktien als Instrument der Staatsfinanzierung siehe *Cairncross* 1994, S. 237, 243, 250; *Saunders* und *Harris* 1994, S. 11 f.

Ersparnissen zwischen 17 und 25 % und entlastete damit die staatlichen Finanzen (*Fröhlich* und *Schnabel* 1990, S. 156).

Auch auf dem Gebiet der staatlichen Kreditaufnahme erwies sich die Politik nach 1979 als überaus erfolgreich. Die Kreditaufnahme des Staates konnte stark zurückgedrängt werden, so daß zwischen 1987 und 1991 sogar die kumulierte Staatsverschuldung gesenkt werden konnte.

Abb. 6.2   Staatliche Kreditaufnahme in Mrd. £ 1970 - 1995

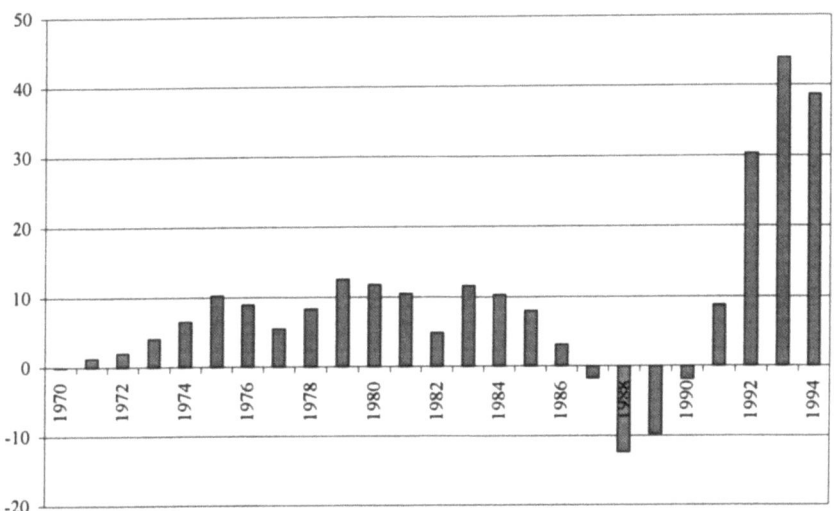

Quelle: *Kennedy* 1996, S. 150.

Tab. 6.1   Anteil der Staatsausgaben am Bruttosozialprodukt (in %)

Jahr	Anteil der Staatsausgaben am Bruttosozialprodukt (in %)
1979	34,7
1982	39,1
1984	42,6
1990	39,9
1991	40,7
1992	43,1
1993	43,6
1994	43,2
1995	43,0
1996	41,9
1997	39,7
1998	39,2

Quellen: *Jones* 1998, S. 34; *OECD* 1998, S. 49; *Pollard* 1992, S. 382.

Wenngleich sich die Regierung Mühe gab, auch die Staatsausgaben zu kürzen, stiegen sie, gemessen am BSP, bis Mitte der neunziger Jahre weiter an.

6.2. Die Gewerkschaftspolitik der Regierung *Thatcher*

Ein Problem der Deregulierung ergab sich daraus, daß durch die Verminderung administrativer Begrenzungen der unternehmerische Handlungsspielraum wuchs, jedoch nicht eindeutig geklärt war, ob sich gleichzeitig auch die Haftungsbedingungen veränderten. Ein wichtiges Beispiel hierfür war die Aufhebung der staatlichen Vorgaben im Bereich der Lohnverhandlungen.

Mit dem Übergang zur monetaristischen Geldmengensteuerung unter der Konservativen Regierung wurde die frühere staatliche Einkommenspolitik als Instrument zur Inflationsbegrenzung obsolet. Die Gewerkschaften und die Arbeitgeber sollten die Arbeitsbedingungen frei und ohne staatliche Beeinflussung aushandeln können. Um zu verhindern, daß die Lohnabschlüsse in den staatlichen Monopolunternehmen über das wirtschaftlich vertretbare Maß hinausgingen, verkündete die Regierung, daß die Lohnerhöhungen in den Staatsunternehmen durch Produktivitätszuwächse gesichert sein müßten und nicht über die Preise auf die Kunden abgewälzt werden dürften. Gleichzeitig wurde angekündigt, daß die staatlichen Zuschüsse konstant bleiben bzw. sukzessive abnehmen würden. Deshalb würden Lohnerhöhungen, die über den Zuwachs der Arbeitsproduktivität hinaus gingen, Entlassungen erforderlich machen. Da die Regierung jedoch fürchtete, daß es bei einem Disput mit den großen Gewerkschaften der Staatsunternehmen zu Unruhen und Produktionsausfällen ähnlich denen im Winter 1978/79 kommen würde, vermochten die großen Gewerkschaften der verstaatlichten Unternehmen der Regierung zusätzliche Subventionen abzupressen. So streikte von Januar bis Anfang April 1980 die Belegschaft der *British Steel Corporation* (BSC), um produktivitätswidrige Lohnerhöhungen durchzusetzen. Da sich die Regierung auf keinen Disput mit den Gewerkschaften der Monopolunternehmen einlassen wollte, mußte Wirtschaftsminister *Keith Joseph* im November 1980 das Parlament bitten, zusätzliche Subventionen von 620 Millionen Pfund zu bewilligen.[11] Dem folgte eine Welle von Streiks in anderen Staatsunternehmen, die eine Gleichbehandlung verlangten (*Curzon Price* 1982, S. 50 f.). So führte allein die Streikdrohung der Kohlekumpel im Jahr 1981 zu einer Erhöhung der Subventionen für defizitäre Kohlegruben (*Pollard* 1992, S. 412).

Erst der große und gewaltsame Kohlestreik von 1984 - 85, an dessen Ende die Beschäftigten ihre Arbeit nach elf Monaten Streik wieder aufnahmen, ohne daß irgendeine Vereinbarung zwischen der Gewerkschaft der Minenarbeiter (NUM) und dem staatlichen Unternehmen NCB getroffen worden wäre, markierte das Ende der Periode, in der die Gewerkschaften den Staat und staatliche Unternehmen erpressen konnten. Gleichzeitig zeigte sich auch eine Abnahme der Solidarität zwischen den vielen britischen Einzelgewerkschaften. Dies lag nicht allein an der neuen Gewerkschaftsgesetzgebung, die *Hilfestellungen* wie Solidaritätsstreiks verbot und die Gewerkschafter strafrechtlich für ungesetzliche Handlungen während Streiks haftbar machte. Die schlechte Arbeits-

---

[11] Ursprünglich hatte das bewilligte Subventionsvolumen für die Public Corporations drei Milliarden Pfund betragen.

marktsituation führte dazu, daß die Gewerkschaften miteinander in Wettbewerb gerieten und auch bereit waren, als Streikbrecher zu agieren.

Als der Zeitungsverleger *Rupert Murdoch* 1986 seine alten Druckanlagen in der Fleet Street aufgab und in ein neues, hoch technisiertes Druckzentrum in den Docklands umzog, entließ er seine alte in Druckergewerkschaften organisierte Belegschaft. Die Druckergewerkschaften wehrten sich mit Gewalt gegen eine Verlegung und die Einführung von Rationalisierungsmaßnahmen in den Betrieben, so daß die meisten Zeitungen Verluste machten. In den neuen Anlagen stellte *Murdoch* stattdessen Techniker ein, die Mitglieder einer Technikergewerkschaft EEPTU waren (*Gossel* 1994, S. 340).[12] Nicht nur die neuen Mitarbeiter, auch ihre Gewerkschaftsfunktionäre waren bereit, ihre Kollegen aus dem Druckgewerbe im Hinblick auf die Bedingungen ihrer Arbeits- und Tarifverträge zu unterbieten.

Die Gewerkschaftsgesetzgebung in den achtziger Jahren[13] reduzierte einerseits die Verhandlungsmacht der Gewerkschaften gegenüber den Arbeitgebern, andererseits verringerten sich auch die Möglichkeiten der Gewerkschaften, Arbeitnehmer zur Mitgliedschaft zu zwingen. Im Zuge dieser Veränderungen und der steigenden Arbeitslosigkeit in den achtziger Jahren nahm der Grad der gewerkschaftlichen Organisation der britischen Arbeitnehmer stark ab. Während 1979 54 % der abhängig Beschäftigten einer Gewerkschaft angehörten, waren es 1991 nur noch 34 %. Dieser Trend wurde auch dadurch unterstützt, daß insbesondere in staatlichen Unternehmen, in denen die Mitgliedschaft in Gewerkschaften traditionell stark war und (unter anderem durch *closed shop*-Regelungen[14]) auch gezielt gefördert wurde, viele Arbeitsplätze verlorengingen und die neuen vor allem im Dienstleistungssektor entstanden, der traditionell einen geringeren Organisationsgrad aufwies (*Gossel* 1994, S. 337; *Pollard* 1992, S. 409 - 411).

Erst nachdem die Regierung die Rechte der Gewerkschaften deutlich beschnitten hatte und die Angst vor Arbeitslosigkeit unter den Beschäftigten zunahm, wurde die Drohung von Streiks immer weniger zum Hemmschuh für die Restrukturierung und Rationalisierung der Staatsbetriebe. Die Produktivitätszuwächse wurden allerdings nicht nur durch Investitionen, Veränderungen der Arbeitstechniken und Arbeitsanforderungen

---

[12] Zur Entwicklung der Gewerkschaften nach 1979 siehe *Gossel* 1994, S. 333 - 342; *Hanson* 1984; *Pollard* 1992, S. 411 - 414.

[13] Die Gewerkschaftsgesetze der Regierung *Thatcher* von 1980, 1982, 1984 und 1987 setzten ein Verbot der Zwangsmitgliedschaft in Gewerkschaften (closed shop) und die Pflicht zur geheimen Abstimmung bei Entscheidungen über Streiks und die Wahl von Funktionären durch. Politische Streiks, also ohne Bezug zu den Arbeitsbedingungen, wurden verboten. Die Quasi-Immunität, die Gewerkschaftsfunktionäre vorher bei Gesetzesverstößen genossen hatten, wurde aufgehoben (*Feldmeier* 1993, S. 132).

[14] Die *closed shop*-Regelung besagt, daß Arbeitsplätze nur mit Mitgliedern einer bestimmten Gewerkschaft besetzt werden dürfen. Nicht in dieser speziellen Gewerkschaft organisierte Arbeitnehmer haben nicht nur keine Chance, den Arbeitsplatz zu erhalten, der Ausschluß von der Gewerkschaft führt auch zum Verlust des Arbeitsplatzes. Während 1979 25 % aller Arbeitsplätze unter solche *closed shop*-Regelungen fielen, galten sie 1994 auf Grund der neuen Arbeitsmarktregeln für weniger als zwei Prozent der Arbeitsplätze (*Gossel* 1994, S. 341).

sowie eine Verringerung der Lohnzuwächse erreicht, sondern auch durch die massive Entlassung von Arbeitnehmern.

Tab. 6.2   **Verminderung der Belegschaft zwischen 1977 und 1983 (in %)**

British Steel	- 61 %
British Leyland	- 53 %
Courtaulds	- 50 %
TI	- 59 %
Dunlop	- 54 %
Talbot	- 69 %
BSR International	- 68 %

Quelle: *Pollard* 1992, S. 398.

6.3. Die Privatisierungspolitik

Als die Konservative Partei 1979 an die Regierung kam, produzierten die staatlichen Unternehmen 11,1 % des inländischen Bruttosozialprodukts, sie beschäftigten mehr als zwei Millionen Arbeitnehmer, was mehr als 8 % der Beschäftigten entsprach, und absorbierten 20 % der jährlichen volkswirtschaftlichen Gesamtinvestitionen (*Feldmeier* 1993, S. 127; *Saunders* und *Harris* 1994, S. 7). Mit Ausnahme der *British Gas Corporation* und der *British Transport Docks* erwirtschafteten 1979 alle Staatsunternehmen Verluste (*Curzon Price* 1982, S. 50 f.). Rund 25 % der Kreditaufnahme des Staates floß den öffentlichen Unternehmen als Verlustausgleich oder Investitionshilfe zu (*Feldmeier* 1993, S. 127).

Die Staatsunternehmen hatten vielfach einen ungehinderten Zugang zu staatlichen Subventionen sowie häufig auch zu Monopolstellungen. Von seiten des Eigentümers, also des Staates, wurde kaum Druck auf die Unternehmen ausgeübt, Gewinne zu erzielen. Gegen die kleinen, relativ homogenen Gruppen der Beschäftigten und Manager der Staatsunternehmen hatten die Konsumenten und Steuerzahler keine annähernd vergleichbaren Chancen, die politischen Entscheidungsträger und die Verwaltung beeinflussen zu können. Die externe Kontrolle durch die Gefahr eines Konkurses oder der Übernahme durch andere Investoren bestand nicht. Nicht nur die Gewerkschaften versuchten die geschützte Position der Unternehmen auszunutzen, um hohe Löhne durchzusetzen und Innovationen und Rationalisierungen zu verhindern,[15] auch für die Geschäftsführer bestand kein Anreiz, auf eine produktive und den Wünschen der Konsumenten entsprechende Produktion zu achten. Die vagen Zielvorgaben aus den Ministerien (siehe Kapitel 5.2.4) erlaubten ihnen, schlechte Ergebnisse im Bereich der Leistungserstellung mit dem Verweis auf sozial-, fiskal- oder geldpolitisch motivierte Zielvorgaben zu rechtfertigen (*Saunders* und *Harris* 1994, S. 9).

---

[15]   In staatlichen Unternehmen waren der gewerkschaftliche Organisationsgrad und die Häufigkeit von *closed shop*-Regelungen höher als in der Privatwirtschaft. In den sechziger und siebziger Jahren waren die Gewerkschaften in den verstaatlichten Unternehmen eher in der Lage, Rationalisierungen und Innovationen im Produktionsprozeß zu verhindern und höhere Lohnforderungen durchzusetzen als die Arbeitnehmer in privatwirtschaftlichen Unternehmen (*Saunders* und *Harris* 1994, S. 10).

Durch die Privatisierung sollten verschiedene Ziele erreicht werden, deren Gewichtung sich im Zeitablauf deutlich veränderte. Aus *fiskalischer* Sicht diente die Privatisierung der Erzielung von Staatseinnahmen aus dem Verkauf von Vermögensobjekten. Gleichzeitig wurde eine Reduktion der Staatsausgaben durch die Kürzung von Subventionen an Staatsunternehmen anvisiert. Beides zusammen sollte eine Steuerentlastung und die Verringerung der Staatsverschuldung ermöglichen.

Unter *wettbewerbspolitischen* Gesichtspunkten zielte die Privatisierung darauf, durch den Verkauf staatlicher Unternehmen und Unternehmensbeteiligungen und die öffentliche Ausschreibung der Produktion staatlicher Leistungen die Allokation der Produktionsfaktoren in effizientere Verwendungen zu fördern. Harte Budgetrestriktionen für die Unternehmen, die Überwachung durch gewinnorientierte private Eigentümer und die Zulassung von nationaler und internationaler Konkurrenz sollten den Druck auf die Unternehmen erhöhen, ihre Produktivität und Profitabilität zu steigern. Dadurch sollte die internationale Wettbewerbsfähigkeit der einzelnen Unternehmen wie auch der Volkswirtschaft als Ganzes verbessert werden.

Aus *vermögens- und gesellschaftspolitischen* Gründen schließlich sollte die Privatisierung von kommunalen Wohnungen durch den Verkauf an die Mieter und von Staatsunternehmen an private Kleinanleger die Ersparnis- und Vermögensbildung der Bevölkerung fördern. Damit breite Schichten der Bevölkerung mehr Wohneigentum sowie Aktien erwerben konnten, war der Staat bereit, sein Vermögen teilweise unter Wert zu verkaufen. Durch den neuen Status als Eigentümer von Wohnungen oder Unternehmensanteilen sowie durch den Bezug von Versorgungsleistungen von privaten Unternehmen sollte die Bevölkerung eine positive Einstellung zur Marktwirtschaft, zu Vermögenseigentum und Wettbewerb gewinnen.

In der Privatisierungspolitik verfolgte die Regierung *Thatcher* zwei Strategien, um den Wettbewerb zu fördern und die Staatsausgaben zu verringern: Die *erste* war das *contracting out* der staatlichen Leistungserstellung auf zentraler und dezentraler Ebene (*Wiltshire* 1987, S. 112). Der Staat blieb zwar weiterhin für die Bereitstellung bestimmter Leistungen finanziell sowie teilweise auch administrativ zuständig, die Leistungen selbst wurden jedoch - im Auftrag staatlicher Behörden - von privaten Unternehmen erbracht. Zu den staatlichen Leistungen, die seitdem auf diese Weise ausgeschrieben werden, gehören unter anderem die Müllabfuhr und die Straßenreinigung sowie Angebote des staatlichen Gesundheitsdienstes NHS, die Durchführung des Strafvollzugs und das Management staatlicher Schulen (*Hartley* 1990, S. 177; *O'Leary* und *Betts* 1999; *Saunders* und *Harris* 1994, S. 20). Durch den *Local Government Act* von *1988* wurden die Kommunen gezwungen, Aufträge für bestimmte Dienstleistungen, die vorher in der Regel von kommunalen Betrieben erbracht worden waren, öffentlich auszuschreiben. Die Bereitstellung durch private Unternehmen sowie die Verbesserung der Produktivität kommunaler Betriebe, die sich im Wettbewerb anpassen mußten, führten zu einer Erhöhung der Effizienz bei der Leistungserstellung um ca. 20 % (*Wright* und *Thompson* 1994, S. 46).

Die *zweite* Strategie der Privatisierungspolitik lag in der Veräußerung staatlicher Unternehmen und Unternehmensbeteiligungen. Die Politik der Unternehmensprivatisierung läßt sich grob in drei Phasen einteilen. In der ersten Phase, zwischen 1979 und

1983, wurden erste Erfahrungen mit der Privatisierung staatlichen Vermögens gesammelt. Die zweite Phase, von 1984 bis 1989, war durch die Privatisierung großer Versorgungsunternehmen gekennzeichnet, die Probleme der Regulierung privater Monopol- und Oligopolmärkte aufwarfen. In der dritten Phase, nach 1989, wurde versucht, bei der Privatisierung staatlicher Monopolunternehmen die Wettbewerbsintensität auf den Märkten durch die Zersplitterung der Unternehmen zu erhöhen. Mitte der neunziger Jahre führten der Erfolg der privatisierten Unternehmen und die Fortschritte, die im Zuge der Umgestaltung der Wirtschaftsordnung bei der Bekämpfung der Arbeitslosigkeit gemacht wurden, dazu, daß sich ein parteiübergreifender Konsens darüber entwickelte, daß der Bestand an staatlichen Unternehmen auf ein Mindestmaß reduziert werden sollte.

Abb. 6.3   **Entwicklung der Arbeitslosenrate 1970 – 1998 (in %)**

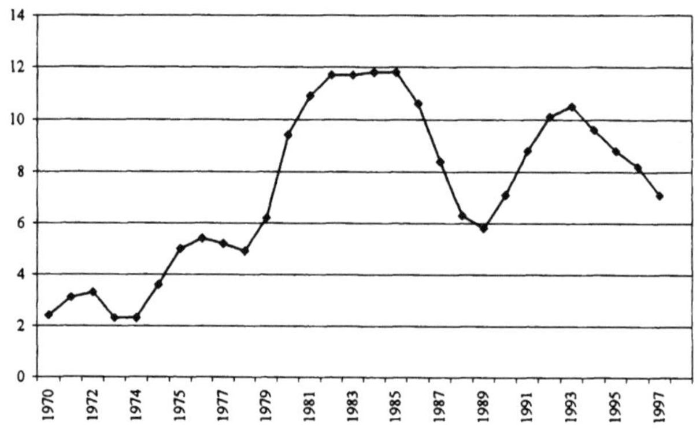

Quelle: *Händel* und *Gossel* 1994 , S. 358; *OECD* 1998, S. 184; *Segall* 1999.

6.3.1. Die Politik der Unternehmensprivatisierung während der ersten Legislaturperiode *Margaret Thatchers*

In den ersten Jahren der Regierung *Thatcher* spielte das Thema der Privatisierung eine eher untergeordnete Rolle. Dies entsprach auch seiner Stellung in der politischen Agenda des konservativen Wahlprogramms. Lediglich der Verkauf gemeindeeigener Wohnungen wurde den Wahlversprechen entsprechend zügig angegangen. Mehr als eine Million Häuser und Wohnungen im Schätzwert von über 20 Milliarden Pfund konnten von den bisherigen Mietern zu günstigen Konditionen erworben werden. Den öffentlichen Kassen bescherte dies Einnahmen in Höhe von 15 Milliarden Pfund. Der Anteil der Eigentümer von Wohnungen und Häusern in der Bevölkerung stieg deutlich an (*Fröhlich* und *Schnabel* 1990, S. 145; *Pollard* 1992, S. 377).

Der Verkauf von Unternehmen und Unternehmensbeteiligungen war in dieser Phase hauptsächlich von dem Verlangen motiviert, Einnahmen zu erzielen,[16] die staatliche Neuverschuldung gering zu halten und die Produktivität der britischen Wirtschaft durch die Erhöhung der Wettbewerbsintensität zu verbessern (*Saunders* und *Harris* 1994, S. 16 f.). Die privatisierten Unternehmen der ersten Generation waren vergleichsweise kleine Unternehmen, die auf wettbewerblichen Märkten agierten. Ihre Aktivitäten hatten für den staatlichen Sektor eher geringe Bedeutung. Nach der Privatisierung wiesen die Unternehmen eine teils drastische Verbesserung der unternehmerischen Leistungsfähigkeit auf, die sich in erhöhter Produktivität und Rentabilität, realem Unternehmenswachstum und teilweise auch zunehmender Beschäftigung ausdrückte (*Fröhlich* und *Schnabel* 1990, S. 146).

Neben dem fiskalisch motivierten Verkauf von 5 % der BP-Aktien wurden zwischen 1979 und 1980 auch die ersten Anteile aus dem Besitz des *National Enterprise Board* (NEB) direkt an andere Unternehmen oder Investoren veräußert. Anfang 1981 markierte die Begebung von 51 % der Aktien von *British Aerospace* die erste Teilprivatisierung über einen Börsengang (*Saunders* und *Harris* 1994, S. 12).

Obgleich bereits in der ersten Phase der Privatisierung die Veräußerung von Unternehmen und Unternehmensbeteiligungen vorwiegend über die Börse erfolgte, erhöhte sich die Anzahl der Aktionäre in dieser Zeit nur wenig. In der Öffentlichkeit wurden die Privatisierungen kaum als Chance für den einzelnen Bürger gesehen, in Aktien zu investieren. Statt dessen wurden die Anteile zumeist von institutionellen Anlegern aufgekauft. Das starke Underpricing der Emissionen verschärfte die Kritik an den Umverteilungswirkungen der Privatisierungen.[17] Doch die Preisgestaltung von Privatisierungsemissionen erwies sich als ausgesprochen schwierig. Auf der einen Seite waren die Börsengänge von *British Aerospace*, der Telekommunikationsgruppe *Mercury, Cable and Wireless* und des Arzneimittelherstellers *Amersham International* erfolgreich und bescherten den Aktionären in den ersten Tagen deutliche Kursgewinne. Ganz anders verlief jedoch der Börsengang von *Britoil*, einem staatlichen Unternehmen zur Entdeckung und zum Abbau von Öl- und Gasfeldern in der Nordsee. Lediglich für 27 % der Privatisierungsaktien wurden Angebote abgegeben. Der Rest mußte von den Emissionskonsortien, welche die Unterbringung der Aktien garantiert hatten, abgenommen werden (*Saunders* und *Harris* 1994, S. 12).

Um Unternehmen überhaupt für die Privatisierung attraktiv zu machen, gab die Regierung in dieser Phase vielen Staatsunternehmen weiterhin hohe Zuschüsse. Dabei ging es nicht nur um die Erneuerung von Anlageinvestitionen und die Übernahme von Alt-

---

[16] In der ersten Legislaturperiode erzielte der Staat 1,306 Milliarden Pfund aus Börseneinführungen und weitere 207 Millionen Pfund aus direkten Verkäufen von Unternehmen und Unternehmensbeteiligungen an einzelne Investoren und private Unternehmen (*Saunders* und *Harris* 1994, S. 12). Verglichen mit den Privatisierungserlösen späterer Jahre, erscheinen diese Beträge gering.

[17] Selbst in den eigenen Reihen ihrer Partei stieß die Privatisierungspolitik der Regierung Thatcher auf Widerspruch. So warf *Harold Macmillan*, der ehemalige konservative Premierminister, *Margaret Thatcher* vor, "um kurzfristiger Finanzierungsmöglichkeiten willen das Familiensilber" zu verschleudern (*Fröhlich* und *Schnabel* 1990, S. 158).

schulden, sondern auch um die Subventionierung von Produktionskosten. Das *crowding out* des privaten Sektors wurde also zunächst fortgeführt. Zum einen absorbierten die staatlichen Unternehmen Ressourcen, insbesondere Kapital, die den privaten Unternehmen fehlten. Zum anderen boten sich private und staatliche Unternehmen weiterhin einen unfairen Preiskampf, bei dem die Verluste der staatlichen Unternehmen von den Steuerzahlern gedeckt wurden. Sowohl die *British Steel Corporation* als auch *British Airways* verdrängten auf diese Weise private Konkurrenten vom Markt. So wurden weiterhin Arbeitsplätze vom privaten in den staatlichen Sektor umverteilt. Obgleich auch in den staatlichen Unternehmen Rationalisierungsmaßnahmen vorgenommen wurden, die mit starkem Arbeitsplatzabbau verbunden waren, gerieten die privaten Unternehmen durch die Regierungspolitik zunächst stärker unter Druck als die staatlichen (*Curzon Price* 1982, S. 55).

6.3.2. Die Ausweitung der Unternehmensprivatisierung zwischen 1984 und 1989

1984 zeichnete sich mit der Privatisierung von 51 % der *British Telecom* (BT) ein Wendepunkt in der britischen Privatisierungspolitik ab. Das Volumen der Privatisierungsemissionen stieg rapide an, private Kleinanleger wurden gezielt als Käufer von Privatisierungsaktien umworben; durch die Privatisierung von Monopolunternehmen traten neue Herausforderungen für die Wettbewerbspolitik auf. In dem Maße, wie der Wunsch, die Anzahl der Aktionäre zu vergrößern und eine Kultur des *popular capitalism*[18] zu schaffen, in den Vordergrund trat, schienen die Bemühungen, durch die Privatisierung die Wettbewerbsintensität zu fördern, in Vergessenheit zu geraten (*Saunders* und *Harris* 1994, S. 17).

Die Privatisierung der *British Telecom* (BT) durch den Gang an die Börse im November 1984 gilt als die Geburtsstunde des *popular capitalism* im Vereintem Königreich. Dabei zeigen Regierungsberichte über die Situation und die Zukunftsaussichten der Telekommunikationsindustrie Großbritanniens von Anfang der achtziger Jahre, daß der Hauptgrund für die Privatisierung der *British Telecom* ursprünglich nicht in dem Bestreben lag, weite Teile der Bevölkerung für Investitionen in Aktien zu gewinnen und dadurch deren Einstellung zum Aufbau von Vermögen und wettbewerblichen Marktprinzipien zu verändern. Ausschlaggebend war vielmehr die Notwendigkeit, ausreichend finanzielle Mittel für die Investition in neue Telekommunikationstechnologien zu mobilisieren, ohne die Staatsverschuldung zu erhöhen (*Saunders* und *Harris* 1994, S. 14).

Die Privatisierung eines solch großen Monopolunternehmens barg erhebliche Schwierigkeiten. Zum einen mußte sichergestellt werden, daß das Unternehmen durch die Einführung von Wettbewerb oder mittels Überwachung durch eine Regulierungsbehörde darin gehindert wurde, seine Monopolmacht zu Lasten seiner Kunden oder Zulieferer auszunutzen. Zum anderen lag das Volumen der angestrebten Teilprivatisierung bei vier Milliarden Pfund, also sieben mal so hoch wie die größte bis dahin durchge-

---

[18]   Zur Entwicklung der Idee von der Transformation der britischen Gesellschaft hin zu einer Kultur des *popular capitalism* durch die Förderung des Besitzes von Aktien und Immobilien sowie der Konsumentensouveranität siehe: *Saunders* und *Harris* 1994, S. 25 - 31.

führte Börseneinführung an der Londoner Börse und doppelt so hoch wie der Betrag, der in der Regel in einem Jahr durch Börseneinführungen in London aufgebracht wurde (*Saunders* und *Harris* 1994, S. 14).

Wie bereits angesprochen, war die erste große Privatisierung durch Börseneinführung, der Verkauf von *Britoil* 1982, ein Fehlschlag. Von den Aktien im Wert von 500 Millionen Pfund verblieben drei Viertel bei den Emissionskonsortien. Um sicherzustellen, daß die Privatisierungsemission tatsächlich voll gezeichnet wurde und um ein crowding out privater Börseneinführungen zu verhindern, mußten neue Investoren angesprochen werden. Zum einen bemühte sich die Regierung, ausländische Anleger für Investitionen in *British Telecom* (BT) zu interessieren. Zum anderen wurde versucht, private Kleinanleger für die Direktinvestition in Aktien zu gewinnen. Dabei wurden besonders Sparer, die erstmals in Aktien investierten, und Angestellte der zur Privatisierung anstehenden Unternehmen umworben. Zu diesem Zweck finanzierte der Staat neben einer breit angelegten 7,5 Millionen Pfund teuren Werbekampagne mit Zeitungsanzeigen sowie Radio- und Fernsehspots verschiedene Sonderangebote und Boni im Wert von weiteren 20 Millionen Pfund. So erhielten Telephonkunden, die Anteile an dem Unternehmen kauften, Abzüge bei der Telephonrechnung. Anlegern, die ihre Anteile länger als drei Jahre lang hielten, wurden Bonusaktien zugesagt. Außerdem konnten die Aktien ratenweise über einen Zeitraum von drei Jahren bezahlt werden. Den Arbeitnehmern, die von ihrer Gewerkschaft zum Streik gegen die Privatisierung aufgerufen worden waren, und den Pensionären der *British Telecom* wurde der Erwerb von 10 % der Emission zu Sonderkonditionen angeboten (*Fröhlich* und *Schnabel* 1990, S. 148; *Grimstone* 1990, S. 9; *Saunders* und *Harris* 1994, S. 15).

Die Nachfrage nach den BT-Aktien überstieg die kühnsten Erwartungen der Regierung. Während diese mit 50.000 Zuteilungsanträgen gerechnet hatte, wurden letztendlich allein von Kleinanlegern 2,25 Millionen Anträge gestellt, so daß die Emission schließlich 9,7-fach überzeichnet war. Die Hälfte dieser Investoren kaufte erstmals Aktien. Die Regierung entschied, daß alle Antragsteller Aktien erhalten sollten. Aus diesem Grund wurden den inländischen institutionellen Anlegern weitaus weniger Aktien zugeteilt, als sie beantragt hatten. Da die privatisierten Unternehmen auf Grund ihres Kapitalvolumens schnell in den FTSE 100-Index[19] aufgenommen wurden, war die Nachfrage von Finanzinstitutionen, die ihre Portfolios aus Gründen der Risikominimierung an diesem ausrichteten, sehr groß. Am ersten Handelstag stiegen die Kurse der zu 50 % bezahlten Aktien um 86 % und die der zu hundert Prozent bezahlten Aktien um 33 % (*Grimstone* 1990, S. 10; *Saunders* und *Harris* 1994, S. 15).

Durch die Privatisierung der BT erzielte die Regierung einen Erlös von 3,9 Milliarden Pfund, dem allerdings Privatisierungskosten in Höhe von 300 Millionen Pfund für Provisionen von Emissionskonsortien und Beratern, für Werbung, verbilligte Aktien etc. gegenüberstanden (*Fröhlich* und *Schnabel* 1990, S. 148 f.). Diese Kosten

---

[19] Der FTSE 100-Index ist ein Index der Aktien der 100 größten börsennotierten Unternehmen an der Londoner Börse, der von der *Financial Times*, der Londoner Börse und dem Verband der Versicherungsmathematiker (*Institute of Actuaries*) entwickelt wurde.

und die hohen Kurssteigerungen der Aktien in den ersten Handelstagen trugen der Regierung den Vorwurf ein, sie verschleudere das Volksvermögen.

Zusätzlich wurde moniert, daß sich die Regierung bei der Privatisierung von BT wettbewerbspolitische Chancen entgehen ließ, indem sie auf eine Dekonzentration des Unternehmens verzichtete (*Saunders* und *Harris* 1994, S. 21). Zwar wurden in einzelnen Marktsegmenten des Telekommunikationsbereichs Konkurrenten zugelassen, doch war die Lizensierungspolitik sehr restriktiv, und die vergleichsweise kleinen Konkurrenzunternehmen bildeten kaum eine wirkliche Herausforderung. So lag die Verantwortung für die Kontrolle von Preisen und Leistungen hauptsächlich bei der neu geschaffenen Regulierungsbehörde, dem *Office of Telecommunications* (OFTEL).

Nach der Privatisierung wies BT bald schon sowohl eine steigende Produktivität als auch eine zunehmende Umsatzrendite aus. Dabei profitierte das Unternehmen davon, daß es in einem durch steigende Nachfrage gekennzeichneten Markt operierte. Allerdings wurde kritisiert, daß der schon 1982 begonnene Trend zum Abbau von Personal weiter fortgesetzt wurde (*Fröhlich* und *Schnabel* 1990, S. 149).

Nach der erfolgreichen Plazierung der BT-Aktien weitete die Regierung ihr Privatisierungsprogramm zügig aus. Die Deregulierung und Privatisierung im Telekommunikationsbereich wurden zum Modell für spätere Privatisierungen; sie trugen wesentlich dazu bei, daß sich die Einstellung zur Privatisierung von Versorgungsunternehmen in Großbritannien ab 1984 nach und nach wandelte (*Fröhlich* und *Schnabel* 1990, S. 146 f.).

In der Zeit zwischen 1984 und 1989 wurden wichtige Erfahrungen mit der Durchführung der Privatisierung staatlicher Großunternehmen gesammelt. Die Lernprozesse auf seiten des Staates bezogen sich einerseits darauf, wie ein breiter Absatz von Aktien bei Großemissionen und die Beteiligung privater Kleininvestoren an Privatisierungsemissionen erreicht werden können. So wurde bei der Privatisierung von *British Gas* noch stärker dem Ziel Rechnung getragen, Arbeiter mittleren oder höheren Alters für das Aktiensparen zu interessieren. Während die Sonderangebote für Unternehmensangehörige und Kunden denen der *British Telecom* ähnlich waren, wurde die Mindestsumme der Investition von 260 Pfund bei der BT-Privatisierung auf 50 Pfund vermindert. Die 28 Millionen Pfund teuere Werbekampagne sowie die Teilzahlungspläne, die geringere Mindestinvestitionssumme und die Kundenboni verfehlten ihre Wirkung nicht. Für die erste Privatisierungstranche von *British Gas* wurden 4,6 Millionen Anträge auf Aktienzuteilungen gestellt. Wenngleich die Kursgewinne am ersten Handelstag geringer waren als bei den BT-Aktien, sahen nicht nur die Regierung, sondern auch die Anleger die Privatisierung als Erfolg an (*Saunders* und *Harris* 1994, S. 15 f.).

Zum anderen wurden Lösungsansätze für die bei der Privatisierung öffentlicher Versorgungsunternehmen auftretenden Wettbewerbsprobleme entwickelt. Während die vom *Office for Telecommunications* (OFTEL) angewandte Technik der Preiskontrolle im Vergleich zu anderen Kontrollinstrumenten wie z.B. der Gewinnbegrenzung Vorzüge aufwies und später von anderen Regulierungsbehörden übernommen wurde, erwies sich die Förderung des brancheninternen Wettbewerbs im Telekommunikationsbereich als unzureichend. Aus diesem Grund wurden ab 1989 öffentliche Versorgungsunternehmen vor ihrer Privatisierung sowohl vertikal als auch horizontal aufgespalten (siehe Kapitel 6.3.3.).

Aber auch die Anleger lernten dazu. So stieg die Bereitschaft privater Investoren, sich an der Zeichnung von Börsenemissionen zu beteiligen. Auf Grund des hohen Underpricing und der insgesamt positiven Entwicklung der Aktienkurse erwarben Privatisierungsemissionen den Ruf, besonders für Klein- und Erstanleger gute Anlagemöglichkeiten mit geringem Risiko zu sein. Es folgten mehrere erfolgreiche, vielfach überzeichnete Privatisierungsemissionen wie *British Airways*, *Rolls Royce* und BAA, die alle hohe Kursgewinne verzeichneten. Die Anzahl der privaten Kleinaktionäre stieg erheblich an.

Die starken Kursverluste während des Börsenkrachs im Oktober 1987 erschütterten jedoch das Vertrauen der privaten Kleinanleger. Nicht nur, daß ihre bereits erworbenen Aktien an Wert verloren, erstmals bot der Staat auch Privatisierungsaktien zu Kursen an, die deutlich über den Marktkursen lagen. Der Grund hierfür lag freilich darin, daß der Verkauf der letzten 31,5 % der Aktien von *British Petroleum* (BP) zeitlich mit dem Börsenkrach zusammenfiel. Im Zeitraum der Begebung der BP-Aktien sanken die Kurse an der Londoner Börse innerhalb von zwei Wochen um 28 %. Der Börsenkurs der schon im Handel befindlichen BP-Aktien fiel auf 254 Pence, während der Zuteilungskurs bei 330 Pence lag. Unter diesen Bedingungen konnten die Emissionskonsortien den überwiegenden Teil der Aktien nicht bei anderen Investoren unterbringen und mußten sie erneut selbst übernehmen (*Saunders* und *Harris* 1994, S. 16). Während die privaten Kleinanleger in der Folgezeit beim Aktienkauf zurückhaltender waren, hielten die meisten von ihnen dennoch in der Zeit des Börsenkrachs (wie auch 1998) an ihren Aktien fest. Dieses Verhalten wird auf unterschiedliche Gründe zurückgeführt. Zum einen mögen die privaten Investoren auf eine günstigere Kursentwicklung in der Zukunft vertraut haben, zum anderen könnte es sein, daß die vergleichsweise hohen Kommissionsgebühren für den Börsenhandel von Privatanlegern den Verkauf unattraktiv erscheinen ließen. Die These, daß die Anleger dem Geschehen auf dem Aktienmarkt nicht genug Aufmerksamkeit schenkten und gar nichts von den Kursverlusten merkten, erscheint nicht besonders glaubwürdig.

Während der Börsenkrach von 1987 das Privatisierungsprogramm in Frankreich zum Erliegen brachte, wurde in Großbritannien schon ein Jahr später, nachdem sich der Aktienmarkt erholt hatte, mit der Privatisierung fortgefahren. Die ersten Börsenemissionen von Privatisierungsaktien nach dem Börsenkrach wiesen allerdings ein geringeres Volumen auf als vorher und wandten sich vorwiegend an institutionelle Anleger als Investoren. Der erste große Test, ob auch die privaten Kleinanleger wieder bereit sein würden, sich in breitem Umfang an Privatisierungsemissionen zu beteiligen, war die Privatisierung von *British Steel* im Dezember 1988. Das Unternehmen hatte in den achtziger Jahren einen grundlegenden Wandel *vom Saulus zum Paulus* durchgemacht. Noch 1977/78 erwirtschaftete der Stahlkonzern einen Verlust von 443 Millionen Pfund, ein trauriger Rekord, der ihm seine erste Erwähnung im Guiness-Buch der Weltrekorde einbrachte (*Fröhlich* und *Schnabel* 1990, S. 154). Ab 1979 wurde versucht, durch innerbetriebliche Restrukturierungs- und Rationalisierungsmaßnahmen sowie ein breit angelegtes Investitionsprogramm das Unternehmen wieder wettbewerbsfähig und damit privatisierbar zu machen. Im Zuge dieser Bemühungen stellte *British Steel* 1980/81 abermals einen Weltrekord auf. Bei einem Umsatz von drei Milliarden Pfund erhielt das Unternehmen Subventionen in Höhe von 1,02 Milliarden Pfund (*NERA* 1996, S. 2). Danach stieg die Arbeitsproduktivität des Unternehmens durchschnittlich um 12 % pro Jahr an, so daß es in kurzer Zeit zu einem der leistungsfähigsten Stahlunternehmen Europas wurde. Während 1979 mit 190.000 Arbeitnehmern 12,5 Millionen Tonnen Stahl produziert wurden, stellten 1988 50.000 Arbeitnehmer 12,0 Millionen Tonnen Stahl her. Nach der Übernahme von 1,5 Milliarden Pfund Altschulden durch den Staat lag die Umsatzrendite des Unternehmens zum Zeitpunkt der Privatisierung bei 11,5 %, die Gewinne vor Steuern betrugen 472 Millionen Pfund (*Fröhlich* und *Schnabel* 1990, S. 154). Wider Erwarten war die Privatisierung von *British Steel* mit 500.000 Anträgen auf Aktienzuteilung ein voller Erfolg. Allerdings wurde der Regierung vorgeworfen, daß diese hohe Beteiligung durch starkes Underpricing ausgelöst worden sei und dem Staat deshalb hohe Einnahmen entgangen wären. Andererseits war der Erfolg dieser Emission wichtig für die folgenden Privatisierungen der Wasser- und Energieunternehmen (*Cook* 1994, S. 7).

Durch das Privatisierungsprogramm der Regierung *Thatcher* hat sich bis 1989 der Anteil der Staatsunternehmen am Bruttosozialprodukt auf 3,5 % und an den volkswirtschaftlichen Gesamtinvestitionen auf 3 % vermindert. Die Staatsunternehmen beschäftigten *nur* noch 700.000 Arbeitnehmer, nachdem bis 1990 42 Großunternehmen mit fast 900.000 Angestellten im Zuge der Privatisierungen in die Privatwirtschaft gewechselt waren. Darüber hinaus wurden durch die Privatisierungen bis zum Frühjahr 1990 staatliche Einnahmen von fast 33 Mrd. Pfund erzielt (*Foremann-Peck* und *Millward* 1994, S. 319).

6.3.3. Die Unternehmensprivatisierung nach 1989

Spötter behaupten, daß ab 1989 die Privatisierung zur *Clause IV* der Konservativen Partei geriet, da trotz nationaler und internationaler Kritik Staatsunternehmen privatisiert wurden, die noch zehn Jahre vorher als unverzichtbarer Teil staatlicher Produktionserstellung angesehen worden waren.[20] Hierzu gehörten die Wasserversorgung, die Elektrizitätswirtschaft und die staatliche Eisenbahn. Die Kritik an diesen Privatisierungen entzündete sich - wie schon bei der Privatisierung der *British Telecom* - daran, daß es sich um Netzwerkgüter handele, die sich in den meisten Ländern in staatlichem Eigentum befänden, weil in diesen Fällen auf Grund von externen Effekten Marktversagen unterstellt werde (*March* 1991, S. 463; *Saunders* und *Harris* 1994, S. 17).

Ausgerechnet die Bestrebungen der Regierung, wettbewerbspolitische Defizite, die sich bei den Privatisierungen in der Anfangsphase gezeigt hatten, zu beheben, führten dazu, daß ihre Politik von einer neuen Seite scharf attackiert wurde: Nachdem die Manager der verstaatlichten Monopolindustrien vor 1979 über den starken politischen Einfluß auf ihre Geschäftsführung geklagt und die Privatisierung ihrer Unternehmen öffentlich befürwortet hatten, ergab sich nach der veränderten Privatisierungspolitik ab

---

[20] So liegt in Großbritannien selbst das militärische Frühwarnsystem inzwischen in privater Hand (*Waller* 1999).

1989 eine neue Situation. Manager, die im Rahmen der Restrukturierung der Monopolunternehmen mit der horizontalen und vertikalen Aufspaltung des Unternehmens in verschiedene kleinere Einheiten konfrontiert waren, mutierten zu den schärfsten Gegnern der Privatisierung. Während die Geschäftsführer früherer Privatisierungen wie BAA, BT oder *British Gas* von dem Rückgang politischer Einflußnahme profitiert hatten, ohne gleichzeitig von inländischen Konkurrenten ernsthaft unter Wettbewerbsdruck gesetzt zu werden, sahen sich die Manager der Wasser- und Elektrizitätswirtschaft dem Wettbewerb mehrerer Unternehmen mit ähnlichen Startbedingungen ausgesetzt (*Saunders* und *Harris* 1994, S. 24 f.).

Bis 1996 wurden nicht nur die großen öffentlichen Versorgungsunternehmen - mit Ausnahme des *Post Office* und der BBC - privatisiert, es gelang sogar, Käufer für das Vermögen der *British Coal*[21] zu finden. Außerdem wurden ab Dezember 1995 in einem Zeitraum von achtzehn Monaten die Restbestände an Aktien privatisierter Unternehmen aufgelöst, die aus verschiedenen Gründen noch im Besitz des Staates waren.

Mit der Überarbeitung der *Clause IV* der Parteisatzung wurde die Verstaatlichung des Produktivvermögens offiziell aus dem Zielkatalog der Labour-Partei entfernt. Obgleich damit auch Abschied von der Drohung der Wiederverstaatlichung der bislang privatisierten Industrien bei einem Regierungswechsel genommen wurde, standen sowohl die Labour-Partei als auch die Partei der *Liberal Democrats* der weiteren Privatisierung von Staatsvermögen in einigen Bereichen eher skeptisch gegenüber. Die Befürchtung, daß bei einem Regierungswechsel das Privatisierungsprogramm zum Erliegen käme, wird als Grund dafür angesehen, daß der Teil der staatlichen Eisenbahngesellschaft, der für die Bereitstellung der Infrastruktur zuständig ist, *Railtrack*, im Mai 1996 etwas überstürzt an der Börse veräußert wurde (*Doyle* 1996). Obgleich die neue Regierung unter *Tony Blair* damit gedroht hat, die chronisch defizitäre *Eurostar* Gesellschaft zu verstaatlichen, falls sie ihre Forderung aufrecht erhalten würde, das mit der Konservativen Regierung ausgehandelte Ausmaß an Subventionen für die Verlegung neuer Schienenwege zu erhöhen, steht die Verstaatlichung privater Unternehmen generell nicht zur Diskussion. Statt dessen plant die Regierung den Verkauf des Luftfahrtkontrolldienstes, der königlichen Münzstätte (*Royal Mint*), des staatlichen Wettbüros (*Tote*) und der *Commonwealth Development Corporation* (*Leathley* 1998a; 1999).

6.3.4. Die Rolle des Underpricing bei der Privatisierung von Unternehmen in Großbritannien

Bei der Entstaatlichung von Unternehmen wurden in Großbritannien verschiedene Vorgehensweisen gewählt, um das Eigentum in private Hände zu überführen. Der größte Teil der Unternehmen wurde jedoch über den Börsengang veräußert. Betrachtet man das Volumen der Aktienemissionen an der Börse insgesamt, so dominierten in der zweiten Hälfte der achtziger Jahre die Privatisierungsemissionen. Von den 23,6 Mrd.

---

[21] Das Vermögen des *National Coal Board* wurde in den neunziger Jahren sukzessive verkauft. Die endgültige Privatisierung erfolgte 1995. Da der Staat die Schulden des Unternehmens übernahm, um eine Privatisierung überhaupt zu ermöglichen, machte die Regierung einen Verlust von ca. 600 Millionen Pfund (*Gribben* 1995; 1996a).

Pfund, die zwischen 1985 und 1989 auf dem Primärmarkt der Börse aufgebracht wurden, entfielen 16,6 Mrd. Pfund auf Aktien aus Privatisierungsemissionen (*Jenkinson* und *Mayer* 1994, S. 290). Trotzdem gab es fast zehn mal soviel Börseneinführungen aus dem privatem Sektor wie aus dem Staatssektor (*Menyah, Paudyal* und *Inyangete* 1990, S. 56). Das Volumen dieser Emissionen war allerdings deutlich geringer.

Für die Neueinführung von Aktien an der Börse stehen prinzipiell drei verschiedene Möglichkeiten offen: erstens der Verkauf der Aktien direkt an private Investoren zu einem festgelegten Preis, wobei die Nachfrager bei Abgabe ihres Zeichnungsantrags lediglich die gewünschte Menge spezifizieren; zum zweiten die Anwendung des Tenderverfahrens, bei dem die Käufer den Preis spezifizieren, zu dem sie eine bestimmte Menge Aktien zu kaufen bereit sind; eine dritte Möglichkeit liegt in der Plazierung der Aktien bei Aktienmaklern - dabei werden die Aktien nicht direkt der allgemeinen Öffentlichkeit zugänglich gemacht, vielmehr vermitteln die Makler die Aktien an institutionelle Anlegern oder private Großinvestoren weiter. In Großbritannien wurde die überwiegende Mehrheit der Privatisierungsemissionen zu einem festen Kurs angeboten, wobei Emissionskonsortien die Abnahme der Aktien garantierten. Kleinere Emissionen und Plazierungen am *Unlisted Securities Market* (USM) wurden meist bei institutionellen Anlegern plaziert (*Jenkinson* und *Mayer* 1994, S. 291).

Bei der Plazierung neuer Aktien im Rahmen einer Börseneinführung entstehen im wesentlichen zwei Arten von Kosten: zum einen die direkt anfallenden Kosten für Makler, Emissionskonsortien, Buchhalter, Rechtsanwälte, aber auch für bei der Emission fällig werdende Steuern sowie die Notierungsgebühren der Börse. Der Anteil dieser Kosten an den Einnahmen aus der Aktienbegebung verringert sich in der Regel mit steigendem Volumen der Emission. Die direkten Kosten für Börseneinführungen lagen 1990 für Emissionen im Wert von bis zu 5 Millionen Pfund bei durchschnittlich 13,8 %, bei Emissionen im Wert von über 10 Millionen Pfund fiel dieser Anteil auf 6,9 % der Erlöse. Zum anderen entstehen indirekte Kosten, falls der Emissionskurs geringer ist als der Preis, der sich in den ersten Tagen des Börsenhandels auf dem Markt ergibt. Das Underpricing der neuen Aktien weist also auf einen Erlösverlust der Anbieter hin (*Jenkinson* und *Mayer* 1994, S. 292).

Underpricing ist ein Phänomen fast aller Börseneinführungen.[22] Wird bei Börsengängen das Underpricing als Differenz zwischen dem Verkaufspreis und dem Kurs am ersten Handelstag gemessen, so lag dieses bei *British Airways, Rolls-Royce* und BAA bei 68, 73 bzw. 46 %. Bei den Privatisierungen der ehemals staatlichen Monopole variierten die Prämien von 20 % für Elektrizitätswerke bis zu 86 % für BT (*Wright* und *Thompson* 1994, S. 55). Zum einen stellt sich die Frage, warum es zu solchen Unterbewertungen auf seiten der Anbieter der Aktien kommt und wie sich ihre breite Streuung erklären läßt. Zum anderen muß geklärt werden, warum in Großbritannien (ebenso wie beispielsweise in Frankreich) das Underpricing bei Börseneinführungen aus dem privaten Sektor deutlich niedriger ausfällt als bei Privatisierungsemissionen. So haben Untersuchungen gezeigt, daß zwischen 1981 und 1987 die Prämien auf Privatisierungsemis-

---

[22]   Zum Ausmaß des Underpricing bei Privatisierungsemissionen siehe Tabelle 6.6 im Anhang.

sionen in einem Zeitraum von 32 Wochen um 31 % höher lagen als die für Börsengänge aus dem privatwirtschaftlichen Sektor (*Menyah, Paudyal* und *Inyangete* 1990, S. 51).

Über die Gründe für die Unterbewertung von Aktien bei ihrer Begebung existieren verschiedene Theorien, die sich teilweise ergänzen, teilweise aber auch widersprechen. Dabei dürfte unstrittig sein, daß das Ausmaß der Unterbewertung von der Ungewißheit über den Wert des Unternehmens und damit über den Wert der Anteile abhängig ist.[23] Diese Ungewißheit besteht auf Grund der Schwierigkeit, ex ante die Qualität des Managements und die Ertrags- und Wachstumchancen eines Unternehmens abzuschätzen. Außerdem darf nicht übersehen werden, daß die Verkäufer der jungen Aktien häufig nicht das Ziel der Erlösmaximierung verfolgen.

Im Hinblick auf die Ungewißheit über den Ertragswert des Unternehmens wird davon ausgegangen, daß das Ausmaß des Underpricing in der Regel vom Alter und der Geschäftsentwicklung des Unternehmens, dem Umfang des Unternehmensvermögens, der Höhe[24] und dem Zweck der Emission beeinflußt wird. Der Marktwert der zur Privatisierung anstehenden Unternehmen war schwer einzuschätzen, da die Geschäftsentwicklung der Unternehmen in der Vergangenheit durch staatliche Interventionen beeinflußt wurde und somit nur eingeschränkt als Indikator für gegenwärtige und zukünftige Profitabilität dienen konnte. Auch die Marktbewertung des Realvermögens, des *Knowhow* und des *Good Will* der Unternehmen war ungewiß. Außerdem waren die Privatisierungen in Großbritannien häufig von Veränderungen der Wettbewerbsordnung der Branche begleitet. Diese Unsicherheiten führten zu einem hohen Risiko für die Investoren. Insoweit könnte das Underpricing als Risikoprämie für die Investoren interpretiert werden.

Menyah, Paudyal und *Inyangete* (1990, S. 52) verweisen allerdings darauf, daß die veröffentlichten Unternehmensinformationen bei den Privatisierungsemissionen im Vergleich zu privaten Börseneinführungen sehr umfangreich und detailliert waren. Dies spreche eher für eine geringere Ungewißheit, was zu einem niedrigeren Underpricing hätte führen müssen. Wenn die oben angeführten Bedenken hinsichtlich der Aussagekraft der veröffentlichten Informationen vernachlässigt werden, stellt sich die Frage, ob eventuell die geringere Informationsverarbeitungskapazität der privaten Kleinanleger, die vielfach erstmals in Aktien investierten, dazu führte, daß die Investoren dennoch mit einem hohen Maß an Ungewißheit konfrontiert waren.

Die Ansicht, daß die Höhe des Underpricing eine Risikoprämie darstellt, die tendentiell um so höher ausfällt, je größer die Ungewißheit der Investoren bezüglich des Marktwertes des Unternehmens ist - sei es auf Grund mangelnder Informationen oder

---

[23]　In den Vereinigten Staaten wird davon ausgegangen, daß die Angst vor Zivilrechtsprozessen im Zuge der Prospekthaftung die Höhe des Underpricing ebenfalls beeinflußt, doch da in Großbritannien solche Gerichtsverfahren nur sehr selten eingeleitet werden, wird dem für Großbritannien kaum Bedeutung beigemessen (*Menyah, Paudyal* und *Inyangete* 1990, S. 51 f.).

[24]　Im Gegensatz zu anderen Studien gehen *Menyah, Paudyal* und *Inyangete* (1990, S. 51, 55 f.) davon aus, daß das Volumen einer Aktienemission keinen signifikanten Einfluß auf das Ausmaß des Underpricing hat.

mangelnder Fähigkeiten zur Informationsverarbeitung - widerspricht der Annahme, daß das Underpricing von den Kenntnissen der gut informierten Anleger abhängt. Hierbei wird davon ausgegangen, daß es auf dem Markt gut informierte und weniger gut informierte Investoren gibt. Die gut informierten Anleger werden sich nur dann an einer Aktienemission beteiligen, wenn deren Zuteilungskurs unterbewertet ist. Die weniger gut informierten Investoren hingegen können nicht einschätzen, ob eine Unter- oder Überbewertung vorliegt. Wenn sie tatsächlich eine Emission zeichnen, die unterbewertet ist, werden sich hier die informierten Investoren ebenfalls beteiligen, was zu einer Überzeichnung der Emission führt. Zeichnen sie jedoch eine überbewertete Emission, bleiben hier die gut informierten Investoren abstinent, so daß nicht genügend Aktien aufgenommen werden und die Emissionskonsortien die Differenz selbst aufkaufen müssen. Um die informierten Investoren anzuziehen, müssen die Emissionen deshalb unterbewertet werden.

Jenkinson und *Mayer* (1994, S. 296) verweisen darauf, daß diese Theorie auf die Situation in Großbritannien zutreffe, weil die Privatisierungsemissionen, bei denen der Ausgabekurs ein deutliches Underpricing aufwies, tatsächlich um ein Vielfaches überzeichnet wurden. Emissionen die einen überbewerteten Ausgabekurs aufwiesen (z.B. *Britoil* und *British Petroleum*), seien hingegen nicht voll gezeichnet worden. Da im Falle der unglücklichen BP-Emission der Ausgabekurs auf Grund des Börsenkrachs deutlich über dem Marktkurs der bereits privatisierten Anteile lag, scheint dieses Beispiel ausgesprochen schlecht gewählt. Außerdem bemühte sich die Regierung bei ihren Privatisierungsemissionen gezielt um private Kleinanleger, also eher wenig informierte Investoren, da sie befürchtete, ihre Aktien sonst nicht unterbringen zu können oder Aktienemissionen des privaten Sektors zu verdrängen.

Auf dem Sekundärmarkt für Aktien, der durch institutionelle Anleger dominiert wird, scheinen die detaillierteren Informationen, die bei Privatisierungsemissionen veröffentlicht wurden, dazu geführt zu haben, daß sich der Ertragswert der Unternehmen gut einschätzen ließ. Die Börsenkurse pendelten sich schnell um einen stabilen Trend ein (*Menyah, Paudyal* und *Inyangete* 1990, S. 53 f.). Die Effizienz des Primärmarktes wird hingegen teilweise als gering eingeschätzt, da die Aktionäre, die am ersten Tag Aktien gekauft haben, durchschnittlich während der ersten 25 Tage negative Erträge realisierten (*Menyah, Paudyal* und *Inyangete* 1990, S. 56). Die starken Kursgewinne, welche die Unternehmen am ersten Handelstag aufwiesen, lassen sich jedoch zum Teil darauf zurückführen, daß die Aktien vieler Privatisierungsemissionen zügig in den FTSE 100-Index aufgenommen wurden. So enthielt der FTSE 100-Index 1992 die Aktien von 17 privatisierten Unternehmen (*Jenkinson* und *Mayer* 1994, S. 290). Da zahlreiche institutionelle Investoren mit ihren Aktienportfolios den FTSE 100-Index widerspiegeln, war ihre Nachfrage nach diesen Aktien anfangs sehr hoch. Das Anlagemotiv dieser Investoren ist jedoch nicht in erster Linie der kurzfristig realisierbare Gewinn; bei der Nachfrage von Aktien, die zum FTSE 100-Index gehören, spielt das Risikomanagement eine wesentliche Rolle.

Zur Förderung der Beteiligung privater Kleinanleger an Aktien sollte das Verkaufsverfahren bei den Privatisierungsemissionen so einfach und überschaubar wie möglich gehalten werden. Damit schied das Tenderverfahren als Möglichkeit zur Ermittlung des

Emissionskurses aus. In Großbritannien ist zwischen 1986 und 1992 die Aktienzuteilung nach dem Tenderverfahren so gut wie ausgestorben. In dieser Zeit wurden fast nur noch Angebote zu einem fixierten Preis abgegeben (*Jenkinson* und *Mayer* 1994, S. 292). Bei den zwei Privatisierungen, bei denen das Tenderverfahren zur Zuteilung aller Aktien angewendet wurde, wurden die Aktien jeweils nicht voll gezeichnet; sie mußten zum Teil von den Emissionskonsortien übernommen werden. Dies wird als weiterer Grund für die Abkehr vom Tenderverfahren angegeben (*Jenkinson* und *Mayer* 1994, S. 295). Allerdings waren diese Emissionen von widrigen gesamtwirtschaftlichen Entwicklungen und insbesondere starken Kursverlusten auf den Aktienmärkten betroffen, so daß sie kaum als repräsentativ bewertet werden dürfen. Andererseits ist interessant, daß auch bei den Börsengängen privater Unternehmen das Tenderverfahren kaum mehr Verwendung fand. Die Frage, ob die privaten Unternehmen auf Grund des starken Wettbewerbs auf dem Primärmarkt durch das Emissionsverhalten des Staates dazu gezwungen waren, ebenfalls einen festen Emissionskurs anzugeben und hohe Kursgewinne in den ersten Tagen des Handels der neuen Aktien in Aussicht zu stellen, also ihre Anteile wissentlich deutlich unter Wert zu verkaufen, scheint bislang nicht befriedigend geklärt worden zu sein.

Im Gegensatz zur Einladung, eine Emission mit einem bereits festgelegten Ausgabekurs zu zeichnen, kann sich beim Tenderverfahren der Anbieter einen Eindruck über die Wertschätzung der Aktien bei den Nachfragern verschaffen. In Frankreich, wo die Börsengänge im Rahmen der Privatisierung von Staatsunternehmen hauptsächlich über das Tenderverfahren abgewickelt wurden, lag das Underpricing staatlicher Privatisierungsemissionen deutlich unter dem britischen Niveau. Auch private Unternehmen verwendeten das Tenderverfahren, und auch hier lag die Rate des Underpricing niedriger als in Großbritannien[25] (*Jenkinson* und *Mayer* 1994, S. 293). Das Ziel, möglichst breite Schichten der Bevölkerung für unmittelbare Investitionen in Aktien zu gewinnen, führte somit dazu, daß die Regierung größere Schwierigkeiten hatte, die Wertschätzung der Nachfrager für die Privatisierungsaktien zu antizipieren.

Insbesondere in den neunziger Jahren suchte die Regierung nach neuen Wegen, den beiden Zielen, dem der Verbreitung des direkten Aktieneigentums in der Bevölkerung und dem der Erlösmaximierung, Rechnung zu tragen. So wurden einige Emissionen in zwei Blöcke aufgespalten. Während die privaten Kleinaktionäre ein Angebot mit einem festen Emissionspreis erhielten, wurde den Finanzinstitutionen ein Tenderangebot offeriert. Dabei erfolgte die Zuteilung teilweise nicht, wie sonst üblich, nach dem *strike price*. Statt dessen mußten die Nachfrager, die zum Zuge kamen, den in ihrem Antrag gebotenen Preis bezahlen. Ein Beispiel für diese Vorgehensweise war die Privatisierung der *British Airport Authority* (BAA) im Jahre 1987, bei der 75 % der Emission privaten Kleinaktionären und 25 % den institutionellen Anlegern[26] angeboten wurden (*Jenkinson* 1998, S. 96).

---

[25] Dabei zeigt sich jedoch, daß auch in Frankreich private Emissionen ein geringeres Underpricing aufwiesen als staatliche.

[26] Wobei private Kleinanleger nicht explizit von dem *tender offer* ausgeschlossen wurden.

Für die Langlebigkeit des Privatisierungsprogramms war es wichtig, daß der Aktien-kauf für die neu gewonnenen Investoren nicht nur einfach und überschaubar blieb, son-dern auch, daß Aktien als attraktive Anlageform wahrgenommen wurden. Privatisierun-gen, die überbewertet waren oder nicht voll gezeichnet wurden, führten zu Unsicher-heiten auf seiten der Anleger. Sowohl das Privatisierungsprogramm in Frankreich als auch das in Spanien geriet in Schwierigkeiten, sobald ehemalige Staatsunternehmen kurz nach der Privatisierung unter Kurs- und Gewinnrückgängen zu leiden hatten (*Jen-kinson* 1998, S. 93). Es bestand die Gefahr, daß die Öffentlichkeit das Interesse an die-sen Anlagen verlieren könnte. Auch in Großbritannien mußte nach den Kurseinbrüchen von 1987 die Privatisierung über Börseneinführungen vorübergehend ausgesetzt wer-den. Trotz einer Pause von fast einem Jahr zeigte sich in den ersten folgenden Privati-sierungen, daß das Interesse der Kleinanleger geringer war als vorher. Somit kann das Underpricing auch als Puffer gewertet werden, um zu verhindern, daß kurzfristige wirt-schaftliche Schwankungen eine Privatisierung unattraktiv machen und das Vertrauen der Aktionäre langfristig schädigen.

Durch das Underpricing wurde eine Umverteilung von Vermögen vom Staat auf pri-vate Investoren bewirkt. Dadurch sank der Widerstand gegen die Privatisierung bei den privaten Kleinanlegern, die als Mitarbeiter oder Kunden der ehemaligen Staatsunter-nehmen von der Privatisierung betroffen waren. Der Regierung wurde auch häufig vor-geworfen, daß das Underpricing als Wahlgeschenk diene und daß sie aus Gründen ihrer eigenen Machterhaltung das Staatsvermögen verschleudere.

Um die Technik der Unternehmensprivatisierung kontinuierlich zu verbessern, wurde das *National Audit Office* (NAO) eingerichtet. Dessen Aufgabe ist es, Privatisierungen ex post zu untersuchen und zu bewerteten und auf der Grundlage dieser Erkenntnisse Vorschläge für effektivere Vorgehensweisen zu machen. Dabei liegt das Ziel der Emp-fehlungen in erster Linie darin, die Staatseinnahmen zu maximieren. Das NAO emp-fiehlt, die Privatisierung von Unternehmen über den Börsengang auf mehrere Tranchen zu verteilen. Mit der Begebung der ersten Tranche würde sich ein Börsenkurs einstellen, der sowohl dem Staat als auch den Investoren Auskunft über den Marktwert des Unter-nehmens geben könne. Dadurch ließe sich das Underpricing bei den später verkauften Tranchen vermindern. Durch die Aufteilung würde auch das Volumen der Emissionen abnehmen, so daß die Aktien leichter (und somit ebenfalls zu einem höheren Preis) un-tergebracht werden könnten. Außerdem befürwortet das NAO die Zuteilung von Aktien nach dem Tenderverfahren, weil dadurch ebenfalls ein höherer Preis erzielt werden könne (*Leathley* 1998b; *Wright* und *Thompson* 1994, S. 62 f.).

Die Labour-Partei hat das hohe Underpricing von Privatisierungsemissionen, insbe-sondere bei Monopolunternehmen, stets kritisiert. Im ersten Budget der Labour Regie-rung vom 2. Juli 1997 wurde deshalb die Einführung einer einmaligen *windfall tax* auf privatisierte Versorgungsunternehmen beschlossen. Diese wiesen nicht nur ein hohes Underpricing beim Börsengang auf, sondern erzielten, obgleich sie der Überwachung von Regulierungsbehörden unterliegen, durch die der Mangel an Wettbewerb kompen-siert werden soll, auch deutlich höhere Gewinne als Unternehmen, die in sehr wettbe-werbsintensiven Märkten operieren. Es wurde angenommen, daß viele Unternehmen ihre dominante Marktposition ausnutzten, um *exzessive Gewinne* zu realisieren. Die *windfall tax* soll die unverhältnismäßig hohe Unterbewertung und Unterregulierung treffen. Deshalb soll die Steuer dem Wettbewerb, dem die Unternehmen ausgesetzt sind, und dem Ausmaß ihrer Regulierung Rechnung tragen (*Paisley* 1997, S. 5 f.).

Tab. 6.3   **Zusatzgewinne der Aktionäre privatisierter Versorgungsunternehmen und die *windfall tax***

Unternehmen	Zusatzgewinne nach vier Jahren* (in %)	Durchschnittliche Gewinne nach Steuern (in Mio. £)	Geschätzte Steuerschuld durch *windfall tax* (in Mio. £)	*Windfall tax* in % der Gewinne
Severn Trent Water	169,6	240	301	125
Thames Water	145,5	215	232	107
Southern Electric	233,9	152	165	92
Yorkshire Electric	199,0	120	134	112
British Gas	52,7	964	513	53
British Telecom	34,9	1300	500	38
BAA	83,1	167	63	37

*Der Zusatzgewinn der Aktionäre wird daran gemessen, inwieweit die Erträge der Aktien die des *FTSE All Share Index* seit der Privatisierung übersteigen.
Quelle: *Paisley* 1997, S. 6.

Die *OECD* (1998, S. 61) moniert allerdings, daß die Steuer häufig nicht diejenigen trifft, die von dem Underpricing profitiert haben, da viele Investoren, die Privatisierungsaktien gekauft haben, ihre Aktien inzwischen veräußert haben.

Kritiker monieren, das starke Underpricing der Privatisierungsaktien habe nicht nur zu Einnahmeverlusten für den Staat geführt. Vertreter der Industrie sind besorgt, daß die kurzfristig sehr hohen Kursgewinne nach der Privatisierung bei den Anlegern zu einer *Kasino-Mentalität* führen könnten (*Saunders* und *Harris* 1994, S. 155). Dabei spielt allerdings sicherlich auch eine Rolle, daß die Manager befürchten, durch die hohen Erwartungen der Investoren schnell unter Druck zu geraten. So würden hohe Ansprüche an Dividenden und Kursgewinne dazu führen, daß für alternative Ziele des Managements, neben dem Gewinnziel, weniger Raum bliebe. Außerdem würde bei hohen Ausschüttungserwartungen die Möglichkeit eingeschränkt, durch Rückstellungen unternehmensinterne Kapitalmärkte zu bilden, die der Geschäftsführung eine größere Unabhängigkeit vom externen Kapitalmarkt ermöglichen. Ansonsten müßten die Chancen auf Profitabilität von neuen Investitionsobjekten Anlegern stets von neuem überzeugend dargelegt werden, um sie davon zu überzeugen, weiteres Kapital in das Unternehmen zu investieren.

6.3.5. Die Förderung direkter Investitionen privater Kleinanleger in Aktien

„The place is the new Stock Exchange building in Manchester. It is December 1986. About a hundred people have crowded into the foyer to watch the start of dealing in the newly privatized shares of British Gas. As the crowd sees the price rising on early trading, they cheer. When the price falters, they boo. The management of the Stock Exchange has never seen scenes like this before. It is as if the stoats and the weasels have taken over Toad Hall. The general manager of the Stock Exchange northern unit tells reporters, 'It was just like a bookie's office'" (*Saunders* und *Harris* 1994, S. 1, nach: Sunday Times, 21. 12. 1986).

Seit 1984 nutzte die Regierung das Privatisierungsprogramm gezielt, um das Interesse von Kleinanlegern an der Anlage in Aktien zu fördern. Zu diesem Zweck wurden breit angelegte Werbemaßnahmen durchgeführt. So wurden bei der Privatisierung der *British Telecom* erstmals in Großbritannien Fernsehspots verwendet, um potentielle Anleger anzusprechen. Darüber hinaus wurden Anzeigen in Zeitungen geschaltet und Radiowerbung gesendet. Den Aktionären wurde in vielen Fällen die Möglichkeit gegeben, ihre Aktien ratenweise zu bezahlen. Darüber hinaus wurden Kunden, die Aktien kauften, Rabatte eingeräumt. Um den Anlegern einen zusätzlichen Anreiz zu geben, die Aktien über einen längeren Zeitraum hinweg zu halten, wurde ein Teil dieser Rabatte erst fällig, wenn die Investoren die Aktien für einen Zeitraum von sechs Monaten bis drei Jahren hielten. Alternativ wurde nach diesen Zeiträumen die Zuteilung von Bonusaktien angeboten.

Um den privaten Kleinanlegern die Beteiligung an den Privatisierungsemissionen so einfach wie möglich zu machen, wurden den Zeitungsanzeigen Coupons beigefügt, mit deren Hilfe die Zuteilung von Aktien beantragt werden konnte. Um die Kosten dieser Investitionen für die Anleger überschaubar zu halten, wurden die Aktien zu einem festen Kurs angeboten und der Preis nicht mit Hilfe eines Tenderverfahrens ermittelt. Das hohe Underpricing der Privatisierungsemissionen auf Grund der deutlich unter den Marktpreisen liegenden Festkurse stellte einen starken Anreiz für den Erwerb der Aktien dar. Dies förderte eine starke Überzeichnung der Privatisierungsemissionen.[27] Dabei wurden bei der Zuteilung die privaten Kleinanleger den institutionellen Anlegern in der Regel vorgezogen.[28]

Zusätzlich traf die Regierung in den achtziger Jahren Vorkehrungen für steuerbefreite Spar- und Investitionspläne, die vielen Menschen einen Anreiz gaben, in Zeiten boomender Aktienkurse kleine Wertpapierportfolios anzulegen. So wurden 1987 z.B. *Personal Equity Plans* (PEPs)[29] eingeführt, welche es den Eigentümern ermöglichten

---

[27] Siehe Tabelle 6.6 im Anhang.

[28] Soweit bestimmte Tranchen der Emissionen für institutionelle Anleger vorgesehen waren, wurden diese Aktien teilweise nach dem Tenderverfahren verteilt. Dies führte dazu, daß die institutionellen Anleger höhere Preise für die Aktien zahlen mußten als die privaten Kleinanleger.

[29] Im April 1999 wurden PEPs abgeschafft und durch ISAs (*Individual Savings Accounts*) ersetzt.

regelmäßig eine bestimmte Summe an Kapital[30] in Aktien anzulegen und langfristig zu halten, ohne daß Kapitalertragssteuer auf Dividenden oder Verkaufserlöse fällig wurde.

Tab. 6.4 *Personal Equity Plans* (in Mio. £)

	Vermögens-wert der PEPs	Arten der Investitionen			
		Unit Trusts	*Investment Trusts*	Aktien	Bargeld
Dez. 1987	440	65	5	300	70
Dez. 1988	720	95	35	490	100
April 1990	2.600	800	80	1.380	340
April 1991	4.520	1.450	180	2.440	450
April 1992	6.970	2.300	560	3.550	560
April 1993	11.890	4.520	1.070	5.710	590
April 1994	20.100	9.780	2.760	6.870	690

Quelle: *Central Statistical Office* 1995a, S. 10.

Da das Ziel der PEPs neben der Vermögensbildung vor allem die Förderung direkter Investitionen in Aktien war, durfte nur maximal die Hälfte der Einlagen in Anteilen an offenen oder geschlossenen Investmentfonds angelegt werden. Ab 1995 konnten auch Unternehmensobligationen, Wandelschuldverschreibungen und stimmrechtslose Vorzugsaktien in PEPs eingestellt werden (*HM Treasury* 1995). Da es einen Freibetrag für die Kapitalertragssteuer von 6.000 Pfund pro Jahr gab, lag der Vorteil der PEPs in erster Linie in der Befreiung der Dividenden von der Einkommensteuer (*Grout* 1994, S. 301; *Saunders* und *Harris* 1994, S. 5; *Low* 1987, S. 14). Der Steueranreiz kam vor allem den Besserverdienenden zugute, die über der Schwelle von 6.000 Pfund Kapitalertrag pro Jahr lagen. Zu Beginn investierten vor allem Anleger in PEPs, die auch vorher schon Aktien besessen hatten. Trotz der Beschränkung der Investition in *Unit Trust*-Anteile zielte der Großteil des Marketing für PEPs auf die Anlage in *Unit Trusts* und somit nicht auf den direkten Aktienkauf. Etwa die Hälfte der 750 Millionen Pfund, die 1989 in PEPs angelegt wurden, waren in *Unit Trusts* investiert. So verlief die Entwicklung der Investitionen in PEPs in den ersten drei Jahren eher enttäuschend (*CBI* 1990, S. 22 f.). In den neunziger Jahren wuchs jedoch die Popularität von PEPs insbesondere als Sparform für die Altersvorsorge stark an. Bis 1994 wurden mehr als 16 Milliarden Pfund in 4,5 Millionen PEPs investiert (*HM Treasury* 1995).

Allerdings beschäftigen die meisten Anleger PEP-Manager, die für sie die Anlageentscheidungen treffen. Wenn die Eigentümer der PEPs wünschen, sich über die Hauptversammlung an der internen Kontrolle der Unternehmen, an denen sie Anteile halten, zu beteiligen, müssen sie ihren Managern in der Regel zusätzliche Gebühren dafür zah-

---

[30] Bei der Einführung der PEPs lag die maximale jährliche Investitionssumme bei 2.400 Pfund, 1990 wurde der Betrag auf 6.000 Pfund angehoben (*CBI* 1990, S. 22 f.; *Low* 1987, S. 6). Neben diesen *normalen* PEPs konnten die Sparer zusätzlich bis zu 3.000 Pfund in Aktien eines einzigen Unternehmens investieren und steuerbefreit in einem *single company* PEP halten (*Inland Revenue* 1997).

len, daß sie die Weiterleitung der relevanten Unterlagen veranlassen (*Gaved* und *Good-man* 1992, S. 15).[31]

Mit steuerlichen Anreizen wurde in den achtziger Jahren auch die Einführung von Lohnmodellen mit Gewinnbeteiligung bzw. Aktienoptionen für Arbeitnehmer gefördert. 1990 wurden ca. 900 Gewinnbeteiligungsmodelle und 1.000 ersparnisbezogene Aktienoptionssysteme betrieben. 20 % der börsennotierten Unternehmen und fast zwei Millionen Beschäftigte waren daran beteiligt (*Saunders* und *Harris* 1994, S. 5). Durch die Beteiligung der Arbeitnehmer am Eigenkapital und den Gewinnen der Unternehmen erhoffte sich die Regierung, daß die Arbeitnehmer mehr Loyalität zu ihrem Unternehmen und ein größeres Verständnis für die Notwendigkeit von Innovationen und Rationalisierungsmaßnahmen entwickeln würden. Darüber hinaus wurden Aktienoptionspläne als ein wirksames Instrument zur Vermögensbildung in Arbeitnehmerhand gesehen, auch im Hinblick auf die private Altersvorsorge.

Um die Arbeitnehmer staatlicher Unternehmen für die Privatisierung zu gewinnen, wurden den Beschäftigten im Zuge der Privatisierungsemissionen Aktien zu Sonderkonditionen angeboten. Die Aufnahme dieser Mitarbeiteraktien verlief sehr schleppend. Trotz großzügiger Boni schwankt der Anteil des von Mitarbeitern an der Unternehmung gehaltenen Aktienkapitals je nach Unternehmen zwischen 0,3 % (*Enterprise Oil*) und maximal 4,3 % (*Associated British Ports*). Eine beachtliche Ausnahme stellt das *National Freight Consortium* dar. Im Rahmen eines Management- und Mitarbeiter-Buy Outs wurden 82,5 % der Unternehmensanteile an die Mitarbeiter und Manager verkauft. Die restlichen 17,5 % erwarb ein Bankenkonsortium.[32] Rationalisierungsmaßnahmen inklusive Personalabbau und ein verbessertes Betriebsklima haben geholfen, den Wert der Anteile um das Siebzigfache zu erhöhen (*Fröhlich* und *Schnabel* 1990, S. 161 f.).

---

[31] In der Regel werden die PEP-Manager (und nicht die Eigentümer der PEPs) als Stellvertreter (*nominees*) in den Aktionärslisten der Unternehmen geführt. Deshalb werden alle Informationen, die ein Unternehmen seinen Aktionären zukommen läßt, an die PEP-Manager geschickt.

[32] Die *National Freight Corporation* war von 1947 bis 1982 ein staatliches Unternehmen, das insbesondere in den siebziger Jahren deutliche Verluste machte, da es sich nicht an die Bedingungen eines Marktes mit sehr hoher Wettbewerbsintensität anpaßte. Da die neun für das Unternehmen zuständigen Gewerkschaften der Privatisierung äußerst feindlich gegenüber standen, wurde davon ausgegangen, daß für eine erfolgreiche Privatisierung die Beschäftigten für eine Beteiligung gewonnen werden müßten. Trotz der weiterhin bestehenden Gegnerschaft der Gewerkschaften, stieg der Anteil der Belegschaft mit Aktien bis zur Einführung der vollen Notierung an der Börse von 37,5 % 1982 auf 80 % 1989. Das Unternehmen hat sich einem strengen Rationalisierungs-, Bewertungs- und Umstrukturierungsprogramm unterzogen. Seit der Notierung an der Börse ist der Anteil, der von Mitarbeitern, Pensionären und ihren Familien am Eigenkapital des Unternehmens gehalten wird, allerdings deutlich zurückgegangen. 1991 lag er nur noch bei 48,6 %. (Da die Belegschaftsaktien mit einem doppelten Stimmrecht ausgestattet sind, hat sich die Kontrolle nicht analog verschoben). Nach der Privatisierung ergaben sich innerhalb des Unternehmens weitere Buy Outs, so daß sich die Struktur der Organisation insgesamt deutlich veränderte. So wurden vor allem regional operierende Busunternehmen abgekoppelt, die dadurch eine größere Flexibilität und Unabhängigkeit realisieren konnten (*Wright, Thompson* und *Robbie* 1994, S. 327 f.).

Die unternehmensinterne Förderung der Beteiligung von Mitarbeitern am Eigenkapital und den Gewinnen *ihres* Unternehmens hat in Großbritannien eine beachtliche Tradition. Die Unternehmenseigentümer und Manager sehen in den Mitarbeiteraktien eine Form der Gewinnbeteiligung mit vielen Vorteilen. Die Aktien für Mitarbeiter ermöglichen die Vergabe von Leistungsboni, ohne direkte Zahlungen aufbringen zu müssen. Es wird angenommen, daß die Beteiligung an den Gewinnen den Leistungsanreiz für die Beschäftigten erhöht, da sie durch Mehrarbeit oder effektivere Arbeit, den gewinnabhängigen Teil ihres Einkommens erhöhen können. Darüber hinaus wurden für Arbeiter Anreize geschaffen, dem Unternehmen langfristig die Treue zu halten, da die Beteiligung und die Leistungen aus diesen Systemen an die Beschäftigungszeit gekoppelt sind (*Heller* 1984, S. 18).

Viele Gewerkschaften stehen jedoch der Vergabe von Mitarbeiteraktien ablehnend gegenüber. Zum einen wird kritisiert, daß sich durch die Beteiligung am eigenen Unternehmen eine Kumulation von Risiken ergibt. Gerät das Unternehmen in Schwierigkeiten, stehen die Arbeitnehmer nicht nur in Gefahr, ihren Arbeitsplatz, sondern auch ihr angelegtes Vermögen zu verlieren. Außerdem wird befürchtet, der Aktienbesitz der Arbeitnehmer könnte dazu führen, daß sich eine scharfe Trennung zwischen *Arbeitern* und *Eigentümern* ideologisch nicht mehr aufrecht erhalten läßt und so die Identifikation mit der *Arbeiterklasse* abnimmt. Die Mitarbeiteraktien werden nicht als Möglichkeit zur Förderung "industrieller Demokratie" gesehen (*Heller* 1984, S. 19), da die Beteiligungen in der Regel - gemessen am Gesamtvolumen des Aktienkapitals - nicht sehr hoch sind und die Arbeitnehmer eher passive Aktionäre sind. Die Arbeitnehmer selbst ziehen in der Regel eine direkte finanzielle Ausschüttung der Gewinnbeteiligung der Vergabe von Mitarbeiteraktien vor. Sie kritisieren die Beschneidung ihrer Wahlmöglichkeit bei der Verwendung ihrer Boni.

Auch von den vom Unternehmen unabhängigen Aktionären und Finanzberatern werden Einwände gegen die Vergabe von Aktien an Mitarbeiter angeführt. Eine starke Aktienbeteiligung der Mitarbeiter, insbesondere der Manager, könne zu einer Vergrößerung der Principal Agent-Probleme innerhalb des Unternehmens führen, wenn die Mitarbeiter die Stimmrechte in der Hauptversammlung nutzen, um die Kontrolle durch die übrigen Aktionäre und durch den Markt für Unternehmenskontrolle zu schwächen.[33] So wird davor gewarnt, daß aufgrund der Stimmrechte der Mitarbeiter dem Syndikalismus Vorschub geleistet würde, was die Löhne erhöhen, Gewinne vermindern sowie insgesamt der Wettbewerbsfähigkeit und damit dem Wert des Unternehmens schaden würde. Des weiteren wird darauf verwiesen, daß Mitarbeiteraktien, die eine finanzielle Eigenbeteiligung der Anleger voraussetzen, nur von Mitarbeitern nachgefragt würden, die ohnehin ein langfristiges Interesse an dem Unternehmen haben (*Heller* 1984, S. 19). Darüber hinaus wird in Frage gestellt, ob Aktienoptionspläne tatsächlich motivierend auf die Angestellten des Unternehmens wirken. Insbesondere in Großunternehmen, in denen viele Angestellte an Aktienoptionsplänen und anderen Systemen der Gewinnbeteiligung teilnehmen, ergäben sich aus der Undifferenziertheit ihrer Ansprüche Property

---

[33]   Siehe *Garvey* und *Swan* 1994, S. 166; *Hermalin* und *Weisbach* 1991, S. 106 f.; *Schares* 1993, S. 203; *Walsh* und *Seward* 1990, S. 434.

Rights- und Agency-Probleme. Da der Gewinn von den Leistungen aller Beschäftigten bedingt werde und deren Gewinnbeteiligung häufig nicht von ihren einzeln erbrachten Leistungen abhänge,[34] entstehe zwischen den Beschäftigten eine wechselseitige Abhängigkeit. In kleinen Unternehmen mit einer überschaubaren Anzahl von Angestellten könne die wechselseitige soziale Kontrolle dazu beitragen, daß kein Mitarbeiter seine Leistungsbereitschaft deswegen reduziert, weil er davon ausgehe, daß sein Beitrag zur unternehmerischen Leistungserstellung sich ohnehin kaum auf den Gewinn auswirke und er am Gewinnbeitrag seiner Kollegen partizipieren könne, ohne selbst größere Anstrengungen zu unternehmen. In größeren Unternehmen stelle dieses Free Rider-Verhalten jedoch ein ernsthaftes Motivationsproblem dar.

Empirische Untersuchungen über die Effektivität der Beteiligung von Arbeitnehmern am Eigenkapital an den Unternehmen, für die sie arbeiten, kommen zu keinen eindeutigen Ergebnissen. Untersuchungen aus den USA zeigen, daß dort Unternehmen, in denen Mitarbeiter regelmäßig Aktien erwarben oder als Boni erhielten, durchschnittlich höhere Gewinne und Aktienkurssteigerungen aufwiesen als solche ohne (*Heller* 1984, S. 22 f.). Auch in Großbritannien haben Fondsmanager für den Zeitraum von 1992 bis 1997 festgestellt, daß Unternehmen, an denen die Manager und die übrigen Beschäftigten stark beteiligt sind (>10 % des Aktienkapitals), deutlich höhere Erträge erzielten als der Durchschnitt der Aktien des britischen Börsenindex FTSE 100 (*Gardner* 1998). Allerdings wird nicht zu Unrecht argumentiert, daß überdurchschnittlich erfolgreiche Unternehmen auch eher dazu neigen, solche Programme ihren Mitarbeitern anzubieten.

Es zeigt sich jedoch, daß *Mitarbeiter-Buy Outs*, wie das der *National Freight Corporation* (NFC) oder von *Istel* und *Unipart* (beide ehemals zur *Rover*-Gruppe gehörend), bei denen sich neben den Mitarbeitern das Management und institutionelle Anleger engagieren, eine Rendite aufweisen, die deutlich über dem Durchschnitt liegt. Diese Entwicklung steht im deutlichen Gegensatz zur Situation bei reinen *Management-Buy Outs* (*Grout* 1994, S. 311).

Die konservativen Regierungen haben ihr Ziel, den Anteil der Aktionäre in der Bevölkerung signifikant zu erhöhen, erreicht. Während die Zahl der Aktionäre in Großbritannien 1979 auf zwischen 2,5 und 3 Millionen geschätzt wurde, lag sie 1997 bei knapp 17 Millionen. Dabei zeigt sich, daß diese Entwicklung keineswegs stetig verlief:

Zwischen 1979 und 1983 veränderte sich die Anzahl der Aktionäre in Großbritannien kaum. Erst durch die großen, stark an den Bedürfnissen privater Kleinanleger orientierten Privatisierungsemissionen ab 1984 stieg die Anzahl der Aktionäre und somit deren Anteil an der Bevölkerung deutlich an. Dabei zeigte sich, daß längst nicht alle der neu gewonnenen Aktionäre ihre Aktien auch als langfristige Anlage ansahen. So wurde zum Beispiel 1988 die Anzahl der Aktionäre auf 9 Millionen geschätzt. Da aber viele Aktien aus Privatisierungsemissionen bald wieder verkauft wurden, sank diese Zahl bis 1990 auf 5,5 bis 6 Millionen (*Pollard* 1992, S. 421). Dennoch gelang es, den langfristigen Trend zu brechen, nach dem der Anteil der Aktionäre in der Bevölkerung nach dem

---

[34] Die Eigentumsrechte an der Gewinnbeteiligung werden Arbeitnehmern also nicht einzeln, in Abhängigkeit von ihrer Leistungsfähigkeit oder -bereitschaft zugeordnet, sondern einer Gruppe von Arbeitnehmern pauschal zugewiesen.

Zweiten Weltkrieg stetig abnahm. Während von 1958 bis 1979 der Anteil der erwachsenen Bevölkerung, der Aktien hielt, von 7 % auf 4,5 % fiel, hielten 1992 wieder 11 Millionen Briten Aktien, was 25 % der erwachsenen Bevölkerung entsprach (*Saunders* und *Harris* 1994, S. 4, 143). Trotz der Fluktuation lag der Anteil der Aktionäre an der erwachsenen Bevölkerung in den neunziger Jahren kontinuierlich über 20 %.

Als Grund für diese starke Fluktuation wird häufig das hohe Underpricing der Privatisierungsemissionen genannt. Einerseits stärkten die Aussichten auf hohe Kursgewinne zwar den Kaufanreiz, andererseits aber auch die Neigung, die Aktien rasch wieder zu verkaufen, was dem Ziel der dauerhaften Verbreitung des Aktienbesitzes in der Bevölkerung widersprach (*Fröhlich* und *Schnabel* 1990, S. 160). Tatsächlich scheint sich ein Trend abzuzeichnen, nachdem gerade bei Privatisierungsemissionen, die in der ersten Zeit hohe Kursgewinne aufweisen, der Anteil der Kleinanleger, die ihre Aktien schnell wieder verkaufen, besonders hoch ist.[35] So fiel die Anzahl der Kleinaktionäre an *British Airways* innerhalb kurzer Zeit nach dem Börsengang 1981 von 24.000 auf 3.000. Auch bei der Privatisierung der 12 regionalen Elektrizitätsunternehmen im Jahre 1991 verkauften 35 % der Kleinanleger ihre Anteile innerhalb des ersten Monats (*Jenkinson* 1998, S. 92). Andererseits hielten sechs Monate nach der Privatisierung von *British Telecom* und von *British Gas* noch achtzig bzw. siebzig Prozent der Aktionäre ihre ursprünglich erworbenen Aktien. Fünf Jahre nach den Privatisierungsemissionen hatte sich die Anzahl der Aktionäre allerdings auf die Hälfte reduziert (*Saunders* und *Harris* 1994, S. 147). Als ein Grund dafür, daß sich Aktionäre mit dem Verkauf ihrer Aktien zurückhielten, wurden die hohen Kommissionsgebühren angeführt. Laut der *Confederation of British Industry* (CBI) gehörten die Gebühren für kleine Aktientransaktionen in Großbritannien bis Anfang der neunziger Jahre zu den höchsten in Europa. Die hohen Kursgewinne in den ersten Wochen des Handels lassen es allerdings als unwahrscheinlich erscheinen, daß die Transaktionskosten ein wesentlicher Grund für die Zurückhaltung beim Verkauf waren. Viele privatisierte Unternehmen lieferten bessere Ergebnisse als der FTSE 100-Index, so daß die Mehrheit der Aktionäre auch längerfristig mit dem Erfolg *ihrer* Unternehmen zufrieden waren und an ihren Investitionen festhielten (*Saunders* und *Harris* 1994, S. 148 f.).

Doch nicht nur der Anteil der Aktionäre in der Bevölkerung veränderte sich, sondern auch seine Zusammensetzung. Während vor 1979 vornehmlich ältere Männer, die der Mittelschicht zugehörten, Aktien hielten, führten die Privatisierungsemissionen dazu, daß der Besitz von Aktien unter jüngeren Personen, Frauen und ärmeren sozialen Schichten deutlich zugenommen hat. Selbst unter ungelernten manuellen Arbeitern besaß in den späten achtziger Jahren einer von zehn Aktien (*Saunders* und *Harris* 1994, S. 144).

Die Erfahrungen mit dem Erwerb von Privatisierungsaktien scheinen die Bereitschaft von Anlegern, auch Aktien anderer Unternehmen zu kaufen, in den achtziger Jahren deutlich erhöht zu haben. Dies gilt besonders für bekannte Unternehmen. So war die Emission von *Tie Rack* 85-fach, die vom *Sock Shop* 53-fach und die des *Pickwick-*

---

[35] Zum Underpricing bei Privatisierungsemissionen und dem anschließenden Verkaufsverhalten siehe Tabelle 6.6 und Tabelle 6.8 im Anhang.

Schallplatten-Unternehmens 55-fach überzeichnet (*Blakey* 1993, S. 285; *Saunders* und *Harris* 1994, S. 151). Auf Grund der veränderten Einstellung der Kapitalanleger zum Aktienbesitz haben seit 1988 mehrere Bausparkassen die Möglichkeit genutzt, ihre Unternehmensform von einer Gesellschaft auf Gegenseitigkeit (*mutual society*) in die einer Aktiengesellschaft zu überführen. Durch diese Umstellung erhofften sich die Unternehmen eine bessere Ausgangsposition im schärfer werdenden Wettbewerb mit den Banken. So wurde erwartet, daß Agency-Probleme innerhalb der Unternehmen durch den stärkeren Druck der externen Kontrolle durch den Aktienmarkt verringert werden würden. Als 1988 die *Abbey National* als erste Bausparkasse ihre Unternehmensverfassung änderte, erhielten 5,5 Millionen Kunden, Gläubiger wie Schuldner, Aktien des Unternehmens. So wurden mit einem Schlag 4 Millionen Briten erstmals Aktionäre (*Saunders* und *Harris* 1994, S. 145). Als 1997 fünf große Gesellschaften auf Gegenseitigkeit - *Alliance & Leicester, Halifax, Norwich Union, Northern Rock* und *Woolwich* - ihren Unternehmensstatus änderten, erhielten ebenfalls Millionen von Briten Aktien dieser Unternehmen (*London Stock Exchange* 1998a).

Während die Ausweitung des Aktienbesitzes in der Bevölkerung ausgesprochen erfolgreich verlief, erfolgte die Vertiefung dieses Aktienbesitzes nur langsam. Eine Untersuchung von *Grout* (1994, S. 303) kam zu dem Ergebnis, daß 1990 von den 10,6 Millionen britischen Aktionären nur 17 % Aktien an vier oder mehr verschiedenen Unternehmen hielten, während 54 % lediglich Aktien an einem Unternehmen besaßen.[36]

Tab. 6.5   Aktienportfolios privater Kleinanleger (1990)

Aktienportfolios enthalten Anteile an	Anteil der privaten Aktionäre (in %)
Einem Unternehmen	54
Zwei Unternehmen	20
Drei Unternehmen	9
Vier bis zehn Unternehmen	14
Mehr als zehn Unternehmen	3

Quelle: *Grout* 1994, S. 303.

Weitere Untersuchungen über den Aktienbesitz aus dem Jahr 1994 zeigen, daß von den ca. 10 Millionen britischen Aktionären fünf bis sechs Millionen sowohl Aktien privatisierter Unternehmen wie auch von anderen Unternehmen hielten. Ausgehend von der Überlegung, daß 1979 lediglich 2,5 Millionen Briten Aktien besaßen, müssen ungefähr drei Millionen der Aktienneulinge seit Beginn des Privatisierungsprogramms Aktien privater Unternehmen erworben und behalten haben (*Saunders* und *Harris* 1994, S. 150).

Der überwiegende Teil der privaten Anleger hält Aktienportfolios im Wert von unter 5.000 Pfund. Lediglich knapp 9 % besitzen Portfolios im Wert von über 20.000 Pfund.

---

[36]   Eine 1990 im Auftrag des CBI durchgeführte Untersuchung kam zu ähnlichen Ergebnissen (*Saunders* und *Harris* 1994, S. 144).

Abb. 6.4   Verteilung der Privatanleger in Großbritannien nach der Höhe ihrer Aktienportfolios (1997)

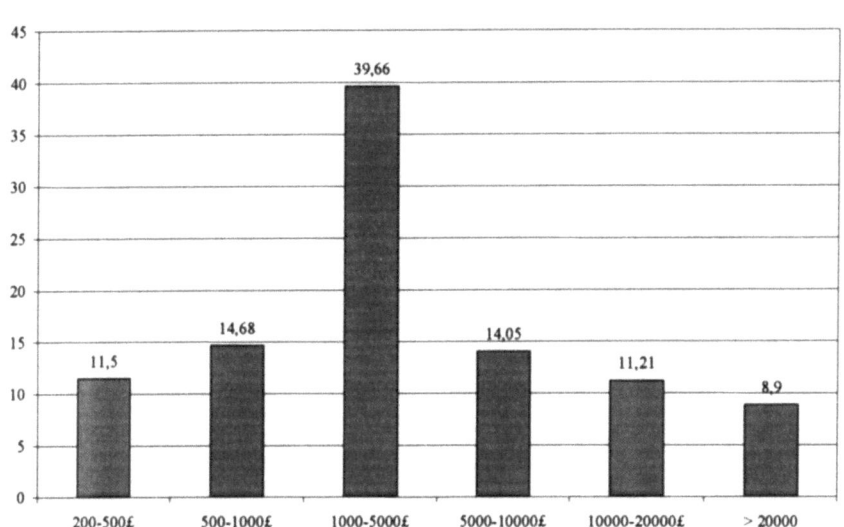

Quelle: *London Stock Exchange* 1998a.

Obgleich aus Großbritannien keine *Nation of shareholders* geworden ist und der Anteil der Aktien, die von privaten Kleinanlegern direkt gehalten werden, weiterhin rückläufig ist, hat sich die Einstellung gegenüber Aktien als Kapitalanlage deutlich gewandelt. Im Zuge des Privatisierungsprogramms haben ca. 40 % der erwachsenen Bevölkerung Erfahrungen mit Aktien als Investitionsobjekt gemacht (*Saunders* und *Harris* 1994, S. 145).

Inzwischen bemühen sich auch private Unternehmen sowie die Börse gezielt um Kleinanleger als Käufer von Aktien und Unternehmensschuldverschreibungen. Viele private Unternehmen haben von den Privatisierungskampagnen gelernt und veröffentlichen Anträge auf Zuteilung neuer Aktien als Ausschneidecoupons in populären Zeitschriften. Banken, Bausparkassen und sogar spezialisierte Aktienläden, sogenannte *share shops*, bieten schnelle und einfache Kauf- und Verkaufsdienstleistungen für Wertpapiere an. Außerdem erwerben Millionen von Arbeitnehmern regelmäßig im Rahmen von Optionsplänen Aktien an ihren Unternehmen. Hierdurch hat der Aktienerwerb privater Kleinanleger inzwischen ein eigenes Moment entwickelt, so daß er nicht mehr ausschließlich auf Privatisierungsemissionen aufbaut. Dies ist insbesondere deshalb wichtig, weil der Staat kaum noch Unternehmen besitzt, die sich an der Börse privatisieren lassen (*Saunders* und *Harris* 1994, S. 151).

Die Deregulierungsmaßnahmen an der Londoner Börse von 1986 haben sich auf die privaten Kleinanleger auf zweierlei Weise ausgewirkt. Zum einen stiegen nach der Aufhebung der Mindestgebühren für Wertpapiertransaktionen an der Börse zunächst die Gebühren für den Aktienhandel privater Kleinanleger, während die einzeln ausgehandelten Gebühren für Großinvestoren stark sanken. Andererseits ermöglichte die Einfüh-

rung eines computergestützten Informations- und Handelssystems an der Börse überhaupt erst, daß eine Vielzahl kleiner Aufträge effizient bearbeitet werden kann. Dies
wiederum beeinflußte die Bereitschaft vieler Banken, Bausparkassen und *share shops*,
den neuen Service, Aktien für Kleinanleger zu kaufen und zu verkaufen, anzubieten
(*Saunders* und *Harris* 1994, S. 5). Außerdem sanken dadurch langfristig die Gebühren
für die Aktiengeschäfte der Kleinanleger.

Insbesondere in den achtziger Jahren waren viele der Kleinaktionäre, die ihre Aktien
mit Hilfe von Zeitungscoupons erworben hatten, kaum über die Kauf- und Verkaufs-
möglichkeiten sowie über die Gelegenheiten, Beratung für ihre Investitionsstrategie zu
erhalten, unterrichtet (*Saunders* und *Harris* 1994, S. 156). Auch waren sie sich häufig
nicht über die Risiken einer Aktieninvestition im klaren. Aus diesen Gründen wurde
zum einen versucht, die Verbindung zwischen Aktionären und Aktienmaklern zu vertie-
fen. Zum anderen wurde verfügt, daß die Werbung für Aktienemissionen einen Hinweis
darauf enthalten muß, daß sich Aktienkurse sowohl nach oben als auch nach unten entwickeln können (*Saunders* und *Harris* 1994, S. 154).

Mit der Zeit wuchs nicht nur das Verständnis vieler Kleinanleger für die Möglichkeiten und Bedingungen der Investition in Aktien. Im gleichen Maße lernten Aktiengesellschaften und die Börse, die privaten Kleinanleger als Investoren zu schätzen. Lediglich bei Hauptversammlungen wird die Beteiligung von Kleinaktionären teilweise immer noch ungern gesehen, da ihnen betriebswirtschaftliches Fachwissen abgesprochen
wird und manche Direktoren davon ausgehen, daß sie ihren Einfluß überschätzen
(*Brailes* 1991, S. 3). Da andererseits die Hauptversammlungen durch die Abwesenheit
der institutionellen Investoren, die diskretere Wege der Kommunikation mit der Unternehmensleitung bevorzugen, gekennzeichnet sind, bleiben häufig lediglich die Kleinanleger, die im Rahmen der gesetzlich vorgesehenen internen Kontrolle in der Hauptversammlung die Geschäftsführung kritisch beurteilen. Obgleich die überwiegende
Mehrheit der privaten Kleinanleger den Hauptversammlungen meist[37] eher gleichgültig
gegenüber steht, finden sich immer wieder einzelne Aktionäre, die ihr Rederecht auf der
Hauptversammlung nutzen, um die Geschäftsführung in der Öffentlichkeit kritisch zu
analysieren. Auch wenn diese Aktionäre nicht in der Lage sind, Anträge gegen das Direktorium durchzusetzen, werden durch die Presse solche Informationen auch an
nichtanwesende Eigentümer und die übrigen Akteure am Aktienmarkt weitergeleitet.
Gehen die Investoren davon aus, daß die Kritik berechtigt ist, schlägt sich dies auf die
Kursentwicklung auf dem Aktienmarkt nieder.

6.4. Eckpunkte der britischen Wettbewerbspolitik nach 1979

Mit dem Beginn der Regierung *Thatcher* im Jahre 1979 wurde ein breit angelegtes
Programm der Deregulierung und Reregulierung in allen Bereichen der Wirtschaftspolitik eingeleitet. Der diskretionäre Einfluß des Staates auf die Entscheidungen der Wirtschaftssubjekte sollte vermindert werden, um so die Chancengleichheit der Marktakteu-

---

[37] Eine wichtige Ausnahme stellen außerordentliche Hauptversammlungen dar, die z.B. im
Zusammenhang mit dem Versuch einer Unternehmensübernahme einberufen werden.

re zu verbessern und die Wettbewerbsintensität zu erhöhen. Dadurch sollte die Innovations- und Anpassungsfähigkeit der britischen Volkswirtschaft gesteigert werden.

Die wichtigsten Elemente des Deregulierungsprogramms der Regierung *Thatcher* seien kurz genannt: Mit dem Regierungswechsel wurden noch 1979 die Lohn-, Preis- und Devisenkontrollen abgeschafft. 1980 folgte die Aufhebung der Kreditbeschränkungen. Zwischen 1981 und 1984 wurde der Telekommunikationsmarkt liberalisiert, umstrukturiert und neureguliert, zwischen 1982 und 1986 geschah das Gleiche im Bereich der Gasversorgung. 1986 wurden die Finanzdienstleistungen liberalisiert und das Regelwerk der Börse im Rahmen des sogenannten *Big Bang* (27. Oktober 1986) weitgehend umgestaltet. Dabei spielte die Abschaffung von Kapitalmarktbeschränkungen wie etwa der Mindestgebühren sowie der Unterscheidung zwischen Börsenmaklern (*broker*) und Wertpapierhändlern (*jobber*), aber auch die Einführung eines elektronischen Informations- und Handelssystems eine wesentliche Rolle (*Fröhlich* und *Schnabel* 1990, S. 141).

6.4.1. Die Entwicklung des Wettbewerbs- und Kartellrechts seit 1979

Das britische Wettbewerbsrecht besteht heute im wesentlichen aus dem *Fair Trading Act* von *1973*, dem *Restrictive Trade Practices Act* von *1976* sowie dem *Competition Act* von *1980*. Wie schon in der Zeit vor 1979 sind die Überwachung und Sanktionierung von Monopolen und Unternehmenszusammenschlüssen in Großbritannien im Vergleich zur Behandlung wettbewerbsbehindernder Vereinbarungen heute als nur schwach entwickelt (*Gower* 1992, S. 75).

Der *Competition Act* von *1980* ergänzte den *Fair Trading Act* von *1973* und den *Restrictive Trade Practices Act* von *1976* dahingehend, daß erstmals auch staatliche Unternehmen in den Kompetenzbereich der Monopol- und Kartellbehörden fielen. Durch den *Competition Act* erhielt der jeweils zuständige Minister das Recht, Staatsunternehmen an die *Monopolies and Mergers Commission* zu verweisen, damit diese ein *efficiency audit* durchführte. Die Überprüfung der Kosten und Preise sowie der Qualität der Leistungen der staatlichen Unternehmen sollte die Situation der Konsumenten verbessern. Parallel hierzu wurden durch den *National Audit Act* von *1983* im öffentlichen Sektor *VFM (value-for-money)* Revisionen eingeführt, deren Ziel ebenfalls die Untersuchung der Effizienz bei der öffentlichen Leistungserstellung war (*Scott* 1993, S. 241). Allerdings blieben die Sanktionsmöglichkeiten, wird von dem Druck durch die Veröffentlichung der Berichte abgesehen, gering. Durch den *Competition Act* von *1980* wurde jedoch auch die Fähigkeit der Regulierungsbehörden der öffentlichen wie der privaten Versorgungsunternehmen verbessert, Informationen zu sammeln und Mindestleistungsniveaus zu setzen (*Scott* 1993, S. 242).

Insgesamt zeigte sich in der Wettbewerbspolitik, daß die Einstellung der Regierungen nach 1979 zum Aufbau von Marktmacht und zur Einführung wettbewerbsbeschränkender Maßnahmen weitaus weniger streng war, als angesichts der starken Betonung der Vorteile wettbewerblicher Märkte in den Parteiprogrammen und Regierungserklärungen zu erwarten war. Möglicherweise wurde davon ausgegangen, daß offene Grenzen für den Import sowie die Niederlassung multinationaler Unternehmen im Inland die Wirkungen lokaler Monopole abmildern würden (*Pollard* 1992, S. 407).

Nach der ersten Legislaturperiode der Regierung *Thatcher* trat das Ziel der Errichtung einer Wettbewerbsordnung mit möglichst wenig diskretionären staatlichen Interventionen und privaten Wettbewerbsbeschränkungen zunehmend zu Gunsten anderer politischer Ziele in den Hintergrund. So wurde die Fusionskontrolle durch verschiedene Maßnahmen gelockert. 1996 wurde das Volumen, ab dem das *Merger Panel* des *Office of Fair Trading* einen Unternehmenszusammenschluß auf seine Wettbewerbswirkungen hin untersuchen kann, von 30 Millionen auf 70 Millionen Pfund erhöht. Gleichzeitig wurden die Kriterien, nach denen die *Monopolies and Mergers Commission* den Einfluß von Unternehmenszusammenschlüssen auf das öffentliche Interesse bewertete, verändert. Mit Zustimmung von Regierung und Opposition wurden der Erhaltung und Schaffung von Arbeitsplätzen und der Verteidigung nationaler Interessen überragende Bedeutung beigemessen, wenn ausländische Investoren versuchten, in einer feindlichen Übernahmeaktion regional wichtige Unternehmen aufzukaufen.[38] Im Hinblick auf das Kriterium der Auswirkungen von Unternehmenszusammenschlüssen auf die Wettbewerbssituation sollten einerseits der Einfluß des Wettbewerbs ausländischer Angebote im Binnenmarkt und andererseits die internationale Wettbewerbsfähigkeit britischer Unternehmen im Ausland stärker beachtet werden (*Sawyer* 1996a, S. 248). Diese Neuorientierung der Fusionspolitik wurde offiziell durch den Erlaß der sogenannten *Tebbit Guidelines* bestätigt. Die Folge war, daß Unternehmenszusammenschlüsse ohne horizontale Ausrichtung kaum mehr an die Monopolkommission verwiesen wurden (*Freyer* 1992, S. 313 f.).

Dieser Politikwechsel löste 1985 einen Boom an Unternehmenszusammenschlüssen aus. Während zwei oder drei Jahre früher die Zusammenschlußvorhaben noch an die Kommission verwiesen und detailliert untersucht worden wären, wurden jetzt selbst bitter umkämpfte Übernahmen von Großunternehmen kaum noch genauer begutachtet. So stiegen die Unternehmenszusammenschlüsse dem Gesamtwert nach in den achtziger Jahren stark an. Während von 1975 bis 1979 im industriellem Sektor durchschnittlich 339 Unternehmenszusammenschlüsse im Gesamtwert von 665 Millionen Pfund pro Jahr registriert wurden, waren es von 1980 bis 1985 durchschnittlich 338 im Gesamtwert von 2.639 Millionen Pfund pro Jahr. Die wirklich spektakulären Zusammenschlüsse ereigneten sich jedoch im Bereich der Finanzinstitutionen. Schon zwischen 1973 und 1983 betrug der Wert der Unternehmenszusammenschlüsse im Finanzsektor pro Jahr durchschnittlich knapp zwei Milliarden Pfund. 1984 stieg dieser Wert auf 5,9 Milliarden, 1985 auf 7,2 Milliarden und 1986 und 1987 auf ca. 15 Milliarden Pfund[39] (*Pollard* 1992, S. 406).

1990 kündigte der damalige Wirtschaftsminister *Peter Lilley* an, daß das Ausmaß der staatlichen Kontrolle der übernehmenden Unternehmen ein wichtiges Indiz für die wett-

---

[38] So wurden im Rahmen einer *stay British*-Politik Unternehmensübernahmen so lange behindert, bis ein freundlicher britischer *White Knight* gefunden war, der den Aufkauf durch ausländische Unternehmen verhinderte (*Freyer* 1992, S. 312).

[39] Alle Werte in Preisen von 1986.

bewerbspolitische Bedenklichkeit eines Unternehmenszusammenschlusses sei. Damit sollte eine *Hintertürverstaatlichung* verhindert werden. Die Sorge war, daß Staatsunternehmen die Empfänger versteckter Subventionen sein könnten und dadurch einen unfairen Wettbewerbsvorsprung gegenüber ihren privaten Mitbewerbern hätten. In der Folgezeit wurden verschiedene Unternehmenszusammenschlüsse, an denen staatlich kontrollierte Unternehmen beteiligt waren, an die *Monopolies and Mergers Commission* verwiesen. Diese ging jedoch davon aus, daß der Wettbewerb in den meisten Fällen nicht signifikant vermindert wurde, und beschied den Großteil von ihnen positiv. Die Kommission folgte also nicht der Argumentation des Wirtschaftsministeriums und der Industrie, daß die staatliche Beteiligung an sich schon Anlaß zur Annahme gäbe, ein Unternehmenszusammenschluß verstieße gegen das öffentliche Interesse (*Paul* und *Friend* 1991, S. 125 f.).

Dennoch führte diese sogenannte *Lilley Doctrine* zu Beschwerden der EU-Kommission, da auch ausländische Unternehmen von dieser Regel betroffen waren. Die Beteiligung von staatlich kontrollierten Unternehmen an Unternehmenszusammenschlüssen durfte nicht automatisch zu einer Verweisung an die *Monopolies and Mergers Commission* führen, solange keine anderen Gründe, z.B. die nationale Sicherheit oder die Aufrechterhaltung des Wettbewerbs, dafür sprachen. Die Zusammenschlußpolitik durfte nicht als Mittel zur Kontrolle ungesetzlicher staatlicher Subventionen verwendet werden, da die Kompetenz hierzu ausschließlich bei der Europäischen Kommission liegt[40] (*Paul* und *Friend* 1991, S. 126).

Auf der Ebene der Europäischen Union wurde in den achtziger und neunziger Jahren die Kartell- und Monopolkontrolle zwar verschärft, doch fielen selbst große Unternehmenszusammenschlüsse nicht unter die Jurisdiktion der EU, solange die Unternehmen zwei Drittel ihrer Geschäftstätigkeit nur in einem einzigen Mitgliedsland abwickelten. Außerdem konnte bei Vorliegen nationaler Interessen eine von der EU genehmigte Übernahme verhindert werden (*Freyer* 1992, S. 315). Unter der gegenwärtigen Wettbewerbsordnung mußten Fälle von Preiskartellen oder der mißbräuchlichen Ausnutzung von Marktmacht häufig vor dem Europäischen Gerichtshof in Brüssel verhandelt werden (*OECD* 1998, S. 58).

Das Wettbewerbs- und Kartellrecht Großbritanniens wird von verschiedenen Seiten als zu lax kritisiert. Zu den Auswirkungen werden insbesondere die im Vergleich zu anderen EU-Staaten und den USA höheren Preise für Konsum- und Gebrauchsgüter, aber auch für viele Finanzdienstleistungen gerechnet,[41] die sich weder durch Transportkosten, indirekte Steuern noch sonstige landesspezifische Anforderungen (wie z.B. den Linksverkehr) erklären lassen. Das Wirtschaftsministerium plant deshalb, gegen eine Reihe von Branchen Untersuchungen wegen Preisabsprachen bei der *Monopolies and*

---

40   Artikel 92 bis 94 des EWGV begrenzen das Recht der Nationalstaaten, inländischen Unternehmen durch direkte oder indirekte Subventionen Wettbewerbsvorteile zu sichern (*Sawyer* 1996a, S. 251)

41   Während bei Finanzdienstleistungen für Unternehmen und Großkunden die Preise seit Anfang der neunziger Jahre deutlich zurückgegangen sind, sind die Kosten der Finanzdienstleistungen für private Kleinanleger, z.B. für die Verwaltung von Investmentfonds, in Großbritannien deutlich höher als in den USA (*Winnett* 1999).

Mergers Commission einzuleiten und Unternehmen, die vermeintlich überhöhte Preise verlangen, öffentlich anzuprangern (*Smith* und *Bevan* 1999; *Webster* 1999). Um das Wettbewerbsrecht insgesamt wettbewerbsfreundlicher zu gestalten, ist geplant, im März 2000 einen neuen *Competition Act* zu erlassen. Das neue Gesetz soll den *Restrictive Trade Practices Act* von *1976*, den *Resale Prices Act* von *1976* sowie einige Regelungen aus dem *Competition Act* von *1980* ersetzen. Es soll dazu dienen, Vorschriften der EU zu wettbewerbsbeschränkenden Praktiken und dem Mißbrauch wirtschaftlicher Macht in nationales Recht zu überführen. Außerdem soll die Effizienz der Wettbewerbskontrolle dadurch gesteigert werden, daß ihre Organisation vereinheitlicht wird und die Kontrollorgane mehr Kompetenzen erhalten. Beabsichtigt ist, das neue Kartellrechts am Wettbewerbsrecht der USA zu orientieren und erheblich über die von der Europäischen Union vorgeschriebenen Mindeststandards hinauszugehen. Hierfür sollen dem *Office of Fair Trading* weitreichende polizeiliche Rechte zugestanden werden. Außerdem ist die Verhängung empfindlicher Strafen bei Verstößen gegen das Kartellrecht geplant (*OECD* 1998, S. 58, 150; *Buckley* 1999b; *Gribben* 1999).

6.4.2. Die wettbewerbspolitischen Implikationen des Privatisierungsprogramms

Das Privatisierungsprogramm der achtziger und neunziger Jahre umfaßte den Verkauf von Anteilen an Staatsunternehmen und von Staatsanteilen an privaten Unternehmen, die Veräußerung von über 750.000 kommunalen Häusern und Wohnungen sowie die Privatisierung staatlicher Leistungserstellung (*contracting out*) sowohl auf zentralstaatlicher als auch auf kommunaler Ebene (*Wiltshire* 1987, S. 112). Ein wesentliches Ziel dieser Bemühungen lag darin, die Wettbewerbsintensität auf den nationalen Märkten und die internationale Wettbewerbsfähigkeit britischer Unternehmen zu erhöhen.

6.4.2.1. Die wettbewerbspolitischen Wirkungen der Überführung des Staatseigentums in Privateigentum

Die Privatisierung von Unternehmen erfolgte auf vielfältige Weise. Zwischen 1979 und 1994 wurden 48 Unternehmen im Wert von insgesamt 44,2 Milliarden Pfund über die Börse privatisiert. 158 Firmen[42] wechselten im Zuge eines Management- oder Arbeitnehmer-Buy Outs vom staatlichen in den privaten Sektor und mehr als 100 Verkäufe wurden direkt an Dritte getätigt (*Wright* und *Thompson* 1994, S. 35).

Die Privatisierung durch den Verkauf von Aktien an der Börse führt zu einer Verringerung der Agency-Kosten der Unternehmenskontrolle. Bei staatlichen Unternehmen erhalten die professionellen Geschäftsführer in der Regel dauerhafte Beschäftigungsverträge. Einkommenszuwächse hängen dann üblicherweise von der Beförderung in-

---

[42]   Allerdings war das *National Freight Consortium* (NFC) das einzige Staatsunternehmen, welches als Ganzes von der Belegschaft übernommen wurde. Bei den übrigen Unternehmen handelte es sich um den Verkauf einzelner Teilbetriebe von Staatsunternehmen. Insgesamt wurden nur fünf Unternehmen von der ganzen Belegschaft übernommen. Bei vielen der Management-Buy Outs wurde allerdings eine Beteiligung der Mitarbeiter im Rahmen von ESOPs (*Employee Share Ownership Plans*) und anderen Mitarbeiterbeteiligungsplänen ermöglicht (*Wright* und *Thompson* 1994, S. 42 f., 52 f.)

nerhalb des Unternehmens ab. Die Abwesenheit externer Eigenkapitalmärkte führt dazu, daß einerseits die Überwachung durch Marktanalytiker fehlt, andererseits auch keine Sanktion durch eine Unternehmensübernahme möglich ist. Zwar können auch staatliche Unternehmen am privaten Kapitalmarkt Kredite aufnehmen, doch verringert die praktische Unmöglichkeit eines Konkurses die Notwendigkeit für die Manager, ihren Schuldendienst durch Unternehmensleistungen aufzubringen. Die Pluralität der verschiedenen staatlichen Zielvorgaben gibt den Managern in der Regel viel Spielraum, um unter dem Deckmantel der Berücksichtigung einzelner Sonderinteressen aus sozialen Gründen ihre eigenen Interessen zu verfolgen, so daß die Überwachung durch die Politik nur äußerst schwach ist. Darüber hinaus mag die politische Kontrolle hilfreich sein, grobes Fehlverhalten aufzudecken, eine effektive laufende Kontrolle der Geschäftspolitik scheint weniger im Rahmen ihrer Möglichkeiten zu liegen. Gerade in Monopolmärkten wird dieses Problem durch den Mangel an Wettbewerb auf den Gütermärkten noch verstärkt (*Wright* und *Thompson* 1994, S. 36 f.).

Durch die klare Spezifikation von Gewinnzielen, die Möglichkeit des drohenden Konkurses, die Übertragung der Überwachungsfunktion vom politischen Prozeß auf den Aktienmarkt, die Verbesserung der Anreize für das Management und die Drohung und faktische Möglichkeit einer feindlichen Übernahme können die Agency-Kosten bei der Privatisierung durch einen Börsengang vermindert werden. Diese Veränderungen sind jedoch nicht zwangsläufig: besonders bei sehr großen Unternehmen und bei Existenz von *golden share*-Regelungen sinkt die Gefahr einer Unternehmensübernahme deutlich; verfügen die Unternehmen über eine starke Marktmacht auf den Produktmärkten (eventuell sogar über eine Monopolstellung) und ist das gegebenenfalls existierende Preisregulierungsregime sehr schwach, so ist auch die disziplinierende Wirkung durch den Wettbewerbsdruck auf den Produktmärkten eher gering (*Barnes*, *Davidson* und *Wright* 1996, S. 664; *Wright* und *Thompson* 1994, S. 42).

Die in der ersten Phase des Privatisierungsprogramms durchgeführten Unternehmensverkäufe wurden aus wettbewerbspolitischer Sicht meist positiv bewertet, da sie häufig besonders geeignet erschienen, den Wettbewerb auf den Gütermärkten zu intensivieren. Bei späteren Privatisierungen, insbesondere denen der Versorgungsunternehmen, hingegen wurde gerügt, daß zwar der diskretionäre staatliche Einfluß auf die Unternehmen abnahm, die Unternehmenskontrolle durch den Wettbewerb auf den Güter- und Faktormärkten aber nicht in gleichem Maße zunahm.

So gingen mehrere Monopole wie z.B. die *British Telecom*, *British Gas* und die Flughafenbetriebsgesellschaft BAA fast unangetastet in private Hände über. Auf Grund ihrer überragenden Marktmacht galt es nicht als ausreichend, daß lediglich die staatlichen Marktzutrittsschranken gelockert wurden. Viele Kritiker argumentierten, daß eine Zerschlagung der Monopole vor der Privatisierung der Schaffung wettbewerblicher Bedingungen weitaus dienlicher gewesen wäre als die Einrichtung von Regulierungsbehörden (*Feldmeier* 1993, S. 135; *Fröhlich* und *Schnabel* 1990, S. 155). Erst bei der Privatisierung der Wasser- und der Elektrizitätswirtschaft sowie der staatlichen Eisenbahngesellschaft wurde dazu übergegangen, die Unternehmen vor der Privatisierung horizontal wie vertikal in kleinere Unternehmen aufzuspalten, so daß nicht länger vor allem auf die kontrollierende Wirkung des Wettbewerbs durch Importprodukte oder die nur allmählich zunehmende Konkurrenzfähigkeit neu in den Markt eintretender einheimischer Wettbewerber vertraut werden mußte.[43]

Durch die Privatisierung wurde jedoch nicht nur der Wettbewerb der Unternehmen auf den Produktmärkten, sondern auch auf den Kapitalmärkten beeinflußt. Die Regierung ging davon aus, daß - auch wenn der Wettbewerb auf den Gütermärkten auf Grund der Marktmachtverhältnisse nur bedingt wirksam werden konnte - durch die eindeutige Ausrichtung des Unternehmensziels auf den Gewinnaspekt im Zuge des Übergangs zum Privateigentum die Effektivität der Ressourcenallokation und die Produktivität der Ressourcennutzung steigen würden. In diesem Zusammenhang wurde insbesondere auf die Funktionsfähigkeit des Wettbewerbs auf den Kapitalmärkten vertraut (siehe Kapitel 6.4.3.). Dabei wurde übersehen, daß dort, wo der Staat noch einen wesentlichen Anteil der Aktien hält, oder aufgrund der Größe des Unternehmens eine Übernahme einen sehr hohen Kapitaleinsatz verlangen würde,[44] der Kontrolleinfluß des Kapitalmarktes weniger stark ausgeprägt ist (*Domberger* und *Piggot* 1994, S. 50). Dies gilt auch dann, wenn der Staat durch sogenannte *golden share*-Regelungen das Recht besitzt, ein Veto gegen eine Unternehmensübernahme einzulegen oder den Aktienanteil zu begrenzen, den ein einzelner Aktionär oder eine Gruppe gemeinsam agierender Aktionäre an einem Unternehmen halten darf (*Jenkinson* 1998, S. 110).

Als *Golden Shares* oder *Special Rights Shares* werden Vorkehrungen in den Unternehmensverfassungen der privatisierten ehemaligen Staatsunternehmen bezeichnet, die den Staat für einen gewissen Zeitraum in die Lage versetzen, die interne wie die externe Unternehmenskontrolle diskretionär zu beeinflussen, ohne über nennenswerte Kapitalbeteiligungen an dem Unternehmen zu verfügen. Neben den oben bereits angesprochenen Regelungen sicherte sich der Staat zum Teil auch das Recht, ein oder zwei Plätze im Direktorium des Unternehmens mit Kandidaten seiner Wahl zu besetzen. Die Gründe, welche die Regierungen für die Einführung dieser Regeln angaben, waren häufig wenig stichhaltig. Der wettbewerbsgefährdende Erwerb von Marktmacht im Zuge von Unternehmensübernahmen hätte sich durch das Wettbewerbsrecht verhindern lassen; außerdem hätte die Informationslage der Regulierungsbehörden von Versorgungsunternehmen durch schärfere Buchführungsregeln und Publizitätsvorschriften verbessert werden können. Es scheint wahrscheinlicher, daß die Hauptziele der Einführung von *golden shares* waren, Übernahmen prestigeträchtiger Unternehmen durch ausländische

---

[43]   So wurde die Wasserwirtschaft horizontal aufgeteilt. Die Elektrizitätsindustrie wurde vertikal in Elektrizitätsgewinnung, -übertragung, -verteilung und -versorgung getrennt, wobei die Bereiche der Produktion, Verteilung und Versorgung nochmals horizontal aufgespalten wurden. Auch bei der Eisenbahn wurden Unternehmen zur Bereitstellung und Wartung der Infrastruktur (*RailTrack*), Eisenbahnbetriebsunternehmen und Eisenbahnleasingunternehmen geschaffen, wobei auf den beiden letztgenannten Ebenen ebenfalls eine horizontale Aufteilung vorgenommen wurde (*Jenkinson* 1998, S. 111). Dadurch wurde nicht nur überhaupt Wettbewerb geschaffen, auch der Marktzutritt für Neuanbieter wurde leichter.

[44]   Zu diesem Punkt ist auf die Verpflichtung von Mehrheitsaktionären hinzuweisen, den Minderheitsaktionären im Zuge von Unternehmensübernahmen oder der Erhöhung des Aktienanteils an einem Unternehmen ein Kaufangebot für ihre Anteile zu unterbreiten.

Investoren zu verhindern und privatisierte Unternehmen vor der Kontrolle durch den Kapitalmarkt zu schützen.

Die Regierung war jedoch keineswegs verpflichtet, die Rechte, die ihr aus den *golden share*-Regelungen zustanden, auch auszunutzen. So fällt es nicht nur schwer zu erkennen, warum in den Unternehmensverfassungen einiger privatisierter Unternehmen *golden share*-Regelungen eingefügt wurden und in anderen nicht,[45] es läßt sich auch kaum eine Systematik entdecken, die Auskunft darüber gibt, warum die Regierung in einigen Fällen ihre Vetorechte bei Unternehmensübernahmen angewandt hat und bei anderen nicht. Darüber hinaus bestanden bei *golden share*-Regelungen von Unternehmen zu Unternehmen unterschiedliche Fristen.

Im Hinblick auf die Intensität der Unternehmenskontrolle profitierte das britische Privatisierungsprogramm davon, daß Großbritannien einen funktionsfähigen Markt für Unternehmenskontrolle besitzt, auf dem auch Angebote für feindliche Unternehmensübernahmen eine Chance auf Realisierung haben. Privatisierte Unternehmen haben sowohl als Initiatoren als auch als Ziele von Übernahmeangeboten in den achtziger und neunziger Jahren eine wichtige Rolle gespielt. Dabei kamen die meisten Übernahmeangebote nach der vollständigen Privatisierung und dem Ablauf der *golden share*-Regelungen zustande. So wurden von den 12 regionalen Elektriziätsunternehmen, die 1990 privatisiert wurden, bis 1997 10 von anderen Unternehmen aufgekauft (*Fröhlich* und *Schnabel* 1990, S. 144 f.; *Jenkinson* 1998, S. 88, 111 f.).

Die Gewinnorientierung der privatisierten Unternehmen führte dazu, daß zunehmend leistungsorientierte Lohn- und Gehaltssysteme eingeführt wurden.[46] Vor allem im Bereich der Geschäftsführer wurde dies erst dadurch ermöglicht, daß dem Unternehmensgewinn als Maßstab für den Unternehmenserfolg Priorität eingeräumt wurde.

Das Einkommensniveau der Geschäftsführer von privatisierten Unternehmen ist in der Zeit nach der Privatisierung stark gestiegen. Obgleich vielfach versucht wurde, im Zuge der Privatisierung leistungsorientierte Einkommenspläne für die Geschäftsführer einzurichten, weisen diese noch große Schwächen auf. So orientieren sich die meisten Einkommenszuschläge weniger am Unternehmensgewinn als am Umsatzwachstum (*Barnes, Davidson* und *Wright* 1996, S. 664). Dadurch werden die Manager dazu motiviert, das interne und externe Unternehmenswachstum voranzutreiben, auch wenn dies teilweise zu Lasten der Gewinninteressen der Aktionäre geht. Die Kapitalmarktkontrolle der Unternehmen sorgt jedoch dafür, daß es sich die Geschäftsführer nicht leisten können, die Interessen der Eigentümer grob zu vernachlässigen.

6.4.2.2. Die Regulierung der Versorgungsunternehmen

Die Privatisierung von Staatsunternehmen impliziert nicht den vollen Übergang der Überwachungs- und Sanktionsmechanismen vom staatlichen zum privaten Sektor. Alle

---

[45]   Eine Übersicht über die Existenz von golden share-Regelungen in privatisierten Unternehmen gibt Tabelle 6.9 im Anhang.

[46]   Eine gute Übersicht über die Einführung von leistungsabhängigen Einkommensanreizen in Staatsunternehmen bietet *Wright, Thompson* und *Robbie* 1994, S. 359.

privaten Unternehmen unterliegen verschiedenen Formen staatlicher Kontrolle, sei es in Form des Wettbewerbsrechts, des Unternehmensrechts, der Gesetze zum Konsumentenschutz oder des Vertrags- und Eigentumsrechts. Für die ehemaligen öffentlichen Versorgungsbetriebe wurden zusätzliche Regulierungsbehörden geschaffen, um eine monopolistische Preisgestaltung der Unternehmen zu unterbinden, die Einhaltung bestimmter Mindeststandards der Versorgung zu sichern wie auch wettbewerbliche Bedingungen auf den Märkten zu simulieren, um so die Unternehmen zu Produktivitätsfortschritten zu veranlassen (*Scott* 1993, S. 231).

Die Privatisierung der Versorgungsunternehmen verlief in zwei Stufen: In der ersten Stufe wurden die Monopolrechte der Unternehmen aufgehoben. Der Marktzutritt wurde von einer Lizenzvergabe der Regulierungsbehörde abhängig gemacht. Die Lizenzen spezifizierten einerseits die Rechte der Unternehmen, in einzelnen Marktsegmenten aktiv zu werden, andererseits legten sie auch fest, daß die Regulierungsbehörden hinsichtlich der Preisgestaltung und der Qualität der Leistungserstellung Vorgaben machen konnten. In der zweiten Stufe wurden die Unternehmen durch Verkauf in privates Eigentum überführt.

Ein klassisches Beispiel für eine sektorbezogene Regulierungsbehörde ist das *Office for Telecommunications* (OFTEL), das errichtet wurde, um den britischen Telekommunikationsmarkt zu kontrollieren. Dabei ging es zum einen um die Förderung des Wettbewerbs in einzelnen Marktsegmenten, zum anderen um die Überwachung des Verhaltens der auf dem Markt konkurrierenden Anbieter, in den achtziger Jahren die *British Telecom* (BT) und ihr kleinerer Rivale *Mercury*. Da die BT auf Grund ihrer Marktmacht den Telekommunikationsmarkt dominierte, richtete sich der Schwerpunkt der Regulierungsbemühungen darauf zu verhindern, daß das Unternehmen eine monopolistische Preispolitik betrieb. Im Gegensatz zu den USA, wo die Regulierung zu diesem Zweck in der Regel eine Begrenzung der gestatteten Unternehmensgewinne vorsieht, setzte das OFTEL direkt an der Preisgestaltung an. Das Unternehmen durfte seine Gebühren lediglich im Einklang mit der RPI-X-Formel, nach ihrem Erfinder *Stephen Littlechild* auch *Littlechild*-Formel genannt, erhöhen. Diese besagt, daß der Preis des Warenkorbes der Leistungen von BT jedes Jahr maximal um die Inflationsrate (gemessen am *Retail Price* Index) minus X steigen darf (*Wiltshire* 1987, S. 40 f.). Auf diese Weise sollte das Unternehmen gezwungen werden, kontinuierlich seine Produktivität zu verbessern. Die Vorgaben der Regulierungsbehörde zur Preispolitik sollten den Wettbewerbsdruck simulieren, den weder die kleinen inländischen noch die ausländischen Konkurrenten ausüben konnten. Die RPI-X-Formel wird wie die übrigen Lizenzbedingungen alle fünf Jahre neu verhandelt. Während die RPI-X-Formel für BT anfangs auf RPI-3 festgelegt wurde, erfolgte bereits 1988 eine Verringerung auf RPI-4,5 (*Fröhlich* und *Schnabel* 1990, S. 151).

Zu den übrigen Lizenzbedingungen gehören z.B. die Einhaltung bestimmter Leistungsniveaus in bezug auf die Qualität, Verfügbarkeit und Verläßlichkeit, aber auch soziale Verpflichtungen wie z.B. die Aufrechterhaltung der 999 Notrufdienste, der Dienste für Behinderte und die ländliche Bevölkerung, die in der Regel zu Verlusten führen und für die eine Quersubventionierung notwendig und zulässig ist (*Wiltshire* 1987, S. 41).

Die RPI-X-Methode der Preiskontrolle in Großbritannien[47] weist im Vergleich zur Gewinnkontrolle in den USA verschiedene Vorteile auf: Zum einen ist die Einhaltung der Regel einfacher festzustellen, da nur überwacht werden muß, ob die Preise der Formel entsprechend gestaltet werden. Da sich die Regulierungsbehörde weniger für die sonstige Geschäftspolitik des Unternehmens interessieren muß (beispielsweise, ob Gewinne verschleiert werden), ist auch die Gefahr des *capture* (der Identifikation mit dem Unternehmen) geringer, die dazu führt, daß sich die Regulierungsbeamten von Kontrolleuren zu Lobbyisten des Unternehmens wandeln. Außerdem besteht ein größerer Anreiz zur Verbesserung der Produktivität und Profitabilität, da Gewinne aus Innovationen und Kostensenkungen vom Unternehmen behalten (oder ausgeschüttet) werden dürfen (*Vickers* und *Yarrow* 1990, S. 222).

Obgleich die Regulierungsbehörde offiziell den Unternehmenswettbewerb im Telekommunikationsbereich fördern sollte, wurde effektiv der Marktzutritt in vielen Fällen behindert. Als sich jedoch 1987 die Klagen über die mangelhafte Qualität einiger BT-Leistungen häuften, zeigte sich, daß das OFTEL sowohl willens als auch in der Lage war, die Verstöße der BT gegen die Lizenzbedingungen zu sanktionieren. Zwar wurde der BT nicht die Lizenz entzogen, dafür lockerte aber das OFTEL teilweise die Monopolprivilegien. So hob es 1988 das Monopol von BT für das Betreiben von Münzfernsprechern auf und ließ den Rivalen *Mercury* in diesem Bereich zu. Außerdem wurde festgelegt, daß BT ihren Kunden fünf Pfund pro Tag Entschädigung zahlen mußte, sollte sie mit ihren Dienstleistungen mehr als zwei Tage in Verzug sein (*Fröhlich* und *Schnabel* 1990, S. 149). Ab 1991 führten die stärkere Öffnung des Telekommunikationsmarktes durch das OFTEL sowie eine Reihe technischer Innovationen zu einer deutlichen Zunahme des Wettbewerbs bei Inlandsdienstleistungen. Seit der Einführung eines wettbewerblichen Telephonmarktes in Großbritannien sind die Telephonkosten stark gefallen.

Unter dem *Citizen's Charter Programme* wurden die Versorgungsunternehmen für Wasser, Elektrizität, Gas und Telekommunikation sowie die Eisenbahnen verpflichtet offenzulegen, inwieweit das Niveau ihrer Leistungen mit den von den Regulierungsbehörden festgelegten Mindestvorschriften oder ihren eigenen Ankündigungen übereinstimmt. Der Erfüllungsgrad der von den Regulierungsbehörden vorgegebenen Standards ist teilweise auch ausschlaggebend für das Recht der Unternehmen, ihre Preise zu erhöhen. Gleichzeitig wurden Immunitätsregelungen für diese Unternehmen aufgehoben, so daß die Kunden bei mangelhafter Leistung ein Anrecht auf Entschädigung erhalten (*Scott* 1993, S. 238).

Stephen Littlechild, der die zwei einflußreichsten Sachverständigengutachten über die Regulierung privatisierter Industrien wesentlich prägte und Generaldirektor der

---

[47] Lediglich im Bereich der Wasserwirtschaft wird die RPI-X-Formel nicht angewendet. Da in diesem Bereich hohe Infrastrukturinvestitionen notwendig sind, hat sich die zuständige Regulierungsbehörde, das OFWAT, dazu entschlossen, ihre Regulierungen an den Gewinnen festzumachen. Durch die Entstehung konglomerater Versorgungsunternehmen im Zuge von Unternehmensübernahmen haben sich jedoch bereits erhebliche Schwierigkeiten bei der Feststellung von im Bereich der Wasserwirtschaft entstehenden Gewinnen ergeben (*Jenkinson* 1998, S. 115).

Kontrollbehörde für die Elektrizitätswirtschaft OFFER wurde, ging davon aus, daß auch bei Netzwerkindustrien die Notwendigkeit der staatlichen Regulierung nur vorübergehend sei, nämlich so lange, bis der Wettbewerb voll einsetzen würde. Bis dahin dürften die Unternehmen lediglich in Fragen der Preisgestaltung und der Sicherung von Qualitätsstandards kontrolliert werden, andere Entscheidungen, z.B. hinsichtlich ihrer Personalpolitik, Werbung oder technischer Innovationen, sollten ohne staatliche Interventionen getroffen werden. Tatsächlich jedoch hat im Laufe der Zeit die Regulierungsintensität in vielen Bereichen der Versorgungswirtschaft zugenommen (*Foremann-Peck* und *Millward* 1994, S. 329). So hat beispielsweise das OFTEL hinsichtlich der Einführung eines digitalen Netzwerkes durch die *British Telecom* über die Preisverhandlungen Einfluß auf die Investitionspolitik des Unternehmens genommen. Bei der Preisfixierung von 1993 wurde das X in der Preisformel unter der Bedingung niedrig festgesetzt, daß die *British Telecom* bis Ende 1993 ihr digitales Netzwerk fertigstellt (*Scott* 1993, S. 244). Außerdem wurden im Bereich der Wasserwirtschaft *freiwillige* Preissenkungen und Höchstpreisvereinbarungen von der Regulierungsbehörde indirekt durchgesetzt, indem sie drohte, Unternehmensübernahmen ansonsten nicht zuzustimmen oder die *Monopolies and Mergers Commission* mit einer Untersuchung der Geschäftspolitik einzelner Unternehmen zu beauftragen (*Jenkinson* 1998, S. 115).

Obgleich die Lizenzbedingungen zwischen den Regulierungsbehörden und den Unternehmen ausgehandelt werden, die Regulierungsbehörde diese also nicht einseitig festsetzen kann, sind die Beziehungen zwischen den beiden Parteien häufig gespannt. Wenn ein Unternehmen nicht bereit ist, bestimmte Lizenzbedingungen anzunehmen, muß die Regulierungsbehörde diese zur Untersuchung an die *Monopolies and Mergers Commission* weiterleiten (*Scott* 1993, S. 244). Die Drohung, die Tarife eines Unternehmens der Monopolkommission vorzulegen, führt in der Regel dazu, daß sich die überwachten Unternehmen den Vorgaben der Regulierungsbehörde fügen. Dies legt den Schluß nahe, daß sich die Unternehmen darüber im klaren sind, daß sie - trotz des Drucks der Regulierungsbehörden auf die Preise - noch Monopolgewinne realisieren, die bei einer Untersuchung aufgedeckt werden könnten. Auch die Tatsache, daß bislang die durchschnittliche Gewinnrate von Investitionen in die Versorgungsunternehmen systematisch über der anderer Aktien lag, spricht dafür, daß der Faktor X in der Regel zu niedrig angesetzt wurde und die neuen Eigentümer hohe Monopolrenten aufgrund starker Effizienzzuwächse realisieren konnten (OECD 1998, S. 60).

Zu Beginn der zweiten Phase der Privatisierungen, als Monopolunternehmen ohne vorherige Aufspaltung verkauft und - obgleich kaum Wettbewerb bestand - die Voraussetzungen für eine effektive Regulierung nicht ausreichend bedacht wurden, scheinen Fragen des Wettbewerbs kaum beachtet worden zu sein. Die Regierung verwies darauf, daß schon die Privatisierung die Effizienz der Produktion positiv beeinflussen und die Anreizstruktur der Manager verändern würde, da die Bewegung der Aktienkurse eine öffentliche Anschlagtafel für die Leistungsfähigkeit und Profitabilität des Unternehmens sei. Um Kapital anzuziehen, müßten die Unternehmen mit anderen privaten Unternehmen in Wettbewerb treten (*Saunders* und *Harris* 1994, S. 21). Kritiker hingegen behaupteten, daß die Kombination von Wettbewerb auf den Produktmärkten und strengen Budgetbegrenzungen einen stärkeren Einfluß auf die Wettbewerbsfähigkeit habe als die Eigentumsform. Untersuchungen der Produktivität und Profitabilität staatlicher und privatisierter Unternehmen in Großbritannien scheinen diese Annahme zu bestätigen (*Saunders* und *Harris* 1994, S. 22; *Parker* und *Martin* 1997, S. 15 f.). So zeigt sich, daß viele staatliche Unternehmen schon geraume Zeit vor der Privatisierung rapide Fortschritte bei der Produktivität und der Profitabilität vorweisen konnten (*Pollard* 1992, S. 408).

Vieles spricht dafür, daß sich diese Ansicht nach und nach auch in der Regierung durchgesetzt hat. Bei späteren Privatisierungen wie z.B. die der Wasser- und Elektrizitätswirtschaft sowie der Eisenbahn wurde sowohl der wettbewerblichen Restrukturierung der Industrien als auch der Ausgestaltung der Regulierungssysteme mehr Aufmerksamkeit geschenkt (*Scott* 1993, S. 232, 242). 1996 wurde die 1986 privatisierte *British Gas* in ein Monopolnetzwerk und verschiedene Gasversorgungsunternehmen aufgeteilt, um auf diese Weise den Wettbewerb zu verstärken. Auch hier machte sich die Zunahme des Wettbewerbs in sinkenden Verbraucherpreisen bemerkbar (*OECD* 1998, S. 61).

6.4.3. Die Veränderung der Wettbewerbsordnung der Kapitalmärkte

In der Zeit zwischen dem Ende des Zweiten Weltkriegs und dem Ende der siebziger Jahre war das britische Finanzsystem dadurch gekennzeichnet, daß sich die verschiedenen Typen von Finanzinstitutionen stark auf unterschiedliche Marktsegmente spezialisiert hatten. So standen Banken und Bausparkassen (*Building Societies*) kaum im Wettbewerb miteinander, da Banken nicht in der Gebäudefinanzierung aktiv waren und die Bausparkassen keine Girokonten anboten. Außerdem war der britische Finanzsektor bekannt für das Vorherrschen wettbewerbsbeschränkender Maßnahmen. Sowohl im Bankensektor als auch im Bereich der Bausparkassen wurde ein Zinskartell betrieben, das den Preiswettbewerb zwischen den Unternehmen weitestgehend unterband. Auch an der Börse fand sich eine Vielzahl wettbewerbsbeschränkender Regelungen wie z.B. die Vorschriften über die Erhebung von Mindestgebühren (*Buckle* und *Thompson* 1992, S. 43).

Gegen Ende der sechziger Jahre wurden die Marktzugangsvorraussetzungen der Londoner City gelockert. Dies führte zu einem verstärkten Wettbewerb im Bereich der Banken, da ausländische Anbieter auf den Markt drängten. 1971 wurde die *Competition und Credit Control* eingeführt, deren Ziel es war, das Bankenkartell aufzuheben und mehr Wettbewerb zwischen den Banken zu erzeugen (*Buckle* und *Thompson* 1992, S. 43). Obgleich die ersten Schritte zur Reform der Wettbewerbsordnung auf den Kapitalmärkten dem Regierungswechsel von 1979 also deutlich vorausgingen, veränderten sich erst in den achtziger Jahren die Wettbewerbsbedingungen auf den Kapitalmärkten grundlegend.

6.4.3.1. Die Deregulierung des grenzüberschreitenden Kapitalverkehrs

Vor 1979 herrschte in Großbritannien Devisenbewirtschaftung. Kapitalinvestitionen im Ausland waren zwar erlaubt, doch mußte vorher eine Genehmigung der Bank of

England eingeholt werden. Außerdem mußte auf die Devisen für Auslandsinvestitionen ein Aufschlag gezahlt werden (*Cairncross* 1994, S. 238; *Pollard* 1992, S. 426).

1979 hob die Regierung *Thatcher* die Kapitalverkehrskontrollen auf. Durch die Gewährleistung der vollen Aus- und Inländerkonvertibilität kam es nicht nur zu einem verstärkten Marktzutritt ausländischer Marktteilnehmer auf den nationalen Kapitalmärkten. Einheimische Anbieter und Nachfrager von Kapital erhöhten auch ihr Engagement auf ausländischen Kapitalmärkten. Besonders die großen institutionellen Investoren nahmen die besseren Möglichkeiten wahr, ihr Vermögen im Ausland anzulegen und Geschäfte auf ausländischen Kapitalmärkten abzuwickeln. In diesem Zusammenhang mußte die Londoner Börse Geschäftseinbußen hinnehmen, da Investoren immer stärker dazu übergingen, die New Yorker Börse mit ihren geringeren Transaktionskosten zu nutzen (*Buckle* und *Thompson* 1992, S. 44). Parallel zu den Deregulierungsmaßnahmen im grenzüberschreitenden Kapitalverkehr veränderte sich das Anlageverhalten der britischen institutionellen Investoren, die dazu übergingen, einen größeren Anteil ausländischer Vermögenswerte zu halten (*Buckle* und *Thompson* 1992, S. 48).

6.4.3.2. Die Regulierung und Deregulierung im Bereich der Banken und Bausparkassen

Während die Regierung das Ziel vertrat, den internationalen Kapitalverkehr weitgehend zu deregulieren, sah die neue Wettbewerbsordnung für die nationalen Kapitalmärkte auf der einen Seite Liberalisierungsmaßnahmen vor, um die Wettbewerbsintensität auf den Märkten zu erhöhen, auf der anderen Seite wurden Regulierungen eingeführt, um den Schutz der Investoren zu verbessern. Durch den *Banking Act* von *1979* wurde ein Konzessionszwang für Banken eingeführt, und die Banken wurden zur Einrichtung eines Einlagensicherungsfonds verpflichtet. Durch diese Maßnahmen sollte die als systematisch eingeschätzte Gefahr der Ansteckung im Zuge eines Banken-Runs beim Zusammenbruch einer Bank behoben werden. Allerdings besteht die Gefahr, daß Einlageversicherungen die Geschäftsbanken dazu bewegen, riskantere Geschäfte einzugehen, so daß sich ein Problem der adversen Selektion ergibt (*Foley* 1991, S. 203). Durch den *Banking Act* von *1987* wurden die Regelungen zur Bankenaufsicht weiter verschärft (*Gossel* 1994, S. 323 f.).

Die Aufhebung der als *corset* bekannten Regulierung der Bankgeschäfte im Jahre 1981 führte nicht nur zur Abschaffung der staatlichen Vorgaben über das quantitative Wachstum der Bankdepositen, sondern erlaubte den Banken auch, auf dem Hypothekenmarkt mit den Bausparkassen in Wettbewerb zu treten. Dieser wettbewerbliche Druck führte 1983 zu dem Zusammenbruch des Zinskartells der Bausparkassen. Durch den *Building Societies Act* von *1986* wurde auch den Bausparkassen gestattet, eine größere Vielfalt an Finanzdienstleistungen anzubieten. Gleichzeitig wurden sie in die Lage versetzt, unter Zustimmung ihrer Mitglieder ihre Unternehmensform von einer Gesellschaft auf Gegenseitigkeit (*mutual society*) in eine als Bank registrierte Aktiengesellschaft umzuwandeln (*Buckle* und *Thompson* 1992, S. 44; *Harrington* 1996, S. 169). Die Deregulierung führte dazu, daß sich ein stärkerer Wettbewerb zwischen den Finanzinstitutionen entwickeln konnte. Es läßt sich zeigen, daß sich die Banken seit der Deregulierung stärker wachstumsorientiert, gewinnbewußter und innovativer verhalten. Die

Banken haben für Unternehmen *term loans* entwickelt, welche die festverzinslichen Obligationen, die Unternehmen vorher ausgaben, ersetzen. Außerdem haben sie zunehmend auch Gebühren generierende Aktivitäten übernommen wie z.B. die Beteiligung an Emissionskonsortien (*Buckle* und *Thompson* 1992, S. 48).

Die Deregulierung im britischen Finanzsektor hat dazu geführt, daß sich viele Banken und Bausparkassen zu Finanzkonglomeraten (*financial supermarkets*) entwickelt haben, die sich auch in den traditionellen Geschäften des jeweils anderen betätigen. Zusätzlich haben einige Banken Anteile an Broker-Dealer-Unternehmen, die am Aktienmarkt operieren, gekauft. Diese Entwicklung von Finanzkonglomeraten hat zu einer Intensivierung des Wettbewerbs geführt. Außerdem konnten die Transaktionskosten der Kunden bei der Suche nach Leistungen der Finanzintermediation verringert werden. Andererseits befürchteten die Regulierungsbehörden, daß diese Diversifikation zu Interessenkonflikten führen könnte. So könnten die Banken in Versuchung geraten, als Anlageberater ihre Kunden dazu zu bewegen, Aktienkäufe bei den bankeneigenen Market Maker Abteilungen zu tätigen, auch wenn diese nicht die günstigsten Konditionen bieten (*Buckle* und *Thompson* 1992, S. 49).

Durch den *Bank of England Act* von *1998* wurde die Aufgabe der Überwachung der Banken in Großbritannien von der Bank of England auf die *Financial Services Authority* (FSA) übertragen.[48] Die FSA setzt die Einhaltung der Vorschriften des *Banking Act* von *1987* durch. Dabei wird Wert auf die Feststellung gelegt, daß die Kontrollbehörde den Schutz der Investoren fördern, nicht jedoch sicherstellen soll (*FSA* 1998a). Damit soll der Gefahr begegnet werden, daß Investoren und Finanzinstitutionen leichtfertig riskante Anlagen tätigen, weil sie davon ausgehen, daß im Verlustfall der Staat einspringt und sie für ihre Verluste entschädigt.

6.4.3.3. Die Neugestaltung des Systems der Selbstregulierung im Finanzsektor

Alle britischen Märkte, nicht nur die Kapitalmärkte Londons, können auf eine lange Tradition der Selbstregulierung zurückblicken. Als Finanziers von Krone und Staat jedoch entwickelten die Finanzinstitutionen einen sehr großen politischen Einfluß, der ihre Autonomie in Fragen der Selbstkontrolle stützte. Trotz einzelner Finanzkrisen war die City über Jahrhunderte hinweg in der Lage, Rahmenbedingungen zu schaffen, die einen vergleichsweise sicheren und profitablen Handel ermöglichten. Das Regulierungssystem des Finanzsektors war dabei keineswegs statisch angelegt, sondern das dynamische Ergebnis von Kompromissen zwischen sozialen, politischen und wirtschaftlichen Kräften (*Gillian* 1997, S. 168 - 170). Dabei legten die Finanzinstitutionen traditionell großen Wert auf die Unabhängigkeit ihrer Institutionen zur Selbstregulierung gegenüber staatlichen Eingriffen.

Im Zuge der wirtschaftspolitischen Bemühungen zur Liberalisierung der Güter- und Faktormärkte wurde auch über den Bedarf an staatlicher Regulierung und Deregulierung der nationalen Kapitalmärkte diskutiert. Die Entwicklung in den achtziger Jahren wurde vor allem geprägt durch

---

[48]   Bausparkassen werden nach wie vor von der *Building Societies Commission* kontrolliert.

(1) den *Financial Services Act* von *1986* und

(2) die ebenfalls 1986 erfolgte Einführung eines neuen Verhaltenskodex (*Stock Exchange Rule Book*) an der Börse, durch das weitreichende Deregulierungen durchgesetzt wurden (Dieser Deregulierungsschub ging als *Big Bang* in die Geschichte der Londoner Börse ein).

Im folgenden werden beide Regelwerke hinsichtlich ihrer Vorgeschichte und ihrer Bedeutung für die Kapitalmärkte erörtert.

Zu (1): Der *Financial Services Act* von *1986*

Im Juli 1981 bat die Konservative Regierung unter *Margaret Thatcher* Professor *Jim (L.C.B.) Gower*, eine Untersuchung über die gesetzlichen Regulierungsbedürfnisse des Finanzdienstleistungssektors durchzuführen und bei der neuen Gesetzgebung als Berater zu agieren. In seinen beiden Berichten über den Anlegerschutz auf den britischen Kapitalmärkten kritisierte *Gower* (1984; 1985) die bis dahin praktizierte Form der Selbstregulierung durch Gentlemen Agreements und informelle Sanktionen als ineffektiv. Er bemängelte zum einen, daß die Mitglieder der Kontrollinstitutionen in Interessenkonflikte gerieten, wenn sie Regeln zum Schutze der Investoren aufstellen sollten, die ihre eigenen Unternehmen betreffen würden, zum anderen beklagte er den Mangel an Sanktionen bei Regelverstößen. Gleichzeitig ging er jedoch davon aus, daß sich die Finanzinstitutionen mit allen Mitteln gegen die Einführung einer *Securities Commission* nach dem Vorbild der USA sträuben würden. Aus diesem Grund suchte er nach einem Mittelweg. Nach zähen Verhandlungen, an denen das Finanzministerium, das Wirtschaftsministerium, die Bank of England und die privaten Finanzinstitutionen selbst beteiligt waren, wurde schließlich ein Kompromiß gefunden (*Gillian* 1997, S. 172 f.):

Die Regierung erließ 1986 den *Financial Services Act*, der seither die gesetzliche Grundlage für die Regulierung der Finanzdienstleistungen bildet. Dieser sah die Gründung einer unabhängigen Kommission vor, welche die Institutionen zur Selbstregulierung in den verschiedenen Sparten der Finanzdienstleistungen beaufsichtigen sollte. Die Aufgabe dieser übergeordneten Überwachungskommission wurde vom Wirtschaftsminister an das *Securities and Investment Board* (SIB) delegiert. Dieses agierte in der Rechtsform einer *Private Company limited by guarantee* und wurde über Beiträge der Finanzinstitutionen finanziert (*Foley* 1991, S. 200).

Während zuvor traditionelle Konventionen, persönliche Beziehungen und andere informelle Regeln das Geschäftsgebaren bestimmten, wobei die Erhaltung einer guten Reputation der Anreiz zur Einhaltung der Normen war, wurde die Kapitalmarktordnung durch den *Financial Services Act* von *1986* auf eine gesetzliche Basis gestellt. Dabei wurde jedoch weiterhin stark auf die Fähigkeit der Marktteilnehmer zur Selbstregulierung vertraut. Die verschiedenen Organisationen des Kapitalmarktes zur Selbstkontrolle konnten beim SIB die formelle Anerkennung als *Self-Regulatory Organisation* (SRO), *Recognised Investment Exchange* (RIE) oder *Recognised Professional Body* (RPB) beantragen. Dafür mußten die Organisationen einerseits nachweisen, daß ihre Regelwerke den wettbewerbsrechtlichen Auflagen des *Office of Fair Trading* und den Vorschriften des *Financial Services Act* sowie gegebenenfalls den Kapitalmarktdirektiven der EU zu

Publizitäts- und Notierungsvorschriften an Börsen entsprachen. Außerdem mußte sichergestellt sein, daß die Organisationen über wirksame Sanktionen verfügten.

Self-Regulatory Organisations (SROs) sind Organisationen, welche das Recht haben, die Betätigung von Unternehmen im Kapitalanlagegeschäft zu regulieren. Sie setzen Mindeststandards in bezug auf die Solvenz der Unternehmen und die Kompetenz der Angestellten sowie die Publizität und Transparenz der Geschäftsberichte. Die SROs müssen Kunden von Anlagegesellschaften die Möglichkeit bieten, Beschwerden einzureichen und auf Schadensersatz zu klagen. Außerdem müssen sie in der Lage sein, Sanktionen gegen Unternehmen zu verhängen, die bei ihren Geschäften fahrlässig oder gezielt gegen die Regeln zum Schutz des Wettbewerbs und der Kunden verstoßen (*Foley* 1991, S. 199; FSA 1997a).

Ursprünglich wurden fünf SROs anerkannt. Die *Securities Association* (TSA), die Unternehmen überwachte, die in- und ausländische Wertpapiere handeln, die *Financial Intermediaries, Managers and Broker Regulatory Association* (FIMBRA), die *Investment Managers Regulatory Organisation* (IMRO), die *Life Assurance and Unit Trust Regulatory Organisation* (LAUTRO) und die *Association of Futures Brokers and Dealers* (*Foley* 1991, S. 200 f.). Nach der Verschmelzung der *Securities Association* und der *Association of Futures Brokers and Dealers* zur *Securities and Investment Authority* (SFA), die Händler und Makler von Wertpapieren, Optionen und Terminkontrakten reguliert, und der Übernahme der Aufgaben der FIMBRA und der LAUTRO durch die *Personal Investment Authority* (PIA) 1994, die seither das Verhalten von Lebensversicherungsunternehmen, offenen Investmentfonds und der Agenten und Makler, die mit der Öffentlichkeit[49] Geschäfte machen, kontrolliert, existieren nur noch drei SROs (FSA 1997b; *Harrington* 1996, S. 191). Diese überwachten 1997 die Geschäfte von 6.250 Unternehmen des britischen Finanzsektors (FSA 1997a).

Bei den *Recognised Investment Exchanges* (RIEs) handelt es sich um Märkte mit einem eigenen spezifischen Regelwerk. Als RIEs sind die *International (London) Stock Exchange*, die *London Metal Exchange*, die *London International Financial Futures Exchange*, die *London Securities and Derivatives Exchange*, die *Tradepoint Stock Exchange* und die *International Petroleum Exchange of London* registriert. Diese Börsen müssen in der Lage sein, ein Regelwerk für die Abwicklung von Geschäften vorzuweisen, das die Markttransparenz gewährleistet, Investoren vor fahrlässigem oder betrügerischem Handeln schützt und die Regeleinhaltung und Sanktionierung von Regelverstößen überwacht (*Foley* 1991, S. 201; FSA 1997c).

Die *Recognised Professional Bodies* (RPBs) sind berufsständische Zusammenschlüsse bestimmter Professionen, wie das *Institute of Chartered Accountants*, das *Institute of Actuaries* und die *Law Society* (*Foley* 1991, S. 201). Als Organisationen der Selbstkontrolle können diese Institutionen häufig auf eine sehr lange Tradition verweisen. Ihre Mitglieder sind nur indirekt mit Finanzgeschäften befaßt.

---

[49]   Zur Öffentlichkeit werden alle Marktteilnehmer gezählt, die nicht professionell am Kapitalmarkt agieren.

Der Anreiz für die Entwicklung selbstbindender Regelungen bestand wie bei der ILSE auch bei den übrigen *Recognised Investment Exchanges*, den *Self-Regulatory Organisations* und den *Recognised Professional Bodies* nicht nur darin, schärferen gesetzlichen Regelungen zuvorzukommen. Eine effektive Selbstkontrolle, die Mindeststandards für die Qualität der Leistungserstellung durchsetzt und Empfehlungen für Höchstpreise gibt, dient auch dazu, sich im Wettbewerb Vorteile zu sichern. Märkte oder berufsständische Organisationen, die einen bestimmten Verhaltenskodex vorgeben und durchsetzen, reduzieren die Informationskosten der Kunden, da diese sich nicht länger genau über das Verhalten der einzelnen Anbieter informieren müssen. Standardisierte (explizite oder implizite) Vertragsklauseln über Mindeststandards, die von den Organen der Selbstkontrolle vorgeschrieben werden, können darüber hinaus helfen, die Einigungskosten bei Vertragsabschluß zu verringern. Obgleich die Mitgliedschaft in berufsständischen Organisationen oder der Handel im Rahmen von Marktstrukturen, die für strenge, kundenfreundliche Selbstregulierung bekannt sind, den Wirtschaftssubjekten Vorteile im Wettbewerb verschaffen können, besteht die Gefahr, daß die entwickelten Regeln für die Kunden nur schwer zu entdeckende Schlupflöcher enthalten oder der Regelverstoß nicht ausreichend sanktioniert wird.[50] Dem Interesse der Finanzinstitutionen an den Vorteilen einer strengen Selbstregulierung als Wettbewerbsparameter steht ihr Wunsch entgegen, die Kosten gering zu halten. Dadurch wird der Anreiz für eine strenge Selbstkontrolle gemindert. Auch die Sanktionierung von Regelverstößen wurde von vielen Unternehmen zwiespältig gesehen. Einerseits wurde davon ausgegangen, daß die Aufdeckung und Sanktionierung von regelwidrigem Verhalten das Vertrauen der Kunden in die Funktionsfähigkeit der Selbstkontrolle fördern und den Anreiz für andere Unternehmen, sich durch regelwidriges Free Rider-Verhalten Vorteile zu verschaffen und dadurch den Ruf eines ganzen Marktes oder eines Berufsstandes aufs Spiel zu setzen, verringern würde. Andererseits wurde argumentiert, daß die Veröffentlichung von Regelübertritten die Kunden verunsichern könnte und damit auch den guten Ruf der Unternehmen beschädigen würde, die sich regelkonform verhielten. Aus diesem Grund wurden Verstöße gegen Verhaltenskodizes im Finanzmarktsektor häufig informell geahndet. Im Zuge des zunehmenden internationalen Wettbewerbs in diesem Bereich nach 1979 gingen die Möglichkeiten der Überwachung und Sanktionierung des Verhaltens der Marktteilnehmer mit Hilfe der Sozialkontrolle zurück, da mehr und mehr neue Anbieter und Nachfrager auf den Märkten auftraten. Gleichzeitig führte jedoch diese Intensivierung des Wettbewerbs dazu, daß die glaubhafte Versicherung, sich an bestimmte standardisierte Regeln zu halten, als Wettbewerbsparameter an Bedeutung gewann, da die Märkte immer weniger überschaubar wurden.

Durch die Einreichung und Annahme der Regelwerke dieser Regulierungsorganisationen beim *Securities and Investment Board* (SIB) und dem *Office of Fair Trading* änderte sich ihr Rechtsstatus insofern, als ihre Entscheidungen rechtswirksam wurden. Verhängen diese finanzielle Strafen oder verpflichten Personen oder Körperschaften zu

---

[50] Zusätzlich besteht eine Neigung, die Regeln der Selbstkontrolle so abzufassen, daß der freie Wettbewerb auf dem Markt beschränkt wird, so daß die aktuellen Anbieter von Produkten leistungswidrige Monopolrenten abschöpfen können. Ein Beispiel hierfür sind die Marktzutrittsschranken, die an der Londoner Börse bis 1986 in Kraft waren.

Schadensersatzleistungen, so kann deren Zahlung vor ordentlichen Gerichten eingeklagt werden. Darüber hinaus haben sie das Recht, Personen oder Unternehmen den Zugang zu bestimmten Märkten oder Tätigkeiten zu verwehren oder zu entziehen. Sie sind nicht länger darauf angewiesen, daß allein die freiwillige Sozialkontrolle der Marktteilnehmer und Geschäftspartner für die Umsetzung ihrer Sanktionen sorgt.

1997 wurde das SIB in *Financial Services Association* (FSA) umbenannt. Unter ihrem Dach sollen in Zukunft verschiedene Regulierungsbehörden, die für unterschiedliche Bereiche des Kapitalmarktes zuständig sind, zusammengeführt werden. Als erster Schritt in diese Richtung wurde, wie bereits erwähnt, der FSA 1998 die Kontrolle der Geschäftsbanken übertragen. Es ist geplant, auch die *Building Societies Commission,* die *Friendly Societies Commission,* das *Insurance Directorate of HM Treasury,* die *Investment Management Regulatory Organisation* (IMRO), die *Personal Investment Authority* (PIA), das *Registry of Friendly Societies* sowie die *Securities and Futures Authority* (SFA) der *Financial Services Association* einzuverleiben (FSA 1998b). Dadurch soll das Problem gelöst werden, daß viele Unternehmen, die im Finanzsektor tätig sind, unter die Regulierung verschiedener Organisationen fallen. Dieses führt derzeit teilweise zum Kompetenzgerangel zwischen den Organisationen, zur Unsicherheit in den Unternehmen und dazu, daß bestimmte Überwachungstätigkeiten gleichzeitig von verschiedenen Stellen durchgeführt werden. Die Vereinheitlichung und Zusammenfassung der Kontrollorgane soll helfen, die Kosten der Regulierung zu senken. Mit der Zentralisierung der Überwachung geht aber auch das Ausmaß, in dem die Industrie sich selbst kontrolliert, zurück.

Der *Financial Services Act* von *1986* sorgte nicht nur dafür, daß sich die Struktur der Selbstkontrolle nachhaltig veränderte. Durch das Gesetz wurde ein Großteil der bereits existierenden Rechtsprechung zum Kapitalmarkt zusammengefaßt und kodifiziert. Es enthält eine Vielzahl von Regelungen zum Insiderhandel, der Vorgehensweise bei Unternehmensübernahmen, den Bedingungen für die Börsennotierung von Wertpapieren und den Handel mit nicht börsennotierten Wertpapieren. Das Gesetz führte allerdings auch neue Regelungen für Bereiche ein, die vorher kaum oder gar nicht gesetzlich reglementiert waren (*Foley* 1991, S. 199). Dabei wurde insbesondere mehr Wert auf den Wahrheitsgehalt von Informationen gelegt. So muß beispielsweise der Inhalt von Werbung für Investitionen am Kapitalmarkt[51] durch autorisierte Personen, z.B. Finanzberater oder Aktienmakler, die Mitglieder der *Securities and Futures Authority* sind, geprüft werden. Dies gilt sowohl für die Werbung für Aktienemissionen als auch für takeoverbezogene Aktienverkäufe (*Paul* und *Friend* 1991, S. 123).

Zu (2): Der *Big Bang* an der Londoner Börse

Der zweiten, für die Entwicklung der Kapitalmärkte bedeutsamen Regelveränderung war eine Kritik an der Börsenordnung vorausgegangen. 1979 verwies der *Director General of Fair Trading* das *Stock Exchange Rule Book* wegen seiner wettbewerbsbeschränkenden Vorschriften zur Untersuchung an den *Restrictive Practices Court.*

---

[51] Darunter fallen nicht nur Werbekampagnen für die Beteiligung an Wertpapieremissionen, sondern auch für Anlageformen wie z.B. PEPs.

Gleichzeitig wanderten viele Finanzmarktakteure im Zuge der Aufhebung der Kapital-verkehrsbeschränkungen an kostengünstigere Börsenplätze im Ausland ab. Hierdurch wurde die *International London Stock Exchange* (ILSE) unter Zugzwang gesetzt. In Verhandlungen mit dem Wirtschaftsministerium und dem *Board of Trade* erreichte die Börse 1983 (im Gegenzug für das Versprechen, ihr Regelwerk selbst gründlich zu über-arbeiten), daß das Verfahren vor dem *Restrictive Practices Court* eingestellt wurde.

Die Kritik an der Börsenordnung hatte vor allem an drei Aspekten angesetzt: erstens am Zwang zur *single capacity*, nach der die Wertpapierhändler, die als *Market Maker* oder als sogenannte *Jobber* tätig waren, nur auf *eigene Rechnung* handeln durften. Jeder Kontakt zu den Jobbern mußte durch Börsenmakler, sogenannte *Broker*, hergestellt werden; diese durften wiederum selbst nicht mit Wertpapieren handeln. Die Börsen-makler waren also lediglich Agenten, die als Vermittler zwischen den Jobbern und den Kunden agierten. Der zweite Kritikpunkt bezog sich auf die Eigentumsvorschriften für Broker- und Jobber-Firmen. Bis 1969 durften Broker- und Jobber-Unternehmen nur als Personenunternehmen geführt werden. Ab 1969 durften sie auch als Gesellschaften mit beschränkter Haftung firmieren. 1971 durften erstmals Anteile an Jobber- und Broker-Unternehmen, die als Körperschaften geführt wurden, auch von Wirtschaftssubjekten erworben werden, die keine Mitglieder der Börse[52] waren. Allerdings durften diese *ex-ternen* Eigentümer nie mehr als zehn Prozent des Eigenkapitals eines einzigen Unter-nehmens halten. Der dritte Aspekt, der ein wesentlicher Grund für die Abwanderung von Geschäften an andere Börsenplätze war, lag in einem Kartellarrangement der Börse. Danach wurde eine vom Volumen der Transaktionen unabhängige (prozentuale) Min-destgebühren für den Handel mit Wertpapieren festgelegt (*Buckle* und *Thompson* 1992, S. 148).

Die institutionellen Anleger, die den Aktienhandel dominierten, litten am meisten unter den Mindestgebühren, da ihre Geschäfte in der Regel ein großes Volumen hatten. Deswegen zogen sie es vor, ihre Geschäfte an der New Yorker Börse zu tätigen, die schon 1975 ihre Wettbewerbsordnung reformiert hatte und bei höherer Wettbe-werbsintensität deutlich niedrigere Gebühren verlangte. Kennzeichnend für diese Ent-wicklung war die Zunahme von *American Deposit Receipts* (ADRs). Diese Wertpapiere entstehen dadurch, daß US-Finanzinstitutionen Aktienpakete an britischen Unterneh-men aufkaufen und dann (sekundäre) Wertpapiere in Umlauf bringen, die sich auf diese Aktienpakete beziehen. ADRs können sowohl in London an der ILSE als auch in den Vereinigten Staaten gehandelt werden. So wurden 1987 45 % der Aktien von *Jaguar*, 40 % der von *Reuters* und 15 % der von ICI und *Glaxo* als ADRs gehalten (*Buckle* und *Thompson* 1992, S. 149; *Croft* 1990, S. 143).

Im Zuge des regulatorischen *Big Bang* von 1986 veränderte sich das Regelwerk der ILSE grundlegend. Die Börse, die 1802 als *Deed of Settlement Company* gegründet worden war, um Geschäfte zu Gunsten ihrer Mitglieder durchzuführen, änderte ihren rechtlichen Status in eine gemeinnützige Gesellschaft mit beschränkter Haftung (*Lon-don Stock Exchange* 1998b). Gleichzeitig wurde die Börse als *Recognised Investment Exchange* im Sinne des SIB anerkannt und zur *Competent Authority for Listing* ernannt,

---

[52]   Als Börsenmitglieder gelten Unternehmen, die Anteile am Kapital der Börse halten.

so daß ihr die Verantwortung für die Kontrolle der Unternehmen obliegt, die Wertpapiere emittieren, die auf dem Hauptmarkt der Börse, der sogenannten *Official List*, notiert werden.

Durch die Deregulierung von 1986 wurde die strikte Trennung von *Jobbern* und *Brokern* aufgehoben. Stattdessen wurden *Broker-Dealer* zugelassen, die sowohl auf eigene Rechnung als auch auf Rechnung Dritter an der Börse mit Wertpapieren handeln dürfen. Innerhalb dieser Kategorie gibt es eine Unterklasse von Unternehmen, die zusätzlich als *Market Maker* registriert sind. Die Möglichkeit, *dual capacity*-Geschäfte zu tätigen, führte in den neuen *Dealer-Broker*-Unternehmen zu Interessenkonflikten. Sie hätten ihre Kunden dahingehend beraten können, die Aktien zu kaufen, welche die Market Making-Abteilung des Unternehmens hält, auch wenn diese Aktien nicht die bestmögliche Anlage für die Kunden darstellen oder anderswo zu günstigeren Konditionen zu erwerben sind. Um dieses Problem zu lösen, wurden strenge Verhaltensvorschriften für die Beratung und die Durchführung von Geschäften im Interesse der Kunden erlassen. So darf ein Broker-Dealer, der kein Market Maker ist und als Agent für Dritte handelt, den Auftrag nur ausführen, wenn er nachweisen kann, daß er einen Preis bietet, der mindestens ebenso gut ist, wie der der Market Maker. Er darf also nicht einfach Angebot und Nachfrage der eigenen Kunden zusammenbringen, es sei denn, er bietet günstigere Konditionen als die Market Maker. Auch ein Market Maker darf nur dann Aufträge für Dritte selbst ausführen, wenn er nachweisen kann, daß sein Preis mindestens so gut ist wie der anderer Market Maker (*Buckle* und *Thompson* 1992, S. 149).

Nach der Abschaffung der Mindestgebühren im Jahr 1986 fielen die Kommissionsraten an der Londoner Börse deutlich. Im Februar 1987 gab die *Bank of England* bekannt, daß für Wertpapiergeschäfte im Umfang zwischen 10.000 Pfund und einer Million Pfund der Kommisionssatz von 0,4 auf 0,2 % gesunken war. Bei größeren Transaktionen sanken die Sätze noch weiter, zum Teil wurden sehr große Umsätze gebührenfrei abgewickelt. Während die Gebührensätze für kleinere Transaktionen zunächst anstiegen, gingen sie langfristig ebenfalls zurück. Gleichzeitig hat sich der Abstand (*spread*) zwischen der Notierung des Kaufpreises und des Verkaufspreises bei den Market Makern verringert.

Dies wird als Zeichen dafür gewertet, daß der Markt tiefer geworden ist. Das liegt sicherlich nicht nur an den Auswirkungen des Privatisierungsprogramms auf den Aktienmarkt, sondern auch daran, daß die Reform der Börse erfolgreich war und daß es gelungen war, die ILSE als Handelsplatz wieder attraktiv zu machen. Es wird davon ausgegangen, daß die Verringerung der Gebühren, neben der positiven Kursentwicklung der Aktien, wesentlich dazu beigetragen hat, daß der Umschlag an Wertpapieren an der Börse deutlich angestiegen ist. Dieser höhere Umschlag zeigte sich nach dem *Big Bang* sowohl auf den börsennotierten (*listed*) als auch auf den nichtvollbörsennotierten Aktienmärkten (*Buckle* und *Thompson* 1992, S. 150).

Der Aktienmarkt wird auch nach der scharfen Deregulierung von den Market Makern bestimmt.[53] Im Gegensatz zu Ordersystemen, bei denen Händler die Wertpapiere angeben, die sie kaufen oder verkaufen möchten, veröffentlichen die Market Maker die Preise, zu denen sie bereit sind, bestimmte Wertpapiere zu kaufen oder zu verkaufen. Obgleich die Pflicht zur Trennung zwischen Market Makern und Wertpapierbrokern mit dem *Big Bang* aufgehoben wurde, gibt es einige Broker, die noch immer lediglich als Agenten Aufträge ihrer Kunden an Market Maker vermitteln. Die Market Maker, die sich in der Regel auf eine geringe Anzahl von Aktien spezialisieren, finanzieren sich zum einen durch den *spread*, also die Differenz zwischen dem Kauf- und dem Verkaufspreis, zum anderen aus Handelsgebühren. Allerdings hat der scharfe Wettbewerb dazu geführt, daß bei großen Transaktionen in der Regel keine Gebühren erhoben werden. Da die Market Maker als Handelspartner aller ihrer Transaktionen auftreten, erhöht sich einerseits die Liquidität des Marktes, da es nicht notwendig ist, für ein Angebot die passende Nachfrage zu finden oder umgekehrt. Andererseits hat die zunehmende Internationalisierung und die damit verbundene Erhöhung des durchschnittlichen Volumens einzelner Transaktionen dazu geführt, daß die Anforderungen an die Höhe des Kapitals der Market Maker gestiegen sind. In London sind einige große Market Maker-Häuser entstanden, die bereit und in der Lage sind, auch sehr große Transaktionen durchzuführen (*Harrington* 1996, S. 179 f.). Die Abschaffung der Mindestgebühren und die Erhöhung des durchschnittlichen Volumens der Transaktionen haben dazu geführt, daß kleine Market Maker sich von Banken oder anderen Finanzinstitutionen übernehmen ließen, da sie allein nicht mehr das nötige Kapital aufbringen konnten, um rentabel zu sein. Dies wurde dadurch ermöglicht, daß es im Zuge des *Big Bang* auch Außenstehenden, d.h. Nicht-Mitgliedern der Börse, gestattet wurde, bis zu 100 % des Eigenkapitals an Mitgliedsunternehmen der Börse zu halten.

Als *Recognised Investment Exchange* ist die ILSE dafür zuständig, daß Marktinformationen gleichmäßig allen Marktteilnehmern zugänglich sind und der Markt transparent ist. Um diesen Anforderungen des *Financial Services Act* von *1986* Rechnung zu tragen, wurde 1986 ein Online-Überwachungssystem (*Stock Exchange Automatic Quotation System*, SEAQ) eingeführt, welches die Preise, das Volumen und den Zeitpunkt der Ausführung aller Geschäfte aufzeichnet. Dadurch wird nicht nur die Markttransparenz sichergestellt, die Marktaufsicht kann auch kontrollieren, ob die Geschäfte tatsächlich zu den für die Kunden besten Preisen ausgeführt wurden und ob ungewöhnliche Kursbewegungen stattgefunden haben, die auf eine Manipulation des Marktes hinweisen (*Foley* 1991, S. 199 f.).

Durch die Einführung eines elektronischen Handelssystems für Aktien des FTSE 100-Index, dem *Order Book*, im Jahre 1997 konnten die Kosten des Aktienhandels weiter gesenkt werden. Um sicherzustellen, daß die Mitglieder der Börse die Einsparungen bei den Transaktionskosten, aber auch bei den administrativen Kosten der

---

[53] Allerdings werden die Aktien des FTSE 100-Index parallel in einem Ordersystem gehandelt.

Börse, tatsächlich an ihre Kunden weitergeben, wurden die Höchstpreise,[54] welche die Börse für Gebühren festsetzt, deutlich gesenkt (*London Stock Exchange* 1997a).

Als Organisation, die für die Regulierung der Unternehmen zuständig ist, die börsennotierte Wertpapiere emittieren, wurden die Notierungsvorschriften der *International London Stock Exchange* auf eine gesetzliche Grundlage gestellt. Die Stock Exchange ist nicht nur verpflichtet, die Vorschriften des britischen Unternehmens- und Wettbewerbsrechts in ihre Verfassung einzubauen, auch die Kapitalmarkt- und gesellschaftsrechtlichen Direktiven der Europäischen Union werden direkt von ihr umgesetzt.

6.5. Der Einfluß der Wirtschaftspolitik auf die Entwicklung der Aktiengesellschaft nach 1979

Die Wirtschaftspolitik der Regierungen nach 1979 hat dazu geführt, daß Aktiengesellschaften sowohl als Anlageobjekte als auch als Formen der Unternehmensorganisation an Popularität gewonnen haben. Die massenhafte Heranführung von privaten Kleinanlegern an die direkte Aktienanlage ermöglichte nicht nur die Privatisierung großer Staatsunternehmen, sie erleichterte es auch privaten Unternehmern, am Aktienmarkt Haftungskapital aufzunehmen, da mehr Sparer bereit waren, sich daran zu beteiligen.

Aus einer verzerrten Perspektive der Property Rights-Theorie wurde die starke Beteiligung privater Kleinanleger am Eigenkapital zum Teil heftig kritisiert. Dabei wurde die traditionelle *Berle and Means-These* vertreten, nach der die breite Streuung des Aktienkapitals zu einer starken Verdünnung der Eigentumsrechte an den Unternehmen führe und deshalb die interne Unternehmenskontrolle durch die Eigentümer an Wirksamkeit verlieren würde. Aus dieser Sicht hätte der starke Aufkauf von Aktien durch institutionelle Anleger in den ersten Tagen und Wochen des Handels begrüßt werden müssen. Tatsächlich zeigte sich jedoch, daß die institutionellen Anleger sich ähnlich verhalten wie Kleinaktionäre; sie sind bei Unzufriedenheit mit der Geschäftsführung sogar noch eher bereit, die Aktien zu verkaufen, statt zu versuchen, sich an der internen Unternehmenskontrolle zu beteiligen.

Aus diesem Grund wird in Großbritannien vielfach gefordert, die institutionellen Anleger sollten sich aktiver an der internen Unternehmenskontrolle beteiligen (*Prentice* 1993, S. 29; *McDonald* 1998). Dabei wird übersehen, daß die institutionellen Anleger als Unternehmen, die meist ebenfalls von professionellen Geschäftsführern und nicht von Eigentümerunternehmern geleitet werden, selbst ein Principal Agent-Problem haben. Ein starkes Engagement institutioneller Anleger an der internen Unternehmenskontrolle anderer Unternehmen würde demnach vielfach nicht nur die Interessen ihrer Kunden verletzen, sondern auch an dem grundsätzlichen Principal Agent-Problem nichts ändern.

Andererseits ist es möglich, daß interne Kontrolldefizite im Rahmen der substitutiven und komplementären Interdependenz der verschiedenen Kontrollmechanismen für Akti-

---

[54] Die Festlegung von Höchstpreisen für Kommissionsgebühren durch die ILSE läßt vermuten, daß die Börse befürchtet, daß trotz der Deregulierung der Wettbewerb unter den Börsenhändlern immer noch eingeschränkt ist.

engesellschaften durch eine Verstärkung der externen Unternehmenskontrolle, z.B. durch den Wettbewerb auf den Güter- und Faktormärkten, kompensiert werden können.

So trägt nicht nur das Kauf- und Verkaufsverhalten der institutionellen Anleger auf dem Aktienmarkt zu einer Verschärfung der Kapitalmarktkontrolle bei. Die Regierungen haben sich seit 1979 auch erfolgreich bemüht, die institutionellen Voraussetzungen für die Funktionsfähigkeit des Wettbewerbs auf den Kapital- und Arbeitsmärkten, aber auch auf den Gütermärkten zu verbessern. Der zunehmende Wettbewerb auf den Primär- und Sekundärmärkten für Eigen- und Fremdkapital sowie auf den Arbeitsmärkten und die Zurückführung diskretionärer staatlicher Interventionen hat die Haftungsbedingungen für Kapitalgeber, Direktoren, Geschäftsführer und die Arbeitnehmer insgesamt deutlich verschärft.

Auf den Gütermärkten war die staatliche Wettbewerbspolitik jedoch nicht ganz so erfolgreich. Obgleich Wettbewerbsverzerrungen durch staatliche Preisvorgaben und die Subventionierung einzelner Güter oder Produzenten stark verringert wurden, sind zahlreiche Märkte für Güter und Dienstleistungen weiterhin durch einen sehr hohen Konzentrationsgrad gekennzeichnet. Die Neigung von Marktteilnehmern auf oligopolistischen Märkten zu Absprachen und abgestimmtem Verhalten sowie die Dominanz regionaler Monopolbetriebe werden häufig als Ursache hoher Preise beklagt. Tatsächlich zeigen Untersuchungen, daß die Preise vieler Güter und Dienstleistungen, trotz prinzipiell offener Grenzen innerhalb des Gemeinsamen Marktes, in Großbritannien erheblich über denen in anderen Staaten der EU liegen (*Smith* und *Bevan* 1999).[55] Dies gilt vor allem auch für die Märkte für Versorgungsleistungen. Während einerseits vor allem in den neunziger Jahren versucht wurde, die Konzentration in diesem Bereich dadurch zu verringern, daß die Unternehmen vor der Privatisierung horizontal und vertikal zersplittert wurden, führten die starken Übernahme- und Fusionsaktivitäten nach der Privatisierung vor allem im Bereich der Elektrizitäts- und Wasserwirtschaft zu einer deutlichen Erhöhung der Konzentration. Mit Blick auf diese Entwicklung wird die Vorstellung *Stephen Littlechilds*, die Regulierungsbehörden für Versorgungsleistungen würden auf Grund zunehmenden Wettbewerbs irgendwann überflüssig, eher immer unwahrscheinlicher. Andererseits zeigt sich im Telekommunikationssektor, daß sich hier, wenn auch zögerlich, nach und nach in verschiedenen Leistungsbereichen ernsthafte Rivalen zur BT etabliert haben.

Das Aktienrecht und der aktive Markt für Unternehmenskontrolle erleichtern in Großbritannien den Zusammenschluß von Unternehmen. Dies ist jedoch nicht als Defizit der Unternehmensordnung von Aktiengesellschaften oder der Ordnung des Aktienmarktes zu werten. Insoweit Unternehmen tatsächlich in der Lage sind gegenüber ihren Kunden oder Zulieferern eine dauerhafte Monopolstellung auszuspielen, liegt dies an Mängeln in der Wettbewerbspolitik. Seit Jahren raten internationale Organisationen wie die OECD, das britische Fusions- und Monopolrecht zu überarbeiten, um für mehr Wettbewerb auf den Gütermärkten zu sorgen.

---

[55] Analog sind in Großbritannien auch die Kosten für Finanzdienstleistungen wie z.B. die Verwaltung offener Investmentfonds deutlich höher als beispielsweise in den Vereinigten Staaten (*Winnett* 1999).

Der zunehmende Wettbewerb auf den Kapital- und Arbeitsmärkten hat dazu geführt, daß Aktiengesellschaften und die Märkte für Aktien dazu übergegangen sind, ein höheres Maß an Publizität einzuführen als gesetzlich verlangt wird, und neue Anreize zu entwickeln, die dahin wirken, das Principal Agent-Problem zu vermindern. Viele der neuen Institutionen der internen Unternehmenskontrolle setzen am Direktorium an. Wie gezeigt wurde, setzt sich in den meisten Aktiengesellschaften das Direktorium sowohl aus externen als auch aus internen (exekutiven) Direktoren zusammen. Damit wird sowohl die Geschäftsführung als auch deren Überwachung weitestgehend von ein und demselben Unternehmensorgan wahrgenommen.

Die Direktoren sind Agenten der Eigentümer, verfolgen jedoch möglicherweise eher eigene Interessen. Dies gilt für externe, insbesondere aber für die internen Direktoren, deren Karrieren häufig eng mit der Karriere des Geschäftsführers verbunden sind. Sie können beispielsweise danach trachten, ihre Arbeitsbelastung möglichst gering zu halten, überhöhte Einkommen auf Kosten der Aktionäre zu erzielen, die Sicherheit ihres Arbeitsplatzes durch Behinderung der Unternehmenskontrolle zu festigen oder ihre Macht und ihr Prestige zu steigern (*Hubbard* und *Palia* 1995, S. 782; *Walsh* und *Seward* 1990, S. 421; *Weisbach* und *Hermalin* 1991, S. 103). Dabei leidet das Interesse der Aktionäre an einer möglichst hohen Wertsteigerung ihrer Anlagen.

Es gibt eine Vielzahl von Vorkehrungen, um dies zu verhindern. So sind die Direktoren seit dem *Companies Act* von *1929* verpflichtet, ihr eventuell bestehendes Eigeninteresse an Verträgen des Unternehmens offenzulegen (*Gower* 1992, S. 561).[56] Aber auch die Zusammensetzung des Direktoriums spielt hierbei eine wichtige Rolle. Dabei geht es nicht nur um die Wahl kompetenter und erfahrener Direktoren, sondern auch um das Verhältnis von internen und externen Direktoren.

Verschiedentlich wird in angelsächsischen Untersuchungen darauf verwiesen, daß externe Direktoren eine größere Unabhängigkeit besitzen als interne. Von ihnen wird erwartet, daß sie eher bereit sind, schlechten Leistungen vorzubeugen, den Geschäftsführer gegebenenfalls zu entlassen und sich bevorzugt an den Interessen der Aktionäre zu orientieren. Interne Direktoren bringen vor allem Insiderwissen über das Unternehmen ein. Darüber hinaus kann ihre Anwesenheit im Direktorium häufig zu Trainings- und Bewertungszwecken für den Geschäftsführungsnachwuchs hilfreich sein (*Hermalin* und *Weisbach* 1991, S.103).

Im allgemeinen wird die Position der externen Direktoren mit ihrer Anzahl im Direktorium gestärkt. Seit Anfang der 80er Jahre gibt es seitens der Organisation PRO NED[57] die Bestrebung, auf die Bedeutung der externer Direktoren für die Wirksamkeit

---

[56] So müssen die Direktoren z.B. angeben, ob sie oder ihre Verwandten geschäftliche Beziehungen zu Zulieferunternehmen, Kunden oder Konkurrenten unterhalten. Seit dem *Companies Act* von *1948* gilt diese Verfügung des *Companies Act* von *1929* auch für informelle Vereinbarungen. Siehe: *Companies Act* von *1985, Section 317.*

[57] PRO NED (*Promotion of Non-Executive Directors*) wurde 1980 von der *Bank of England*, der *Confederation of British Industries*, der Londoner Börse, dem *British Institute of Management* und verschiedenen Banken ins Leben gerufen, um die Anzahl und die Qualität der an Direktorien beteiligten nicht-exekutiven Direktoren zu verbessern (*Charkham* 1995, S. 269).

der internen Unternehmenskontrolle aufmerksam zu machen und eine größere Beteiligung nicht-exekutiver Direktoren in Direktorien zu fördern (*Dimsdale* 1994, S. 19). Hierzu werden Unternehmen bei der Suche nach geeigneten Kandidaten unterstützt und nicht-exekutive Direktoren über ihre Rechte und Pflichten informiert.

Die Stellung externer Direktoren verbessert sich auch, wenn der Posten des Direktoriumsvorsitzenden nicht von einem exekutiven Direktor, insbesondere nicht vom Hauptgeschäftsführer eingenommen wird (*Diacon* und *O'Sullivan* 1995, S. 419). Die Rolle des Direktoriumsvorsitzenden und seine Aufgaben sind gesetzlich nicht fixiert. Insofern ist der Vorsitzende ein primus inter pares und von der Unterstützung seiner Kollegen im Direktorium abhängig. Dennoch hat er in der Regel großen Einfluß auf die Zusammensetzung des Direktoriums, auf die Gestaltung der Tagesordnung der Sitzungen des Direktoriums und auf den Zugang der Direktoren zu Informationen (*Charkham* 1995, S. 266 f.). So ist insbesondere die vorzeitige Entlassung des Hauptgeschäftsführers im Direktorium noch schwerer durchzusetzen, wenn dieser gleichzeitig den Posten des Direktoriumsvorsitzenden innehat (*Dimsdale* 1994, S. 19).

Es ist allerdings äußerst schwierig, das Direktorium so auszubalancieren, daß sowohl eine erfolgreiche und professionelle Geschäftsführung als auch eine effektive Kontrolle seiner Arbeit gewährleistet ist. Deshalb wird das zweistufige System der Unternehmensleitung, wie es sich in der Konstruktion der Aktiengesellschaft in Deutschland mit Vorstand und Aufsichtsrat manifestiert, teilweise als verlockende Alternative angesehen. Dabei wird auch darauf hingewiesen, daß in den Direktorien der Chartered Companies und der frühen Joint Stock Companies in der Regel kaum exekutive Direktoren vertreten waren. Somit hatte das Direktorium vor allem überwachende Funktion, während der Geschäftsführer mit einem Kreis von nachrangigen Managern das Unternehmen leitete. Diese informelle Art eines zweistufigen Systems findet sich in britischen Aktiengesellschaften bis heute, jedoch birgt diese Verfassung wie die formelle Konstruktion mit Vorstand und Aufsichtsrat auch einen wesentlichen Nachteil: Auf Sitzungen der Geschäftsführung unter Ausschluß der externen Direktoren können Entscheidungen vorher abgesprochen und Strategien entwickelt werden, um die externen Direktoren bei ihren Überwachungsbemühungen zu behindern, ihre Entscheidungsfindung gezielt zu beeinflussen und gegebenenfalls zu verhindern, daß einzelne exekutive Direktoren im Direktorium eine vom Restmanagement abweichende Position vertreten (*Charkham* 1995, S. 263 f.).

Eine Möglichkeit, die Aufgaben der Geschäftsführung und der Überwachung der Geschäftsführung zumindest teilweise auf unterschiedliche Personen zu verteilen, ohne dabei jedoch das Konzept des Direktoriums aufzugeben, besteht in der Einsetzung von Unterausschüssen. Die Direktoren, die daran teilnehmen, können sich vertieft mit einzelnen Aspekten der Überwachung und Kontrolle der Unternehmung beschäftigen. Dies kann insbesondere den Kontrolleinfluß der externen Direktoren stärken, da die Ausschußmitglieder in der Regel besser informiert sind und bei Entscheidungen des Direktoriums mehr zu sagen haben.

So kann versucht werden, mit Hilfe eines *Wirtschaftsprüfungsausschusses* die Genauigkeit und die Aussagefähigkeit der Wirtschaftsrechnung zu verbessern. Die Direktoren dieses Ausschusses arbeiten eng mit Vertretern der externen sowie der internen

Wirtschaftsprüfung und den Abteilungen für Kostenrechnung und Buchführung zusammen (*Charkham* 1995, S.274, 347 f.). Die Kompetenzen des Ausschusses können vom bloßen Recht auf Information bis hin zur Entscheidung über die Bestellung der externen Wirtschaftsprüfer und die Auswahl buchhaltungs- und kostenrechnungstechnischer Methoden reichen. Die Arbeit dieses Ausschusses spielt eine wichtige Rolle bei der Überwachung der Geschäftsführung.

Mit einem *Gehaltsausschuß* kann versucht werden, unternehmerische Leistungen wirkungsvoller zu fördern und zu sanktionieren. Wenn dagegen das gesamte Direktorium über die Bezahlung der Direktoren und Geschäftsführer entscheidet, bilden sich leicht Interessenkoalitionen, die ein System leistungsabhängiger Entlohnung blockieren und übermäßig hohe Gehälter durchsetzen. Entscheiden die Geschäftsführer selbst über ihr Gehalt, so ergeben sich Interessenkonflikte im Sinne der Agency-Theorie: Im Interesse der Aktionäre und der Unternehmung müßten die Geschäftsführer danach trachten, die Ausgaben für ihre eigene Entlohnung möglichst gering zu halten und stark leistungsabhängig zu gestalten; ihr eigenes Interesse hingegen liegt in einer möglichst hohen, leistungsunabhängigen Entlohnung (siehe auch *Conyon* 1994, S. 89 f.). Durch die Einrichtung von Gehaltsausschüssen mit wenigen - eventuell im Jahresbericht namentlich genannten und möglichst externen - Direktoren soll die Einführung einkommensbezogener Anreizsysteme für das Management sichergestellt werden. Dem managementeigenen Aktienbesitz, den Aktienoptionsplänen und gewinnabhängigen Gehältern werden in der Regel positive Wirkungen auf den Firmenwert und auf die Effektivität der Kontrolle durch das Direktorium zugesprochen (*Hermalin* und *Weisbach* 1991, S. 101).

Allerdings ist sowohl bei der Auswahl als auch bei der Ausgestaltung solcher Anreize Sorgfalt gefordert. Ob sich mit steigendem Aktieneigentum der Geschäftsführer deren Interesse demjenigen der Aktionäre annähert, ist nicht ganz sicher.[58] Denn mit zunehmendem Anteilsbesitz des Managements wird dieses von der Überwachung durch die übrigen Aktionäre sowie durch das Direktorium unabhängiger. Die Bedrohung durch Übernahmeversuche am Markt für Unternehmenskontrolle kann abnehmen (*Hubbard* und *Palia* 1995, S. 782; *Hermalin* und *Weisbach* 1991, S. 104). Ist das Finanzvermögen der Manager an das Unternehmen gebunden, in dem sie beschäftigt sind, so erhöht sich ihr Einkommensrisiko. Dies kann zu größerer Risikoaversion in der Geschäftsleitung führen. Eventuell kann die Geschäftsführung auch versuchen, ihr Einkommensrisiko zu vermindern, indem sie die Geschäftätigkeit oder das Finanzportfolio der Unternehmung stark diversifiziert (*Hubbard* und *Palia* 1995, S. 782 - 784).

Normalerweise erreichen Aktionäre eine solche Absicherung dadurch, daß sie Aktien verschiedener Unternehmen halten, die sich auf ihre jeweiligen Vorteile in einzelnen Betätigungsfeldern konzentrieren. Eine risikoscheue Haltung des Managements kann nachteilig für die übrigen Aktionäre sein. In einer Untersuchung über den Aktienmarkt an der New Yorker Börse zeigen *Hermalin* und *Weisbach* (1991, S. 106 f.), daß die Gewinnwahrscheinlichkeit bei Unternehmen, bei denen die Manager bis zu einem Prozent der Aktien halten, tatsächlich mit zunehmendem Aktienbesitz steigt, daß aber ab

---

[58] Zur agency-theoretischen Analyse der Bedeutung des Unternehmenseigentums der Geschäftsführer siehe *Jensen* und *Meckling* 1976, S. 312 - 330, 343 - 351.

einem Aktienanteil des Managements von 20 und mehr Prozent die Gewinnwahrscheinlichkeit signifikant abnimmt.[59]

Auch hinsichtlich der Anreizwirkung gewinnabhängiger Gehaltszuschläge für Manager sind Zweifel angebracht (*Walsh* und *Seward* 1990, S. 427 f.). Unternehmensgewinne sind nicht nur abhängig von den Leistungen des Managements, sondern werden durch eine Vielzahl von Faktoren beeinflußt. Besonders wichtig kann es deshalb sein, die Unternehmenserfolge nicht absolut, sondern in Relation zur Entwicklung der gesamten Branche zu sehen. In einer Untersuchung von 294 an der Börse notierten britischen Aktiengesellschaften für den Zeitraum von 1983 bis 1986 zeigen *Conyon* und *Leech* (1994, S. 244 f.), daß sich nur eine schwache Korrelation zwischen den Aktienkursen und der Höhe des Einkommens der Topmanager nachweisen läßt (siehe auch *Conyon* 1994, S. 88 f.). Dabei scheint tatsächlich nicht nur der absolute Erfolg der Unternehmung, sondern auch der Unternehmenserfolg im Vergleich zu anderen Unternehmen eine Rolle zu spielen.[60] Ein größerer Zusammenhang läßt sich zwischen dem Einkommen der Topmanager und den Umsätzen der Unternehmen feststellen. Mit dieser Untersuchung wird die Frage nach den Motivationswirkungen von erfolgsabhängigen Gehaltssystemen jedoch nicht hinreichend beantwortet, da die Ausgestaltung der Einkommenssysteme nicht beachtet wurde. Es wird nicht klar, ob die Manager nicht auf Einkommensanreize reagieren oder ob die Einkommensanreize falsch gesetzt wurden.

In den achtziger und neunziger Jahren entstand vielfach der Eindruck, das Einkommensniveau und die Einkommenszuwächse der Geschäftsführer würden der allgemeinen wirtschaftlichen Entwicklung und den Leistungen der einzelnen Unternehmen nicht Rechnung tragen und seien zu hoch. Die Feststellung, daß sich die Höhe des Einkommens von Managern erheblich stärker nach der Höhe des Umsatzes und dem Wachstum des Unternehmens richtet als nach dem Unternehmenserfolg, führte zu scharfer Kritik. So wurde hervorgehoben, daß die Direktoren von Großunternehmen im Rezessionsjahr 1992 durchschnittliche Einkommenserhöhungen von 8,2 % durchsetzen konnten; doppelt so hoch wie die Steigerung des nationalen Durchschnittseinkommens. Dem ist entgegenzuhalten, daß sich das Einkommen von Managern nach ihrem Wert für die Unternehmung richtet. Will eine Unternehmung einen Manager an sich binden, muß sie ihm mindestens ebensoviel zahlen, wie er am Markt für Manager von anderer Seite geboten bekommt (*Conyon* 1994, S. 88; *Conyon* und *Leech* 1994, S. 244). Außerdem muß auch bedacht werden, daß in diesem Zeitraum viele Unternehmen privatisiert wurden. Die Exekutivdirektoren der Staatsunternehmen hatten deutlich geringere Einkommen als die Direktoren privater Firmen. Mit der Privatisierung stiegen nicht nur die Risiken und der Erfolgsdruck, sondern auch die Einkommensvorstellungen der Manager. Außerdem

---

[59] Nach den Untersuchungen von *Mork*, *Shleifer* und *Vishny* liegen die Grenzen bei 5 bzw. 25 Prozent (*Walsh* und *Seward* 1990, S. 434).

[60] Dies ist deshalb sinnvoll, da sich die Qualität der Geschäftsführer an dem isoliert betrachteten Unternehmenserfolg kaum abschätzen läßt. So ist es für Manager in Wachstumsbranchen mit hoher Nachfrage häufig vergleichsweise einfach, durchschnittliche Gewinne zu erzielen, während dies bei Managern von Unternehmen, die in einer Branche mit stark rückläufiger Nachfrage operieren, eher auf hohe fachliche Kompetenz und großen persönlichen Einsatz schließen läßt.

zeigten steigende Aktienkurse eine verbesserte Unternehmensleistung an und rechtfertigten insoweit auch höhere Einkommen der Geschäftsführer.

Um die Leistungen der Direktoren laufend kritisch bewerten zu können, empfehlen die Kommissionen zur Unternehmenskontrolle wie z.b. die Cadbury Commission, die Laufzeiten der Dienstverträge zu begrenzen und nicht automatisch zu verlängern. Dies gilt vor allem für die Amtszeit des Geschäftsführers. Auf der einen Seite können lange Amtszeiten ein Indiz für besondere Kompetenz und besonderen Erfolg sein, doch zugleich können sie auch inflexibel machen und eine Dominanz des Geschäftsführers im Direktorium widerspiegeln. So zeigen *Hermalin* und *Weisbach* (1991, S.104 - 109) anhand einer empirischen Untersuchung von Aktiengesellschaften, die an der New Yorker Börse notiert werden, daß ab einer Amtszeit von 15 Jahren mit rückläufigen Gewinnen der Unternehmen zu rechnen ist. Freilich ist es auch nicht vorteilhaft, die Geschäftsführer und Direktoren ständig zu wechseln, da sich auch aus Unerfahrenheit und Unkenntnis der Unternehmung Fehlentscheidungen ergeben können. Es zeigt sich, daß in der Regel die Erfolgsaussichten eines Unternehmens in den ersten Jahren der Amtszeit eines Geschäftsführers zunehmen, dann abnehmen (*Diacon* und *O'Sullivan* 1995, S. 419 - 422).

Längere Amtszeiten externer Direktoren führen hingegen dazu, daß diese sich zunehmend mehr firmenspezifisches Wissen aneignen und ihre Überwachungsaufgaben besser erfüllen können (*Hermalin* und *Weisbach* 1991, S. 109). Aus diesem Grund bewerten *Diacon* und *O'Sullivan* (1995, S. 421) ehemalige Manager der Unternehmung in der Rolle als externe Direktoren positiv, soweit es um langfristige Geschäfte geht, für die ein solides firmen- und marktspezifisches Wissen hilfreich ist. Allerdings besteht die Gefahr, daß im Zuge des besseren Verständnisses von firmeninternen Abläufen, Geschäftsgepflogenheiten und einzelnen Projekten auch die Objektivität bei der Bewertung unternehmerischer Aktivitäten verlorengeht (*Charkham* 1995, S. 270).

Die Mitglieder des Direktoriums werden der Hauptversammlung üblicherweise vom Direktorium zur Wahl vorgeschlagen. Allenfalls bei Unternehmen, die ins Schleudern geraten sind, wirken Aktionäre bei der Nominierung von Direktoren mit. Wie in den Vereinigten Staaten[61] werden die Kandidaten auch in Großbritannien häufig vom Hauptgeschäftsführer ausgesucht, der bei internen Direktoren in der Regel das letzte Wort hat, da sie definitionsgemäß seine Untergebenen sind. Aber auch viele externe Direktoren kommen aus dem Bekanntenkreis des Hauptgeschäftsführers. Mit Hilfe von *Nominierungsausschüssen* wird versucht, das Auswahlverfahren transparenter zu machen und zu objektivieren. Während das Direktorium Mitglieder der Geschäftsführung und den Vorsitzenden des Direktoriums absetzen kann, können Direktoren nur von den Aktionären abgewählt werden (*Charkham* 1995, S. 271 - 273). Interessanterweise werden Geschäftsführer häufiger von den Direktorien abgesetzt, die mehrheitlich mit exekutiven Direktoren besetzt sind, als von Direktorien, in denen externe Direktoren domi-

---

[61] *Hermalin* und *Weisbach* (1991, S. 103) konstatieren, daß in den Vereinigten Staaten potentielle Direktoren der Hauptversammlung in der Regel vom Geschäftsführer vorgeschlagen werden. Aus diesem Grund wird angenommen, daß sie eine enge Bindung an das Management haben.

nieren (*Charkham* 1995, S. 272). Im Hinblick auf diese Feststellung verweist *Fama* (1980, S. 292 - 294) darauf, daß sowohl interne als auch externe Direktoren bestrebt sein werden, einen Ruf als gute Kontrolleure und kompetente Wirtschaftsfachleute aufzubauen oder zu bewahren, da dies ihre Chancen auf dem internen wie auf dem externen Arbeitsmarkt langfristig erhöht. Diese Kontrolle der Manager untereinander leistet einen wichtigen Beitrag zur Überwachung und Sanktionierung der Leistungen des gesamten Direktoriums.

Die Doppelfunktion des Direktoriums hat Vor- und Nachteile. Im besten Fall ermöglicht die enge Zusammenarbeit interner und externer Direktoren eine produktive Verbindung von detailliertem Insiderwissen, externem Fachwissen und objektiver Bewertung der Handlungen der Geschäftsführung. Im schlimmsten Fall verkommt das Direktorium zu einem Club der Ahnungslosen, die nach der Pfeife des Geschäftsführers tanzen (*Walsh* und *Seward* 1990, S. 431; *Charkham* 1995, S. 270). Dabei entscheiden nicht allein die Anzahl der externen Direktoren und die Einrichtung von Spezialausschüssen über den Erfolg der internen Unternehmenskontrolle durch das Direktorium. Letztendlich ausschlaggebend dafür, wie effektiv dieses Unternehmensorgan seine Führungs- und Überwachungsfunktion erfüllt, sind vor allem auch das Fachwissen und der Umgang der Mitglieder des Direktoriums miteinander.

Wie gezeigt wurde, regen Erfolge, die einzelne Aktiengesellschaften bei der internen Unternehmenskontrolle haben und ihnen Vorteile auf den Kapitalmärkten verschaffen, zur Nachahmung an. Kombinationen von interner und externer Unternehmenskontrolle zahlen sich im Wettbewerb auf den Produktmärkten aus. Berichte von Spezialkommissionen, die sich mit der Aufgabe beschäftigen, die *richtigen* Kontrollverhältnisse herauszufinden, können in den Dienst dieses wettbewerblichen Aktionsparameters gestellt werden. Dies läßt sich besonders gut an der Entstehung und der Auswirkung des *Cadbury Code* zeigen. Anlaß für die Einsetzung der Cadbury Commission waren Defizite in der Unternehmenskontrolle, die von vielen Anlegern beklagt wurden. Die Klage bezog sich vor allem auf das Fehlen von Mindeststandards für die externe Wirtschaftsprüfung. Die Empfehlungen der Cadbury Commission bestehen in verschiedenen Ansätzen, mit denen gezeigt wird, wie die Kosten der Unternehmenskontrolle in Aktiengesellschaften gesenkt werden können, etwa durch die Trennung der Funktion des Hauptgeschäftsführers von der des Vorsitzenden des Direktoriums. Diese Empfehlungen wurden in das *Yellow Book* der Börse aufgenommen. Die börsennotierten Unternehmen sind seitdem verpflichtet, öffentlich anzugeben, inwieweit sie sich an die teilweise fakultativen Richtlinien halten. Damit wurde ein regelrechter Wettbewerb ausgelöst, neue Regeln zur Verbesserung der Unternehmenskontrolle zu entwickeln und umzusetzen. So zeigt *Conyon* (1994) in einer 1993 durchgeführten Untersuchung von 400 britischen Großunternehmen, daß im Zeitraum von 1988 bis 1993 viele große Aktiengesellschaften begonnen haben, die Leitungsstrukturen ihrer Direktorien im Sinne der Empfehlungen der Cadbury Commission zu verändern. Demzufolge verdoppelte sich in dieser Zeit die Anzahl der börsennotierten Aktiengesellschaften mit Wirtschaftsprüfungsausschüssen. Die Zahl der Firmen mit Nominierungsausschüssen verdreifachte sich. Während 1988 in nur 57 % der untersuchten Aktiengesellschaften die Rolle des Direktoriumsvorsitzenden von der des Hauptgeschäftsführers getrennt war, waren es 1993 schon 77 %.

Gleichermaßen stieg der Anteil der Aktiengesellschaften mit Gehaltsausschüssen von 54 % im Jahr 1988 auf 94 % 1993 an (*Conyon* 1994, S. 87).[62] Obgleich die Entwicklung und Etablierung von Unter- und Kontrollausschüssen zu einer deutlichen Veränderung in der Unternehmensführung und -kontrolle geführt hat, bleibt jedoch festzustellen, daß in den meisten Ausschüssen die Direktoriumsvorsitzenden oder die Hauptgeschäftsführer einen Sitz haben, weshalb die Unabhängigkeit und Funktionsfähigkeit der Ausschüsse teilweise in Zweifel gezogen werden (*Conyon* 1994, S. 95 f., 98; *Bostock* 1995, S. 74 - 76). Der Anteil externer Direktoren in den Direktorien hat sich von knapp 40 % 1988 auf knapp 50 % 1993 erhöht (*Bostock* 1995, S. 73). Außerdem stieg mit der Zahl der Nominierungsausschüsse die Bedeutung der Fachkundigkeit in technischen Belangen sowie das relevante Branchen- und Marktwissen als Auswahlkriterium für externe Direktoren an. Dagegen rückte das Kriterium der Größe des gehaltenen Aktienpaketes in den Hintergrund (*Berglöf* 1997, S. 106).

---

[62] In einer Studie über die Struktur der Direktorien der 100 größten Aktiengesellschaften (in bezug auf Börsenkapitalisierung) kommt *Bostock* (1995, S. 72 - 76) im wesentlichen zu gleichen Ergebnissen.

6.6. Anhang

Tab. 6.6   Privatisierungsemissionen

	Erlöse in Mio. £	Kosten der Emission[1] (in % der Erlöse)	x-fach über- zeichnet	Underpricing in %[2]
- British Petroleum (1979)	290	4,8	1,5	6
- British Aerospace (1981)	149	3,8	3,5	15
- Cable and Wireless (1981)	224	3,1	5,6	17
- Amersham International (1982)	71	4,4	24,0	35
- Associated British Ports (1983)	22	11,8	34,0	28
- Jaguar (1984)	294	1,9	8,3	7
- British Telecom (1984)	3.916	3,9	3,0	33
- British Gas (1986)	5.434	3,2	4,0	10
- Rolls-Royce (1987)	1.363		9,4	35
- BAA (1987)	1.225		8,1	16
- British Airways (1987)	900			32
- British Steel (1988)	2.500		3,3	-1
- 10 Wasserunternehmen (1989)	5.240		3,4	22
- 12 regionale Elektrizi- tätsunternehmen (1990)	5.100	3,7	11,7	21
- National Power (1991)	1.341	3,7	5,4	23
- Power Gen (1991)	822	3,7	5,4	23
- Scottish Hydro-Electric (1991)	920		3,2	5
- Scottish Power (1991)	1.955		3,2	2
- *Tender Offers*				
- Britoil (1982)	549	2,3	0,3	- 20
- Enterprise Oil (1984)	392	2,8	0,4	2
- BAA (1987)	363		6,0	- 4

[1]Die Angaben wurden den Berichten des National Audit Office entnommen, da in den Unternehmensberichten die Kosten der Privatisierung häufig unterschätzt werden.

[2]Berechnet auf Grundlage des vollbezahlten Aktienpreises und im Vergleich zu den Bewegungen des *FT-All Share Index* während der ersten Woche des Handels.

Quelle: *Jenkinson* und *Mayer* 1994, S. 294.

Tab. 6.7   Einnahmen aus dem Verkauf staatlichen Vermögens (in Mrd. £)

Jahr	Zu aktuellen Preisen	Zu Preisen von 1992
1979/1980	154,2	377
1980/1981	101,4	210
1981/1982	266,2	493
1982/1983	267,1	455
1983/1984	698,2	1.139
1984/1985	1.320,2	2.050
1985/1986	1.848,2	2.706
1986/1987	3.147,3	4.458
1987/1988	3.783,0	5.140
1988/1989	5.457,3	7.069
1989/1990	3.515,2	4.225
1990/1991	4.871,1	5.347
1991/1992	7.639,7	7.925
1992/1993	8.184,0	8.184
1993/1994	5.547,4	5.460
1994/1995*	6.552,0	6.300

*geschätzt

Quelle: *Sawyer* 1996b, S. 266.

Tab 6.8   Überzeichnung von Privatisierungsaktien

Unternehmen	Ver-kaufs-jahr	Zeichnungs-quote (Kaufan-träge / Emissi-onsvolumen)	Kurssprung in der ersten Woche (in %)	Anteil der nach einem Jahr verbliebene Akti-enbesitzer in Prozent der Erstbesitzer
- Cable & Wireless	1981	5,6	15	17,3
- Amersham Int.	1982	24,0	35	13,2
- Britoil[1]	1982	0,3	- 25	113,0
- Ass. British Ports	1983	34,0	30	-
- Enterprise Oil[1]	1984	0,4	2	103,4
- Jaguar	1984	8,3	6	43,3
- British Telecom	1984	3,0	91	73,6
- British Gas	1986	4,0	28	70,6
- British Airways	1987	23,0	63	38,2
- Rolls-Royce	1987	9,4	70	46,2
- BAA	1987	8,1	37	48,7

[1] Vergabe der Aktien nach dem Tenderverfahren.

Quelle: *Fröhlich* und *Schnabel* 1990, S. 160.

Tab. 6.9   **Die wichtigsten Privatisierungen staatlicher Unternehmen in Großbritannien**

Unternehmen	Verkaufszeitpunkt	Verkaufsanteil in %[63]	Verkaufserlös in Mio. £	Golden Shares
- British Petroleum (BP)	1979[a]	5,0	276	
	1981	15,2	293	
	1983	7,0	543	
	1987	31,5	7.240	
- British Aerospace	1981	51,6	43	Ja
	1985	48,4	346	
- Cable and Wireless	1981	55,0	182	Ja
	1983	22,3	263	
	1985	22,7	580	
- Amersham International	1982	100,0	64	
- National Freight Corporation (NFC)	1982	100,0	5	
- Britoil	1982	51,0	627	
	1985/95?	49,0	431	
- Associated British Ports	1983	51,5	46	
	1984	48,5	51	
- British Gas Corporation Onshore Oil Assets	1984	100,0	200	
- Enterprise Oil	1984	100,0	380	
- Sealink	1984	100,0	66	
- Jaguar	1984	100,0	297	
- British Telecom (BT)	1984	50,2	3.916	Ja
	1991	28,0		
	1993	22,0		
- Trustee Savings Bank	1986	100,0	1.200	
- British Gas	1986	100,0	5.434	Ja
- British Airways	1987	100,0	900	
- Rolls Royce	1987	100,0	1.363	Ja
- Royal Ordnance	1987	100,0	190	
- British Airports Authority (BAA)	1987	100,0	1.225	Ja
- British Steel	1988	100,0	2.500	
- National Bus Company	1989	100,0	89	
- 10 Wasserunternehmen	1989	100,0	5.600	
- 12 Elektrizitätsunternehmen	1990	100,0	5.180	
- Scottish Power	1991	100,0	1.955	Ja
- Scottish Hydro-Electric	1991	100,0	920	Ja
- National Power	1991	60,0	1.341	Ja
	1995	40,0		
- Powergen	1991	60,0	822	Ja
	1995	40,0		
- N. Ireland Electricity	1993	100	684	Ja
- British Coal	1995			-
- Railtrack	1996			-

[a] 1977 waren unter der Labour Regierung auf Drängen des IWF bereits 17 % von BP verkauft worden.

Quellen: *Feldmeier* 1993, S. 129; *Wright* und *Thompson* 1994, S. 39; *Jenkinson* 1998, S. 113.

---

[63]   Die tatsächlichen Verkaufsanteile lagen häufig unter den hier angegebenen, z.B. wenn Bonusaktien oder Aktien mit Sonderkonditionen nicht voll ausgeschöpft wurden. Diese Restbestände wurden bis 1996 in kleinen Plazierungen nach und nach verkauft. (*Gribben* 1996b; *Jenkinson* 1998, S. 113).

7. Kapitalmarktentwicklung und Unternehmenskontrolle in Großbritannien

Der Kapitalmarkt umfaßt die Gesamtheit der Märkte für längerfristig disponible Finanzierungsmittel (Spargelder). Zu den Akteuren auf diesen Märkten zählen einerseits die dem nicht-finanziellen Sektor zugerechneten Anbieter von und Nachfrager nach Kapital, also private Haushalte, Unternehmen, Staat, Ausland.[1] Hinzu kommen Finanzintermediäre, die sich auf die Vermittlung von Spargeldern zwischen den Anbietern und Nachfragern von Kapital sowie auf komplementäre Dienstleistungen spezialisiert haben. Hierzu werden Banken, Versicherungen, Investment- und Kapitalbeteiligungsgesellschaften, Makler etc. gezählt. Während auf dem Primärmarkt Kapitalnachfrager zusätzliche Finanzmittel (durch die Emission von Wertpapieren oder den Abschluß von Kredit- oder Beteiligungsverträgen) aufnehmen können, werden auf dem Sekundärmarkt bereits existierende Wertpapiere gehandelt. Der Sekundärmarkt sorgt somit einerseits für die Liquidität der im Primärmarkt entstehenden finanziellen Ansprüche, andererseits kann er auch der Neubewertung dieser Ansprüche dienen. Soweit es sich um unternehmensbezogene Aktiva handelt, steht dabei die Leistungsfähigkeit der Geschäftsführung sowie des Unternehmens als Ganzes auf dem Prüfstand der öffentlichen Beurteilung.

Unternehmen, die am Kapitalmarkt finanzielle Mittel aufnehmen, können versuchen, entweder ihr Eigenkapital im Rahmen der Eigenfinanzierung zu erhöhen oder im Rahmen der Fremdfinanzierung Fremdkapital aufzunehmen. Die Eigenfinanzierung bedeutet für Unternehmen die Bereitstellung von Risikokapital. Dieses bildet die Grundlage für unternehmerisches Handeln, insbesondere für die Fähigkeit des Unternehmens, mit den Eigentümern der anderen Produktionsfaktoren Verträge zu schließen, die ihnen im Austausch für die Beteiligung an der unternehmerischen Leistungserstellung ein zeitlich mehr oder weniger befristetes Einkommen garantieren. So richtet sich auch die Fähigkeit eines Unternehmens, erfolgreich Fremdkapital anzuwerben, neben den Gewinnaussichten der Unternehmung, maßgeblich nach dessen Eigenkapitalausstattung.

Das Eigenkapital von Aktiengesellschaften wird auf dem Aktienmarkt gehandelt. Als besondere Form eines Kapitalmarktes erfüllt der Aktienmarkt vier wesentliche Funktionen: Zum einen dient er der Finanzierung, also der *Transmission von Ersparnissen* in Risikokapital von Unternehmen. Die auf dem Markt entstehenden Preise (Aktienkurse) spiegeln das Angebot an und die Nachfrage nach den Aktien der verschiedenen Unternehmen wider. Da diese auf den Erwartungen einer Vielzahl von Investoren basieren, sorgt der Preismechanismus zweitens für die Sammlung und Verarbeitung einer Fülle von Informationen (*Informationsfunktion*). Den Anlegern, die ihre Investitionen über eine Vielzahl von Unternehmen streuen können, ermöglichen Aktienmärkte drittens eine Diversifikation und Risikoverteilung (*Risikoabsicherungsfunktion*). Außerdem werden auf Aktienmärkten nicht nur Kapital, sondern gleichzeitig auch Eigentumsrechte

---

[1]　Der Einfluß des Staates und des Auslands auf die Finanzierung von Aktiengesellschaften und die Unternehmenskontrolle durch den Kapitalmarkt werden im folgenden nicht gesondert betrachtet. Die Rolle des Staates wurde in den Kapiteln fünf und sechs ausführlich dargestellt.

- also Rechte über die Beteiligung an Gewinnen und Verlusten sowie Stimmrechte in der Hauptversammlung und Veräußerungsrechte - gehandelt. Dadurch wird viertens sowohl die Unternehmenskontrolle durch die Hauptversammlung als auch durch den Markt für Unternehmenskontrolle ermöglicht (*Kontrollfunktion*).

Die Akteure am Kapitalmarkt, die in Unternehmen investieren, haben prinzipiell zwei Möglichkeiten, sich an der Unternehmenskontrolle zu beteiligen: Zum einen im Rahmen der externen Kontrolle, indem sie am Markt Entscheidungen über ihr Angebot an und ihre Nachfrage nach Finanzmitteln und unternehmensbezogenen Wertpapieren treffen, zum anderen indem sie vertraglich oder gesetzlich festgelegte Kontrollrechte innerhalb der Unternehmung nutzen, z.B. die Beteiligung an der Hauptversammlung oder gegebenenfalls auch am Direktorium. Für die Entwicklung und Funktionsweise der internen und der externen Unternehmenskontrolle sind die Handlungsspielräume und wirtschaftlichen Anreize der Kapitalmarktakteure maßgeblich. Diese wiederum sind von gesetzlichen Regelungen, Konventionen, von den Kosten und dem Nutzen der Kontrollausübung abhängig. Dies spiegelt sich in der Finanzierungsstruktur der Unternehmen und im Anlageverhalten der Investoren auf den Kapitalmärkten wider.

7.1. Die Finanzierungsstruktur der Aktiengesellschaften und das Anlageverhalten der Investoren auf den Kapitalmärkten

7.1.1. Das Verhalten der Aktiengesellschaften bei der Unternehmensfinanzierung

In der Zeit zwischen 1945 und 1979 ist die Anzahl der Aktiengesellschaften, insbesondere derjenigen mit einer vollen Börsennotierung, in Großbritannien deutlich zurückgegangen. Während 1955 noch 3.816 börsennotierte Aktiengesellschaften gezählt wurden, waren es 1979 nur noch 2.052. Gleichzeitig zeigten sich deutliche Konzentrationstendenzen auf dem Aktienmarkt. So wuchs der Marktwert der 100 größten Aktiengesellschaften zwischen 1963 und 1968 von etwas über 50 % des Marktwertes aller Unternehmen auf 60 % an (*Moyle* 1971, S. 11; *Rasch* 1996, S. 113). Diese Entwicklung war keineswegs nur typisch für Großbritannien, auch in anderen europäischen Ländern wie Frankreich, Deutschland und den Niederlanden ließen sich ähnliche Tendenzen beobachten.

Tab. 7.1   **Anzahl börsennotierter Aktiengesellschaften in Großbritannien, 1955 - 1979**

Jahr	Anzahl der börsennotierten Unternehmen
1955	3.816
1963	3.604
1969	2.765
1979	2.052

Quelle: *Moyle* 1971, S. 1, 11; *Rasch* 1996, S. 113.

Als Gründe für die regressive Entwicklung des Aktienmarktes in dieser Phase wird zum einen angegeben, daß für börsennotierte Aktiengesellschaften das Risiko besonders groß war, im Zuge von Unternehmenszusammenschlüssen aufgekauft zu werden. Während einige börsennotierte Aktiengesellschaften von anderen Public oder Private Companies übernommen wurden,[2] entschlossen sich andere, um der Gefahr der Übernahme zu entgehen, ihre Börsennotierung auszusetzen. Der Einfluß der Regierung auf diese Entwicklung zeigte sich nicht nur in der konzentrationsfördernden Wirtschaftspolitik, sondern auch in der Verstaatlichungspolitik, die dazu beitrug, daß Unternehmen, die Teil von Public Corporations wurden, von der Börse verschwanden.

Durch den *Companies Act* von *1980* wurden die Unterscheidungskriterien zwischen *Public* und *Private Companies* neu definiert. Viele Unternehmen mußten ganz oder vorübergehend die Registrierung als Private Company beantragen. Aus diesem Grund sank die Zahl der Public Companies - und somit der Aktiengesellschaften, die in der Lage waren, überhaupt eine Börsennotierung zu beantragen - Anfang der achtziger Jahre nochmals deutlich ab. Nach 1984 begann die Zahl der Aktiengesellschaften sowohl absolut als auch relativ wieder deutlich anzusteigen (siehe Tabellen 7.17 und 7.18 im Anhang). Der Anteil der Public Companies an den Kapitalgesellschaften nahm zwischen 1984 und 1989 von 0,4 % auf 1,0 % zu (*DTI* 1989, S. 19). Zwischen 1990 und 1997 schwankte der Anteil zwischen 1,1 % und 1,2 % (*DTI* 1997, S. 26). Gleichzeitig stieg auch die Anzahl börsennotierter britischer Unternehmen wieder an. Obgleich der Handel auf dem Aktienmarkt nach wie vor durch den Handel mit Aktien von Großunternehmen bestimmt wird, haben seit Mitte der achtziger Jahre auch wieder verstärkt kleinere Unternehmen erfolgreich eine vollständige Börsennotierung beantragt (siehe *Rasch* 1996, S. 129 f.).

Auch an dieser Entwicklung war der Staat maßgeblich beteiligt. Durch die Privatisierungsemissionen stieg nicht nur die Anzahl der börsennotierten Aktiengesellschaften, der Aktienmarkt gewann aufgrund des hohen Volumens der staatlichen Börsengänge auch erheblich an Tiefe und Liquidität. Durch die positiven Erfahrungen, die private Kleinanleger im Rahmen der Beteiligung an Privatisierungsemissionen gewonnen hatten, und die steuerliche Förderung kleiner Aktienportfolios stieg der Anreiz, direkt in Aktien zu investieren. Dadurch verbesserten sich auch die Chancen kleinerer privater Unternehmen, am Aktienmarkt Risikokapital aufzunehmen. Der Abbau der Kapitalverkehrsbeschränkungen 1979 und die Deregulierung des Kapitalmarktes in den achtziger Jahren führten dazu, daß sich die *International London Stock Exchange* (ILSE) und die dort notierten Unternehmen stärker als vorher den Erfordernissen des internationalen Wettbewerbs anpassen mußten. So entwickelte sich London zu einem Börsenplatz, der auch für ausländische Anleger und Unternehmen, die Kapital aufnehmen wollten, sehr attraktiv wurde.

---

[2]   Allein zwischen 1957 und 1967 wurden 38 % der börsennotierten Aktiengesellschaften von anderen börsennotierten Aktiengesellschaften übernommen (*Dimsdale* 1994, S. 18).

Tab. 7.2   **Börsennotierte Unternehmen und Marktkapitalisierung im internationalen Vergleich (1994)**

	Anzahl der börsennotierten Unternehmen	Marktkapitalisierung (in % des BSP)	Umsatz (in % der Marktkapitalisierung)
Vereinigtes Königreich	2.070	114	38
Schweiz	215	109	81
USA [1]	2.353	75	52
Niederlande	320	67	66
Australien	1.144	67	34
Kanada [2]	1.185	59	42
Japan	2.205	50	32
Korea	699	50	174
Belgien	155	36	14
Frankreich	459	34	45
Spanien	372	25	44
Deutschland	417	24	128
Italien	219	18	72

[1] NYSE, AMEX und NASDAQ, [2] Toronto und Vancouver
Quelle: *OECD* 1998, S. 130.

In den achtziger Jahren wurde der Primärmarkt für Aktien von den Privatisierungsemissionen sowie von Emissionen im Zusammenhang mit Unternehmenszusammenschlüssen und Unternehmensübernahmen dominiert. In den neunziger Jahren hingegen gewann der Kapitalmarkt mit dem Wiederaufkommen der Vergabe von Bezugsrechten wieder stärker an Bedeutung für die Aufnahme neuer Finanzmittel (*Dimsdale* 1994, S. 23). Insgesamt wurde die britische Wirtschaft in den achtziger und neunziger Jahren durch den Einfluß des Aktienmarktes sowohl auf die Finanzierung von Unternehmen als auch auf die Unternehmenskontrolle geprägt (*OECD* 1998, S. 12). Ein Indiz hierfür zeigt sich in der vergleichsweise großen Anzahl börsennotierter Unternehmen und der Höhe ihres Marktwertes im Vergleich zum Bruttosozialprodukt (*OECD* 1998, S. 129). Obgleich die Emission von Aktien für die Finanzierung des Unternehmenssektors insgesamt von eher geringer Bedeutung zu sein scheint (siehe Tabellen 7.3, 7.5, 7.6 und 7.19), darf nicht übersehen werden, daß ein Großteil des britischen Bruttosozialprodukts in Aktiengesellschaften erwirtschaftet wird.[3]

7.1.1.1. Die Innenfinanzierung von Aktiengesellschaften

Die wichtigste Finanzierungsquelle für Unternehmen ist in Großbritannien die Innenfinanzierung. Allerdings spielt sie eine weniger überragende Rolle als in einigen anderen Ländern wie z.B. in Deutschland. Dies zeigt sich besonders stark bei der Finanzierung von (überwiegend börsennotierten) Großunternehmen.

---

[3]   So erstellten 1995 die Aktiengesellschaften 81 % des Bruttosozialprodukts (*Mitchell* und *Sikka* 1996, S. 1).

Tab. 7.3   **Finanzierung von Großunternehmen in Großbritannien und Deutschland, 1982 - 1988 (in %)**

Bruttofinanzierung	Deutschland	Großbritannien
Innenfinanzierung	89,6	58,2
Neue (junge Aktien)	8,2	14,3
Mittel- und langfristige Kredite	0,6	7,9
Kurzfristige Kredite	- 1,7	1,1
Lieferantenkredite	3,3	18,5

Quelle: *Schneider-Lenné* 1994, S. 304.

Die Untersuchung der Quellen der Innenfinanzierung von Unternehmen in Großbritannien und Deutschland verweist auf zwei wichtige Faktoren, welche die Unterschiede erklären helfen.

Der erste Faktor liegt in dem unterschiedlichem Verhalten der Unternehmen bei der Gewinnausschüttung. In Großbritannien lag der Anteil der Dividende an den realisierten Unternehmensgewinnen in den siebziger und achtziger Jahren deutlich über denen in anderen Industrienationen (siehe auch Tabelle 7.20 im Anhang).

Tab. 7.4   **Ausgeschüttete Dividende in % der Unternehmensgewinne 1984 - 1988**

	1983	1984	1985	1986	1987	1988
Deutschland	14,3	10,9	10,0	11,3	14,6	17,6
Großbritannien	29,8	24,5	27,1	31,3	39,6	34,5

Quelle: *Mayer* 1994, S. 184.

Es zeigt sich, daß die Dividenden nicht lediglich von der Höhe der Unternehmensgewinne und der internen Investitionserfordernisse oder auch -möglichkeiten beeinflußt wurden (*Mayer* 1994, S. 183). Auch die Steuergesetzgebung bestimmte die Neigung der Unternehmen zur Gewinnausschüttung. In Großbritannien wurden einbehaltene und ausgeschüttete Gewinne steuerlich gleichbehandelt. Die Aktionäre konnten der Doppelbesteuerung entgehen, da sie ihre auf ausgeschüttete Gewinne gezahlten Körperschafts- und Ertragssteuern (zumindest teilweise) mit der Gesamtsteuerschuld verrechnen lassen konnten. Bis 1997 konnten auch (steuerbefreite) Pensionsfonds und private Rentenversicherungen die vorausgezahlte Körperschaftssteuer auf ausgeschüttete Dividenden von den Finanzbehörden teilweise zurückfordern (*Bond* und *Jenkinson* 1996, S. 23; *Friedmann, Ingram* und *Miles* 1984, S. 44). Deshalb war für steuerbefreite Finanzinstitutionen die Gewinnausschüttung besonders attraktiv. Da diese institutionellen Anleger die meisten Hauptversammlungen britischer Unternehmen dominierten, war die Wahrscheinlichkeit der Durchsetzung ihrer Interessen sehr hoch. Gegner hoher Ausschüttungsquoten sahen in dieser Regelung den wesentlichen Grund für das Ausschüttungsverhalten der Aktiengesellschaften und forderten deshalb die Abschaffung dieser Regel. Die neue Labour-Regierung folgte dieser Argumentation und hob die Regelung am 2. Juli 1997 auf, um den Anreiz für die Anleger, auf Ausschüttung hoher Dividenden zu bestehen, zu vermindern (*Inland Revenue* 1997).

Als weitere Ursache für die hohe Neigung britischer Aktiengesellschaften, Gewinne auszuschütten, wird häufig der Einfluß des Marktes für Unternehmenskontrolle genannt. Dieser soll dafür ausschlaggebend sein, daß britische Unternehmen im allgemeinen sehr sensibel auf Veränderungen der Finanzierungskosten reagieren. Sinkt der Fremdkapitalzins oder sehen Geschäftsführer keine Möglichkeit, finanzielle Mittel innerhalb ihrer Unternehmen rentabler zu investieren, als dies den Aktionären bei Anlage in anderen Wertpapieren möglich wäre, steigt die Bereitschaft, höhere Dividenden zu zahlen oder eigene Aktien zurückzukaufen (*McWilliams* 1998). Hierdurch kann der Ertrag pro Aktie gesteigert werden, was die Kurse an der Börse in die Höhe treibt und das Risiko der Unternehmensübernahme verringert.

Es ist bemerkenswert, daß sich ähnliche Ausschüttungsunterschiede, wie sie zwischen Aktiengesellschaften in Großbritannien und in Deutschland bestehen, auch zwischen großen börsennotierten und großen nicht-börsennotierten Unternehmen in Großbritannien zeigen. So lag die durchschnittliche Ausschüttungsquote börsennotierter Unternehmen zwischen 1980 und 1987 bei 21,7 Prozent, während sie in den nicht-börsennotierten Unternehmen nur bei 9,9 Prozent lag. Gleichzeitig war die Wahrscheinlichkeit der Dividendenkürzung bei den nicht-börsennotierten Unternehmen fünfmal so hoch wie bei den börsennotierten (*Mayer* 1994, S. 184).

Dies läßt darauf schließen, daß die Ausschüttungsquote maßgeblich vom direkten und indirekten Einfluß der Aktionäre auf die Unternehmensentscheidungen abhängig ist. Von den Gruppen im Unternehmen, die an einer möglichst hohen Gewinnthesaurierung interessiert sind, um sich insoweit dem Wettbewerbsdruck und der Kontrolle des externen Kapitalmarktes entziehen zu können, verfügen im Direktorium und in der Hauptversammlung nur die professionellen Geschäftsführer mit ihrer Beraterfunktion über wesentlichen Einfluß. Die Banken und die Belegschaft, die z.B. auf Grund der Kapitalstruktur und der Gesetze über Mitbestimmung in Deutschland stark an Unternehmensentscheidungen mitwirken (*Schüller* 1979, S. 332 f.), halten in der Regel nur wenig Stimmrechte.

Ein zweiter Grund, warum der Grad der Innenfinanzierung britischer Aktiengesellschaften im Vergleich zu demjenigen in Deutschland niedriger liegt, findet sich in den unterschiedlichen Systemen der betrieblichen Altersvorsorge. In britischen Unternehmen wird die betriebliche Altersversorgung in der Regel über Pensionsfonds oder kapitalbildende Lebensversicherungen abgewickelt (*Friedmann, Ingram* und *Miles* 1984, S. 45). In Deutschland hingegen verbleiben 60% der Fonds, die zur Bestreitung der Betriebsrenten gebildet werden, als langfristige Pensionsrückstellungen innerhalb der Unternehmen. 1994 umfaßten diese Rückstellungen rund 10 % der gesamten Finanzierungsmittel der Unternehmen. Sie sind somit ein wichtiges Finanzierungsinstrument geworden und werden häufig als Quasi-Eigenkapital angesehen (*Schneider-Lenné* 1994, S. 295).

7.1.1.2. Die Außenfinanzierung von Aktiengesellschaften

In der Zeit zwischen 1945 und 1978 verwandelte sich der Primärmarkt für Wertpapiere in Großbritannien auf Grund der Kapitalverkehrsbeschränkungen von einem internationalen zu einem fast ausschließlich nationalen Markt. Obgleich nach dem Zweiten Weltkrieg die Kontrolle des Staates über die Wertpapiermärkte gelockert wurde, mußten Unternehmen in vielen Fällen weiterhin die Genehmigung für Wertpapieremissionen bei staatlichen Stellen einholen. Auf diese Weise griff der Staat weiterhin lenkend in den Kapitalmarkt ein. Die staatliche Begrenzung der Dividenden, die steuerliche Diskriminierung ausgeschütteter im Vergleich zu einbehaltenen Gewinnen und die großen Reserven, die viele Unternehmen nach dem Krieg in Form von Staatspapieren und Steuerrückerstattungen hielten, führten dazu, daß der Grad der Innenfinanzierung sehr hoch war. Dennoch nahm fast ein Drittel der börsennotierten Unternehmen zwischen 1949 und 1953 auf dem Aktienmarkt Mittel auf. In den vierziger und fünfziger Jahren nutzten insbesondere kleine und schnell wachsende Unternehmen, aber auch sehr große Unternehmen mit einem Unternehmenswert von mehr als vier Millionen Pfund, den Kapitalmarkt, um sich finanzielle Mittel für Investitionen zu beschaffen (*Thomas* 1978, S. 146 f.).

In den Jahren der wirtschaftspolitischen Stop und Go-Politik wurde der Zugang der Aktiengesellschaften zum Aktienmarkt stark von der fluktuierenden Entwicklung der Inflation und der Zinsen sowie von den unsicheren wirtschaftlichen Aussichten beeinflußt.[4] Die Unsicherheit führte dazu, daß Banken nur ungern bereit waren, langfristiges Fremdkapital für Unternehmen bereitzustellen. Die Emissionskonsortien verlangten höhere Gebühren, da sie die Chancen der Unterbringung von Wertpapieren am Markt nur schlecht abschätzen konnten (*Thomas* 1978, S. 146 - 153). Welche Art von Wertpapieren die Unternehmen auf dem Kapitalmarkt plazierten, hing wesentlich vom Niveau der Zinsen, der steuerlichen Behandlung von Eigen- und Fremdkapital[5] und den Bedingungen auf dem Aktienmarkt ab. Die Finanzstruktur der Unternehmen reagierte stark auf die Kosten des Kapitals und veränderte sich im Zeitablauf erheblich (*Thomas* 1978, S. 153 - 155).[6] In den siebziger Jahren verlor der Markt für festverzinsliche Unternehmenswertpapiere wie Vorzugsaktien und Anleihen auf Grund der inflationsbedingt hohen Kursrisiken und der starken Emissionstätigkeit des Staates, die zu einer weiteren Steigerung der Zinsen führten, stark an Bedeutung (*Buckle* und *Thompson* 1992, S. 51; *Friedman*, *Ingram* und *Miles* 1984, S. 41 f.).

Während vor dem Ersten Weltkrieg die meisten Wertpapieremissionen von Aktiengesellschaften wie auch Public Corporations über ein Tenderverfahren abgewickelt wurden, gingen die meisten Unternehmen nach dem Zweiten Weltkrieg dazu über, ihre Wertpapiere zu einem festen Preis zu emittieren. Diese Entwicklung ging also der Privatisierungskampagne der achtziger und neunziger Jahre voraus. Schon in den sechziger Jahren war zwar bekannt, daß bei Emissionen nach dem Tenderverfahren das Underpricing und die Überzeichnung im Durchschnitt deutlich niedriger ausfielen als bei Ver-

---

4   Zur Kapitalaufnahme von Unternehmen durch Wertpapieremissionen im Zeitraum von 1940 - 1969 siehe Tabelle 7.21 im Anhang.

5   Die Reform der Körperschaftsteuer von 1965 bewirkte eine starke Diskriminierung von Dividenden gegenüber Zinszahlungen für Fremdkapital, was zu einer starken Zunahme der Emission von Unternehmensanleihen führte (*Thomas* 1978, S. 154 f.).

6   Zur Verwendung unterschiedlicher Arten von unternehmensbezogenen Wertpapieren zur Kapitalaufnahme im Zeitraum von 1946 - 1976 siehe Tabelle 7.22 im Anhang.

käufen zu einem festen Preis, doch wurde argumentiert, daß auf Grund der Unsicherheit über den tatsächlichen Emissionskurs und der höheren Wahrscheinlichkeit, daß der Marktpreis unter dem Ausgabepreis liegt, sich weniger Anleger an solchen Emissionen beteiligen würden. Auch waren die Emissionskonsortien bei einem festen Preis bereit, ihre Gebühren zu vermindern, da sie für diesen Fall von einem geringeren Unterbringungsrisiko ausgingen (*Thomas* 1978, S. 165, 167 - 169).

Durch den Abbau der Kapitalverkehrskontrollen nach 1979 öffneten sich die britischen Kapitalmärkte wieder ausländischen Marktteilnehmern, und britische Unternehmen gingen dazu über, die Anlagemöglichkeiten und das Kapitalangebot auf ausländischen Kapitalmärkten, insbesondere in den USA, zu nutzen. Durch die Deregulierungen im Finanzsektor seit den achtziger Jahren und die Erweiterung der Zinsspannen der Banken während der Rezession Anfang der neunziger Jahre veränderten sich in Großbritannien die Kosten der Kapitalaufnahme dahingehend, daß sich viele Unternehmen auf dem Kapitalmarkt günstiger finanzieren konnten als bei den Banken. Dadurch wurde die Finanzierung durch die Emission von Wertpapieren attraktiver. So tilgten 1991 Unternehmen netto 3,0 Mrd. Pfund an Bankkrediten und nahmen gleichzeitig auf den Aktien- und Rentenmärkten mehr als 20 Mrd. Pfund auf (*McWilliams* und *Sentance* 1994, S. 132 f.). Dabei profitierten die Unternehmen von den starken Kurssteigerungstendenzen auf den Märkten.[7]

Im Zuge des steigenden Wettbewerbs, der stabileren wirtschaftlichen Aussichten und sinkender Inflation beteiligten sich die Banken zunehmend auch an der mittel- bis längerfristigen Finanzierung von Unternehmen. Dabei wurden die Kredite zu einem erheblichen Teil dazu verwendet, um Unternehmensübernahmen zu finanzieren (*Buckle* und *Thompson* 1992, S. 47; *Mayer* 1994, S. 186).

Auf Grund der in den achtziger Jahren weiterhin vergleichsweise hohen Inflation erholte sich der Markt für Anleihen privater Unternehmen zunächst nur wenig. Dazu könnte auch beigetragen haben, daß mit der Verringerung der Körperschaftsteuersätze der steuerliche Anreiz zur Fremdfinanzierung abgenommen hat. Dieser Anreiz war in den sechziger und siebziger Jahren aufgrund hoher Körperschaftsteuersätze[8] und inflationsbedingt hoher Schuldzinsen besonders groß (*Friedmann, Ingram* und *Miles* 1984, S. 44). Die Bemühungen der Regierung *Thatcher*, durch steuerliche Anreize für Anleger und die Verminderung der Emission staatlicher Schuldverschreibungen den Markt für festverzinsliche Wertpapiere für Unternehmen wieder attraktiver zu machen, stießen erst ab Ende der achtziger Jahre auf einigen Erfolg (*Buckle* und *Thompson* 1992, S. 47, 123; *Friedman, Ingram* und *Miles* 1984, S. 42).

---

[7] Allerdings wandten sich nach dem Börsenkrach von 1987 wieder vermehrt Unternehmen der Kreditfinanzierung durch Banken zu.

[8] Bei der Berechnung der Körperschaftssteuer dürfen Zinsen für Fremdkapital in gewissem Umfang vom steuerpflichtigen Ertrag abgezogen werden, Dividendenzahlungen für Aktionäre jedoch nicht.

Tab. 7.5   **Die Finanzierungsquellen von Unternehmen**
              (in % des Finanzierungsvolumens)

Zeit-raum	Selbstfinanzierung	Bankkredite	Aktien	Vorzugsaktien und Anleihen	Andere
1970er	69,0	15,0	2,8	0,7	12,5
1980er	55,0	24,0	7,2	1,6	11,4

Quelle: *Buckle* und *Thompson* 1992 S. 47

Insgesamt zeigte sich auch in den achtziger und neunziger Jahren, daß die britischen Unternehmen sehr sensibel auf eine Veränderung der in erheblichem Maße wirtschaftspolitisch beeinflußten Finanzierungskosten reagierten.

Im internationalen Vergleich zeichnen sich britische Unternehmen durch eine verhältnismäßig hohe Eigenkapitalquote aus.[9] Während dies von einigen Kommentatoren als Anzeichen dafür interpretiert wird, daß auf dem britischen Kapitalmarkt die Bedingungen zur Aufnahme von Risikokapital günstiger sind als in anderen Ländern, sehen andere Autoren darin ein Anzeichen dafür, daß Unternehmen Schwierigkeiten haben, Fremdkapital aufzunehmen und dadurch in ihrem Wachstum behindert werden.

Tab. 7.6   **Finanzierungsquellen von Unternehmen der verarbeitenden Industrie und des Dienstleistungssektors in Großbritannien (in Mrd. £)**

Jahr	Netto-finanz-bedarf	Bankver-schuldung	Aktienemission in Großbritannien	Emission von Schuldverschrei-bungen und Vor-zugsaktien	Aktien-emission im Aus-land
1980	6,2	5,9	-	-	-
1981	3,4	3,3	-	-	-
1982	5,6	1,9	-	-	-
1983	0,0	1,6	1,9	0,6	0,0
1984	1,9	7,3	1,1	0,2	0,3
1985	8,4	7,5	3,4	1,6	1,2
1986	11,9	9,1	4,5	3,4	1,2
1987	26,4	12,2	13,4	3,6	2,2
1988	48,6	31,8	4,4	3,6	2,5
1989	51,6	33,1	1,9	5,6	7,7
1990	30,9	18,6	2,6	3,5	6,4
1991	20,7	-3,0	8,3	6,9	5,5

Quelle: *McWilliams* und *Sentance* 1994, S. 132.

---

[9]   Siehe *Friedman, Ingram* und *Miles* (1984, S. 42) und Tabelle 7. 23 im Tabellenhang dieses Kapitels. Allerdings verweisen *Edwards* und *Fischer* (1994, S. 259) darauf, daß auf Grund unterschiedlicher Abschreibungsregeln, der unterschiedlichen Bewertung von Gebäuden und Grundstücken und abweichender Rechnungslegungsvorschriften ein Vergleich der Kapitalausstattung von Unternehmen in verschiedenen Ländern auf der Grundlage von Bilanzstatistiken mit Vorsicht zu betrachten ist.

Tab. 7.7 **Börsenkapitalisierung in ausgewählten OECD-Ländern**

Ende November 1996

Land	Aktienumlauf in Mrd. DM[1]	Börsenkapitalisierungskoeffizient[2]
USA[3]	13.354	122
Japan[4]	4.881	63
Großbritannien	2.544	152
Deutschland	1.002	27
Frankreich	892	38
Niederlande	555	93
Schweden	357	103

1) Kurswert der inländischen börsennotierten Aktien, 2) Aktienumlauf in % des nominellen Bruttoinlandsprodukts von 1995, 3) New York Stock Exchange und NASDAQ, 4) Börse Tokio.
Quelle: *Deutsche Bundesbank* 1997, S. 28.

Allerdings verfügt Großbritannien über den drittgrößten Aktienmarkt der Welt. Nicht nur die Anzahl der Unternehmen, deren Aktien gehandelt werden, der Börsenkapitalisierungskoeffizient und das Volumen des Aktienumlaufs (siehe Tabelle 7.7) sprechen dafür, daß Unternehmen in Großbritannien vergleichsweise gute Aussichten haben, am Aktienmarkt Eigenkapital aufzunehmen. Der britische Aktienmarkt zeichnet sich vielmehr auch dadurch aus, daß das Volumen der Neuemissionen im Vergleich zu dem der Kapitalerhöhungen relativ hoch ist.

Tab. 7.8 **Aktienemissionen (in Mio. US $) in Großbritannien und Deutschland 1989 - 1995**

Jahr	Deutschland			Großbritannien		
	Neuemissionen	Kapitalerhöhungen	Insgesamt	Neuemissionen	Kapitalerhöhungen	Insgesamt
1989	1.373,50	9.207,90	10.581,40	12.167,60	8.105,30	20.272,90
1990	2.063,70	13.025,80	15.089,50	11.867,30	11.338,80	23.206,10
1991	2.111,50	9.213,40	11.324,90	12.406,30	22.445,50	34.851,80
1992	496,50	8.828,10	9.324,60	3.686,10	7.085,40	10.768,50
1993	557,00	8.667,90	9.224,90	7.350,80	18.854,10	26.204,90
1994	773,00	17.092,80	17.865,80	15.572,20	16.476,60	32.048,80
1995	4.890,20	18.105,90	22.996,10	1.490,30	3.088,70	4.579,00
1989 - 1995	12.265,40	84.141,80	96.407,20	64.537,60	87.394,40	151.932,00

Quelle: *Deutsches Aktieninstitut* 1996, S. FB_03-4.

Obgleich die Bevorzugung von Großunternehmen durch institutionelle Anleger auf dem britischen Aktienmarkt scharf kritisiert wird,[10] zeigt sich, daß im Vergleich zu anderen Ländern der Zugang kleinerer und jüngerer Unternehmen zur Börse verhältnismäßig gut ist. Während in Deutschland zwischen 1991 und 1993 rund 90 % der Aktienemissionen auf meist große, etablierte Unternehmen entfielen, wurde in Großbritannien knapp ein Drittel der Aktienemissionen von vorwiegend jungen Börsenneulingen getä-

---

[10] Siehe *Lea* 1999; *Buckley* 1999a.

tigt (*Rasch* 1996, S. 52).[11] Durch die Einführung spezieller Marktsegmente für kleinere und jüngere Unternehmen, die noch nicht die Bedingungen für eine volle Börsennotierung auf der *Official List* erfüllten wie den *Unlisted Securities Market* (USM), den *Third Market* und den *Alternative Investment Market* (AIM) wurde erfolgreich versucht, die Liquidität ihrer Wertpapiere zu erhöhen und sie sukzessive an die volle Börsennotierung heranzuführen.

Gleichwohl muß auch für den britischen Aktienmarkt eine starke Konzentration des Aktienhandels konstatiert werden. Allerdings lag der Umsatzanteil von fünf Prozent der umsatzstärksten Aktien 1995 an der *New York Stock Exchange* (53,9 %), dem *NASDAQ* (71,9 %), der Börse von Osaka (61,0 %) sowie in Frankreich (72,3 %) und in Deutschland (83,4 %) deutlich höher als in Großbritannien mit 31,5 % (*Deutsches Aktieninstitut* 1996, S. FB_06-5-a).

Tab. 7.9   **Konzentration der Marktkapitalisierung und der Börsenumsätze in Deutschland und Großbritannien 1988 - 1995**

Jahr	Anteil der 5 % größten Unternehmen an der gesamten Marktkapitalisierung in %			Anteil der 5 % größten Unternehmen an den gesamten Börsenumsätzen in %		
	Großbritannien	Deutschland	Frankreich	Großbritannien	Deutschland	Frankreich
1988	-	74,6	42,7	-	61,0	48,8
1989	66,3	56,0	41,1	63,0	51,6	49,8
1990	71,0	52,7	49,8	72,0	70,5	57,0
1991	68,2	62,4	57,5	35,6	81,3	67,7
1992	76,3	60,9	51,5	29,5	86,2	66,0
1993	71,0	67,2	49,3	34,5	85,2	61,3
1994	67,4	67,2	56,8	30,4	85,9	71,9
1995	72,0	66,9	58,4	31,5	83,4	72,3
Anzahl der Unternehmen 1995	99	34	36	99	34	36

Quelle: *Deutsches Aktieninstitut* 1996, S. FB_06-5.

Während der hohe Anteil der Börseneinführungen in Großbritannien tendentiell zu einer Verringerung des Konzentrationsgrad beigetragen hat, haben in den vergangenen Jahren starke Konzentrationstendenzen unter Unternehmen, die zum FTSE 100-Index gehören, und die Neigung institutioneller Investoren, ihre Portfolios an diesem Index auszurichten, dazu geführt, daß sich insgesamt der Konzentrationsgrad auf dem britischen Aktienmarkt weiter erhöht hat. So werden inzwischen 45 % des FTSE 100-Index von den zehn größten britischen Aktiengesellschaften dominiert (*Curphey* 1999). Da diese Konzentration für institutionelle Anleger ein zunehmendes Anlagerisiko darstellt, besteht bei ihnen die Tendenz, zu einer Orientierung am *FTSE All Share-Index* überzu-

---

[11]   Siehe *Deutsche Bundesbank* 1991, S. 27; *Foley* 1994, S. 17; *Rasch*, 1996, S. 122 - 132.

gehen. Dies würde nicht nur das Anlagerisiko vermindern, sondern auch dafür sorgen, daß institutionelle Anleger stärker als bisher auch in kleinere Unternehmen investieren.

Die zunehmende Konzentration des Börsenhandels liegt nicht nur an der im Vergleich zu den fünfziger und sechziger Jahren geringeren Anzahl börsennotierter Unternehmen und der deutlichen Zunahme des Vermögenswertes der Großunternehmen, sondern auch an der Veränderung der Struktur der Aktionäre. Seit dem Zweiten Weltkrieg haben sich bei der Beteiligung der Investoren am Aktienmarkt deutliche Verschiebungen ergeben. Während der Anteil der Aktien, die von Privaten Haushalten gehalten werden, kontinuierlich abgenommen hat, haben die Finanzinstitutionen auf dem Aktienmarkt nach und nach eine dominierende Stellung gewonnen.

Tab. 7.10   Die Verteilung des Aktieneigentums britischer Unternehmen (in % des Eigenkapitals jeweils zum 31. Dezember)

Jahr	1963	1969	1975	1981	1989	1990	1991	1992	1993	1994
- Pensionsfonds	6,4	9,0	16,8	26,7	30,6	31,3	32,4	31,5	34,2	27,8
- Versicherungsunternehmen	10,0	12,2	15,9	20,5	18,6	20,8	19,5	20,0	17,3	21,9
- Offene Investmentfonds (*unit trusts*)	1,3	2,9	4,1	3,6	5,9	6,1	5,7	6,2	6,6	6,8
- Andere Finanzinstitutionen inkl. Kapitalanlagegesellschaften (*investment trusts*)	11,3	10,1	10,5	6,8	2,7	2,3	2,3	2,5	3,1	3,3
- Banken	1,3	1,7	0,7	0,3	0,7	0,7	0,2	0,5	0,6	0,4
- Finanzinstitutionen insgesamt	**30,3**	**35,9**	**48,0**	**57,9**	**58,5**	**61,2**	**60,1**	**60,7**	**61,8**	**60,4**
- Industrie- und Handelsunternehmen	5,1	5,4	3,0	5,1	3,8	2,8	3,3	1,8	1,5	1,1
- Private Haushalte	54,0	47,4	37,5	28,2	20,6	20,3	19,9	20,4	17,7	20,3
- Ausländische Anleger	7,0	6,6	5,6	3,6	12,8	11,8	12,8	13,1	16,3	16,3
- Andere Anleger des Privatsektors	2,1	2,1	2,3	2,2	2,3	1,9	2,4	1,8	1,6	1,3
- Öffentliche Hand	1,5	2,6	3,6	3,0	2,0	2,0	1,3	1,8	1,3	0,8

Die Zahlen addieren sich auf Grund von Rundungen nicht stets auf 100,0. Die Anteile am Aktienvermögen beziehen sich auf das *beneficial ownership* der verschiedenen Gruppen. Die Aktienregister der Unternehmen wurden nicht als Basis für die Untersuchung verwendet, da in der Zwischenzeit viele Anleger, insbesondere Unit trusts und Investmenttrusts, dazu übergegangen sind, nicht ihren eigenen Namen, sondern den eines *nominees*, z.B. eines Fondsmanagers oder Maklers, in das Register eintragen zu lassen.
Quelle: *Central Statistical Office* 1995a, S. 8.

7.1.2. Das Sparverhalten der privaten Haushalte

In Großbritannien wird die langfristige private Ersparnisbildung stark von der individuellen Altersvorsorge geprägt. Der Anstieg der langfristigen Ersparnisbildung ist im wesentlichen durch drei Faktoren beeinflußt worden: Die Realeinkommen sind, wenn auch nicht kontinuierlich, so doch deutlich gestiegen, der Anteil der Bevölkerung, der über 65 Jahre alt ist, nimmt ständig zu (wenn auch nicht so massiv wie in anderen europäischen Staaten) und das staatliche Rentensystem, das nach dem Krieg eingeführt wurde, war zunächst durch geringe Einheitsbeiträge und niedrige Einheitsrenten charakterisiert. Zu dem Zeitpunkt, an dem das staatliche einkommensabhängige Rentensystem eingeführt wurde, waren die privaten Systeme der Altersvorsorge bereits fest etabliert.

Die Altersvorsorge stützt sich in Großbritannien im wesentlichen auf drei verschiedene Rentensysteme: Das staatliche Rentensystem, die betrieblichen Rentensysteme[12] und die individuelle private Altersvorsorge. Das staatliche Rentensystem besteht aus zwei Teilen. Neben einer festen Pauschalrente wird, in Abhängigkeit von den Rentenbeiträgen, auch ein einkommensabhängiger Rentenzuschlag bezahlt (*Buckle* und *Thompson* 1992, S. 117). 1978 führte die Labour-Regierung das *State Earnings Related Pension Scheme* (SERPS) ein, das den zweiten einkommensabhängigen Teil des staatlichen Rentensystems ersetzte und den Rentnern höhere Leistungen bot. Arbeitgeber durften nur dann aus dem SERPS ausscheiden und ihren Mitarbeitern betriebliche Pensionssysteme anbieten, wenn deren Leistungen über denen lagen, die durch die Beteiligung am SERPS erzielt werden konnten. Trotzdem zogen viele Unternehmen es vor, betriebliche Rentensysteme zu etablieren.

Tab. 7.11   **Zusammensetzung des Nettovermögens der privaten Haushalte in Großbritannien (in %)**

	1971	1981	1991	1995
- Lebensversicherungen und Pensionsfonds	15	17	26	34
- Wohnungen (abzügl. Hypotheken)	26	36	36	26
- Aktien und Investmentfondsanlagen	23	8	11	15
- Sicht- und Termineinlagen bei Banken sowie Bargeld	13	10	9	10
- Anteile an und Einlagen bei Bausparkassen	7	8	8	7
- Unverkäufliche Wohnrechte	12	12	8	5
- Sonstiges Sachvermögen	10	11	5	5
- Sonstiges Finanzvermögen abzüglich Verschuldung	- 6	- 2	- 3	- 2
Nettovermögen (= 100 %) (in Mrd. £, zu Preisen von 1995*)	1.207	1.459	2.658	2.830

*Anpassung an 1995er Preise unter Verwendung des Preisbereinigungsfaktors für Konsumausgaben.

Mit 2.830 Mrd. Pfund war das Nettovermögen der privaten Haushalte 1995 real doppelt so hoch wie 1971. Der Rückgang des Vermögensanteils der Wohngebäude läßt sich mit dem Fall der

---

[12]   Betriebliche Rentensysteme werden von den Arbeitgebern sowohl im öffentlichen als auch im privaten Sektor für die Mitarbeiter angeboten. Während die Betriebsrenten im Privatsektor normalerweise nach dem Kapitalstockverfahren finanziert sind, wird im öffentlichen Sektor häufig die Umlagefinanzierung bevorzugt (*Buckle* und *Thompson* 1992, S. 116 f.).

Hauspreise seit 1988 erklären. Der Rückgang des Anteils des in Aktien oder Investmentfonds gehaltenen Vermögens in den siebziger Jahren läßt sich zum einen auf sinkende Aktienkurse Anfang der siebziger Jahre und zum anderen auf eine Veränderung des Anlageverhaltens, weg vom direkten Wertpapierbesitz hin zu indirekten Investitionen über Lebensversicherungen und Pensionsfonds, zurückführen.

Quelle: *Office for National Statistics* 1997, S. 102.

Mitte der achtziger Jahre wurde das Sozialsystem Großbritanniens einer eingehenden Prüfung unterzogen. Die Regierung ging davon aus, daß die umlagefinanzierten SERPS (auf Grund der steigenden Lebenserwartung und abnehmender Geburtenraten) Anfang des 21. Jahrhunderts mit unzumutbaren Belastungen für die erwerbstätige Bevölkerung verbunden sein würden. Deshalb wurde das SERPS reformiert. Die zentrale Veränderung, die 1988 in Kraft trat, lag darin, daß die finanzielle Verantwortung für die Rentenvorsorge vom Staat auf den privaten Sektor verlagert wurde. Durch verschiedene Maßnahmen versuchte die Regierung, Anreize für die Beteiligung an privaten (individuellen oder betrieblichen) Pensionssystemen zu setzen. Die Leistungen des SERPS wurden gekürzt, die Bedingungen für das Verlassen des SERPS vereinfacht und Steuererleichterungen für Arbeitnehmer und Arbeitgeber eingeführt, die sich an privaten Rentensystemen beteiligen. Das Monopol der Versicherungsunternehmen für die Bereitstellung privater Pensionssysteme wurde aufgehoben. Damit konnten auch andere Finanzinstitutionen wie Banken, Bausparkassen und Investmentfonds in diesem Feld aktiv werden und für mehr Wettbewerb sorgen.

Tatsächlich förderte dies die Ausweitung der privaten Altersvorsorge und betrieblicher Pensionskassen (*Buckle* und *Thompson* 1992, S. 119).[13] 1995/1996 nahmen 58 % aller männlichen abhängigen Erwerbstätigen an betrieblichen Pensionssystemen teil, bei Frauen lag der Prozentsatz bei 55 %. 28 % der männlichen Arbeitnehmer beteiligten sich an privaten Pensionssystemen, bei Frauen lag der Prozentsatz bei 22 %. Die Wahrscheinlichkeit der Beteiligung an betrieblichen Pensionssystemen nimmt mit steigendem Einkommen deutlich zu (*Office for National Statistics* 1997, S. 103). So stieg das von den betrieblichen Rentensystemen verwaltete Vermögen zwischen 1976 und 1989 von 50 Mrd. Pfund auf 440 Mrd. Pfund. Gleichzeitig nahm der Anteil des Privatvermögens, der in Form von Pensionsfonds und Kapitallebensversicherungen gehalten wurde, stetig zu. Während der Anteil am Privatvermögen, der in Form von Lebensversicherungen gehalten wurde, zwischen 1965 und 1988 um ca. 50 % wuchs, stieg der Anteil der Pensionsfonds im selben Zeitraum auf fast das Dreifache an (*Davies* 1993, S. 72 f.). Ein Grund für die zunehmende Attraktivität von Pensionsfonds im Vergleich zu kapitalbil

---

13   Viele Lebensversicherungen haben zwischen 1988 und 1994 Interessenten, die sich mit dem Gedanken trugen, aus dem SERPS oder betrieblichen Rentensystemen in andere private Pensionssysteme zu wechseln, falsch beraten. Durch diese fahrlässige oder bewußte Fehlinformation der Kunden wurde der wohl größte Finanzskandal in der Geschichte Großbritanniens ausgelöst. Aus diesem Grund vollzog sich der von der Regierung angestrebte Wandel deutlich langsamer als erhofft. Die privaten Rentenpläne von fast 2,5 Millionen Menschen waren vom Fehlverhalten der Finanzberater betroffen. Die Lebensversicherungen erwarten, daß sie dafür etwa 11 Mrd. Pfund an Entschädigungsleistungen und Strafen, die von der *Personal Investment Authority* verhängt wurden, zahlen müssen (*Barrow* 1998).

denden Lebensversicherungen lag in der steuerlichen Behandlung beruflicher Pensionssysteme. Die Beiträge, die Arbeitgeber und Arbeitnehmer in Pensionsfonds zahlen,
können von dem zu versteuerndem Einkommen abgezogen werden. Auch die Erträge,
welche die Fonds aus den Anlagen erwirtschaften, sind steuerfrei. Die ausgezahlten
Versicherungsleistungen aus Lebensversicherungen hingegen sind zwar bis zu einem
bestimmten Betrag steuerfrei, der Rest unterliegt jedoch der Einkommensteuer (*Buckle*
und *Thompson* 1992, S. 119).

Parallel zum Aufschwung der kapitalbildenden Lebensversicherungen, Kapitalanlagegesellschaften und offenen Investmentfonds zeichnete sich in Großbritannien ein
deutlicher Rückgang beim direkten Aktiensparen der privaten Haushalte ab. Diese Entwicklung kam erst in den achtziger und neunziger Jahren zum Stillstand (siehe Tabelle
7.10). In dieser Zeit läßt sich auch wieder eine Verbreiterung des Anteils der Aktionäre
in der Bevölkerung beobachten. Dieser Vorgang war stark von dem Privatisierungsprogramm der Konservativen Regierungen zwischen 1979 und 1997 beeinflußt.

Tab. 7.12   Anteil der Privatpersonen über 16 Jahren mit Aktienbesitz

	Aktien an irgendei- nem Unternehmen	Aktien an privatisierten Unternehmen[1]	Nur Aktien an privati- sierten Unternehmen
Jan./Feb. 1987	19,4	13,1	6,0
Jan./Feb. 1989	19,8	12,7	5,7
Jan./Feb. 1990	24,4	12,1	4,3
Jan./Feb. 1991	24,9	13,9	5,6
Jan./Feb. 1992	22,1	14,1	5,9
Okt. 1993	22,3	12,9	5,8

[1] Privatpersonen mit Aktien an privatisierten Unternehmen, ganz gleich ob sie zusätzlich noch
Aktien an anderen Unternehmen halten.
Quelle: *Central Statistical Office* 1995a, S. 14.

Der Erfolg der Privatisierungen hinsichtlich des Ziels einer breiten Beteiligung der
Bevölkerung an der direkten Unternehmensfinanzierung beruhte wesentlich auf neuen
Formen der Massenwerbung für entsprechende Beteiligungen, auf steuerlichen Anreizen für den Erwerb von Aktien[14] sowie für die Ausgabe von Belegschaftsaktien[15] und
auf einem starken Underpricing[16] der Aktien privatisierter Unternehmen. Darüber hinaus räumen viele britische Unternehmen ihren Aktionären besondere Kundenrabatte ein
(*Dichtl* 1997, S. 169). Insgesamt ist die Bereitschaft privater Anleger gestiegen, in Akti-
en zu investieren, und zwar nicht nur in die von privatisierten Unternehmen (*Rose* 1989,
S. 24).

Auf der anderen Seite wurden sowohl das starke Underpricing der Aktien aus Privatisierungen als auch das Ziel, den Direktbesitz von Aktien in privater Hand zu fördern,

---

[14]   Zur Steuerpolitik der achtziger Jahre siehe *CBI* 1990, S. 21 und *Rose* 1989, S. 8.

[15]   Siehe *Conservative Party Political Studies Centre* 1994, S. 32.

[16]   Zum Underpricing bei der Begebung junger Aktien siehe: *Menya, Paudyal* und *Inyagete*
1990, S. 53 – 56; *Barnes, Davidson* und *Wright* 1996, S. 657.

kritisiert: zum einen wegen der finanziellen Einbußen des Staates,[17] zum anderen wegen der hohen Kursgewinne nach Börseneinführung, die bei den Privatanlegern den Eindruck erwecken konnten, daß entsprechende Kurssteigerungen normal sind. Darauf wurden auch die vielfachen Überzeichnungen bei der Börseneinführung zurückgeführt. Die Befürchtungen gingen einerseits dahin, daß sich auch private Unternehmen zu einem starken Underpricing gezwungen, andererseits private Sparer zu leichtsinnigem Aktienerwerb verleitet sehen könnten (siehe *Rose* 1989, S. 24 f.).

Hinsichtlich des Erwerbs von Belegschaftsaktien monierte die *Confederation of British Industry* (*CBI* 1990, S. 7), daß nur ein Drittel der börsennotierten Unternehmen in Großbritannien Belegschaftsaktiensysteme aufweisen, an denen tatsächlich die Mehrheit der Beschäftigten partizipieren kann. So hielten 1990 *nur* zwei Millionen Beschäftigte Aktien an *ihren* Unternehmen. Die Frage, ob und inwieweit sich die Zunahme an Belegschaftsaktionären positiv auf die interne und externe Unternehmenskontrolle auswirkt, gilt - wie bereits erwähnt - als umstritten. Üblicherweise wird von der Beteiligung der Belegschaft am Unternehmenskapital erwartet, daß sich das Principal Agent-Problem vermindert. Andererseits kann eine starke Aktienbeteiligung der Mitarbeiter, insbesondere der Manager, auch zu einer Vergrößerung des Principal Agent-Problems führen, wenn von seiten der Mitarbeiter die Stimmrechte in der Hauptversammlung genutzt werden, um die Kontrolle durch die übrigen Aktionäre und durch den Markt für Unternehmenskontrolle zu schwächen (siehe Kapitel 6.3.5.).

Ob der erweiterte Aktienerwerb durch Privatanleger die interne und externe Unternehmenskontrolle erhöht hat, wird mit dem Hinweis bezweifelt, die privaten Kleinanleger würden zu wenig von den Unternehmensgeschäften, dem Aktienmarkt und dem Aktienhandel verstehen (*Rose* 1989, S. 8, 24 f.; *CBI* 1990, S. 15, 32). Tatsächlich hält die Mehrheit der privaten Aktionäre nur Anteile bei einer begrenzten Zahl von Unternehmen. Der Wert der Beteiligungen ist jeweils gering. Deshalb gibt es aus Sicht der einzelnen Aktionäre kaum einen Anreiz, sich um eine verbesserte interne Unternehmenskontrolle zu bemühen. Obgleich der Schutz von Aktienminderheiten in Großbritannien nach dem Zweiten Weltkrieg deutlich verbessert worden ist, vermögen Kleinaktionäre nur selten - etwa durch koordiniertes Handeln - die Geschäftsführung nachhaltig zu beeinflussen (*Prevezer* und *Ricketts* 1994, S. 246). Allerdings können Privatanleger bei Unzufriedenheit mit den Unternehmensleistungen durch Verkauf ihrer Anteile am Sekundärmarkt die externe Unternehmenskontrolle durch den Kapitalmarkt stärken; dem stehen jedoch die Kosten des Börsenhandels für Kleinanleger (*Foley* 1994, S. 71) entgegen. Private Aktionäre werden deshalb nur auf vergleichsweise starke Kurs- oder Dividendenimpulse reagieren. In dem Maße, in dem mit der Einführung des elektronischen Handelssystems (*Order Book*) an der Börse im Oktober 1997 die Transaktionskosten für Privatanleger deutlich verringert wurden (*London Stock Exchange* 1997a), gewinnt jedoch der Mitläufereffekt durch breite Abwanderungs- oder Zuwande-

---

[17] Dem wird von Seiten der Konservativen Partei entgegengehalten, die verstaatlichten Unternehmen hätten 1979 wöchentlich einen Verlust von 50 Mio. Pfund verursacht, während die privatisierten Unternehmen 1994 pro Woche 60 Mio. Pfund an Gewinnsteuern aufbrachten.

rungsbewegungen an Bedeutung. Hierdurch wird im Rahmen der externen Kontrolle erheblicher Anpassungsdruck auf die Unternehmen ausgeübt (*Schüller* 1978, S. 58 f.).

7.1.3. Die Finanzintermediäre

7.1.3.1. Die Banken

Für das britische Finanzsystem waren lange Zeit Spartenbanken, die sich auf ein eng begrenztes Spektrum von Bankleistungen spezialisierten, typisch. Sie konzentrierten sich weitgehend auf das Einlagen- und das kurzfristige Kreditgeschäft. So wurde ein großer Teil der Finanzbeziehungen ohne Intermediation durch Banken direkt über den Kapitalmarkt abgewickelt oder von Finanzinstitutionen des Nichtbankensektors vermittelt (*Friedmann, Ingram* und *Miles* 1984, S. 35 f.). Bis in die achtziger Jahre hinein war der Bankensektor in Großbritannien stark reguliert und kartelliert, die Konditionen und Finanzprodukte der einzelnen Banken unterschieden sich kaum voneinander (*Lomax* 1994, S. 161 ff.). In dieser Situation suchten sich viele Unternehmen eine Hausbank in dem Sinne, daß sie den Großteil ihrer Geschäfte stets über die gleichen Banken abwickelten, welche im Notfall der Unternehmung zu Hilfe kam.

Mit der Deregulierung des Bankensektors und der Finanzmärkte hat sich zwischen den verschiedenen Banken ein lebhafter Wettbewerb bei Produkten und Konditionen entwickelt. Dem fielen die traditionellen Bankbeziehungen mehr und mehr zum Opfer. Viele Unternehmen begannen, ihre Finanzgeschäfte öffentlich auszuschreiben. Diejenige Bank erhält seitdem den Auftrag, die das günstigste Angebot macht.

Die Deregulierung des Bankensektors in den achtziger Jahren hat zu einer deutlichen Ausweitung der Verschuldung bei Banken geführt: Von 1979 bis 1989 hat sie von 32 % des Bruttosozialprodukts (55 Mrd. Pfund) auf 89 % (414 Mrd. Pfund) zugenommen. Der Großteil dieser zusätzlichen Kredite wurde von den privaten Haushalten absorbiert. Der Anteil der Kreditvergabe an Unternehmen an der gesamten Kreditvergabe der Banken fiel von 69,8 % im November 1980 auf 52,6 % im Mai 1989. Andererseits stieg in diesem Zeitraum auch die Kreditvergabe an Wertpapierhändler, mit der - indirekt - auch die Unternehmensfinanzierung gefördert wurde. Außerdem nahm die Kreditvergabe an Unternehmen im Vergleich zum Bruttosozialprodukt weiter zu: Lag sie 1980 bei 23,2 %, so stieg sie 1990 auf 49,2 % (*McWilliams* und *Sentance* 1994, S. 130 f.). In den achtziger und neunziger Jahren stellten die Banken einen großen Teil der finanziellen Mittel für Buy Outs und Unternehmensübernahmen bereit, sie stärkten hierdurch unbewußt und ungewollt den Markt für Unternehmenskontrolle (*Dimsdale* 1994, S. 27). Als Anteilseigner von Unternehmen hingegen spielen die Banken in Großbritannien nach wie vor kaum eine Rolle (siehe Tabelle 7.10).

Obwohl Banken in Großbritannien stets eine wichtige Finanzierungsquelle für Unternehmen waren,[18] insbesondere für die mittleren und kleinen, waren sie meist nicht

---

[18] Wenngleich es Banken in Großbritannien prinzipiell gestattet ist, Anteile an anderen Unternehmen zu erwerben, tun sie dies nur höchst selten. Ein Grund hierfür liegt darin, daß die *Bank of England* als Überwachungsbehörde der Geschäftsbanken bislang bemüht war, die Banken davon abzuhalten, Aktienpakete an Unternehmen der verarbeitenden Industrie

bereit, langfristiges Kapital für Unternehmen bereitzustellen. Statt dessen wurden kurzfristige Kredite immer wieder verlängert. Erst in den achtziger Jahren gingen Banken teilweise dazu über, Unternehmen auch mittel- bis längerfristige Kredite mit einer Laufzeit zwischen zwei und sieben Jahren, gelegentlich aber auch mit bis zu zwanzig Jahren anzubieten (*Friedmann, Ingram* und *Miles* 1984, S. 36). In diesen Fällen wurden allerdings meist variable Zinssätze vereinbart. Die damit bezweckte Indexierung der Zinssätze war wegen hartnäckig hohen und fluktuierenden Inflationsraten notwendig, die in Großbritannien lange Zeit vorherrschten. Die relativ kurzfristigen Kreditlaufzeiten ermöglichten es also nicht nur den Banken, die jeweiligen Zinsen dem Inflations- und Konjunkturverlauf anzupassen, sondern erlaubten es auch den Unternehmen, ihre Kapitalstruktur an den jeweiligen Finanzierungskosten zu orientieren. Dies spiegelt sich in der Entwicklung der Verschuldung der Unternehmen bei den Banken wider.

Das britische Konkursrecht basiert auf einem gläubigerorientierten System.[19] Um Streitigkeiten zwischen verschiedenen Gläubigern zu verhindern und die Möglichkeit zur erfolgreichen Umstrukturierung und Rettung eines Unternehmens offenzuhalten, wurde die Institution des Konkursverwalters eingeführt, welcher die Interessen *aller* Gläubiger vertritt. Durch die im Vergleich zum schuldnerorientiertem Konkursrecht in den USA größere Sicherheit der Ansprüche der Gläubiger in Großbritannien verringern sich die Kreditkosten der Unternehmen. Gegen diese Regelung werden die sozialen Kosten von Unternehmenskonkursen angeführt, die bei anderen *Stakeholdern*, insbesondere den Beschäftigten, Lieferanten und Kunden anfallen. Mit diesem Argument wird in Großbritannien gefordert, die Reihenfolge der Ansprüche an Konkursunternehmen zu verändern (*Jenkinson* und *Mayer* 1992, S. 4).

Der Schutz der Interessen der Banken als Gläubiger im Konkursfall hat dazu beigetragen, daß sich die Banken in Großbritannien während der vergangenen 50 Jahre kaum an der internen Kontrolle anderer Unternehmen beteiligt haben (*Charkham* 1994, S. 100). Solange die Kredite nicht gefährdet sind, mischen sich die Banken in der Regel nicht in die Angelegenheiten der kreditnehmenden Unternehmen ein. Eher wird versucht, durch allgemeine Vertragsklauseln, z.B. bezüglich der Aufnahme weiterer Kredite und der Betätigung in bestimmten Geschäftsfeldern, oder durch Bürgschaften das Kreditrisiko der Banken niedrig zu halten. Nur wenn die Kreditrückzahlung gefährdet erscheint, sind Banken bereit, sich an der Umstrukturierung der Unternehmen zu beteiligen[20] (*Lomax* 1994, S. 175 f.). In der Diskussion um die Unternehmenskontrolle in

---

zu erwerben, welche ihnen eine herausragende Stellung im Rahmen der Unternehmenskontrolle sichern würden (*Berglöf* 1997, S. 106). Zum Ausmaß der Finanzierung von Unternehmen durch Bankkredite siehe Tabellen 7.6, 7.5 und 7.19.

19 Bei einem gläubigerorientierten System lautet die oberste Maxime des Konkursverwalters, zuallererst die Ansprüche der Gläubiger zu sichern. Der Abschluß eines Vergleichs auf Kosten der Gläubiger, um den Fortbestand des Unternehmens zu sichern, ist in diesem System wenig wahrscheinlich.

20 Das bekannteste Beispiel für eine solche Intervention stammt allerdings aus den Jahren zwischen dem Ersten und dem Zweiten Weltkrieg, als die Woll- und die Stahlindustrie aufgrund des Absatzrückgangs in eine Krise rutschten, welche die Rückzahlung der Kredite unmöglich machte. In dieser Situation ergriffen die betroffenen Banken gemeinsam die Initiative zur grundlegenden Restrukturierung der beiden Branchen, um so Konkurse

Großbritannien wird der geringe Einfluß, den Banken im Rahmen der internen Kontrolle normalerweise ausüben, häufig heftig kritisiert. Als positives Gegenbeispiel wird auf das bankenzentrierte System der Unternehmenskontrolle in Deutschland und Japan verwiesen, ohne die damit verbundenen volkswirtschaftlichen Nachteile hinreichend zu würdigen.

7.1.3.2. Die institutionellen Anleger

Die Bedeutung institutioneller Anleger für den britischen Kapitalmarkt ist seit dem Zweiten Weltkrieg kontinuierlich gestiegen. Dabei haben diese die privaten Haushalte als (direkte) Hauptgläubiger und -anteilseigner der Unternehmen abgelöst (siehe Tabelle 7.10). Lebensversicherungen, private Pensionskassen, offene Investmentfonds (*unit trusts*) und Kapitalanlagegesellschaften (*investment trusts*) sind im Laufe der Zeit als Finanzintermediäre für die privaten Sparer und die Unternehmen immer wichtiger geworden. Diese Entwicklung wurde durch die erhöhte Sparfähigkeit der Erwerbstätigen bei steigenden Realeinkommen und durch die zunehmende Bedeutung der privaten Altersvorsorge begünstigt. Doch nicht nur das Volumen des von institutionellen Anlegern investierten Vermögens ist seit 1945 angewachsen (siehe Tabelle 7.14), auch ihre Anlagestrategie hat sich seit jener Zeit nachhaltig verändert. Die Investition in Aktien ermöglichte den institutionellen Anlegern nicht nur eine breite Streuung ihrer Investitionen und damit eine Verminderung ihres Anlagerisikos, im Gegensatz zu nichtindexierten Staats- und Unternehmensanleihen bestand auch nicht die Gefahr, daß die hohe Inflation in der Zeit nach 1945 zu einer Entwertung des Aktienvermögens führen würde (*Davies* 1993, S. 72).

Tab. 7.13   **Durchschnittliche reale Jahreserträge von Aktien und Staatsanleihen im Großbritannien 1949 - 1988 (in %)**

	Aktien (1)	Staatsanleihen(2)	Risikoprämien (3) = (1) - (2)
1949 – 1958	9,6	-3,1	12,7
1959 - 1968	12,5	-1,0	13,5
1969 - 1978	5,5	-2,0	7,5
1979 - 1988	12,5	6,7	5,8
1918 - 1988	10,4	2,2	8,2
1948 - 1988	10,0	0,1	9,9

Quelle: *Mayer* 1994, S. 185.

So stieg der Anteil der von institutionellen Anlegern gehaltenen Aktien[21] stark an. Der von Versicherungsunternehmen gehaltene Anteil erhöhte sich zwischen 1963 und

---

und damit eigene Verluste zu verhindern (*Dimsdale* 1994, S. 21 f.). Allerdings müssen sich die Banken bei der Beeinflussung der Direktorien ihrer Gläubiger vorsehen, daß sie nicht in die Position eines *shadow directors* geraten und dadurch für die Verluste des Unternehmens selbst haftbar werden (Siehe z.B. *Bhattcharyya* 1994).

[21]   In den folgenden Beispielen werden lediglich *ordinary shares* betrachtet, also Aktien mit vollen Stimm- und Dividendenbezugsrechten; Vorzugsaktien (*preference shares*) wurden nicht berücksichtigt.

1990 von 10% auf 20%, der von Pensionsfonds gehaltene Anteil von 6% auf 31% (*Davies* 1993, S. 70, 73).

In den achtziger und neunziger Jahren hielt die Neigung der institutionellen Anleger an, verstärkt in Aktien zu investieren, obgleich bei der Inflationsbekämpfung deutliche Fortschritte gemacht wurden. Als Gründe hierfür wird zum einen angeführt, daß in den achtziger und neunziger Jahren die Kursentwicklung auf den nationalen und internationalen Aktienmärkten - mit Ausnahme von 1987 - ausgesprochen positiv verlief, so daß der Anreiz, sich zusätzlich an Unternehmen zu beteiligen, wegen der guten Ertragschancen zunahm (*Foley* 1994, S. 180). Zum anderen wird auf den Einfluß verwiesen, den die Entwicklung der Staatsverschuldung auf das Engagement institutioneller Anleger auf dem Aktienmarkt hatte. Budgetüberschüsse zwischen 1987 und 1990 veranlaßten die britische Regierung, Schuldtitel des Staates zurückzukaufen. Hierdurch verringerte sich das Volumen an Staatstiteln (*Harrington* 1996, S. 183). Allerdings hatten sich die institutionelle Anleger schon vorher verstärkt vom Markt für Staatstitel abgewandt (*Foley* 1994, S. 182 f.).

Tab. 7.14   **Nettoinvestitionen von Lebensversicherungen, 1980 - 88 (in %)**

	1980	1981	1982	1983	1984	1985	1986	1987	1988
- Kurzfristige Anlagen	2,3	8,9	6,0	4,1	13,5	2,3	6,5	13,9	8,0
- Britisch Staatspapiere	43,6	36,1	28,6	30,8	32,2	22,4	7,2	10,0	9,4
- Andere festverzinsliche Wertpapiere	1,3	0,1	4,0	5,2	5,5	4,8	9,4	10,7	16,4
- Britische Aktien	17,4	19,3	25,1	21,8	25,9	41,6	48,0	46,0	36,9
- Ausländische Wertpapiere	11,3	13,1	19,3	20,1	8,2	14,2	9,7	0,4	8,5
- Immobilien	15,8	15,9	15,2	11,8	9,2	9,5	7,8	7,3	10,8
- Darlehen	6,1	3,5	0,2	4,1	4,2	3,3	4,1	7,1	9,0
- Sonstiges	2,2	2,7	1,6	2,0	1,3	1,8	7,2	4,5	1,1

Quelle: *Buckle* und *Thompson* 1992, S. 122.

Tab. 7.15   **Nettoinvestitionen von Pensionsfonds, 1980 - 88 (in %)**

	1980	1981	1982	1983	1984	1985	1986	1987	1988
- Kurzfristige Anlagen	-5,3	4,5	4,2	15,0	16,2	0,1	16,5	36,9	14,6
- Britisch Staatspapiere	32,9	27,0	17,0	53,5	31,1	28,9	13,6	-21,3	-13,7
- Andere festverzinsliche Wertpapiere	0,0	0,5	1,3	1,2	2,3	2,2	4,5	4,5	5,9
- Britische Aktien	35,8	28,4	29,9	21,6	35,9	4,8	34,9	81,0	50,5
- Ausländische Wertpapiere	23,1	23,8	31,7	17,4	4,5	26,9	26,7	-0,7	28,7
- Immobilien	14,0	11,3	11,0	7,3	9,0	5,1	3,8	1,5	2,8
- Sonstiges	1,9	4,2	4,8	1,9	0,8	-3,7	0,0	4,5	11,4

Quelle: *Buckle* und *Thompson* 1992, S. 122.

Unter den institutionellen Anlegern dominierten in Großbritannien die Lebensversicherungen und Pensionsfonds (siehe Tabellen 7.11 und 7.24), die auch weiterhin besonders von der Zunahme der privaten Altersvorsorge profitieren.

Die institutionellen Anleger dominieren nach wie vor auf Grund ihres Investitionsvolumens den britischen Aktienmarkt. Dabei zeigt sich, daß die Eigentumsverteilung an Aktien innerhalb dieser Anlegergruppe stark konzentriert ist. So besaßen 1997 die 25 größten institutionellen Anleger 42 % der Aktien, die von institutionellen Anlegern insgesamt gehalten wurden. 1996 hielten die zehn größten institutionellen Anleger ca. ein Viertel, die zwanzig größten ein Drittel und die fünfzig größten die Hälfte des Marktwertes an Aktien (*OECD* 1998, S. 132).

Während die institutionellen Anleger auf dem Aktienmarkt volumenmäßig eine dominierende Rolle einnehmen, sind sie gleichzeitig bestrebt, ihr Anteilsvermögen möglichst breit zu streuen. Aus diesem Grund werden britische Aktiengesellschaften nur selten von einzelnen Anlegern beherrscht.[22] Aktienpakete im Wert von mehr als 5 % des Eigenkapitals einer Unternehmung werden von institutionellen Investoren nur sehr selten gehalten, meist bewegen sich ihre Anteile im Rahmen von zwei bis drei Prozent des Eigenkapitals (*Short* und *Keasey* 1997a, S. 29; *Mayer* 1994, S. 188).[23] Die Anleger sind bemüht, die Chance zu wahren, bei Unzufriedenheit mit dem Management ihre Anteile zu verkaufen, ohne daß es dabei zu starken Kursverlusten kommt, die ihre Erlöse mindern würden.

Obgleich die Tiefe des Aktienmarktes in den achtziger und neunziger Jahren zugenommen hat, haben die meisten der institutionellen Anleger ihre Anteile an einzelnen Unternehmen nicht deutlich erhöht. Neben der Risikostreuung und den steigenden Kursen auf ausländischen Aktienmärkten war dies auch mit ein Grund dafür, warum institutionelle Anleger nach Aufhebung der Kapitalverkehrsbeschränkungen ein großes Interesse an Anlagen auf ausländischen Aktienmärkten zeigten. Offensichtlich schätzen die institutionellen Anleger die Vorteile einer flexiblen gewinnorientierten Portfoliopolitik höher ein als die Chance, die Geschäftspolitik bestimmter Unternehmen durch massive Bindungen direkt zu beeinflussen und daraus Nutzen zu ziehen. Nur in wenigen Fällen beteiligen sich institutionelle Anleger ähnlich stark am Kapital und der internen Kontrolle von Unternehmen, wie dies beispielsweise bei deutschen Banken üblich ist. Dies geschieht am ehesten dann, wenn in Unternehmen investiert wurde, deren Wertpapiere wenig liquide sind (*Banaga, Ray* und *Tomkins* 1995, S. 129 f.), zum Beispiel im

---

[22] In einer Untersuchung von 100 der 250 größten britischen Unternehmen stellte *Florence* 1977 fest, daß in keinem dieser Unternehmen die 20 größten Aktionäre gemeinsam einen Aktienanteil von mehr als 50 % hielten - andererseits hielten sie gemeinschaftlich stets mindestens 10 % (*Davies* 1993, S. 82).

[23] Aufgrund der Regel, daß Aktionäre, die mehr als 30 % des Aktienkapitals einer Unternehmung halten, den anderen Aktionären ein Übernahmeangebot für ihre Aktien unterbreiten müssen (*Paul* und *Friend* 1991, S. 119; *Paul* 1993, S. 147), dürfen Anleger diese Grenze nicht überschreiten, wenn sie nicht gezwungen sein wollen, ein Übernahmeangebot für das Unternehmen abzugeben. Dieses Limit wird allerdings selten auch nur annähernd erreicht.

Rahmen von Management-Buy outs oder -Buy ins, die mit dem Ausscheiden aus dem Börsenmarkt (*going private*) verbunden sind.

Ähnlich wie in verschiedenen anderen Ländern gehen auch in Großbritannien allmählich immer mehr institutionelle Anleger dazu über, ihre Anlagestrategien auf den Aktienmärkten an bestimmten Wertpapierindizes zu orientieren.[24] Auf diese Weise sollen Transaktions- und Kontrollkosten eingespart werden. Auf den ersten Blick scheint diese Strategie sinnvoll, schließlich lag beispielsweise die Ertragsrate britischer Aktien in den achtziger Jahren bei durchschnittlich 23,2 % pro Jahr, die des FTSE 100-Index bei 23,6 %. In den Vereinigten Staaten und in Japan hingegen, in denen das *Index tracking* durch institutionelle Anleger schon länger betrieben wird und deutlich weiter verbreitet ist als in Großbritannien, lagen die Erträge der großen Aktienindizes 3,6 % bzw. 2,5 % unter denen des gesamten Aktienmarktes (*Buckle* und *Thompson* 1992, S. 127 f.). Die starke Orientierung institutioneller Anleger an Aktienindizes mit vergleichsweise wenig Unternehmen wird zum einen deshalb kritisiert, weil kleineren Unternehmen und Börsenneulingen der Zugang zu Eigenkapital am Markt erschwert wird, da weniger Anleger bereit sind, bei diesen einzusteigen. Außerdem vermindert sich die Kapitalmarktkontrolle für Großunternehmen, die im Index enthalten sind, da die institutionellen Anleger selbst bei vergleichsweise schlechten Unternehmensergebnissen weniger schnell bereit sein werden, ihre Anteile an den Unternehmen zu verkaufen. So haben Untersuchungen der zwanzig größten britischen Aktiengesellschaften gezeigt, daß der Anteil an Aktien, der von Großinvestoren gehalten wird, in einem Zeitraum von zwei Jahren weitgehend stabil geblieben ist (*OECD* 1998, S. 132). Dadurch werden auch die Chancen für eine erfolgreiche feindliche Unternehmensübernahme durch ein rivalisierendes Managementteam vermindert.

Tab. 7.16 **Eigentum an den Unternehmen, die zum FTSE 100-Index gehören (Ende 1994)**

	In Prozent des gesamten Aktienkapitals			In Prozent des investierten Vermögens		
	FTSE 100	Andere	Insgesamt	FTSE 100	Andere	Insgesamt
- Pensionsfonds	29,3	24,9	27,8	69,9	30,1	100
- Versicherung	22,9	20,1	21,9	69,1	30,9	100
- Unit trusts	5,2	10,0	6,8	50,7	49,3	100
- Investment trusts	1,4	3,1	2,0	47,3	52,7	100
- Private Haushalte	18,5	23,8	20,3	60,5	39,5	100
- Ausländische Anleger	18,7	11,7	16,3	75,9	24,1	100
- Andere	4,1	6,4	4,9	55,8	44,2	100
- Insgesamt	100	100	100	66,4	33,6	100

Quelle: *Central Statistical Office* 1995a, S. 17.

---

[24] 1990 verfolgten immerhin schon 8 % der Pensionsfonds eine solche Anlagepolitik (*Buckle* und *Thompson* 1992, S. 128).

7.1.3.3. Die Beteiligung der Finanzinstitutionen an der Unternehmenskontrolle

In Großbritannien sind die Finanzinstitutionen, trotz ihrer exponierten Stellung als Kapitalgeber für Aktiengesellschaften, in der Regel nicht bereit, im Rahmen der internen Unternehmenskontrolle einen starken Einfluß auf die Geschäftspolitik der Unternehmen auszuüben, an denen sie Anteile besitzen. Hierfür gibt es im wesentlichen zwei Gründe:

Wie bereits angesprochen, halten die meisten Finanzinstitutionen jeweils nur vergleichsweise kleine Anteile am Kapital einzelner Unternehmen. Aus diesem Grund ist auch ihr Einfluß auf Entscheidungen der Hauptversammlung begrenzt. Um Pläne des Managements und des Direktoriums effektiv zu behindern, müßten sich mehrere Anleger absprechen, die oft genug in anderen Bereichen des Finanzsektors miteinander im Wettbewerb stehen. Deshalb ziehen es Finanzinstitutionen wie auch die meisten anderen Aktionäre in der Regel vor, bei Unzufriedenheit mit den Leistungen des Unternehmens ihre Wertpapiere rasch an den liquiden Märkten zu veräußern (*Lomax* 1994, S. 175). Obwohl die Beteiligung von Finanzinstitutionen an Hauptversammlungen in den achtziger und neunziger Jahren zugenommen hat, entsenden viele auch weiterhin keine eigenen Vertreter in dieses Gremium, sondern üben ihre Stimmrechte über weisungsgebundene Stimmrechtsvollmachten (*proxies*) aus, die den Unternehmen schon vor der Hauptversammlung zugehen. Wenngleich sich sowohl der Grad der Partizipation als auch der Stimmabgabe von institutionellen Investoren bei Hauptversammlungen in den letzten zwanzig Jahren erhöht hat, wurden 1997 nur ca. die Hälfte der Stimmen der institutionellen Anleger bei Hauptversammlungen abgegeben (*OECD* 1998, S. 136; *Stapeldon* 1995, S. 148 - 150).

Eine Begründung für die geringe Verwendung von Stimmrechtsvollmachten von seiten der institutionellen Anleger wird in institutionellen und organisatorischen Hindernissen gesehen. Die meisten Vermögensverwalter registrieren aus organisatorischen Gründen ihre Unternehmensanteile unter dem Namen und der Adresse eines *Nominees*.[25] An diesen werden die Unterlagen für die regelmäßigen und außerordentlichen Hauptversammlungen sowie die Formulare für Stimmrechtsvollmachten geschickt. Die Nominees müssen diese Unterlagen an die Vermögensverwalter weiterleiten. Externe Vermögensverwalter, d.h. Verwalter, die das Vermögen anderer Unternehmen oder von Privatpersonen verwalten, müssen sich zum Teil dann noch mit ihren Kunden über Stimmentscheidungen absprechen. Da außerordentliche Hauptversammlungen innerhalb von 14 Tagen einberufen werden können und die meisten Unternehmen verlangen, daß Stimmrechtsvollmachten mindestens 48 Stunden vor der Hauptversammlung das Unternehmen erreichen müssen, um wirksam zu sein, wird die Zeit für die Vermögensverwalter sehr knapp. So läßt sich für den Zeitraum von 1990 bis 1993 nachweisen, daß die internen Fondsmanager[26] von Versicherungen weit häufiger von ihrem Abstimmungs-

---

[25] Für die direkte Übersetzung des Begriffs *nominee* wird die Bezeichnung *Strohmannaktionär* angegeben (*Richter* und *Zinn* 1991, S. 89). Dieser Begriff entspricht jedoch nicht der Rolle dieser Person oder Institution, die in der Regel lediglich dazu dient, daß die Käufer die Registrierung von Aktienanteilen nicht selbst vornehmen müssen, was bei häufigem Kauf und Verkauf von Aktien ein äußerst mühsames Unterfangen wäre.

[26] Interne Fondsmanager verwalten das Vermögen ihres eigenen Unternehmens.

recht Gebrauch machten als die zumeist externen Fondsmanager von Handelsbanken und Pensionsfonds. Dies spricht dafür, daß die administrativen Hürden für externe Fondsmanager sich im Vergleich zu dem eher einfachen Ablauf bei Managern von internen Fonds (die überdies häufig ihre eigenen Nominees sind) negativ auf die Verwendung von Stimmrechtsvollmachten auswirken. Neben diesen vor allem organisatorischen Handicaps schlägt auch zu Buche, daß die aktive Unternehmenskontrolle mit Kosten für die Vermögensverwalter und somit auch für ihre Kunden verbunden ist (*Stapeldon* 1995, S. 146 - 149).

Die institutionellen Anleger haben ihren Kunden gegenüber eine treuhänderische Verpflichtung, ihre Investitionen gewinnorientiert zu verwalten (*Stapeldon* 1995, S. 146).[27] Deshalb sind sie gehalten, die Wechselwirkungen zwischen Kontrollkosten und Kontrollnutzen zu beachten. Die Anlagestrategie der breiten Streuung der Beteiligungen dient unter anderem der Verminderung des Anlagerisikos. Eine kontinuierliche, gründliche Überwachung der Geschäftsführung der vielen Unternehmen, an denen die institutionellen Anleger beteiligt sind, würde hohe Kosten verursachen. Dabei stellt sich zum einen die Frage, ob die Vertreter der Finanzintermediäre ausreichend qualifiziert sind, um die Geschäftspolitik von Unternehmen, die in gänzlich anderen Branchen operieren, im einzelnen angemessen analysieren und bewerten zu können (*Jenkinson* und *Mayer* 1992, S. 2). Zum anderen können einzelne institutionelle Anleger aufgrund ihres geringen Anteils am Eigenkapital der Unternehmen die Geschäftsführung im Rahmen der internen Unternehmenskontrolle nur dann effektiv beeinflussen, wenn es ihnen gelingt, andere Aktionäre für eine Kooperation zu gewinnen.[28] Aus dieser Perspektive scheint das Verhältnis zwischen Kontrollnutzen und Kontrollkosten im Rahmen der internen Unternehmenskontrolle meist unbefriedigend. Deshalb ist der Anreiz für institutionelle Anleger groß, bei Unzufriedenheit mit der Geschäftsentwicklung die Aktien am Kapitalmarkt zu veräußern. Ungewollt fördern die institutionellen Anleger dadurch allerdings die Funktionsfähigkeit der externen Unternehmenskontrolle durch den Kapitalmarkt. Die Veränderung der Börsenkurse, die sich aus dem Handel ergibt, beeinflußt die Möglichkeiten des Unternehmens zur Aufnahme von finanziellen Mitteln am Kapitalmarkt und die Bereitschaft alternativer Managementgruppen, am Markt für Unternehmenskontrolle einen Übernahmeversuch zu starten.

Der zweite Grund, warum sich institutionelle Anleger in der Regel zurückhalten, wenn es darum geht, an exklusiven Beratungstreffen mit der Unternehmensleitung teilzunehmen (*Tegner* 1993, S. 194) oder Direktoriumsposten anzunehmen, liegt im britischen Aktienrecht begründet. So orientiert sich die rechtliche Stellung der Direktoren in

---

[27]   Die institutionellen Anleger sind verpflichtet, ihre Kunden über das Anlagerisiko der Investitionen aufzuklären. Auf Wunsch können die Ersparnisse der Kunden auch in sehr risikoreiche (und potentiell auch sehr profitable) Anlagen investiert werden.

[28]   Insbesondere konzertierte Aktionen zwischen Finanzinstitutionen, die ansonsten im Wettbewerb miteinander stehen, sind nur schwierig zu vermitteln (*Dimsdale* 1994, S. 20). Mehr noch stellt sich die Frage, ob diese aus wettbewerbspolitischer Sicht tatsächlich wünschenswert wären, da mit solchen Kooperationen die Neigung der Unternehmen steigen könnte, sich auch in anderen Geschäftsbereichen abzusprechen. Dies könnte zu erheblichen Wettbewerbsbeschränkungen führen.

der britischen Unternehmensverfassung stark am Treuhänderprinzip. Die Direktoren sind lediglich dem *Wohl der Unternehmung*, also dem Interesse der Aktionäre als Unternehmenseigentümer verpflichtet. Entscheidungen zugunsten bestimmter Aktionärsgruppen oder anderer *Stakeholder* ziehen Haftungsverpflichtungen sowohl der Direktoren selbst als gegebenenfalls auch der Unternehmen nach sich, deren Interessen sie im Direktorium vertreten haben[29] (*Gower* 1992, S. 140, 551 - 553). Das gleiche gilt für die Preisgabe oder Ausnutzung nicht allgemein zugänglicher preissensitiver Informationen über das Unternehmen durch Direktoren und Großaktionäre (*Gower* 1992, S. 607 - 642). Wenn institutionelle Anleger durch die Beteiligung am Direktorium oder an exklusiven Beratertreffen solche Insider-Informationen erhalten, dürfen sie nicht mit den Aktien des betroffenen Unternehmens handeln. Sie können ihre Beteiligungen also weder aufstocken noch verringern.

Obgleich sich deshalb die Bereitschaft zur intensiven Kontrolle der Geschäftspolitik im Rahmen der internen Unternehmenskontrolle von seiten der Finanzinstitutionen in engen Grenzen hält, üben sie in Fragen der Gestaltung der Kontrollrechte der Aktionäre einen großen Einfluß aus. Institutionelle Anleger konzentrieren sich traditionell im Rahmen der internen Überwachung und Kontrolle vorwiegend auf die Entlohnung der Direktoren und Manager, die Entwicklung der Unternehmensverschuldung,[30] den möglichen Wechsel der Rechtsform der Unternehmung und - vor allem - die Sicherung des Einflusses der Aktionäre in der Unternehmung. Das Ziel der Finanzinstitutionen ist es, eine Verdünnung der Aktienrechte zu verhindern. So wird darauf geachtet, daß keine stimmrechtslosen Aktien ausgegeben werden oder ein Verzicht auf Bezugsrechte durchgesetzt wird, da beides die Kapitalmarktkontrolle schwächen würde (*Davies* 1993, S. 85 f.). Schon seit den siebziger Jahren machen sich Finanzinstitutionen dafür stark, daß die Posten des Hauptgeschäftsführers und des Direktoriumsvorsitzenden personell voneinander getrennt sind und die externen Direktoren stärker in die Entscheidungsprozesse der Unternehmen eingebunden werden (*Linaker* 1993, S. 108). Dadurch soll die Effektivität der Kontrolle des Direktoriums über das Management gefördert werden. Sowohl das Abstimmungsverhalten institutioneller Anleger in Hauptversammlungen[31] als auch ihr Einfluß auf die Gestaltung der Regeln des Marktes für Unternehmenskontrolle[32] zeigen, daß von dieser Seite - durchaus im eigenem Interesse - die stärksten Im-

---

[29] Ausnahmen von dieser Regelung gelten nur bei Eröffnung eines Konkursverfahrens. Dann ist das Direktorium verpflichtet, die Interessen der *Gläubiger* vorrangig zu wahren. Auf Beschluß der Hauptversammlung dürfen in diesem Falle darüber hinaus auch Vorkehrungen für die Mitarbeiter getroffen werden (z.B. im Rahmen von Sozialplänen), auch wenn diese nicht gesetzlich vorgeschrieben sind und dem Interesse der Eigentümer zuwiderlaufen (*Gower* 1992, S. 551 - 555).

[30] Schon 1930 wurde das *Investment Protection Committee* der *British Insurance Association*, dem die Mehrzahl der britischen Versicherungsunternehmen angehören, gegründet. Dieses beschäftigte sich ursprünglich hauptsächlich mit Fragen der Unternehmensverschuldung.

[31] Dies zeigt sich z.B. auch bei Fragen der Besetzung des Direktoriums, der Aufgabenverteilung innerhalb des Direktoriums oder der Dividendenentwicklung (*Linaker* 1993, S. 108).

[32] Das *Panel on Takeovers and Mergers* der Londoner Börse, in dem auch die institutionellen Anleger der City vertreten sind, entwickelt seit den sechziger Jahren fortlaufend ein

pulse ausgehen, um die Rechte der Aktionäre in Fragen der Unternehmenskontrolle zu sichern und zu bekräftigen. So lassen die Regeln des *Takeover Code* den Unternehmen erheblich weniger Spielraum für den Einsatz von Verteidigungsinstrumenten im Fall von Übernahmeangeboten[33] als in Deutschland oder den USA.[34] Außerdem verweigern die Aktionäre in Großbritannien auch regelmäßig ihre Zustimmung zu legal möglichen Strategien der Behinderung von Übernahmeangeboten[35] (*Paul* 1993, S. 140). Sie haben ein verständliches Interesse an der Funktionsfähigkeit des Marktes für Unternehmenskontrolle.

Viele Finanzinstitutionen haben unternehmensinterne Regeln für ihr Abstimmungsverhalten in Hauptversammlungen bei Fragen aufgestellt, die sich auf die Rechte der Aktionäre beziehen. Da die Funktionsfähigkeit der internen wie der externen Unternehmenskontrolle tendenziell die Leistungsfähigkeit und somit den Wert der Aktiengesellschaften erhöht, ist dies ein Ziel, das die meisten Finanzinstitutionen miteinander teilen. Aus diesem Grund ist in den achtziger und neunziger Jahren bei den institutionellen Anlegern die Neigung gewachsen, in diesen Fragen zu kooperieren.[36] Die Drohung der Großanleger, eine Unternehmenspolitik, welche die interne oder externe Unternehmenskontrolle behindert, nicht zu tolerieren, hat dazu geführt, daß die meisten Aktiengesellschaften bemüht sind, die von den Finanzinstitutionen angestrebten Standards freiwillig zu erfüllen, um sich als Anlageobjekt attraktiv zu machen. In Fällen, in denen Aktiengesellschaften sich nicht an diese Spielregeln halten, sind einige institutionelle Anleger inzwischen nicht länger bereit, aus Protest lediglich ihre Aktien zu verkaufen. Statt dessen werden sie im Rahmen der internen Unternehmenskontrolle aktiv oder initiieren und unterstützen feindliche Unternehmensübernahmen, um auf diese Weise das aktuelle Management zu bestrafen. Davon erhoffen sich die institutionellen Anleger vor allem positive Reputationseffekte, so daß Interventionen in einzelnen Fällen das Verhalten der Direktoren und Geschäftsführer in anderen Unternehmen, an denen sich der Anleger in der Folgezeit beteiligt, deutlich beeinflussen (*Conyon* und *Leech* 1994, S. 233).

Regelwerk für den Markt für Unternehmenskontrolle. Dieser *Takeover Code* gilt für alle börsennotierten Unternehmen in Großbritannien.

[33] Liegt z.B. ein Übernahmeangebot vor, darf die Geschäftsführung ohne Zustimmung der Aktionäre nichts unternehmen, was das Angebot gefährden könnte. Dazu gehören insbesondere Entscheidungen über eine Kapitalerhöhung, über den Kauf oder Verkauf wesentlicher Unternehmensteile oder über die Einleitung gerichtlicher Verfahren (eine in den USA sehr beliebte und weit verbreitete Methode) gegen das bietende Unternehmen (*Paul* 1993, S. 139 f.).

[34] Die Fähigkeit der Manager, sich mit einem umfangreichen Arsenal an (teuren) Abwehrmaßnahmen gegen Übernahmeangebote zu wehren, hat in den USA in den achtziger Jahren zum Niedergang des Marktes für Unternehmenskontrolle geführt.

[35] Zum Beispiel *Poison Pill*-Verträge, welche nur im Falle einer Unternehmensübernahme zum Tragen kommen, aber schon abgeschlossen werden, bevor ein Angebot vorliegt.

[36] So haben 1998 der größte US-amerikanische Pensionsfonds *CalPERS* und der größte britische Pensionsfonds *Hermes* beschlossen, in Zukunft in Fragen der Struktur der internen Unternehmenskontrolle zu kooperieren (*McDonald* 1998).

Die Strategie der Finanzinstitutionen, eine Verdünnung der Aktienrechte durch Entscheidungen der Unternehmensführung möglichst weitgehend zu verhindern und ihre Neigung, bei Unzufriedenheit mit der Unternehmensleistung oder feindlichen Übernahmen ihre Aktien auf dem Markt dem Meistbietenden zu verkaufen, wird von verschiedenen Seiten kritisiert. Die Konzentration auf die Kurs- und Dividendenentwicklung führe dazu, daß Unternehmen verleitet würden, eine kurzfristig orientierte Politik zu verfolgen, die ihren langfristigen Bestand gefährden könne. Dem Vorwurf, die Finanzinstitutionen würden eine kurzfristige Politik verfolgen, wird entgegengehalten, daß bei ausreichenden und wahrheitsgemäßen Informationen die Aktienkurse auf den Kapitalmärkten auch die Wachstumschancen eines Unternehmens widerspiegeln. Die Finanzinstitutionen würden dementsprechend gar keinen Nutzen daraus ziehen, wenn sie die Unternehmen veranlassen würden, ihre langfristigen Erfolgschancen außer acht zu lassen (*Davies* 1993, S. 79). Das Problem wird eher in der mangelnden Bereitstellung von Informationen gesehen, aus denen die zukünftigen Erfolgschancen erkennbar sind (*Weedon* 1993, S. 103). Institutionelle Anleger wären wohl schlecht beraten, wenn sie nur an kurzfristigen Gewinnmitnahmen interessiert wären. So ist zu beobachten, daß in der Regel nicht ganze Aktienpakete an einer Unternehmung gehandelt werden. Vielmehr werden die Aktienbestände aufgefüllt, wenn die Aussichten gut sind, und reduziert, wenn sie schlecht sind. Lediglich bei einer Unternehmensübernahme werden ganze Aktienpakete gehandelt.

Die Orientierung der institutionellen Anleger am *Shareholder Value* trägt zur Erhöhung des Wettbewerbsdrucks auf die Unternehmen bei. Es wird kritisiert, daß hierbei einseitig den Interessen der Aktionäre Rechnung getragen wird, während die Folgen für die übrigen Stakeholder des Unternehmens, vor allem für die Beschäftigten, nur insoweit berücksichtigt werden, wie sie sich auf die Interessen der Eigentümer auswirken. Dem ist entgegenzuhalten, daß die institutionellen Anleger in der Regel das Sparvermögen von Arbeitnehmern verwalten, die damit unter anderem ihre Altersvorsorge bestreiten (*Davies* 1993, S. 80). Die Anlagepolitik der institutionellen Investoren dient demnach der langfristigen Vermögensbildung der Arbeitnehmer. Außerdem wird von den Befürwortern des Shareholder-Ansatzes argumentiert, daß der Wettbewerbsdruck zu einer Erhöhung der nationalen wie internationalen Wettbewerbsfähigkeit der Unternehmen führt und somit hilft, Arbeitsplätze zu sichern bzw. zu schaffen.

Inwieweit sich die Finanzinstitutionen an der internen Unternehmenskontrolle beteiligen oder über den Aktienhandel und die Gestaltung der Konditionen für die Aufnahme von Fremdkapital zur externen Unternehmenskontrolle durch den Kapitalmarkt beitragen, hängt von den dabei jeweils entstehenden Kosten ab.[37] Nicht nur die Neigung von Banken, sich an der internen Unternehmenskontrolle zu beteiligen, wächst in dem Maße, wie die Laufzeit und das Ausmaß der Fremdkapitalfinanzierung der Unternehmen steigen. In den achtziger und neunziger Jahren hat auch die Bereitschaft der institutionellen Anleger zugenommen, sich nicht nur für die Erhaltung und Stärkung der Aktien-

---

[37] Ein weiterer Einflußfaktor ist der Wettbewerb zwischen den institutionellen Investoren. Je schärfer der Wettbewerb zwischen den Finanzinstitutionen ist, um so sorgfältiger und ertrags- sowie kostenbewußter müssen die Unternehmen mit dem Vermögen ihrer Kunden wirtschaften, um am Markt bestehen zu können.

rechte einzusetzen, sondern sich auch aktiv an der internen Kontrolle der Geschäftspolitik mittelgroßer und kleiner Unternehmen zu beteiligen. Dies wird darauf zurückgeführt, daß die Kapitalanlagen in kleinen und mittleren Unternehmen nicht liquide genug sind, um auf enttäuschende Leistungen der Unternehmensführung mit dem Verkauf der Unternehmensanteile zu reagieren. Aber auch bei der Beteiligung an Großunternehmen hat die Alternative des Exit über den Kapitalmarkt an Attraktivität eingebüßt (*Banaga, Ray* und *Tomkins* 1995, S. 129 f.). In der Rezession Anfang der neunziger Jahre nahmen institutionelle Investoren häufiger Einfluß auf die Absetzung erfolgloser Manager. Bei vielen Unternehmen wurden auf Grund der starken Rezession Managementfehler, die während des vorangegangenen Booms gemacht worden waren, deutlich. Die Rezession machte es für die Aktionäre wenig attraktiv, ihre Aktienpakete am Aktienmarkt zu verkaufen, und verringerte die Wahrscheinlichkeit eines Übernahmeangebots, welches die Aktionäre ihrer Schwierigkeiten enthoben hätte (*Davies* 1993, S. 88 - 91). Hier zeigt sich, wie sich die Kosten interner und externer Kontrollmechanismen auf das Verhalten der Anleger auswirken.

Ein weiterer Grund für die zunehmende Partizipation institutioneller Anleger an der internen Unternehmenskontrolle könnte darin liegen, daß Anlagen in Großunternehmen, die im FTSE 100- oder im FTSE All Share-Index eine wichtige Rolle spielen, nicht nur von Ertragsüberlegungen, sondern auch vom Interesse der Risikoverminderung bestimmt sind. Wird zu Zwecken des Risikomanagements[38] die Beteiligung an einem bestimmten Unternehmen mehr oder weniger unabdinglich, können die Anleger die Möglichkeiten der internen Unternehmenskontrolle nutzen, um ihrer Kritik an der Geschäftspolitik Ausdruck zu verleihen.

7.2. Der Markt für Unternehmenskontrolle

Der Sekundärmarkt spielt eine wesentliche Rolle für die kontinuierliche Bewertung der Unternehmung sowie für die Beurteilung der Politik der Geschäftsleitung. Sind Anleger nicht mit den Leistungen der Unternehmung zufrieden, bietet ihnen der Sekundärmarkt die Möglichkeit, durch den Verkauf der Wertpapiere ihre Verbindungen zu dem Unternehmen zu lösen. Inwieweit der Kapitalmarkt, insbesondere der Aktienmarkt, allerdings den Wert einer Unternehmung korrekt widerspiegelt, ist umstritten.[39] Auf sog. effizienten Märkten reflektiert der Preis einer Aktie alle bekannten Informationen[40] über das Unternehmen. Das bedeutet jedoch nicht, daß die Marktbewertung eines Wertpapiers jederzeit korrekt ist. In einer sich ständig wandelnden Welt werden immer wieder neue Informationen relevant, die von den Marktakteuren nicht sicher antizipiert werden können. In dem Maße, wie neue Informationen bekannt werden, führen sie zu

---

[38]   Da von vielen Seiten darauf verwiesen wird, daß eine Orientierung des Anlageverhaltens an großen Börsenindizes zu einer Risikoverminderung bei gleichzeitig guten Ertragschancen führt, spielt diese Anlagestrategie für die Kundenwerbung der institutionellen Anleger eine wichtige Rolle.

[39]   Siehe *Dimsdale* 1994, S. 23; *Marsh* 1994, S. 67 – 69; *Mayer* 1994, S. 179 f.

[40]   Informationen, die auf Grund von Geheimhaltung oder Betrug nicht an die Öffentlichkeit gelangen oder verzerrt oder falsch weitergegeben werden, beeinflussen also auch den Kurswert von Wertpapieren.

einer Veränderung der Bewertung der Wertpapiere, die Kurse verändern sich (*Marsh* 1994, S. 83). Häufig wird allerdings moniert, daß auf Grund der kurzfristigen Gewinn-orientierung vieler Anleger Unternehmen mit langfristigen Entwicklungsstrategien vom Markt unterbewertet werden. Diese Ansicht wird in mehreren empirischen Studien be-stritten.[41] Die Notierung von Wertpapieren auf dem Kapitalmarkt hängt von den subjek-tiven Erwartungen und Präferenzen der einzelnen Marktakteure ab. Insofern hat die In-formationslage der Anleger einen wesentlichen Einfluß auf die Wertpapierkurse und damit auf die Fähigkeit der Unternehmen, sich am Kapitalmarkt zu finanzieren.

Seit Ende der fünfziger Jahre hat sich innerhalb des Sekundärmarktes für Unterneh-mensbeteiligungen ein zusätzlicher spezieller Sektor entwickelt, der Markt für Unter-nehmenskontrolle. Genauer gesagt handelt es sich dabei um einen Markt für Unterneh-mensübernahmen, insbesondere feindlicher Art. Dadurch hat sich die Kontrollfunktion des Sekundärmarktes für Aktien erweitert. Schon vor dem Zweiten Weltkrieg sicherte der Wertpapierhandel auf dem Sekundärmarkt die Liquidität der Aktien und gab durch die Kursentwicklung Auskunft über die Bewertung der Leistungen und Entwicklungs-chancen der Unternehmen durch eine Vielzahl von Anlegern. Die Kursentwicklung be-einflußte einerseits die Chancen der Unternehmen, auf dem Primärmarkt Kapital aufzu-nehmen, zum anderen gab sie den Investoren Anreize, im Zuge der internen Unterneh-menskontrolle ihren Einfluß auf die Geschäftsführung geltend zu machen, möglichst gute Leistungen zu erbringen. Die Kursentwicklung wirkte sich sowohl auf die Ar-beitsmarktchancen der professionellen Geschäftsführer als auch der Direktoren aus.

Der Markt für Unternehmenskontrolle stellt einen Teilbereich des Aktienmarktes dar, auf dem Eigentumsrechte an diejenigen transferiert werden, die ihnen den höchsten Wert beimessen (*Mayer* 1994, S. 180, 188). Allerdings kommt es den Käufern hierbei zunächst weniger auf die mit den Aktien verbundenen Dividendenansprüche an als auf die Rechte der Überwachung und Sanktionierung der Geschäftsführung, inklusive des Rechts, der Geschäftsführung Vorschriften hinsichtlich der Geschäftspolitik zu machen und einige oder alle Direktoren und Manager auszutauschen.

Beim Wettbewerb auf dem Markt für Unternehmenskontrolle versuchen rivalisieren-de Managementgruppen, die interne Kontrollmacht über die Geschäftsführung eines Zielunternehmens zu gewinnen. Die Bewertung der Unternehmensanteile auf dem Se-kundärmarkt reflektiert für gewöhnlich die Einschätzung der Unternehmensleistung unter dem augenblicklichen Management. Sehen aktuelle oder potentielle Investoren die Möglichkeit, die Leistungen und damit den Wert des Unternehmens zu steigern, indem sie Einfluß auf die Geschäftsführung nehmen, sind sie bereit, den aktuellen Anteilseig-nern eine Prämie auf den Kurswert zu zahlen.[42] Die Höhe dieser Prämie ist von dem Wert abhängig, welche die mit den Unternehmensanteilen verbundenen internen Kon-trollrechte für die rivalisierenden Managementgruppen haben. Funktioniert der Markt

---

[41] Inwiefern Aktienmärkte langfristige Investitionen *angemessen* honorieren, ist unter Ma-nagern und Wirtschaftstheoretikern heftig umstritten. Zu einer detaillierten Untersuchung dieser Frage siehe *Davies* 1993, S. 79 f.; *Dimsdale* 1994, S. 23; *Marsh* 1994, S. 67 - 69, 83; *Mayer* 1994, S. 179 f., 190 – 192; *Weedon* 1993, S. 98, 103.

[42] Zum Ausmaß der Prämien bei Unternehmensübernahmen siehe Tabelle 7.25 im Anhang.

für Unternehmenskontrolle, werden die Eigentumsrechte von denjenigen erworben, die von der Beeinflussung der Geschäftsführung die größten Gewinnchancen erwarten (*Hannah* 1974, S. 66, 77; *Mayer* 1994, S. 180, 188). So kann ein unfähiges Management ausgewechselt werden, ohne daß dies für die Mehrheit der Anleger mit Aufwendungen für die Beteiligung an der internen Unternehmenskontrolle verbunden ist. Dieser Aspekt ist um so wichtiger, je breiter das Vermögen der Anleger und das Kapital der Unternehmen gestreut sind. Doch nicht nur die tatsächlich ausgeführten Übernahmeangebote sollen für eine effizientere Leistungserstellung sorgen. Durch die latente Gefahr eines Unternehmensübernahmeversuchs durch ein anderes Managementteam wird das aktuelle Direktorium ständig gezwungen, seine eigene Leistungsfähigkeit zum Wohle der Unternehmenseigentümer voll auszuschöpfen. Der kontinuierliche Wettbewerbsdruck, der auf den Geschäftsführern und Direktoren lastet, führt zu einer starken Orientierung der Geschäftspolitik am Shareholder Value (*Hart* 1992, S. 5; *Mayer* 1994, , S. 186 f.).

Vor 1948 waren in Großbritannien die Publizitätsvorschriften für Aktiengesellschaften so lax, daß sowohl externe Managementteams als auch die Aktionäre kaum Informationen über die tatsächliche Geschäftslage des Unternehmens besaßen. Aus diesem Grund war eine Übernahme der Unternehmenskontrolle ohne Kooperation mit dem aktuellen Direktorium so gut wie unmöglich.[43] Die Aktionäre vertrauten auf die Empfehlungen der Geschäftsleitung; das an der Übernahme interessierte Management war davon abhängig, daß ihm das aktuelle Direktorium wahrheitsgemäße Informationen lieferte. Diese Situation veränderte sich durch die Novelle des Aktienrechts von 1948. Im *Companies Act* von *1948* wurden die Rechte der Aktionäre gegenüber dem Direktorium gestärkt und der Minderheitenschutz gefördert. Außerdem wurden strengere Vorschriften über Mindestnormen der Informationspflicht erlassen, so daß Investoren einen erheblich besseren Eindruck von der tatsächlichen Lage der Unternehmen gewinnen konnten als vor 1948. Deshalb konnte nun auch ein *feindliches* Übernahmeangebot direkt an die Aktionäre gerichtet werden, unter Umgehung oder in direkter Opposition zu den aktuellen Direktoren der Zielunternehmung.

Der Markt für Unternehmenskontrolle, insbesondere mit Hilfe feindlicher Unternehmensübernahmen (*hostile takeovers*), gilt als wichtiger Teil des volkswirtschaftlichen Allokationsmechanismus, der die Lenkung der Ressourcen in ihre bestmögliche Verwendung sicherstellen soll (*Barnes, Davidson* und *Wright* 1996, S. 653; *Hannah* 1974, S. 66; *Jenkinson* und *Mayer* 1992, S. 2). Nach *Hannah* (1974, S. 66) erscheint in marktwirtschaftlichen Wirtschaftssystemen, in denen eine Trennung von Unternehmenseigentum und Unternehmensführung rechtlich und faktisch möglich ist und ein

---

[43]   Aufgrund der überragenden Stellung der Direktoren der Zielunternehmung im Übernahmeversuch galten die Bemühungen der Käufer in erster Linie der Überzeugung der Direktoren von der Profitabilität der Übernahmekonditionen, nicht nur für die Aktionäre, sondern auch für die Direktoren des Zielunternehmens. So war es trotz öffentlicher Proteste durchaus üblich, Bestechungsgelder (z.B. in Form des Aufkaufs der Aktien der Direktoren zu einem erheblich höheren Kurs als dem offiziellen Übernahmekurs) zu zahlen und Direktoren der Zielunternehmung mit neuen Direktoriumsposten zu versorgen. Darüber hinaus konnten die Direktoren durch Insiderhandel im Zusammenhang mit Unternehmensübernahmen viel Geld verdienen (*Hannah* 1974, S. 72).

funktionsfähiger Primär- und Sekundärmarkt für Unternehmensanteile existiert, die Herausbildung eines Marktes für Unternehmenskontrolle fast zwangsläufig. Tatsächlich weist jedoch kein anderes Mitgliedsland der EU einen annähernd so lebhaften Markt für Unternehmenskontrolle auf wie Großbritannien.

In Großbritannien waren feindliche Unternehmensübernahmen in den fünfziger und sechziger Jahren noch selten, obgleich die gesetzlichen Rahmenbedingungen die Erfolgschancen hierfür deutlich verbessert hatten.[44] Erst in dem Maße, wie das *Panel on Takeovers and Mergers* der Londoner Börse seit Anfang der sechziger Jahre einen umfangreichen Verhaltenskodex (*Takeover Code*) für die Verfahrensweise bei Unternehmensübernahmen börsennotierter Unternehmen erarbeitete, nahm auch die Anzahl der feindlichen Übernahmen zu.[45]

Im Boom des Marktes für Unternehmenskontrolle der späten sechziger und frühen siebziger Jahre sowie der achtziger und neunziger Jahre waren rund 25 % der Übernahmeangebote feindlich (*Vollmer* 1998, S. 594).[46] In den sechziger Jahre bezweckten die meisten Unternehmensübernahmen eine konglomerate Unternehmenserweiterung oder -diversifikation. In den achtziger Jahren löste man sich mehr und mehr von dieser Strategie. Viele gewinnschwache Betriebe wurden abgestoßen, vor allem dann, wenn diese nicht zum Kerngeschäft der Unternehmung zählten. Der Verkauf von Unternehmensteilen machte fast 30 % der Umsätze am Markt für Unternehmenskontrolle aus (*Barnes, Davidson* und *Wright* 1996, S. 651). Diese Entwicklung wurde unter anderem auf den verschärften internationalen Wettbewerb auf den Gütermärkten zurückgeführt. Mit der liberaleren Wirtschaftspolitik der achtziger und neunziger Jahre sank die Bereitschaft des Staates, Großunternehmen bei finanziellen Schwierigkeiten durch Subventionen oder die Errichtung von Marktzutrittsschranken zu helfen. Unternehmen, die sich erfolgreich am Markt behaupten wollten, mußten sich auf ihre Kernkompetenzen konzentrieren und verkauften Unternehmensbereiche, in denen sie keine spezifischen Produktions- oder Absatzvorteile gegenüber ihren Konkurrenten besaßen.

Die Frage, inwieweit der Markt für Unternehmenskontrolle eine effektivere Ressourcenallokation fördert, ist umstritten. Selbst wenn der Wettbewerb auf dem Markt für Unternehmenskontrolle funktioniert, so das Argument, kann es zu Wirkungen kommen, die langfristig nachteilig sein können. So zum Beispiel, wenn sich dadurch der Monopolisierungsgrad erhöht oder die Übernahmen auf Fehleinschätzungen der Akteure be-

---

[44]   Hierfür spielte neben dem *Companies Act* von *1948* auch die konzentrationsfördernde Wirtschafts- und Wettbewerbspolitik der fünfziger und sechziger Jahre eine wesentliche Rolle.

[45]   Als weiterer Grund für die zunehmende Anzahl feindlicher Unternehmensübernahmen wird die Abnahme des Einflusses einzelner Anleger, z.B. der Familien der Unternehmensgründer, in den Unternehmen angeführt. Die Kombination von Direktoriumsposten und großen Anteilen am Eigenkapital verschaffte diesen Anlegern die Möglichkeit, den Einfluß des Marktes für Unternehmenskontrolle zu schwächen.

[46]   *Jenkinson* und *Mayer* (1992, S. 3) gehen sogar davon aus, daß ein Drittel der Unternehmensübernahmen von börsennotierten Aktiengesellschaften im Zeitraum von 1970 bis 1990 feindlicher Natur waren.

ruhen, für die andere aufkommen müssen, die nicht direkt an der Entscheidung beteiligt sind.

Einige Kritiker gehen davon aus, daß sich der Markt für Unternehmenskontrolle sowohl auf die langfristigen Chancen von Unternehmen im Wettbewerb als auch die volkswirtschaftliche Entwicklung insgesamt negativ auswirkt. Sie befürchten, daß der Wettbewerbsdruck auf die Geschäftsführung zu einer kurzfristig und kurzsichtig ausgerichteten Geschäftspolitik führt. Um kurzfristig möglichst hohe Gewinne zu erzielen, werde zu wenig in Forschung und Entwicklung investiert. Darüber hinaus würden zu hohe Dividenden ausgeschüttet, auch dann, wenn die wirtschaftliche Lage dies eigentlich nicht zuließe (*Dimsdale* 1994, S. 25; *Hart* 1992, S. 3, 12). Außerdem richte sich die Mehrheit der Übernahmeangebote nicht auf Unternehmen, die von einem Wechsel des Managements profitieren würden (*Jenkinson* und *Mayer* 1992, S. 3) - viele der Zielunternehmen befänden sich ohnehin kurz vor einem erfolgreichen Abschluß umfassender Restrukturierungsmaßnahmen. Geltungsbedürfnis und Einkommensinteressen von Managern und Finanzberatern[47] werden neben kreativen Buchführungspraktiken, dem Streben nach Marktmacht und konzentrationsfreundlichen Steuergesetzen als wesentliche Gründe für den boomenden Markt für Unternehmenskontrolle in den achtziger und neunziger Jahren angesehen (*Barnes, Davidson* und *Wright* 1996, S. 653 - 657; *Claudy* o.J., S. 33 f.; *Hannah* 1974, S. 76).

Der These, daß der Markt für Unternehmenskontrolle zu einer einseitigen Orientierung der Geschäftsführer an der Entwicklung der Börsenkurse und somit zu einer kurzfristig und kurzsichtig angelegten Geschäftspolitik verleite, wird entgegengehalten, daß Aktienkurse erwartete Vorteile aus langfristig orientierten Investitionsentscheidungen widerspiegeln. Schon *David Ricardo* (1817/1972, S. 78) hat darauf verwiesen, daß sich Kapitalanleger bei der Verwendung ihres Vermögens nicht einseitig an der Realisierung (kurzfristiger) Gewinne orientieren, sondern auch andere Aspekte wie beispielsweise das Investitionsrisiko und die Transaktionskosten verschiedener Anlagen die Investitionsentscheidungen beeinflussen. Deshalb wird eine Dividendenpolitik, welche die langfristigen Erfolgsaussichten einer Unternehmung verschlechtert, die Aktienkurse negativ beeinflussen. Tatsächlich lassen empirische Untersuchungen für die USA erkennen, daß die Ankündigung von Unternehmen, verstärkt in Forschung und Entwicklung zu investieren, den Kurswert der Aktien eher positiv als negativ beeinflußt (*Marsh* 1994, S. 71). Außerdem unterliegen in den USA Firmen, die vermeintlich zu wenig in Forschung und Entwicklung investieren, einem höheren Risiko, übernommen zu werden (*Hart* 1992, S. 2).

---

[47] Finanzberatern wird unterstellt, sie würden viele Unternehmensübernahmen in erster Linie aus Interesse an ihren Gebühren vorantreiben (*Barnes, Davidson* und *Wright* 1996, S. 656). Für Manager seien Unternehmensübernahmen, unabhängig von deren Einfluß auf die Gewinnentwicklung, attraktiv, da ihre Einkommen nachweislich eher von der Größe und dem Umsatz des Unternehmens abhängig seien als von seiner Gewinnsituation (*Conyon* und *Leech* 1994, S. 238 - 246; *Dimsdale* 1994, S. 26 f.). *Paul* (1993, S. 147) bezweifelt allerdings, daß die Direktoren eines Unternehmens von gebührenorientierten Finanzberatern dazu gebracht werden können, Unternehmensübernahmen anzustreben, die sie ansonsten auf Grund ihrer Geschäftspolitik nicht in Betracht gezogen hätten.

Weiterhin werden die Kosten, die besonders mit feindlichen Unternehmensübernah-men und mit Verteidigungsstrategien[48] verbunden sind, kritisiert. Die Kosten für die Finanzierung von Übernahmeangeboten, die Gebühren der Finanz- und Rechtsberater, der Aufwand für die Abwehrbemühungen (einschließlich der Ablenkung der Geschäfts-führung vom Tagesgeschäft) werden vielfach als Verschwendung von Ressourcen ange-sehen (*Dimsdale* 1994, S. 25; *Jenkinson* und *Mayer* 1992, S. 3; *Linaker* 1993, S. 109; *Lübbert* 1992, S. 124 f.).

Tatsächlich kommen empirische Untersuchungen, die sich mit der Frage beschäfti-gen, wie sich Aktivitäten der Unternehmensübernahme auf die Gewinnsituation einzel-ner Unternehmen auswirken, zu unterschiedlichen Ergebnissen (*Dimsdale* 1994, S. 26). Dabei ist festzustellen, daß die Aktionäre der Zielunternehmung bei einer tatsächlich vollzogenen Unternehmensübernahme ihre finanzielle Position in der Regel deutlich verbessern können.[49] Die Gewinne der Aktionäre der bietenden Unternehmung fallen dagegen meist eher bescheiden aus, es kann auch zu Verlusten kommen (*Barnes, Da-vidson* und *Wright* 1996, S. 654).

Die ex ante-Bewertung des Zusammenschlusses, sei es im Hinblick auf mögliche ko-stensenkende Skalen- und Synergieeffekte, Innovationsgewinne, staatliche Steuer- oder Subventionsvorteile sowie das Werterhöhungspotential durch ein effektiveres Manage-ment, ist schon deshalb äußerst schwierig und risikobehaftet, weil es sich um einen komplexen Suchprozeß unter Ungewißheit handelt. Darüber hinaus tragen die Aktionäre der bietenden Unternehmung das Risiko, daß die Übernahme nicht gelingt. Dann stehen den Kosten weder positive Synergieeffekte noch Vorteile aus dem besseren Manage-ment der Zielunternehmung gegenüber. Geht die Übernahme schief, setzen sich die Di-rektoren und Manager der bietenden Unternehmung der Gefahr aus, nun ihrerseits am Markt für Unternehmenskontrolle unter Druck zu geraten. Leichtfertige Übernahmean-gebote können so den Initiatoren und deren Unternehmen zum Verhängnis werden. Die-se Konsequenz ist geeignet, Fehlschlägen vorzubeugen, ohne sie jedoch ganz ausschlie-ßen zu können, wie die hohe Quote der gescheiterten Übernahmeversuche zeigt.

Empirische Studien aus Großbritannien kommen zu dem Ergebnis, daß Unterneh-men, die im Zuge freundlicher oder feindlicher Unternehmensübernahmen fusionieren, danach im Durchschnitt deutlich höhere Wachstumsraten aufweisen, als Unternehmen, die dies nicht tun (*Hart* 1992, S. 2).

Außerdem darf nicht übersehen werden, daß schon die bloße Existenz des Marktes für Unternehmenskontrolle und seine exemplarische Wirksamkeit unbewußt und unge-wollt die Unternehmenskontrolle aller Unternehmen beeinflussen, die von einem Über-nahmeangebot betroffen sein könnten. Dies zeigt sich im Präventivverhalten der Ge-

---

[48]   Zu den Kosten für die Verteidigung gegen Übernahmeversuche siehe Tabelle 7.26 im Anhang.

[49]   In Großbritannien haben Geschäftsführung und Direktorium erheblich weniger Möglich-keiten, sich auf Kosten der Unternehmung gegen Unternehmensübernahmen zu wehren als z.B. in den USA. Deshalb verschlechtert sich in der Regel die Gewinnsituation des Zielunternehmens nach einem erfolglosen Übernahmeversuch nicht.

schäftsführungen. Diese versuchen, das Zustandekommen von Übernahmeangeboten rivalisierender Managementteams durch gute Leistungen zu vermeiden.

Empirisch ist belegt, daß unbefriedigende Managementleistungen in Großbritannien härter sanktioniert werden als beispielsweise in Deutschland. So ergab eine Untersuchung feindlicher Unternehmensübernahmen in Großbritannien in den achtziger Jahren, daß innerhalb von zwei Jahren fast 90 % der exekutiven und nicht-exekutiven Direktoren ausgetauscht wurden. Auch wenn es nicht zu feindlichen Übernahmen kommt, ist die Rate der Entlassungen von Direktoren und Geschäftsführern in Großbritannien mit durchschnittlich 20 % in zwei Jahren höher als beispielsweise in Deutschland (*Jenkinson* und *Mayer* 1992, S. 3; *Mayer* 1994, S. 189; *Moerland* 1995, S. 26).

Häufig beginnen Unternehmen, um das Risiko einer Übernahme zu vermindern, frühzeitig mit umfangreichen Umstrukturierungen (*Barnes*, *Davidson* und *Wright* 1996, S. 653). Wird in diesem Zusammenhang eine Kapitalerhöhung mittels Aktienemission für notwendig erachtet, so hat sich bei Firmen wie *ASDA*, *Grenada*, *Brent Walker* und *Aerospace* gezeigt, daß dem Gang zum Kapitalmarkt häufig eine Auswechselung der Geschäftsführung vorausging (*Davies* 1993, S. 88). Auch das zunehmende Engagement institutioneller Anleger für die Sicherung der Aktienrechte, die Abnahme der Fremdkapitalfinanzierung und die Tendenz zur Verschlankung von Unternehmen in den achtziger und neunziger Jahren werden auf Impulse der Überwachung und Sanktionierung durch den Aktienmarkt und den Markt für Unternehmenskontrolle zurückgeführt (*Barnes*, *Davidson* und *Wright* 1996, S. 651 f.).

Dennoch wird dem *takeover-zentrierten* System der Unternehmensführung und -kontrolle vorgeworfen, daß es Investoren wenig dazu motiviere und in die Lage versetze, interne Kontrollaufgaben wahrzunehmen, daß Beschäftigte, Zulieferer und Kunden kaum Eigentumsrechte an der Unternehmung besäßen, wenig Kontrollmöglichkeiten hätten und ihre Investitionen in das Unternehmen bzw. in Verträge mit dem Unternehmen nur schlecht schützen könnten. Bei dieser Argumentation im Sinne der Stakeholder-Konzeption bleibt allerdings völlig offen, wie die Ziele der Stakeholder operationalisiert und durchgesetzt werden könnten, ohne die Wettbewerbsfähigkeit der Unternehmen auf den Produktmärkten zu beeinträchtigen.

7.2.1. Der Markt für feindliche Unternehmensübernahmen in Großbritannien

Trotz der geschilderten Möglichkeiten für Unternehmensübernahmen scheint der bestehende Ordnungsrahmen beachtlichen Spielraum dafür zu bieten, sich gegen feindliche Übernahmeversuche erfolgreich zu verteidigen. Zwischen 40 % und 50 % der Übernahmeversuche scheitern, wobei der Prozentsatz noch höher liegt, wenn keine Geldzahlungen, sondern ein Aktientausch angeboten wird (*Paul* 1993, S. 141).

Abb. 7.1   Feindliche Übernahmeversuche in Großbritannien pro Jahr

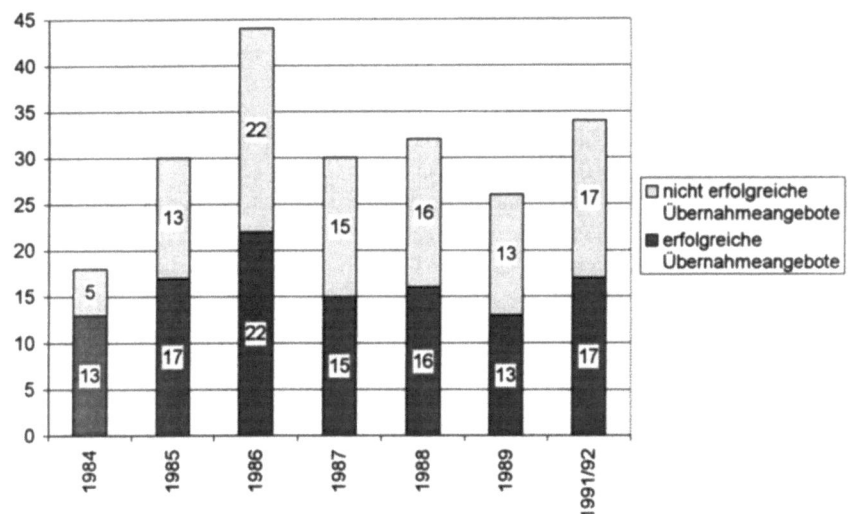

Quelle: *Paul* 1993, S. 141.

Für die Verteidigung gegen feindliche Übernahmen kommen folgende Instrumente in Frage:

- Die *Revaluierung der Finanzlage* der Unternehmung, einschließlich der Neubewertung des Vermögens sowie der Gewinn- und Dividendenaussichten. Damit wird versucht, die Aktionäre davon zu überzeugen, daß das Festhalten an der Anlage und gegebenenfalls am alten Management rentabler ist als ein Verkauf ihrer Anteile an das bietende Unternehmen. Statistisch gesehen ist dies die häufigste und erfolgreichste Methode zur Verteidigung gegen feindliche Übernahmen (*Paul* 1993, S. 142).

- Die Rettung durch einen *White Knight*, d.h., das Zielunternehmen sucht einen konkurrierenden *freundlichen* Interessenten für die Unternehmensübernahme. Bei Erfolg kommt es zwar zur Übernahme, jedoch nicht durch das feindliche Management. Gegebenenfalls verbessern sich dabei auch die Übernahmekonditionen für die Aktionäre.

- Die *Intervention von Regulierungsbehörden*, insbesondere von nationalen oder supranationalen (europäischen) Wettbewerbsbehörden. Der enge zeitliche Rahmen, der für die Durchführung eines Übernahmeversuchs vom *Takeover Code* gesetzt wird, führt dazu, daß bei Übernahmen, bei denen Wettbewerbsbehörden aktiv werden, das Zeitlimit häufig nicht eingehalten werden kann und die Unternehmen zum Teil zwölf Monate warten müssen, bis sie einen erneuten Übernahmeversuch starten können.

- Die Restrukturierung des Unternehmens durch den *Verkauf von Geschäftsteilen* (*Paul* 1993, S. 142). Dabei ist jedoch darauf zu achten, daß das Direktorium im

Verlauf eines Übernahmeversuchs am Aktienmarkt nichts tun darf, um das Übernahmeangebot zu behindern, auch wenn es sich um Aktivitäten handelt, die zu jedem anderen Zeitpunkt legal wären. So sind die Ausgabe zusätzlicher Aktien, der Kauf oder Verkauf wesentlicher Vermögensteile oder Vereinbarungen, die außerhalb des normalen Geschäfts liegen, ohne Zustimmung von 50 % der Stimmrechte der Hauptversammlung verboten. Auch *golden parachutes*, d.h. großzügige finanzielle Abfindungsvereinbarungen mit Direktoren und Managern in Fällen, in denen diese durch die Übernahme ihren Posten verlieren oder aufgeben, dürfen bei einem unmittelbar bevorstehenden Übernahmeangebot nicht mehr eingeführt werden (*Paul* und *Friend* 1991, S. 121). Vor der Abgabe eines Übernahmeangebots dürfen allerdings zahlreiche Arten von *Poison Pill*-Vorkehrungen getroffen werden, die erst im Falle eines Übernahmeversuchs aktiviert werden. Als Poison Pills werden Vereinbarungen bezeichnet, welche feindliche Unternehmensübernahmen unattraktiv machen, z.B. großzügige Abfindungen für Direktoren und Manager oder ein automatischer Verkauf wesentlicher Unternehmensteile bei einer Übernahme. Allerdings benötigen die Direktorien für solche Abwehrmaßnahmen nach den Regeln der Companies Acts und den Vorschriften des *Yellow Book* das Einverständnis der Aktionäre. Die britischen Aktionäre, insbesondere die institutionellen Anleger, beurteilen solche Verteidigungsstrategien jedoch sehr negativ, so daß es nur selten dazu kommt (*Davies* 1993, S. 87; *Paul* 1993, S. 140).

Abb. 7.2   **Verwendung von Verteidigungsstrategien gegen feindliche Unternehmensübernahmeangebote**

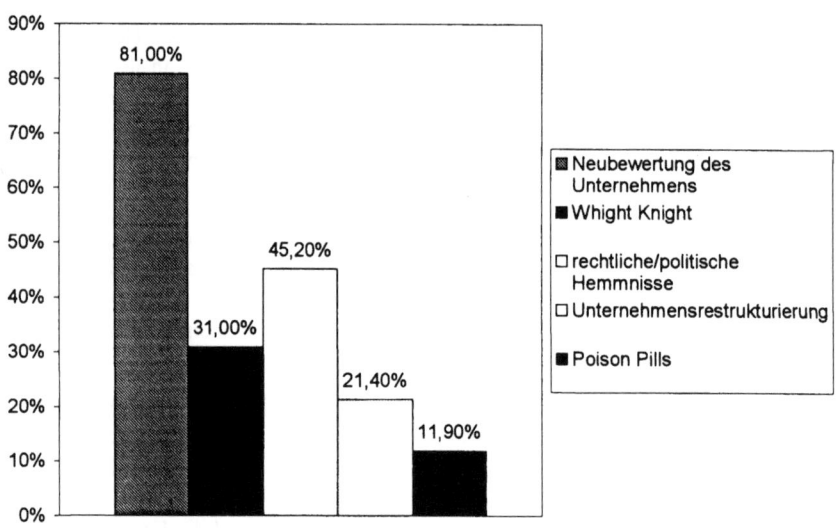

Quelle: *Paul* 1993, S. 142.

Vieles, was in anderen Ländern erlaubt ist, um Übernahmeangebote abzuwehren, ist in Großbritannien verboten, weil damit das Recht der Aktionäre beeinträchtigt würde, über die Annahme oder die Ablehnung eines Übernahmeangebots zu entscheiden. Außerdem gibt es in Großbritannien deutlich weniger juristische Möglichkeiten, einen Übernahmeversuch durch Einlegung von Rechtsmitteln zu behindern, als beispielsweise in den USA.[50] Der Verzicht auf bestimmte Verteidigungstaktiken liegt aber nicht nur am Ordnungsrahmen, sondern auch an der Geschäftspolitik der institutionellen Investoren (*Paul* und *Friend* 1991, S. 121).

Die ablehnende Haltung institutioneller Anleger gegenüber Poison Pills, der Preisgabe von Bezugsrechten und gegenüber der Emission von Vorzugsaktien mit eingeschränkten Stimmrechten[51] hat dazu geführt, daß sich die Bedingungen für feindliche Unternehmensübernahmen in den achtziger und neunziger Jahren verbessert haben. Allerdings wird moniert, daß die Verwaltung von Aktien in Indexfonds, über deren Zusammensetzung Computer wachen und deren Eigentümer deshalb nicht auf Übernahmeangebote reagieren, die Fähigkeit feindlicher Managementteams, in der vorgeschriebenen Zeit mindestens 50 % der stimmberechtigten Aktien zu erwerben, beeinträchtigt (*Paul* 1993, S. 142). Da Übernahmeversuche, insbesondere feindliche, jedoch in der Regel von einem hohen Maß an Publicity gekennzeichnet sind und den Aktionären der Zielunternehmen, wie erwähnt, hohe Gewinne versprechen, scheint es unwahrscheinlich, daß die Anleger nicht realisieren, daß ein Übernahmeangebot abgegeben wurde und sie Aktien des Zielunternehmens besitzen.

Eine der wenigen Möglichkeiten zur Behinderung feindlicher Unternehmensübernahmen, die den Direktoren offenstehen, ohne daß sie die Zustimmung der Aktionäre einholen oder die Leistungsfähigkeit ihres Managements erhöhen oder besser herausstellen müssen, liegt in *Stillhaltevereinbarungen* mit großen Anlegern. Diese verpflichten sich für einen gewissen Zeitraum, ihren Aktienanteil nicht ohne Zustimmung des Direktoriums zu veräußern. Dadurch werden sie daran gehindert, ohne Zustimmung des Direktoriums selbst Übernahmeangebote zu unterbreiten oder Aktien an Bieter zu veräußern. Von seiten der Direktorien wird zunehmend versucht, diese Strategie anzuwenden, vor allem beim Kauf von Unternehmensteilen gegen Ausgabe eigener Aktien (*Paul* 1993, S. 141).

Sofern der Staat nicht aufgrund des Wettbewerbsrechts (z.B. Fusionskontrolle) oder aus sozialen Gründen eingreift, liegt die Entscheidung des Verkaufs einzig bei den Aktionären. Diese geht fast immer zugunsten desjenigen aus, der den höchsten Preis bzw. die besten Ertragsaussichten bietet (*Mayer* 1994 S. 187 - 189). Dabei ist bemerkenswert, daß der Ordnungsrahmen für Unternehmensübernahmen dem aktuellen Management gute Chancen läßt, sich wirksam gegen feindliche Übernahmeversuche zu wehren.

---

[50]   In den wenigen Fällen, in denen dies möglich ist, kann das Direktorium juristisch nur aktiv werden, wenn der Klage die Mehrheit der in der Hauptversammlung repräsentierten Stimmrechte zustimmt.

[51]   Paradoxerweise hatten die *golden shares*, die sich der Staat bei der Privatisierung einiger Unternehmen vorbehalten hat, eine ähnliche Wirkung wie die vorher praktizierte Aufspaltung des Eigenkapitals in Vorzugsaktien und voll stimmberechtigte Aktien. Beide Male wurden die Eigentumsrechte der Aktionäre (bzw. eines Teils der Aktionäre) geschwächt, um Unternehmensübernahmen zu verhindern (*Paul* 1993, S. 140; *Gower* 1992, S. 77).

7.2.2. Das Konzept des Going Private als Alternative zur Kontrolle durch den Markt für Unternehmenskontrolle

Während die Neuemission von Wertpapieren an der Börse als *going public* (*Public Company*) bezeichnet wird, wird die Aufgabe der Börsennotierung *going private* (*Private Company*) genannt. In den achtziger und neunziger Jahren zeigte sich, daß Aktiengesellschaften oder Unternehmensteile von Aktiengesellschaften, bei denen im Zuge von Management-Buy Outs oder Management-Buy Ins die Unternehmenskontrolle gewechselt hatte, vermehrt ihre Börsennotierung aufgaben. Die Unternehmenskontrolle durch den Aktienmarkt wird insbesondere für kleinere Unternehmen vielfach als nicht adäquat angesehen. Große Unternehmen würden durch Finanzmarktanalytiker und die Wirtschaftspresse genau beobachtet und kontrolliert, so daß die Marktteilnehmer über die Geschäftspolitik und die Ertragschancen dieser Unternehmen im allgemeinen ziemlich genau informiert wären. Bei kleineren Unternehmen wäre die Informationslage deutlich schlechter. Die Anlagestrategie der Investoren auf den Aktien- und Rentenmärkten, jeweils nur kleine Anteile am Kapital eines bestimmten Unternehmens zu halten, führe dazu, daß der Anreiz zur Überwachung und Kontrolle der Geschäftspolitik kleiner Unternehmen noch geringer wäre als der bei großen Firmen. Die geringere externe Kontrolle ginge mit einer mangelnden Liquidität der Wertpapiere einher, wodurch die Neigung von Anlegern, insbesondere des institutionellen Typs, zum Engagement in kleinen Unternehmen zusätzlich leiden würde.[52]

Die Veränderung der Strukturen der internen Kontrolle im Rahmen dieses *going private* soll dazu dienen, die Unternehmenskontrolle insgesamt zu verbessern, um als Anlageobjekt attraktiv zu sein. Der Mangel an externer Kontrolle soll also durch eine Förderung der internen Kontrolle wettgemacht werden. Um die Leistungsanreize für die Geschäftsführung zu verbessern, wird das Eigenkapital weitgehend vom Management selbst aufgebracht, während eine möglichst kleine Gruppe externer Investoren festverzinsliches Fremdkapital bereitstellt. Der Druck, den Schuldendienst erwirtschaften zu müssen, das Interesse der Geschäftsführer am Vermögenseinkommen und die wachsende Bereitschaft der externen Investoren auf Grund des höheren Investitionsvolumens, ihre Rechte an der internen Unternehmenskontrolle wahrzunehmen, dies alles sind Aspekte, die als Beitrag zur Lösung der Anreiz- und Principal Agent-Probleme gewertet werden, die nach dem Zweiten Weltkrieg durch die neue Art der Finanzierung und Kontrolle von Aktiengesellschaften entstanden sind. Während dem Anreizeffekt des Eigenkapitals für die Manager in vielen Studien aus Großbritannien und den Vereinigten Staaten ein positiver Einfluß auf die Leistungen des Unternehmens eingeräumt wird, sind die Ergebnisse hinsichtlich des Drucks, der vom Schuldendienst ausgeht, weniger eindeutig (*Barnes, Davidson* und *Wright* 1996, S. 651, 662).

In den neunziger Jahren stieg die Zahl der Unternehmen stark an, die den Aktienmarkt verließen, um wieder als *Limited Companies* zu firmieren. Als Gründe hierfür

---

[52] Die Konzentration der institutionellen Großanleger auf Unternehmen, deren Aktien den FTSE 100- bzw. den FTSE 350-Index bilden, wird inzwischen auch von der Börse als Gefahr für den Zugang kleinerer Unternehmen zu mehr Eigenkapital gesehen (*Buckley* 1999a).

werden - wie schon angedeutet - die Antipathie der institutionellen Anleger gegenüber kleinen Unternehmen und der Boom von *Venture Capital Fonds* angegeben. Während 1996 nur zwei Unternehmen sich als *private* reregistrieren ließen, waren es 1997 acht, mit einem Gesamtwert von 550 Millionen Pfund; 1998 verließen auf diese Weise 25 Unternehmen im Wert von 2,7 Milliarden Pfund den Aktienmarkt (*Lea* 1999).[53] Doch auch auf dem Venture Capital-Markt in Großbritannien, der ein Volumen von 40 Mrd. Pfund besitzt, suchen die meisten Anbieter von Sparvermögen nach Anlagemöglichkeiten in Großunternehmen,[54] so daß sich hier für kleine und mittelgroße Unternehmen ein ähnliches Problem ergibt wie auf dem Aktienmarkt. Auf Grund dieser Entwicklung den *Untergang börsennotierter Unternehmen* (*Eclipse of the Public Corporation*) vorherzusagen, wie *Jensen* (1989) dies bereits vor längerer Zeit getan hat, scheint jedoch verfrüht.

7.3. Der Kapitalmarkt als Teil des Systems der Unternehmenskontrolle

Der Kapitalmarkt stellt einen wesentlichen Teil des Systems der Unternehmenskontrolle für Aktiengesellschaften dar. Die Untersuchung über die Funktionsweise der Kapitalmarktkontrolle verweist auf die engen wechselseitigen Beziehungen, welche zwischen der internen und externen Unternehmenskontrolle sowie zwischen der Rahmenordnung eines Marktes und dem Verhalten von Anbietern und Nachfragern besteht.

Nach dem Zweiten Weltkrieg war die Entwicklung der Aktiengesellschaften durch den Rückgang des Einflusses einzelner Privatanleger auf die interne Unternehmenskontrolle gekennzeichnet. Der von einzelnen Personen gehaltene Anteil an den Wertpapieren eines Unternehmens nahm ab; immer mehr Direktorien wurden vorwiegend mit professionellen Geschäftsführern und Finanzexperten besetzt. Die Gründe hierfür lagen zum einen im Wachstum der Unternehmen und dem Bestreben der Anleger, durch die Diversifikation ihrer Vermögensinvestitionen das Risiko zu vermindern, zum anderen im Zutritt vieler Kleinsparer auf den Kapitalmarkt, die ihr Sparvermögen durch Finanzinstitutionen verwalten ließen. Dadurch stiegen die Transaktionskosten der Aktionäre bezüglich der Beteiligung an der internen Unternehmenskontrolle erheblich an. Für viele Anleger wurden sie prohibitiv hoch, vor allem wenn damit die Möglichkeiten verglichen werden, aus den Kontrollanstrengungen individuell zurechenbare Erträge zu erzielen. Diese Entwicklung führte sowohl zu Principal Agent- als auch zu Anreizproblemen. Da die professionellen Geschäftsführer, aber auch viele der nicht-exekutiven Direktoren kaum Vermögenseinkommen aus den Unternehmen bezogen, mußten neue Anreiz- und Kontrollmechanismen geschaffen werden, um sie zur Ausnutzung ihres Leistungspotentials im Interesse der Aktionäre zu bewegen.

---

[53] *Nissé* (1999) präsentiert hiervon leicht abweichende Zahlen. Nach dem *Centre for Management Buy-Out Research* gaben in der ersten Hälfte des Jahres 1999 37, im Jahr 1998 27 und im Jahr 1997 7 Aktiengesellschaften ihre Börsennotierung im Zuge eines *going private* auf.

[54] Eine wichtige Ausnahme von diesem Trend ist der Fonds 3I, der seine Investitionen im Wert von mehr als zwei Milliarden Pfund auf 3.200 verschiedene Anlagen verteilt und sich gezielt auch an kleineren und mittelgroßen Unternehmen beteiligt (*Miles* 1999).

Hierfür gab es prinzipiell zwei Ansatzpunkte: zum einen eine Veränderung der internen Unternehmenskontrolle, zum anderen eine Verschärfung der Sanktionen im Rahmen der externen Unternehmenskontrolle. In beiden Bereichen vollzogen sich in der Zeit seit dem Zweiten Weltkrieg wesentliche Veränderungen.

Die Stärkung der Rechte der Aktionäre und die Verbesserung der Informationslage der Kapitalmarktakteure durch den *Companies Act* von *1948* trugen wesentlich zur Intensivierung des Wettbewerbs auf den Kapitalmärkten bei. Während die Fähigkeit der Aktionäre zurückging, mangelhafte Leistungen des Direktoriums und der Geschäftsführung über die traditionellen Kanäle der internen Kontrolle aufzudecken und zu sanktionieren, wuchs die Fähigkeit des Marktes, auf Grund einer verbesserten Informationslage der Kapitalmarktakteure schwache Leistungen zu erkennen und über Kursverluste der Wertpapiere öffentlich bekannt zu machen. Der zunehmend leistungsorientierte Wettbewerb auf dem Primärmarkt für Kapital und dem Markt für Unternehmenskontrolle führte nicht nur zu einer stärkeren Sanktionierung von Unternehmenserfolgen und -mißerfolgen, er brachte Unternehmen auch dazu, mehr oder weniger *freiwillig*, neue Mechanismen der internen Unternehmenskontrolle anzubieten. Beispiele hierfür sind die sukzessive Verschärfung der Regeln des *Takeover Code* seit den sechziger Jahren sowie die Implementierung der Empfehlungen des Cadbury Committee zur internen Unternehmenskontrolle durch eine Vielzahl von Unternehmen.[55]

Der ausgeprägte Minderheitenschutz des britischen Aktienrechts ermöglichte also einerseits die auf dem britischen Kapitalmarkt vorherrschende Anlagestrategie der Diversifikation und der - im Vergleich zu anderen Staaten, wie z.B. Deutschland oder Japan - geringen Eigentumskonzentration. Andererseits führten die Anlagepräferenzen der Investoren auch zu einer Veränderung der privat gestalteten Verhaltensregeln - sowohl innerhalb der Aktiengesellschaften als auch auf den Kapitalmärkten.

7.4. Anhang

Tab. 7.17   Registrierte Public Companies in Großbritannien 1970 - 1983

	Neuregistrierungen	Konversionen von Private zu Public	Konversionen von Public zu Private	Anzahl der registrierten Public Companies zum 31. Dezember
1970	172	112	111	15.425
1979	207	57	33	16.015
1980	268	81	27	9.163
1981	58	90	885	8.018
1982	52	102	2.340	5.324
1983	120	184	99	5.335

Quelle: *DTI* 1984, S. 10.

---

[55]   Die Akzeptanz der Empfehlungen des Cadbury Committee führte darüber hinaus auch zu einer Intensivierung des Wettbewerbs auf den Märkten für Geschäftsführer und Direktoren, indem sowohl die Auswahlverfahren für Bewerber als auch die einkommensbezogenen Anreize für Manager und Direktoren verändert wurden.

Tab. 7.18   Anzahl nationaler Aktiengesellschaften, die an der Londoner Börse gehandelt werden

| | Vollständige Notierung (official list) | | AIM | |
	Anzahl der Unternehmen	Marktwert (in Mrd. £)	Anzahl der Unternehmen	Marktwert (in Mrd. £)
1990	1.484	487	-	-
1993	1.927	810,1	-	-
1994	2.070	774,6	-	-
1995	2.078	900,3	121	2,4
1996	2.171	1.011,7	252	5,3
1997	2.157	1.251,4	308	5,7

Quellen: *Foley* 1994, S. 42; *London Stock Exchange* 1998b.

Tab. 7.19   Finanzierungsquellen von Industrie- und Handelsunternehmen 1963 - 1989 (in Mio. £ current prices)

Jahr	Innenfinanzierung	Bankkredite	Andere Kredite und Hypotheken	Aktien	Obligationen und Vorzugsaktien	Verschiedenes	Kapital aus dem Ausland
1963	2.522	554	121	123	212	51	165
1964	2.887	745	158	158	254	50	106
1965	2.978	514	228	63	345	23	115
1966	2.659	197	124	124	452	22	172
1967	2.655	411	108	65	350	212	236
1968	3.194	672	159	303	183	472	261
1969	3.733	749	213	177	362	716	140
1970	3.813	1.183	302	39	193	652	377
1971	4.724	888	236	149	285	741	342
1972	5.859	3.032	113	296	267	785	17
1973	8.710	4.688	429	98	87	971	538
1974	9.330	3.126	375	38	27	1.058	1.285
1975	9.609	504	505	954	257	678	1.016
1976	12.325	2.700	213	770	56	1.271	1.188
1977	16.280	27.460	404	710	-46	876	1.159
1978	18.750	2.402	500	797	-41	991	533
1979	25.339	3.962	780	879	5	2.030	397
1980	18.938	6.321	176	896	152	463	1.865
1981	20.794	5.672	715	1.660	739	2.056	1.025
1982	18.310	6.635	857	1.033	243	1.137	1.223
1983	25.932	1.619	750	1.872	610	1.204	1.630
1984	30.323	7.082	575	1.127	248	451	-2.826
1985	32.250	7.454	876	3.522	816	695	572
1986	27.903	9.096	1.450	5.608	490	563	3.627
1987	36.642	12.141	2.720	13.338	534	606	5.434
1988	36.965	31.064	3.771	4.817	1.207	1.147	5.475
1989	30.810	33.945	7.964	2.694	2.980	832	10.353
Insgesamt	414.228	149.816	24.822	42.210	11.267	2.0753	36.452
In %	59,2	21,4	3,5	6,0	1,6	3,0	5,2

Quelle: *Buckle* und *Thompson* 1992, S. 141.

Tab. 7.20   Verhältnis von Dividenden zu Bruttogewinnen von Nicht-Finanzunternehmen (1977 – 1989)

Jahr	Vereinigtes Königreich (%)	USA (%)	Japan (%)
1977	36	19	16
1978	37	20	15
1979	41	20	13
1980	45	23	14
1981	45	22	14
1982	49	25	15
1983	48	23	13
1984	45	21	12
1985	46	20	10
1986	34	22	12
1987	39	22	10
1988	42	21	10
1989	41	28	-

Quelle: *Prevezer* und *Ricketts* 1994, S. 250.

Tab. 7.21   Kapitalaufnahme durch Wertpapieremissionen von Unternehmen 1940 - 1969 (in Mio. £)

Jahr	Aufgenommenes Kapital	Jahr	Aufgenommenes Kapital
1940 - 44	19,4	1957	293,8
1945	17,0	1958	179,5
1946	111,7	1959	385,0
1947	112,6	1960	157,1
1948	113,8	1961	524,3
1949	95,5	1962	386,0
1950	107,9	1963	413,2
1951	127,9	1964	384,7
1952	117,2	1965	500,0
1953	91,8	1966	630,9
1954	185,5	1967	417,4
1955	219,4	1968	650,4
1956	210,7	1969	570,9

Die emittierten Wertpapiere waren zum Teil normale oder Vorzugsaktien, aber auch Unternehmensanleihen oder Wandelschuldverschreibungen.

Quelle: *Thomas* 1978, S. 148.

Tab. 7.22   Arten von Unternehmenswertpapieren (in Mio. £)

Jahr	Fremdkapital		Vorzugsaktien	Voll stimm-berechtigte Aktien	Insgesamt
	Wandelschuld-verschreibungen	Andere Unter-nehmensanleihen			
1946	-	20,1	30,5	77,8	128,4
1947	-	32,3	40,5	61,1	133,8
1948	-	15,6	24,9	100,8	141,3
1949	-	34,0	30,3	50,0	114,3
1950	-	71,5	10,9	46,2	128,6
1951	-	49,1	19,7	61,1	129,9
1952	-	36,7	4,1	87,8	128,6
1953	-	53,1	7,9	44,3	105,4
1954	-	101,0	28,3	73,0	202,3
1955	-	65,1	18,9	154,9	238,9
1956	-	76,0	3,1	145,7	224,7
1957	(100,0)*	183,3	1,7	155,2	340,2
1958	(19,0)*	95,2	1,0	92,6	188,8
1959	(17,9)*	119,5	10,7	274,0	404,2
1960	(6,4)*	121,8	10,4	345,5	477,7
1961	28,1	120,0	2,8	408,9	559,8
1962	41,0	132,8	5,3	233,9	413,0
1963	35,3	236,2	14,7	163,9	450,1
1964	60,2	173,8	10,7	168,9	413,6
1965	28,1	426,5	3,2	45,5	503,4
1966	38,4	441,0	16,4	142,5	638,4
1967	29,7	313,8	5,7	72,6	421,9
1968	128,3	181,3	3,1	3.63,7	676,4
1969	213,7	165,7	-	1.95,0	592,4
1970	101,3	211,6	17,2	51,9	382,0
1971	96,7	273,4	12,8	310,4	693,3
1972	96,4	213,6	10,9	649,9	970,8
1973	21,6	21,3	14,0	153,6	210,5
1974	25,6	17,2	-	119,3	162,1
1975	117,0	95,8	44,9	1.320,7	1.578,4
1976	14,8	77,7	44,5	1.023,9	1.160,9

*Schätzungen der Wandelschuldverschreibungen sind in der zweiten Spalte enthalten
Quelle: *Thomas* 1978, S. 155.

Tab. 7.23   Eigenkapitalquoten in wichtigen Industrieländern (in %)

	Anfang der 80er Jahre	Ende der 80er Jahre
Großbritannien	48,0	49,5
Deutschland	22,5	19,1
Frankreich	26,3	30,1
USA	58,0	56,9
Japan	13,6	18,7

Quelle: *Deutsches Aktieninstitut* 1996, S. FB_04-2.

Tab. 7.24   **Vermögen von ausgewählten institutionellen Anlegern, 1976 - 1988 (in Mrd. £)**

	1976	1980	1982	1984	1986	1988	Prozentuales Wachstum 1980 – 88
Pensionsfonds	16,9	52,6	83,6	130,3	190,5	214,5	308
Lebensversicherungen	29,9	53,7	79,9	114,2	158,6	198,3	269
Kapitalanlagegesellschaften (Investment Trusts)	6,1	8,4	10,1	15,2	20,5	19,3	130
Offene Investmentfonds (Unit Trusts)	2,5	5,0	7,8	15,1	32,1	41,6	732
Vermögen insgesamt	55,4	119,7	181,4	274,8	401,7	473,7	296

Quelle: *Buckle* und *Thompson* 1992, S. 114.

Tab. 7.25   **Prämien auf die Aktienkurse bei feindlichen und freundlichen Unternehmensübernahmen von britischen Aktiengesellschaften (in % des Aktienkurses)**

Zeitraum	Prämie einen Tag vor dem Übernahmeangebot	Prämie einen Monat vor dem Übernahmeangebot
1986	29	46
1987	28	39
1988	26	38
1989	29	36
1990	29	32

Quelle: *Prentice* 1993, S. 38.

Tab. 7.26   **Kosten der Verteidigung gegen Versuche von Unternehmensübernahmen**

Unternehmen	in Millionen £	in % des Übernahmeangebots
- JA Devenish	2,34	1,84
- API	1,00	3,05
- Invergordon	4,00	1,40
- Magnetic Materials	0,43	4,34
- Etam	1,17	0,97
- Frogmore Estates	1,18	1,32
- Torday & Carlisle	0,65	4,77
- Ambrit	0,42	11,63

Quelle: *Prentice* 1993, S. 37.

8. Die Unternehmenskontrolle in der britischen Aktiengesellschaft: Wandel und Kontinuität

8.1. Zur Entstehung des Verhältnisses von externer und interner Unternehmenskontrolle - Das historische Kontrollmuster

Die Aktiengesellschaft entwickelte sich in Großbritannien aus Bestrebungen, die rechtlichen Bedingungen des arbeitsteiligen Wirtschaftsprozesses mit Hilfe von Unternehmen effektiver zu gestalten. Wie jeder Unternehmensverfassung stellt sich auch der Aktiengesellschaft die Aufgabe der (organisations-)internen und (markt-)externen Koordination, wobei sich die erste Aufgabe von den Anforderungen der zweiten Aufgabe ableitet. Erweist es sich für diese Anforderungen als zweckmäßig, in die interne Koordination eine große und immer größere Zahl von Menschen einzubeziehen, dann sind die unternehmerischen Initiativen (der Eigentümer) unvermeidbar mit dem Problem konfrontiert, viele unternehmensspezifische Aufgaben und Handlungen auf andere Menschen zu delegieren. Von dem damit angesprochenen Problem des delegierten Handelns als Principal Agent-Problem und den mit der Lösung verbundenen Kosten (Transaktionskosten) erklären sich die spezifischen institutionellen und organisatorischen Besonderheiten der Aktiengesellschaft, die sich im Laufe der Zeit entwickelt haben. Die Unternehmensverfassung, die sich daraus ergibt, dient der Regelung der unternehmensbezogenen Handlungsrechte, so daß die Aktiengesellschaft als Organisation für die arbeitsteilige Erstellung wirtschaftlicher Leistungen, als Kapitalsammelstelle zur Finanzierung von Großinvestitionen und als Institution zur Begrenzung und Verteilung von wirtschaftlichen Risiken angesehen werden kann.

Die Aktiengesellschaft ist heute durch eine Vielzahl gesetzlicher Regelungen verfaßt, die sich aus spontan entstandenen, selbstbindenden Geschäftspraktiken entwickelt haben, die sich zu Regeln verfestigten. Die Entstehungsgeschichte der Aktiengesellschaft seit dem 16. Jahrhundert hat gezeigt, daß diese Rechtsentstehung mit Elementen staatlicher Ordnungsvorgaben verwoben war, wie z.B. der Institution der Körperschaft als juristischer Person. Dabei ging die Initiative zur alternativen Verwendung bereits bestehender Institutionen, sei es im Zusammenhang mit dem Rechtsinstitut der Körperschaft bei der Regulated Company (siehe Kapitel 3.2.) oder dem des Treuhänders bei der Deed of Settlement Company (siehe Kapitel 3.2.2.2), von Unternehmern und nicht von der Legislative aus. Darüber hinaus entwickelten findige Unternehmer neue Vertragsformen, um das Zusammenspiel von unternehmensinternen und -externen Handlungen und Anforderungen effektiver gestalten zu können.

Je weiter sich die Aktiengesellschaft von der Unternehmensform der Personengesellschaft fortentwickelte, um so mehr zeichnete sich ab, daß neue Formen von Anreiz- und Sanktionsmechanismen für die Unternehmensführung und -kontrolle entwickelt werden mußten. In den Personengesellschaften wurde die Geschäftsführung von den Eigentümern übernommen. Ihr Interesse an der Einkommenserzielung und Vermögenserhaltung sowie ihre engen persönlichen Beziehungen halfen, die Kosten des delegierten Handelns innerhalb des Unternehmens im Vergleich zu den Kosten direkter Markttransaktionen gering zu halten. Mit der Anzahl der Geschäftspartner, die zur Stärkung der Eigenkapitalbasis aufgenommen wurden, stiegen die Kosten der Entscheidungsfindung bei der Geschäftsführung. Außerdem wurden die persönlichen Beziehungen zwischen den Geschäftspartnern gelockert, so daß die Kosten des delegierten Handelns zunahmen.

Die Kapitalgesellschaften ermöglichten die Verringerung der Kosten des delegierten Handelns. Der Ausschluß der Haftung für Schulden der Aktionäre erlaubte es, daß sich die Eigentümer nicht länger wechselseitig überwachen mußten. Durch die Übertragung des Rechts der Geschäftsführung auf eine kleine Gruppe von Direktoren und Managern wurde es möglich, die Eigentümer ganz oder teilweise von der Pflicht zu entbinden, das Tagesgeschäft durchzuführen und zu überwachen. Dies führte zum einen zur Verringerung der Kosten der unternehmensinternen Entscheidungsfindung, zum anderen konnten durch die Beschäftigung professioneller Geschäftsführer Spezialisierungsvorteile der Arbeitsteilung genutzt werden. Die Haftungsbegrenzung der Eigentümer und die Ausgabe von Unternehmensanteilen in kleiner Stückelung ermöglichten den Anlegern eine Risikostreuung. Dadurch verringerte sich deren Anreiz und die Notwendigkeit, die Geschäftsführer und Direktoren ständig zu kontrollieren. So konnte der Handel von Unternehmensanteilen hierdurch zunehmend einen anonymen Charakter annehmen. Unbewußt und ungewollt entwickelte sich eine neue Art der externen Unternehmenskontrolle - der Aktienmarkt. Die Entwicklung der Aktienkurse beeinflußt nicht nur die Bedingungen, zu denen sich die Unternehmen auf dem primären Kapitalmarkt finanzieren können. Da der jeweilige Vermögenswert der Aktien von der Kursentwicklung abhängig ist, entstehen zugleich Anreize für Kapitalanleger, sich mehr oder weniger stark der internen Unternehmenskontrolle zu widmen oder die Anteile an der Börse zu veräußern. Auf diese Weise beeinflußt der Kursverlauf der Aktien auch die Beschäftigungs- und Einkommenschancen der angestellten Geschäftsführer sowie die Wahrscheinlichkeit der Berufung oder Wiederwahl von Direktoren. Hierdurch haben sich die Kontrollkosten im Rahmen der Principal Agent-Beziehungen zwischen den Aktionären und den Direktoren sowie den Direktoren und den professionellen Geschäftsführern verringert. Die Entwicklung hochorganisierter Kapitalmärkte, insbesondere der Aktienbörsen, verbilligte darüber hinaus die Kosten der Suche nach einer Vielzahl von Kapitalgebern.

Auf Grund dieser Vorteile gewannen Aktiengesellschaften in Großbritannien zunehmend an Verbreitung. Dabei verlor das ursprünglich mit dieser Unternehmensverfassung verbundene Monopolrechtsprivileg, das von der Regierung verliehen wurde, zunehmend an Bedeutung. Dies zeigt sich an dem Vordringen nichtinkorporierter Joint Stock Companies und Deed of Settlement Companies (siehe Kapitel 3.2).

Die institutionelle Evolution und gesetzgeberische Ausgestaltung der Aktiengesellschaft als Organisationsform wirtschaftlicher Leistungserstellung und die damit verbundene Entwicklung eines Aktienmarktes ermöglichten die Verminderung der Kosten des delegierten Handelns, die mit wachsender Unternehmensgröße verbunden sind. Außerdem erlaubten sie die Nutzung von Spezialisierungsvorteilen der Arbeitsteilung in einem Maße, wie es mit Hilfe von Personengesellschaften kaum denkbar, auf jeden Fall per Saldo ungleich teuerer gewesen wäre. Die entscheidende Voraussetzung dafür war, daß das Manko steigender Kosten der internen Unternehmenskontrolle, dem sich die Anteilseigner ausgesetzt sahen, durch neue Formen der externen und der internen Unternehmenskontrolle mehr als ausgeglichen wurde. Hierzu zählen neue Regeln und Verfahren der unternehmensinternen und -externen Wirtschaftsprüfung und vertragliche und gesetzliche Verhaltensvorschriften für Direktoren, die an der Rechtsform des Treuhänders angelehnt sind und der Gleichrichtung der Interessen der Eigentümer und der Direktoren dienen. Dazu gehören auch gesetzliche Normen und die im Wege der Selbstbindung entstandenen aktienrechtlichen Verhaltenskodizes, die dazu dienen, den Insiderhandel und die Diskriminierung von Minderheitsaktionären zu verhindern, aber auch die Rechte externer Direktoren zu stärken, vor allem durch die Einführung von Spezialausschüssen in den Direktorien, die sich unter anderem um leistungsgerechte Einkommensanreize für Geschäftsführer bemühen.

Die vorliegende Untersuchung hat gezeigt, daß die Entwicklung der verschiedenen Formen der aktienrechtlichen Unternehmenskontrolle abhängig ist von den Interessen und Einflüssen des Staates, die direkt auf die Gestaltung der Unternehmensverfassung gerichtet sind, und von Erfahrungen, die damit im wirtschaftlichen Alltag gemacht werden und Anlaß für spontane institutionelle Modifikationen und Weiterentwicklungen geben. Diese stehen häufig im engen Zusammenhang mit dem jeweiligem volkswirtschaftlichen Ordnungsrahmen. Hinter den Kräften, die den Entstehungsprozeß und das Zusammenspiel der internen und externen Unternehmenskontrollen beeinflussen, steht das „pragmatische Motiv der Menschen, das Geschehen im Dienst der Befriedigung eigener Bedürfnisse beeinflussen zu können" (*Albert* 1986, S. 34). Die Entwicklung der Aktiengesellschaft in Großbritannien zeigt, daß viele Regeln der internen und externen Unternehmenskontrolle und die Art ihres Zusammenwirkens spontan aus privaten Vertragsvereinbarungen entstanden sind. Sie haben sich nicht deshalb durchgesetzt, weil sie durch staatliche Autorität gestützt wurden, sondern weil sie den Wirtschaftssubjekten beim Wettbewerb auf den Märkten Vorteile verschafften. Die Überwachung und Durchsetzung dieser Regeln durch Organisationen der Selbstkontrolle tuagen zu ihrer Verläßlichkeit bei und erhöhten so ihren Wert für die Anleger.

Im Zusammenspiel wirkten sich einerseits die gesetzten Regeln auf die Selektion der spontan entstehenden Regeln aus, andererseits beeinflußten die spontan entstandenen Regeln auch die Anreizwirkungen, die von gesetzten Regeln ausgingen. Die Geschichte der Aktienrechtsentwicklung in Großbritannien ist nicht nur ein Beleg dafür, daß Unternehmer bei der Entwicklung dieser Rechtsform von bereits etablierten Rechtsinstituten - hier der juristischen Person und des Treuhänders - inspiriert wurden. Die Rechtsentwicklung im Bereich des Common Law und des Statutory Law baut weitgehend auf Regeln auf, die spontan oder im Zug der bewußten Selbstbindung von Aktionären, Managern und den am Aktienhandel und der Kontrolle von Aktiengesellschaften beteiligten Berufsgruppen (z.B. Wertpapiermaklern, Wirtschaftsprüfern, Finanzberatern) entwickelt wurden.

Für die Effektivität der staatlichen Rechtssetzung im Bereich der Organisation von Aktiengesellschaften und des Handels mit unternehmensbezogenen Wertpapieren ist das Verständnis der Mitglieder der Legislative und der Judikative für die Funktionsbedingungen sowie die damit verbundenen Vorteile und Risiken wichtig. Die Entwicklung des britischen Aktienrechts, vor allem im Zusammenhang mit der Einführung und Aufhebung des *Bubble Act* von *1720*, verdeutlicht dies eindrucksvoll.

Mit der zunehmenden Bedeutung der Aktiengesellschaft für die wirtschaftliche Entwicklung Großbritanniens wuchs der Erfahrungsschatz im Hinblick auf die Funktionsweise, die rechtlichen und organisatorischen Probleme dieser Unternehmensrechtsform und des Aktienhandels. Außerdem veränderte sich in diesem Zusammenhang das Interesse politischer Interessengruppen (wie der Unternehmer und der Kapitalanleger) an der Sicherung und Verbesserung ihrer Handlungsrechte. Die Rechtsentwicklung im Bereich des Statutory und des Common Law orientierte sich im 19. und 20. Jahrhundert vor allem an den Bedürfnissen der Kapitalanleger. Auch die Einstellung der Regierungen zur Bedeutung des freien Wettbewerbs für die wirtschaftliche Entwicklung hatte starken Einfluß auf den Wandel des Aktienrechts.

Zur Vorbereitung von Gesetzesänderungen entwickelte sich die Tradition, Kommissionen zu bilden, die mit Rechtsexperten, Wirtschaftswissenschaftlern, Politikern und Vertretern von Aktiengesellschaften und Aktienhändlern besetzt wurden. Bei der Problemanalyse und -lösung wurden zum Teil Ansätze aufgegriffen, die mehr oder weniger systematisch von Unternehmen oder institutionalisierten Märkten, insbesondere der Börse (ILSE), im Rahmen der Privatrechtsautonomie entwickelt worden sind. Außerdem wurde auch die Gesetzeslage anderer Staaten, vor allem solcher mit Common Law-Tradition, untersucht. Durch die jedenfalls im Vergleich zu Deutschland stetigere Rechtsentwicklung und die starke Betonung der Entwicklung und Durchsetzung selbstbindender Regeln im Rahmen der Selbstkontrolle wurde eine kontinuierliche, von (wirtschafts-) politischen Sonderinteressen weniger abhängige Anpassung des Aktienrechts an sich verändernde Bedingungen in der Wirtschaftspolitik, im Wettbewerb auf den Güter- und Faktormärkten sowie im Anlage- und Kontrollverhalten der Kapitalmarktakteure ermöglicht. Die Entwicklung des Aktienrechts und - daraus hervorgehend - der Kapitalmarktkontrolle ist somit im Prozeß des kollektiven Lernens der Marktakteure sowie der Juristen und Politiker tief verwurzelt. Aufgrund der Vorteile, die dieses historisch gewachsene Muster der Unternehmenskontrolle mit sich bringt, werden die (häufig sehr detaillierten und ehrgeizigen) Harmonisierungsbestrebungen der Europäischen Union in bezug auf das Gesellschaftsrecht und den Wertpapierhandel in Großbritannien zunehmend kritisch gesehen. Es wird befürchtet, daß sie zu einer zunehmenden Inflexibilität und Erstarrung der gesetzlichen Regeln führen.

Am Einfluß der Wirtschaftspolitik auf das Verhalten der Wirtschaftssubjekte und dadurch auch auf die Entwicklung selbstbindener Regeln sowie auf die spontane Entstehung von Formen der Unternehmenskontrolle läßt sich nachweisen, daß „verschiedene institutionelle Regelungen bei durchaus gleicher Motivlage unterschiedliche Erwartungen hervorrufen und daher unterschiedliche Anreize für das Handeln der Individuen bieten" (*Albert* 1986, S. 47).[1]

Karl Marx (1894/1957, S. 477 f.) ging in seiner Kapitalismuskritik davon aus, daß das Aufkommen von Großunternehmen, die in der Rechtsform der Aktiengesellschaft geführt werden, wegen der zunehmenden Abspaltung der effektiven wirtschaftlichen Verfügung über die Produktionsmittel von der rechtlichen Eigentumszuordnung zur

---

[1]   Siehe auch die Untersuchungen von *Williamson* (1990, S. 25 f.) zum Einfluß institutioneller Regelungen auf die Entstehung von Transaktionskosten.

„Aufhebung des Kapitals als Privateigentum innerhalb der Grenzen der kapitalistischen Produktionsweise" führen würde. Aktiengesellschaften, der Anteilsbesitz und die Entwicklung des Kapitalmarktes galten ihm als die "Inkarnation des Hochkapitalismus", durch die das Privateigentum seine Lenkungsfunktion in der marktwirtschaftlichen Wettbewerbsordnung verliere, wobei sich die Wettbewerbsordnung selbst infolge der Konzentrations- und Zentralisierungsprozesse in der Wirtschaft auflöse (*Schüller* 1980, S. 114 f.).

Tatsächlich hängt die Kontrolle von Aktiengesellschaften wie bei anderen Unternehmensformen auch entscheidend von der wettbewerblichen Marktkontrolle ab. Dabei zeigt sich, daß die Kapitaleigentümer nicht, wie Marx vermutet ökonomisch überflüssig werden. Das Eigeninteresse der Kapitalanleger wirkt sich in Abhängigkeit von der Stärke ihrer Eigentumsrechte und der Wettbewerbsintensität auf den Güter- und Faktormärkten entscheidend auf die volkswirtschaftliche Ressourcenallokation und -nutzung aus. So führen in der Regel erst staatliche Eingriffe, durch die die Eigentumsrechte der Aktionäre beschnitten werden (z.B. durch gesetzliche Mitbestimmungsvorschriften, staatliche Preis- oder Produktionsvorgaben etc.) oder der Wettbewerb auf den Märkten behindert wird (z.B. durch die Gewährung von Monopolrechten, die Behinderung des internationalen Güter- und Kapitalverkehrs, die Einschränkung der Gewinnverwendungsrechte der Aktionäre, die Zahlung von Subventionen), zu einer Erweiterung der Spielräume der professionellen Geschäftsführer für die Verfolgung eigener Interessen. Steigt die Wettbewerbsintensität auf den Märkten und werden die Eigentumsrechte der Aktionäre gestärkt, wächst der Druck auf die Geschäftsführungen, die Ressourcenallokation und -nutzung effizienter zu gestalten. Die Unternehmensordnung der Aktiengesellschaft paßt sich so den Anforderungen der jeweiligen Wettbewerbsordnung an. Diese Zusammenhänge hat *Marx* ebensowenig erkannt wie die Bedeutung der externen Unternehmenskontrolle für die Wirksamkeit der unternehmensinternen Kontrollen.

8.2. Externe und interne Unternehmenskontrolle zwischen 1945 und 1979 - Abschied vom historischen Kontrollmuster

Die Entwicklung der Unternehmenskontrolle von Aktiengesellschaften in den Jahren zwischen dem Zweiten Weltkrieg und 1979 war hauptsächlich durch zwei Tendenzen gekennzeichnet: *Zum einen* veränderte sich das Investitionsverhalten der Wirtschaftssubjekte. Der zunehmende Wohlstand breiter Bevölkerungsschichten förderte die Sparfähigkeit der Arbeiter und Angestellten. Da das staatliche Pensionssystem in Großbritannien lange Zeit nur vergleichsweise geringe Leistungen zusicherte, floß ein großer Teil dieser Ersparnisse für die private Altersvorsorge an institutionelle Anleger, die diese Mittel als Finanzintermediäre verwalteten. Die institutionellen Anleger stiegen so nach und nach zu den größten Investoren am Aktienmarkt auf. Gleichzeitig nahm allgemein die Neigung zu, durch Diversifikation der Anlagen das unternehmens- und branchenspezifische Investitionsrisiko zu vermindern. Dies läßt sich für die institutionellen Anleger wie auch für die privaten Haushalte, einschließlich Direktoren von Aktiengesellschaften und der Familien der Unternehmensgründer, nachweisen. Durch den Erwerb von Aktien können relativ kleine Anteile an einer Vielzahl verschiedener Unternehmen gehalten werden. Außerdem verspricht diese Anlageform eine hohe Liquidität. Diese Veränderung des Anlageverhaltens führte auf seiten der internen Unternehmenskontrolle dazu, daß für die meisten Aktionäre der Anreiz sank, sich an den Entscheidungsprozessen in den Hauptversammlungen und Direktorien sowie an der Überwachung der Geschäftsführung aktiv zu beteiligen. Aufgrund der hohen Liquidität der Wertpapiere entstanden den Anlegern beim Handel der Aktien nur vergleichsweise geringe Transaktionskosten. Dies förderte ihre Neigung, Aktien in Abhängigkeit von ihren Erwartungen bezüglich der Leistungen der einzelnen Unternehmen zu kaufen oder zu verkaufen. Da der Handel auf dem Sekundärmarkt den Zugang der Unternehmen zum Primärmarkt beeinflußt und gleichsam nebenbei Anreize für die Beteiligung an der internen Unternehmenskontrolle, z.B. im Rahmen einer Unternehmensübernahme, hervorbringt, förderte das scheinbar unkoordinierte Verhalten der Anleger unbeabsichtigt die externe Unternehmenskontrolle durch den Kapitalmarkt. Ob bewußt von den Anlegern erkannt oder nicht, ist unerheblich. Tatsächlich wirkten sich die substitutiven und komplementären Beziehungen zwischen den verschiedenen Formen der internen und externen Unternehmenskontrolle stark auf ihre Wohlfahrtsposition aus. Die institutionellen Anleger haben dies erkannt und frühzeitig begonnen, Institutionen wie das Takeover Panel der Londoner Börse, welche die Bedingungen für die interne und externe Unternehmenskontrolle verbessern, - durchaus zum eigenen Vorteil - aktiv zu fördern.

Wie gezeigt wurde, diente die Entwicklung allgemeingültiger Verhaltensregeln sowohl der Stärkung der Handlungsrechte der Aktionäre als auch der Verbesserung der Kontrolle der Aktiengesellschaften durch den Kapitalmarkt - vor allem durch die Verbesserung der Informationslage der Marktteilnehmer. Dies begünstigte langfristig die Entwicklung des Vermögenswerts der Aktien.

Eine wichtige Voraussetzung hierfür schuf der Staat mit der Verabschiedung des *Companies Act* von *1948*. Die Entwicklung der Börsenkurse der einzelnen Aktiengesellschaften hängt davon ab, wie ihre künftige Leistungsfähigkeit von den Marktteilnehmern eingeschätzt wird. Durch den *Companies Act* von *1948* wurde der Zugang zu Informationen, auf denen die Erwartungsbildung der Marktakteure aufbaut, deutlich verbessert. Der Wettbewerb auf dem Kapitalmarkt verschärfte sich. Zugleich legte die staatliche Gesetzgebung hiermit einen wichtigen Grundstein für die Entwicklung des Marktes für Unternehmenskontrolle.

Die *zweite* wichtige Tendenz dieser Zeit lag in der Verringerung der externen Unternehmenskontrolle durch die Wirtschaftspolitik des Staates. Mit Kapitalverkehrsbeschränkungen, Einfuhrzöllen und der Vergabe von Monopolrechten wurde der Wettbewerb auf den Kapital- und Produktmärkten spürbar beschränkt. Die konzentrationsfreundliche Industriepolitik, staatliche Eingriffe in die Lohn-, Preis- und Dividendenpolitik sowie die staatliche Investitionslenkung beschränkten zusätzlich den unternehmerischen Spielraum in jeder Hinsicht. Parallel hierzu ging der Staat dazu über, die Verluste von Public Corporations zu übernehmen, sich z.B. im Rahmen des *National Enterprise Board* (NEB) an Unternehmen zu beteiligen, die Unternehmenskonzentration sowie Forschung und Entwicklung durch staatliche Subventionen zu fördern.

Mit der Verdünnung der privaten Eigentumsrechte durch die staatliche Wirtschaftspolitik wurde der Zusammenhang zwischen Entscheidung und Haftung in der Unternehmensführung immer weiter gelockert. Der Streit um die Umsetzung der Empfehlun-

gen des Jenkins Committees in das britische Aktienrecht zeigt, daß sich die wirtschaftspolitische Grundeinstellung der damaligen Regierungen keineswegs nur auf die Gestaltung der fiskalischen und geldpolitischen Prozeßpolitik auswirkte. Die Bestrebungen
der Labour-Regierungen, die Eigentumsrechte der Aktionäre zugunsten der Beschäftigten und des Staates auch im Rahmen des Aktienrechts immer weiter einzuschränken,
zielten - wie schon die Verstaatlichungsgesetze der vierziger Jahre - auf eine dauerhafte
Umgestaltung der Wirtschaftsordnung.

Unter marktwirtschaftlichen Bedingungen müssen in Aktiengesellschaften die Mitglieder der Geschäftsführung ihre Entscheidungen vor dem Direktorium und der Hauptversammlung rechtfertigen. Selbst wenn keine gewinnorientierte Entlohnung und keine
Beteiligung am Eigenkapital des Unternehmens besteht, riskieren die Manager und Direktoren zumindest, daß schlechte Leistungen ihre eigenen Beschäftigungs- und Ein-
kommensperspektiven negativ beeinflussen. Die geschilderten Eingriffe des Staates
führten jedoch dazu, daß häufig nicht mehr nachzuvollziehen war, ob gute oder
schlechte Unternehmensleistungen auf die Fähigkeiten und die Leistungsbereitschaft der
Geschäftsführung oder auf staatliche Einmischung zurückzuführen waren. Produktion
und Preise, aber auch das Unternehmensergebnis wurden immer weniger von dem Angebot und der Nachfrage auf den Güter- und Faktormärkten gesteuert. Dadurch entstanden für die Direktoren und Manager Anreize, ihre Energie weniger auf die Organisation
der unternehmerischen Leistungserstellung als auf die Beeinflussung von Politikern und
Mitgliedern der staatlichen Wirtschaftsverwaltung zu richten. Die verringerte Wettbewerbsintensität und Kontrolle durch die Güter- und Faktormärkte begünstigte Neigun-
gen zu einem starken konglomeraten Unternehmenswachstum[2] und einem Rückgang der
unternehmerischen Innovationsbereitschaft, nicht nur in bezug auf produktionstechni-
sche Erfindungen und die Einführung neuer Produkte, sondern auch im Hinblick auf die
Entwicklung selbstbindender Regeln der internen und externen Unternehmenskontrolle.
Dies trug zu den sinkenden Unternehmensgewinnen in dieser Zeit bei.

Die Politiker und öffentlichen Bediensteten konnten für die Folgen ihrer Interventionen nicht haftbar gemacht werden. Da bis in die siebziger Jahre die Politik der beiden
großen britischen Regierungsparteien in vielen Bereichen der Wirtschaftspolitik vergleichbar verlief, war die Wahrscheinlichkeit gering, für einzelne wirtschaftspolitische
Entscheidungen von den Wählern zur Rechenschaft gezogen zu werden. Trotz der unterschiedlichen ideologischen Standpunkte, die zwischen den Regierungsparteien in
einzelnen Fällen deutlich zutage traten, lassen sich sowohl in der Prozeß- als auch in der
Ordnungspolitik Trends aufzeigen, die auf eine pfadabhängige Entwicklung der Wirtschaftspolitik hinweisen. Gerade in den siebziger Jahren zeigt sich ein Phänomen, daß
typisch ist für pfadabhängige Entwicklungen: Der Pfad wird auch dann nicht gewechselt, d.h. die Verhaltensmuster werden nicht verändert, wenn erkennbar ist, daß der ein-

---

[2] Das massive (externe) Unternehmenswachstum vieler Aktiengesellschaften diente nicht
     nur der Erlangung von Marktmacht und dem Aufbau privater Wettbewerbsbeschränkun-
     gen. Je größer das Unternehmen, um so höher war die Wahrscheinlichkeit, daß der Staat
     Subventionen zahlen würde und die Manager und Direktoren des Unternehmens im Rah-
     men der Absprachen zwischen Staat und Wirtschaftsverbänden ihre Interessen durchset-
     zen konnten.

geschlagene Weg in eine Sackgasse oder einen Abgrund führt. Hierbei mögen die Kosten, die mit dem Wechsel verbunden sind, eine wichtige Rolle spielen.[3] Eine veränderte Wirtschaftspolitik des Staates kann zur Enttäuschung der Erwartungen vieler Wirtschaftssubjekte führen. Dies schlägt sich nicht nur in erhöhten Informationskosten sowie Kosten für nachträgliche Vertragsverhandlungen und neue Formen der Risikoabsicherung nieder. Die gewöhnungsbedingte Unfähigkeit vieler Wirtschaftssubjekte, auf die Veränderung der Rahmenbedingungen flexibel zu reagieren, führt dazu, daß viele Anbieter von den Märkten verdrängt werden. Dies gilt sowohl für die Faktormärkte, insbesondere für den Arbeitsmarkt, als auch für die Gütermärkte. Sofern dadurch nichtleistungsbezogene Renten machtvoller Interessengruppen tangiert werden, gehen die Politiker ein hohes Risiko ein, durch Abwahl oder den Boykott ihrer Maßnahmen entmachtet zu werden. Dieses Problem zeigte sich besonders an der Arbeitsmarkt- und Gewerkschaftspolitik der Regierungen in den siebziger und achtziger Jahren.

Obgleich sich in den siebziger Jahren die Politik der Nachfragesteuerung, der Verstaatlichung und der staatlichen sowie privaten Wettbewerbsbeschränkungen außerordentlich negativ auf die volks- und einzelwirtschaftliche Ressourcennutzung auswirkte, kam es bis 1979 kaum zu Veränderungen in der Wirtschaftspolitik. Betrachtet man das Ergebnis des ersten Amtsjahres der Regierung *Thatcher*, wird auch klar warum: Obgleich die meisten wirtschaftspolitischen Reformen noch gar nicht in Kraft getreten waren, zeigte sich die Bilanz der makroökonomischen Meßgrößen des Jahres 1979/80 ungemein negativ - die Arbeitslosigkeit nahm weiter zu, ebenso stiegen die Unternehmenssubventionen, die Inflation und das Leistungsbilanzdefizit. Bei vielen Reformschritten mußte die Regierung pragmatisch vorgehen und Zugeständnisse machen, um zu verhindern, daß ihre Maßnahmen boykottiert wurden.

Das Gelingen des grundsätzlichen Wandels in der Wirtschaftspolitik nach 1979 hing von vielen Faktoren ab. Dabei spielte die Persönlichkeit *Margaret Thatchers* sicherlich eine wichtige Rolle, ebenso wie die Diskreditierung der Labour-Partei durch den *winter of discontent*, außenpolitische Ereignisse (Falklandkrieg) und die sukzessive Änderung der Erwartungen der Wähler an den offensichtlich überforderten Staat. So wurde nach und nach die Vorstellung aufgegeben, der Staat könne gewissermaßen im Alleingang den wirtschaftlichen Wohlstand sicherstellen; auch wurde erkannt, daß sich die Erfolge wirtschaftspolitischer Reformen nicht über Nacht einstellen.

8.3. Externe und interne Unternehmenskontrolle nach 1979 - Die Wiederbelebung des historischen Kontrollmusters

Nach 1979 versuchten die Regierungen *Margaret Thatchers*, sich von der Tradition des formellen und informellen Korporatismus und der diskretionären Wirtschaftspolitik zu lösen und statt dessen „mit Hilfe formeller Regulierungen der Wirtschaftsordnung einen gesetzten, konsistenten Rahmen zu verleihen, wobei sie verstärkt auf die Revitalisierung der Marktkräfte setzte(n)" (*Feldmeier* 1993, S. 140).

---

[3] Zur Theorie der Pfadabhängigkeit siehe *Leipold* 1996, S. 93 - 115; *Liebowitz* und *Margolis* 1995a; 1995b; o.J.

Angestrebt wurde vor allem eine Verminderung des staatlichen Interventionismus und Dirigismus. Der Entfesselung der Unternehmen dienten die Abschaffung der staatlichen Preis-, Lohn- und Gewinnvorgaben, die Reduzierung der staatlichen Investitionslenkung, die Kürzung von Subventionen und die Privatisierung der staatlichen Leistungserstellung. Dadurch wurden die privaten Eigentumsrechte gestärkt; der unternehmerische Gestaltungsspielraum nahm zu. Die Bedeutung der Preisbildung auf wettbewerblichen Märkten für die Steuerung der Ressourcennutzung stieg deutlich an. Die Reduzierung der staatlichen Subventionen führte dazu, daß die Haftungsbedingungen verschärft wurden. Der Anreiz für Direktoren und Manager, ihren Unternehmen durch politische Einflußnahme Vorteile zu verschaffen, sank. Gleichzeitig nahm der Druck zu, die Geschäftsführung an den Angebots- und Nachfragekonstellationen auf den Märkten auszurichten und durch flexibles und innovatives Verhalten Vorteile auf den Märkten zu erringen. Hierbei spielte besonders der Wettbewerb auf den internationalen Kapitalmärkten eine wichtige Rolle. Durch die Aufhebung der Kapitalverkehrskontrollen 1979 und die Deregulierung der nationalen Kapitalmärkte, insbesondere der Londoner Börse, in den achtziger Jahren stieg der Leistungswettbewerb zwischen den Unternehmen als Nachfrager nach Kapital sowie den institutionalisierten Märkten als Standort für Kapitalmarktgeschäfte an.

Auf diese Weise erzwang die Veränderung der Wirtschaftspolitik eine Anpassung der internen und externen Mechanismen der Unternehmenskontrolle für Aktiengesellschaften. Indem die Aktiengesellschaften und die Börse neue Verhaltensregeln erprobten und durchsetzten, gerieten automatisch die Kosten des delegierten Handelns unter Druck. Die Attraktivität der Aktiengesellschaften für Kapitalanleger erhöhte sich. Sowohl bei der Entdeckung oder Erfindung neuer Institutionen zur Verbesserung der Unternehmenskontrolle als auch bei deren Imitation mußte dem Verhältnis zwischen Kontrollkosten und Kontrollnutzen, also den Anreizen der Marktakteure zur Nutzung dieser Institutionen, Rechnung getragen werden. Diese Anreize wurden einerseits durch das Anlageverhalten der Wirtschaftssubjekte beeinflußt, andererseits waren sie aber auch durch das Zusammenspiel komplementärer wie substitutiver interner und externer Formen der Unternehmenskontrolle bedingt.

Bei den Möglichkeiten und Anreizen der Aktionäre, sich bewußt an der Unternehmenskontrolle zu beteiligen, zeigte sich, daß die institutionellen Anleger im Hinblick auf die Kosten der Informationsgewinnung und -auswertung aufgrund ihrer Professionalität und Spezialisierung Vorteile gegenüber den privaten Haushalten besitzen; doch folgt aus ihrer Anlagestrategie, die meist auf Risikodiversifikation ausgerichtet ist, eine ähnliche Zurückhaltung gegenüber der Beteiligung an der internen Unternehmenskontrolle wie bei den privaten Haushalten.

So hat sich auch die Diskussion um das Verhältnis von interner und externer Unternehmenskontrolle (*corporate governance debate*) in den achtziger und neunziger Jahren in Großbritannien vor allem darauf konzentriert, wie eine strengere interne Unternehmenskontrolle sicherzustellen sei und welche Vor- und Nachteile der Markt für Unternehmenskontrolle habe.[4] Dabei wurde häufig davon ausgegangen, daß sich der Markt für Unternehmenskontrolle vor allem als Ersatz für die unzureichenden, weil kostspieligen Möglichkeiten der internen Unternehmenskontrolle entwickelt habe. Mehr spricht jedoch dafür, daß zwischen der spontanen Unternehmenskontrolle durch den Kapitalmarkt und den Instrumenten zur Verbesserung der internen Unternehmenskontrolle keineswegs nur substitutive, sondern auch komplementäre Beziehungen bestanden. Beispielsweise wurden Kontrollen, die in Aktiengesellschaften entwickelt wurden, um die Kosten des delegierten Handelns zu vermindern, teilweise auch im Rahmen branchen- oder börsenspezifischer Selbstbindungen verbindlich vorgeschrieben, um die Funktionsfähigkeit der externen Unternehmenskontrolle zu verbessern.

Bei der Bemühung, die Einhaltung solcher Regeln zu gewährleisten, zeichnen sich allerdings auch erhebliche Anreizprobleme ab. Der Druck, der vom Wettbewerb auf dem Kapitalmarkt ausgeht, löst starke Anreize aus, solche selbstbindenden Regeln aufzustellen und auf deren Einhaltung zu achten. Immerhin können sich Regelverstöße einzelner Marktteilnehmer negativ auf die Marktchancen der Unternehmen auswirken, die sich regelkonform verhalten. Wenn die Organisationen der Selbstkontrolle nicht in der Lage sind, die Regeln durchzusetzen oder bei Regelverstoß für geeignete Sanktionen zu sorgen, sinkt der Wert dieser Institutionen für die Anleger rapide. Aus dieser Sicht haben die Marktteilnehmer ein großes Eigeninteresse daran, die Regeln eindeutig zu formulieren und für eine scharfe Sanktionierung ihrer Einhaltung zu sorgen.

Gleichzeitig besteht jedoch das Dilemma, daß die Marktakteure durch derartige Regeln freiwillig ihren Handlungsspielraum einschränken müssen. Auch wenn sie prinzipiell den Sinn und die Vorteile einer strengen Selbstkontrolle anerkennen, können in konkreten Einzelfällen starke Anreize bestehen, die selbstauferlegten Handlungsbeschränkungen zu brechen. Wenn sich alle anderen Marktteilnehmer eng an die Regeln halten, besteht für diese ein großer Anreiz, ein abweichendes Verhalten streng zu bestrafen und dadurch Freifahrertum zu verhindern. Neigen jedoch mehrere Marktteilnehmer dazu, gelegentlich die Regeln zu beugen oder zu brechen, besteht die Gefahr, daß sich Koalitionen bilden, die im Rahmen der Strategie *Eine-Hand-wäscht-die-andere* dafür sorgen, daß eine etwaige Bestrafung milde ausfällt. Das Risiko, daß das Bekanntwerden von Fehlverhalten zu einem Vertrauensverlust der Anleger führt und somit auch die Marktchancen der anderen Marktteilnehmer verschlechtert, war mit ein Grund dafür, daß Regelverstöße an der *International London Stock Exchange* (ILSE) lange Zeit eher informell und ohne Wissen der Öffentlichkeit sanktioniert wurden. Die staatliche Beschränkung des nationalen und internationalen Kapitalmarktwettbewerbs und das (vom Staat lange Zeit tolerierte) wettbewerbshemmende Regelwerk der Börse haben vielfach dem Vordringen von Regelverstößen Vorschub geleistet.

---

[4] Die aufgrund vielfältiger (vor allem privater) Wettbewerbsbeschränkungen nicht adäquat entwickelte externe Unternehmenskontrolle durch einige Gütermärkte wurde erst Ende der neunziger Jahre verstärkt angesprochen. Dabei wurde jedoch vor allem die unfaire Behandlung der Kunden thematisiert und nicht die Nachteile, die dies für die Nutzung von Ressourcen in Unternehmen mit sich bringt.

Der Verweis des Yellow Book an die Wettbewerbsbehörden, die Aufhebung der Kapitalverkehrsbeschränkungen und die Deregulierung der nationalen Kapitalmärkte sowie die Einführung des *Securities and Investment Board* (SIB) als staatliche Überwachungsbehörde für die Selbstregulierung im Bereich des Finanzsektors waren wichtige ordnungspolitische Weichenstellungen, um eine größere Effektivität der Selbstkontrolle zu erzwingen. Auf diese Weise wurde dem Wettbewerb als Steuerungsinstrument für die volkswirtschaftliche Ressourcenallokation und -nutzung wieder ein stärkeres Gewicht verliehen.

Die Selbstregulierung wird in Großbritannien - einer bewährten Rechtstradition folgend - weiterhin der staatlichen Gesetzgebung vorgezogen, da sich erfahrungsgemäß so die Unternehmens- und Marktordnungen flexibler an Veränderungen der wirtschaftlichen Rahmenbedingungen und der Bedürfnisse der Marktteilnehmer anpassen. Diese Flexibilität bietet, insbesondere im Zusammenhang mit den sich rasch wandelnden Bedingungen des internationalen Wettbewerbs, einen wesentlichen Vorteil. Die Harmonisierungsbestrebungen der EU werden in dieser Hinsicht als Bedrohung angesehen, da der Entscheidungsmechanismus und die Starrheit der Rechtssetzung die Anpassungsfähigkeit der Unternehmens- und Marktordnungen schwächen und gefährden.

Die weitgreifenden wirtschaftspolitischen Reformen und die Entwicklung der Kapitalmarktordnung und der aktienrechtlichen Unternehmensverfassung in Großbritannien seit 1979 förderten nicht nur die Wettbewerbsfähigkeit britischer Aktiengesellschaften auf den Güter- und Faktormärkten, sondern auch die Attraktivität Großbritanniens als Finanzplatz und Produktionsstandort. Auf Grund der zunehmenden Vorteile, welche Aktiengesellschaften den Anlegern im Zuge dieser Entwicklung boten, erhöhte sich die Anzahl von Aktiengesellschaften in Großbritannien in den achtziger und neunziger Jahren. Dabei hatten - wie gezeigt wurde - vor allem kleine und junge innovative Unternehmen gute Chancen, Risikokapital aufzunehmen. Die Attraktivität der Verhaltensregeln der ILSE für die Anleger sorgte zusätzlich dafür, daß London als Kapitalmarkt für Aktien an Bedeutung gewann.

Tab. 8.1 **Börsenumsätze (in Mio. DM) in Großbritannien und Deutschland 1988 - 1995**

	Börsenumsätze in Großbritannien			Börsenumsätze in Deutschland		
	Inländische Aktien	Ausländische Aktien	Insgesamt*	Inländische Aktien	Ausländische Aktien	Insgesamt*
1988	1.043.900	255.200	1.299.100	615.200	38.800	654.000
1989	1.076.200	460.100	1.536.300	1.181.800	60.200	1.242.000
1990	919.200	848.100	1.767.300	1.621.200	3.500	1.624.700
1991	1.048.800	798.200	1.847.000	1.259.200	26.900	1.286.100
1992	1.059.000	818.900	1.877.900	1.337.100	22.100	1.359.200
1993	1.441.500	1.481.400	2.922.900	1.839.200	43.000	1.882.200
1994	1.507.400	1.764.600	3.272.000	1.870.763	47.900	1.918.663
1995	1.502.516	1.826.470	3.328.968	1.691.644	41.556	1.733.200

*ohne Optionsscheine
Alle Börsenplätze zur besseren Vergleichbarkeit auf Doppelzählung umgestellt:
Quelle: *Deutsches Aktieninstitut* 1996, S. FB_06-3.

Gleichzeitig zeigten Untersuchungen, daß sich der Wettbewerbsdruck, der vom Aktienmarkt ausgeht, positiv auf die Ressourcennutzung in den Unternehmen auswirkt und so ihre Entwicklungschancen verbessert. Bei der Untersuchung großer britischer börsennotierter und nicht-börsennotierter Unternehmen kamen *Mayer* und *Alexander* für den Zeitraum von 1980 bis 1987 zu dem Ergebnis, daß, gemessen an der Investitionsdynamik, der Beschäftigung, dem Gewinnzuwachs und der Kapitalrentabilität bösennotierte Unternehmen bessere Ergebnisse erzielten als nicht-börsennotierte. Insbesondere wurde festgestellt, daß die börsennotierten Unternehmen sich stärker auf den Bereich der Forschung und Entwicklung konzentrierten als die nicht-börsennotierten. Auch damit wird die vielpublizierte Annahme, der Aktienmarkt verleite zu einer kurzsichtigen Unternehmenspolitik, fragwürdig (*Mayer* 1994, S. 190).

8.4. Externe und interne Unternehmenskontrolle im Vergleich zu Deutschland

Das britische System der externen und internen Unternehmenskontrollen wird als *marktzentriert* bezeichnet. Charakteristisch hierfür ist die Dominanz der Kapitalmarktkontrolle. Der britische Aktienmarkt ist durch eine vergleichsweise hohe Anonymität gekennzeichnet; zwischen den Anbietern von und den Nachfragern nach Kapital besteht in der Regel kein persönliches Verhältnis. Obgleich ihre Identität leicht festzustellen ist, treten sie nur selten direkt in Kontakt miteinander. In der Regel halten einzelne Anleger nur kleine Anteile am Kapital eines Unternehmens. Die Aktienportfolios sind gewöhnlich stark diversifiziert; die Anlagestrategie ist meist durch eine hohe Mobilität gekennzeichnet. Dieses Anlageverhalten erlaubt den Investoren, ihr branchen- und unternehmensspezifisches Risiko zu verringern. Wie bereits dargestellt, sinken hierdurch die Transaktionskosten des Risikomanagements für die Anleger. Die hohe Liquidität des Aktienmarktes und die in den achtziger und neunziger Jahren gesunkenen Transaktionskosten für den Handel mit Aktien ermöglichen es den Aktionären, ihre Finanzanlagen zügig an veränderte Rahmenbedingungen anzupassen.

Aufgrund ihrer Anlagestrategie ist selbst für die institutionellen Anleger, die den britischen Aktienmarkt dominieren und im Vergleich noch die größten Aktienpakete an einzelnen Unternehmen halten, der Anreiz zur Beteiligung an der internen Unternehmenskontrolle gering. Der Verweis einiger Autoren (z.B. *Prentice* 1993, S. 32; *Davies* 1993, S. 81 f.), die Dominanz der institutionellen Anleger auf dem Aktienmarkt hätte zur Aufhebung des *Berle and Means*-Problems geführt, ist nicht gerechtfertigt. Zwar halten die institutionellen Anleger insgesamt den überwiegenden Teil der an der ILSE gehandelten Aktien, doch besitzen die einzelnen Unternehmen und Vermögensverwalter nach wie vor jeweils nur geringe Anteile am Eigen- und Fremdkapital einzelner Unternehmen.

Meist beschränken die institutionellen Anleger ihren Einfluß auf die Förderung und Überwachung der Einführung und Einhaltung bestimmter Formen der internen Unternehmenskontrolle. Wie gezeigt wurde, legen die meisten institutionellen Anleger großen Wert darauf, daß Aktiengesellschaften, an denen sie sich beteiligen, bestimmte Regeln für die Organisation des Direktoriums, für das Verhalten bei Unternehmensübernahmen und die Information der Marktakteure einhalten. Diese Verhaltensrichtlinien dienen der Stärkung der Rechte der Aktionäre und der Förderung der Funktionsfähigkeit der externen Unternehmenskontrolle durch die Kapitalmärkte. Dadurch soll eine bessere Anpassung der Interessen der Direktoren und Geschäftsführer an die Einkommens- und Vermögensinteressen der Aktionäre erreicht werden.

Gleichzeitig wird durch die Praxis, sich in der Regel nicht in Belange der Geschäftsführung einzumischen, die nicht die Funktionsweise der internen oder externen Unternehmenskontrolle betreffen, vermieden, daß die institutionellen Anleger in Loyalitätskonflikte geraten. Wenn institutionelle Anleger, die Anteile an einer Aktiengesellschaft halten, auch Direktoriumsposten übernehmen, so sind sie einerseits gehalten, die Einkommens- und Vermögensinteressen ihrer Kunden zu wahren, und andererseits verpflichtet, ihre Handlungen am Wohl des Unternehmens zu orientieren. Vor allem im Hinblick auf die Entstehung von Kontrollkosten und die Gefahr, wegen der Vorschriften gegen Insiderhandel das Recht zu verwirken, Anteile an der Aktiengesellschaft zu kaufen oder zu verkaufen, zeigt sich die Bedeutung der Interessengegensätze zwischen den Kunden institutioneller Anleger und den Aktiengesellschaften. Um Interessenkonflikte zu vermeiden, drängen die Aufsichtsbehörden der Banken auch darauf, daß sich diese möglichst nicht gleichzeitig signifikant am Eigen- und am Fremdkapital eines Unternehmens beteiligen. Denn auch zwischen den Eignern von Eigenkapital und denen von Fremdkapital bestehen Interessenkonflikte, die sich vor allem an der Bereitschaft entzünden, unternehmerische Wagnisse einzugehen.

Sowohl das Anlageverhalten als auch die gesetzlichen und privat entwickelten Regeln zur internen und externen Unternehmenskontrolle fördern in Großbritannien die Kapitalmarktkontrolle börsennotierter Aktiengesellschaften. Die Unternehmen sind der Kontrolle durch den Preismechanismus auf den Aktien- und Rentenmärkten unterworfen und stark von der allgemeinen Bewertung der Geschäftspolitik durch eine Vielzahl aktueller und potentieller Investoren abhängig. Unternehmen, welche die in sie gesetzten Erwartungen nicht erfüllen, droht zum einen die Sanktionierung ihrer Finanzierungspläne durch den primären Kapitalmarkt. Zum anderen stehen die einzelnen Unternehmen auf dem Markt für Unternehmenskontrolle ständig im Blickfeld derjenigen, die dem Kauf der Kontrollrechte eventuell einen höheren Wert beimessen. Der Markt für Unternehmenskontrolle sorgt ungewollt und unbewußt dafür, daß durch die Drohung der Unternehmensübernahme das Management dazu veranlaßt wird, sich stärker auf die Erhöhung des Vermögens und der Gewinneinkünfte der Aktionäre, also den *Shareholder Value*, als auf die Verfolgung eigener Interessen zu konzentrieren. Erweist sich die Unternehmensführung als unfähig, kann durch die Unternehmensübernahme ein schlechtes Management durch ein gutes ersetzt werden, ohne daß dies für die Mehrheit der Aktionäre mit hohen Aufwendungen im Rahmen der internen Unternehmenskontrolle verbunden ist.

Sowohl die Orientierung der Geschäftsführung am Shareholder Value als auch der Wettbewerbsdruck durch den Markt für Unternehmenskontrolle werden häufig kritisiert. Dabei wird darauf verwiesen, daß die meisten Staaten keinen aktiven Markt für Unternehmenskontrolle besitzen. Auf dem europäischen Kontinent, insbesondere in Deutschland, spielt der Markt für Unternehmenskontrolle kaum eine Rolle im Kontrollsystem von Aktiengesellschaften. Während allein zwischen 1984 und 1989 in Großbritannien 196 feindliche Übernahmeversuche stattfanden, waren es in Deutschland zwischen 1945 und 1997 lediglich fünf (*Vollmer* 1998, S. 594). Am deutschen Kapitalmarkt hat sich ein System der Unternehmenskontrolle etabliert, das sehr stark von Elementen einer direkten (*persönlichen*) internen Überwachung der Geschäftspolitik durch Großanleger und Banken geprägt ist. Hierbei wird deutlich, wie stark sich die unterschiedlichen gesetzlichen Grundlagen auf die Motivation der Wirtschaftssubjekte und damit auf die Entstehung und Funktionsweise der Unternehmenskontrolle auswirken.

Ein wesentlicher Grund für diesen Unterschied zwischen Deutschland und Großbritannien liegt in den abweichenden gesetzlichen Verhaltensvorschriften für die Direktoren bzw. die Aufsichtsrats- und Vorstandsmitglieder. Dabei geht es nicht darum, daß in Deutschland die unternehmerischen Funktionen der Geschäftsführung und deren Überwachung von zwei getrennten Unternehmensorganen, dem Vorstand und dem Aufsichtsrat, wahrgenommen werden, während dies in Großbritannien in der Regel in einem Organ, dem Direktorium, geschieht. Vielmehr ist ausschlaggebend, daß in Großbritannien die einzelnen Direktoren bestimmte treuhänderische Verpflichtungen gegenüber *allen* Aktionären haben, was in Deutschland nicht der Fall ist. Hier können Mitglieder des Aufsichtsrates legal versuchen, die Interessen einzelner Kapitalgeber durchzusetzen, auch wenn dies nicht dem Interesse der übrigen Aktionäre dient. Solange die Unternehmen nicht zu einer Holding gehören oder im Rahmen einer Mutter-Tochter-Beziehung miteinander verbunden sind, können die Kapitalgeber, die über ihren Einfluß auf den Aufsichtsrat die Geschäftspolitik des Vorstands beeinflussen, nicht für Entscheidungen haftbar gemacht werden, die gegen das Interesse der Gesamtheit der Aktionäre verstoßen. Aufgrund dieser Regelung wächst der Anreiz für große Kapitalgeber (vor allem auch für Banken), über signifikante wechselseitige Beteiligungen am Eigen- und Fremdkapital direkten Einfluß auf die interne Unternehmenskontrolle zu gewinnen. Tatsächlich ist - im Gegensatz zu Großbritannien - der Aktienbesitz in Deutschland stark konzentriert, was schon daran deutlich wird, daß Aktienpakete von 25 Prozent in einer Hand keine Seltenheit sind. Die starke Konzentration des Aktienbesitzes wiederum verringert die Möglichkeit einzelner Investoren, bei Unzufriedenheit mit der Geschäftsführung ihre Aktienpakete abzustoßen, ohne dabei starke Kursverluste hinnehmen zu müssen.[5] Auch wegen der hohen Transaktionskosten, die in solchen Fällen mit dem Aktienhandel verbunden sind, erscheint die Einflußnahme auf die interne Unternehmenskontrolle vergleichsweise attraktiv. Aufgrund der starken Konzentration des Aktieneigentums an einzelnen Unternehmen sehen sich die Großinvestoren darüber hinaus vergleichsweise geringen Koordinationskosten gegenüber, wenn sie in der Hauptversammlung oder im Aufsichtsrat Entscheidungen in Opposition zum Vorstand durchsetzen wollen. Sie müssen erheblich weniger Aktionäre über ihre Sicht der Dinge informieren und sie davon überzeugen. Selbst in Unternehmen, deren Aktienkapital

---

[5] Die vergleichsweise geringe Liquidität und Tiefe, die lange Zeit für den deutschen Aktienmarkt kennzeichnend waren, trugen zu diesem Problem bei. In den neunziger Jahren hat der Aktienmarkt auch in Deutschland an Tiefe und Liquidität gewonnen, und zwar durch ein wachsendes Interesse der Sparer an Aktienanlagen bei steigenden Aktienkursen und durch das verstärkte Auftreten ausländischer Unternehmen auf dem deutschen Aktienmarkt.

aufgrund der Höhe ihres Vermögens und der starken Beteiligung privater Kleinanleger vergleichsweise breit gestreut ist, werden die meisten Aktien von einigen wenigen Depotbanken verwaltet,[6] welche die Stimmrechte stellvertretend für die Aktionäre ausüben. Zwar ist es den Aktionären auf Antrag möglich, spezifische Weisungen für die Wahrnehmung ihrer Stimmrechte zu geben, doch die Mehrzahl der Aktionäre nutzt dieses Verfahren nicht. Die meisten Depotverträge enthalten Standardklauseln, in denen festgelegt wird, daß die Banken die Stimmrechte der Aktien nach eigenem Dafürhalten ausüben können, wenn die Depothalter es versäumen, selbst Abstimmungsanweisungen zu geben. Auch in Deutschland sind die Banken rechtlich verpflichtet, sich bei der Ausübung der Depotstimmrechte an den Interessen der Aktionäre zu orientieren. Tatsächlich werden hierbei jedoch keine besonders strengen Anforderungen gestellt. Im Gegensatz zur *International London Stock Exchange* verlangen die Börsenregeln in Deutschland auch nicht, daß vor jeder Hauptversammlung die Aktionäre die Möglichkeit erhalten müssen, Anweisungen für die Verwendung der Stimmrechte bezüglich der einzelnen Abstimmungsfragen zu geben.

Die Hauptversammlungen der meisten großen Aktiengesellschaften in Deutschland werden von den Vertretern von Unternehmen dominiert, die über wechselseitige Beteiligungen miteinander verbunden sind. Die Macht der Banken wird hierbei durch die Depotstimmrechte noch deutlich erhöht (siehe Tabelle 8.2). Diese Konstellation fördert die Vergabe von Aufsichtsratsposten an Banken, Zulieferer oder Abnehmer.

Außerdem verlangen gesetzliche Bestimmungen die Beteiligung der Arbeitnehmer an den Aufsichtsräten. Auf diese Weise wird eine große Anzahl von *Stakeholdern* an der Entscheidungsfindung im Unternehmen beteiligt, so daß sich im Aufsichtsrat fast zwangsweise ein Hang zum Interessenausgleich und zu einer innovationsfeindlichen Konsensbildung ergibt. Hierbei besteht die Gefahr, daß die Vermögens- und Gewinninteressen der Aktionäre, die nicht zu diesen Gruppen gehören, vernachlässigt werden. Für die Geschäftsführer bedeutet die Zielpluralität eine Erhöhung ihres Handlungsspielraums, insbesondere im Hinblick auf die Verfolgung eigener Interessen. Schlechte Unternehmensergebnisse im Bereich der Gewinnerzielung und Vermögenserhaltung können mit Verweis auf die Notwendigkeit, andere Ziele zu verfolgen, gerechtfertigt werden. Hierdurch vergrößern sich die Principal Agent-Probleme zwischen den Aktionären und dem Aufsichtsrat einerseits und dem Aufsichtsrat und dem Vorstand andererseits.

---

[6]   Die Verwaltung von Aktiendepots ist ebenso wie der Aktienhandel in Deutschland stark konzentriert. So wickeln die drei Großbanken *Dresdner Bank AG, Deutsche Bank AG* und *Commerzbank AG* mehr als die Hälfte aller Wertpapiertransaktionen ab, dominieren das Wertpapieremissionsgeschäft und verwalten 40 % aller Wertpapierdepots (*Perlitz* und *Seger* 1994, S. 51 - 55).

Tab. 8.2   **Die Stimmrechtsanteile[a] der Banken in den Hauptversammlungen der 24 größten Unternehmen in mehrheitlichem Streubesitz in Deutschland (1992)**

Unternehmen	Eigenbesitz der Banken	Stimmen von im Besitz der Bank stehenden Kapitalanlagegesellschaften	Depotstimmen	Gesamt
- Siemens		9,87	85,61	95,48
- Volkswagen		8,89	35,16	44,05
- Hoechst		10,74	87,72	98,46
- BASF	0,09	13,61	81,01	94,71
- Bayer		11,23	80,09	91,32
- Thyssen	6,77[b]	3,62	34,98	45,37
- VEBA		12,62	78,23	90,85
- Mannesmann		7,76	90,35	98,11
- Deutsche Bank		12,41	82,32	94,73
- MAN	8,76[b]	12,69	26,84	48,20
- Dresdner Bank		7,72	83,54	91,26
- Preussag	40,65	4,51	54,30	99,46
- Commerzbank		15,84	81,71	97,55
- VIAG	10,92	7,43	30,75	49,10
- Bayr. Vereinsbank		11,54	73,15	84,69
- Degussa	13,69[b]	8,65	38,35	60,65
- AGIV	61,19	15,80	22,10	99,09
- Bayr. Hypo	0,05	10,69	81,38	92,12
- Linde	33,29	14,68	51,10	99,07
- Deutsche Babcock	3,22	11,27	76,09	90,58
- Schering		19,71	74,79	94,50
- KHD	59,56[b]	3,37	35,03	97,96
- Bremer Vulkan		4,43	57,10	61,53
- Strabag	74,45	3,62	21,21	99,28
Durchschnitt	13,02	10,11	60,95	84,09

[a] Hierbei sind eingeschlossen die Stimmen aus Eigenbesitz, die Stimmen aufgrund des Depotstimmrechts sowie Stimmen von im Eigenbesitz der jeweiligen Bank stehenden Kapitalanlagegesellschaften; jeweils in Prozent aller auf der Hauptversammlung vertretenen Stimmrechte.
[b] Stimmen wurden indirekt ausgeübt.
Quelle: *Adams* 1996, S. 3, nach: *Baums* und *Fraune* (1995), Institutionelle Anleger und Publikumsgesellschaft, in: Die Aktiengesellschaft 3/1995.

Die gesetzliche Verpflichtung, den Mitarbeitern in den Aufsichtsräten Mitsprache- und Entscheidungsrechte einzuräumen, wird damit begründet, daß sich Entscheidungen der Geschäftsführung auf die Arbeitsplatz- und Einkommenssicherheit der Arbeitnehmer auswirken. Es wird also davon ausgegangen, daß es für die Arbeitnehmer nicht möglich ist, ihre Rechte gegenüber den Arbeitgebern über die Vertragsgestaltung am Arbeitsmarkt durchzusetzen. Der Preis der gesetzlichen Mitbestimmung ist die Verdünnung der Eigentumsrechte der Aktionäre. Dies führt zum einen dazu, daß wegen der Ausweitung der Unternehmensziele die Kontrolle der Geschäftsführung schwieriger wird. Die Kosten des delegierten Handelns steigen, ohne daß dadurch sichergestellt werden könnte, daß die Investitionen in zukunftsfähige Arbeitsplätze erhöht werden. Zum anderen wirkt sich diese Regelung in Wirtschaftszweigen, in denen die Mitbestimmung der Arbeitnehmer nicht automatisch für Unternehmen ab einer bestimmten Größe vorgeschrieben ist (wie beispielsweise in der Montanindustrie), negativ auf die Neigung aus, die Rechtsform der Aktiengesellschaft zu wählen. Die Unternehmen müssen dann auf Vorteile aus der Arbeitsteilung und der kostengünstigen Organisation delegierten Handelns in Aktiengesellschaften verzichten. Dies kann insbesondere im internationalen Wettbewerb auf den Produkt- und Kapitalmärkten zu wesentlichen Kostennachteilen für die Unternehmen führen. Eine Entwicklung, die kaum dazu beiträgt, die Beschäftigungschancen und die Arbeitsplatzsicherheit der Arbeitnehmer zu erhöhen.

Aber nicht nur die Regelungen zur Mitbestimmung der Arbeitnehmer schwächen die Eigentumsrechte der Aktionäre. Auch die Handlungsrechte der Banken tragen hierzu bei. Viele Unternehmen in Deutschland sind bis heute eng mit einer *Hausbank* verbunden, die nicht nur langfristige festverzinsliche Kredite bereitstellt, sondern häufig auch über große Teile der Stimmrechte verfügen kann (*Strätling* 1999, S. 434, 445). Wie gezeigt wurde, ist hierfür nicht nur die Beteiligung der Banken auch am Eigenkapital ausschlaggebend, sondern vor allem die Verwaltung der Depotstimmrechte durch Banken. Aufgrund der Beteiligung der Banken am Fremdkapital *und* am Eigenkapital der Unternehmen wird davon ausgegangen, daß sie ein starkes langfristiges Interesse an der Entwicklung des Unternehmens haben und über verschiedene Kanäle in engem Kontakt mit dem Management stehen. Als Vorteil dieser Beziehung wird angegeben, die Banken könnten sich hierdurch besser über die Unternehmen informieren und eine wirksame interne Unternehmenskontrolle ausüben. Die Unternehmen wiederum würden von günstigeren Darlehenskonditionen und - im Falle von Finanzierungsschwierigkeiten und Absatzkrisen - einer höheren Bereitschaft der Banken zur Unterstützung profitieren. Durch die langfristige Kundenbindung würde auch der Absatz der Bankprodukte erleichtert (*Perlitz* und *Seger* 1994, S. 55; *Vollmer* 1998, S. 583 f.). Dabei wird davon ausgegangen, daß Finanzinstitutionen wie Banken (aber auch Versicherungen oder Pensionsfonds) über die professionelle Kompetenz und den organisatorischen Rückhalt verfügen, um sich in der Hauptversammlung und im Aufsichtsrat eines Unternehmens Gehör und Einfluß zu verschaffen.

Das aktive Engagement institutioneller Anleger, vor allem aber der Banken, wird deshalb häufig als Grundvoraussetzung für eine effiziente Lenkung und Kontrolle des Unternehmenssektors angesehen (*Garvey* und *Swan* 1994, S. 158; *Jenkinson* und *Mayer* 1992, S. 2). Es wird behauptet, dieses *bankzentrierte* System[7] der Unternehmenskontrolle, das sich stark auf die Beteiligung von Großaktionären an der internen Unternehmenskontrolle stützt, sei effektiver und billiger als das *marktzentrierte* System Großbritanniens oder der USA. Dabei wird in Großbritannien gerne auf die volkswirtschaftlichen Erfolge in der Bundesrepublik und in Japan seit dem Zweiten Weltkrieg verwiesen.

---

[7] Als Prototypen hierfür werden vor allem die Bundesrepublik und Japan angesehen.

Allerdings kann dies über folgendes nicht hinwegtäuschen: Wenn bis Anfang der achtziger Jahre vielfach über die "Englische Krankheit" geklagt wurde, so lagen die Gründe hierfür in der beschriebenen Wirtschaftspolitik während des Zeitraums von 1945 bis 1979. Inzwischen zeigt sich, daß gerade Deutschland und Japan im Zusammenhang mit der Verschärfung des globalen Wettbewerbs stärker unter Anpassungsproblemen zu leiden haben als Großbritannien. Hierzu tragen auch volkswirtschaftliche Probleme bei, die sich aus der Investitionsstrategie der Kapitalanleger und der Art der internen und externen Unternehmenskontrolle von Aktiengesellschaften in diesen Ländern ergeben.

Die vergleichsweise hohe Beteiligung, die einzelne Kapitalanleger an Unternehmen in Deutschland halten, führt dazu, daß ihre Fähigkeit zur Diversifikation ihrer Anlagen im Rahmen des unternehmens- und branchenbezogenen Risikomanagements eingeschränkt wird. Aus diesem Grund neigen weniger risikofreudige Großanleger dazu, auf eine Risikodiversifikation in der Geschäftspolitik von Aktiengesellschaften zu drängen; beispielsweise im Rahmen eines externen konglomeraten Wachstums. Dies bedeutet jedoch, daß sich die Unternehmen nicht nur auf ihre Kernkompetenzen konzentrieren, sondern, um das Anlagerisiko ihrer Aktionäre zu vermindern, auch in Geschäftsbereichen aktiv werden, in denen sie keine komparativen Vorteile gegenüber ihren Konkurrenten besitzen.[8] Die Transaktionskosten des Risikomanagements der Kapitalanleger könnten deutlich gesenkt werden, wenn diese das Risiko durch kleinere Anteile an einer größeren Zahl von Unternehmen streuen würden, die sich jeweils nur auf ihre Kernkompetenzen beschränken. Aus volkswirtschaftlicher Sicht könnten dadurch außerdem Kosten- und Innovationsvorteile der Arbeitsteilung besser genutzt werden.[9]

Die Frage des Risikomanagements hat auch für die Rolle von Banken im Rahmen der Unternehmenskontrolle eine wichtige Bedeutung. Da in der Regel das Volumen des bereitgestellten Fremdkapitals das des Eigenkapitals bei weitem übertrifft, nutzen in Deutschland viele Bankenvertreter ihren Einfluß im Aufsichtsrat nicht, um ihre Interessen als Aktionäre zu verfolgen, sondern um ihre Position als Gläubiger zu sichern. Dabei kommt den Banken die Übertragung weisungsloser Stimmrechte durch Kunden, welche Aktiendepots bei ihnen halten, zugute.

Diese *kapitallosen Eigentumsrechte* der Banken, die sie im Zuge des Depotstimmrechts gewinnen, vergrößern ihre Macht über die Unternehmen erheblich. Es stellt sich die Frage, zu wessen Gunsten diese Macht ausgeübt wird. „Von Bankenvertretern wird die Ansicht vertreten, das Depotstimmrecht sei für die Banken keinesfalls ein Instrument für Einfluß und Macht, sondern die Ausübung des Depotstimmrechts sei ein aufwendiger Service für die Effektenkunden der Bank" (*Adams* 1996, S. 10; siehe auch *Perlitz* und *Seger* 1994, S. 56). Dabei sehen sie ihre Funktion zum einen darin, im Aufsichtsrat ein Gegengewicht gegen die Arbeitnehmervertreter zu bilden. Außerdem ver-

---

[8]   Im Rahmen des zunehmenden internationalen Wettbewerbs auf den Gütermärkten steigt das Risiko, daß die Unternehmen in diesen Bereichen nicht nur unterdurchschnittliche Gewinne erzielen, sondern eventuell auch Verluste erwirtschaften.

[9]   Dieses Argument wurde bereits im Zusammenhang mit der Beteiligung von Managern am Eigenkapital von Unternehmen angesprochen (siehe Kapitel 6.5).

weisen sie darauf, daß die Bankenvertreter wegen ihres Fachwissens die Kompetenz der Aufsichtsräte verbessern können. Ihre Vertretung der Interessen der Gläubiger in den Aufsichtsräten sehen sie ebenfalls als legitim an. Die Vertreter der Banken verweisen darauf, daß die Depotanleger die Möglichkeit haben, eigene Weisungen zu geben; die Tatsache, daß die Mehrheit dies nicht tut, sei zum einen kein Fehler der Banken und zeige zum anderen, daß die Anleger mit der Vertretung durch die Banken zufrieden seien (*Perlitz* und *Seger* 1994, S. 56).

Sollte die Einschätzung tatsächlich zutreffen, daß die Banken die Interessen der Aktionäre fördern, so müßten sie die Maximierung des Wertes der Unternehmung und damit des Shareholder Values anstreben. Das Interesse an einer Diversifikationspolitik der Unternehmen und „unternehmenswertmindernden vorsichtigen Verhalten der Unternehmensleitungen" (*Adams* 1996, S. 10) würde dann sehr gering sein, da sich die Anleger über die Streuung ihrer Anlagen am Kapitalmarkt effizienter gegen Risiken absichern können. Tatsächlich jedoch scheinen die meisten Bankenvertreter dazu zu neigen, eine risikoaverse Geschäftspolitik zu bevorzugen,[10] um ihre Kredite zu sichern; damit wird innovatives Verhalten behindert. In einer Untersuchung der Stimmrechtsverteilung und der Verschuldung von 110 deutschen börsennotierten industriellen Großunternehmen kommen *Perlitz* und *Seger* (1994, S. 57 - 66) zu dem Schluß, daß Unternehmen, in denen die Banken durch Stimmrechte und Aufsichtsratsmitgliedschaft *nicht* über einen wesentlichen Einfluß verfügten, sowohl hinsichtlich des Nettoertrags der Aktien als auch des Nettounternehmensertrags (gemessen am Unternehmensvermögen) in den Jahren 1990 bis 1992 deutlich bessere Ergebnisse erzielt haben als Unternehmen mit starkem Bankeneinfluß. Diese wuchsen sowohl hinsichtlich des Unternehmensvermögens als auch der Umsätze langsamer, waren stärker verschuldet, zahlten höhere Zinsen und hatten eine niedrigere Eigenfinanzierungsquote. Dies wird damit in Verbindung gebracht, daß Banken vergleichsweise risikoscheu sind und die Fremdfinanzierung gegenüber der Eigenfinanzierung vorziehen. Insgesamt wird daraus ein negativer Einfluß der Bankenmacht auf den Unternehmenserfolg abgeleitet.[11]

Durch die Ausübung von Depotstimmrechten können die Banken Stimmrechte für Risikokapital abgeben, dessen Haftungsrisiko sie nicht tragen. Aus dieser Aufspaltung der Property Rights der Aktien ergeben sich neuerliche Principal Agent-Probleme. Dabei liegt die Schwierigkeit nicht ausschließlich in den unterschiedlichen Zielen der gewinnorientierten Aktionäre und der risikoorientierten Banken. Es stellt sich auch die Frage, inwieweit die Vertreter von Banken überhaupt kompetent sind, die Geschäfte von Unternehmen anderer Branchen zu überwachen und adäquat zu bewerten.

Darüber hinaus entstehen auch in Banken Agency-Kosten der Entscheidungsfindung, zumal es hierbei in der Regel um ein Handeln von Personen in Großunternehmen geht.

---

[10]   Zu dieser Politik gehört auch, auf die Bildung hoher Rücklagen zu achten und die Gewinnausschüttungsquote gering zu halten.

[11]   Dieses Ergebnis verändert sich auch dadurch nicht wesentlich, wenn fünf Unternehmen, die deutlich unterdurchschnittliche Leistungen erbrachten und als in einer Unternehmenskrise befindlich klassifiziert wurden, aus der untersuchten Gruppe von Unternehmen entfernt wurden.

Sie haben ebenso große interne Überwachungs-, Informations- und Sanktionsprobleme wie die Unternehmen des nicht-finanziellen Sektors. Es stellt sich insbesondere vor dem Hintergrund der hohen wechselseitigen Beteiligungen zwischen den Großbanken und den großen Industrieunternehmen in Deutschland die Frage, wer die Banken kontrolliert. Es zeigt sich, daß das Agency-Problem zwischen den Eigentümern und den Geschäftsführen auch im bankenzentrierten System nicht gelöst wird. Es wird lediglich um eine Ebene erweitert (*Garvey* und *Swan* 1994, S. 158). Dabei liegt die Kontrolle der Kontrolleure zum Teil in ihren eigenen Händen.

Die wechselseitige Beteiligung der Unternehmen, vor allem in Verbindung mit den Depotstimmrechten der Banken, ermöglicht den Geschäftsführern von Publikumsgesellschaften in Deutschland im Zuge wechselseitiger Loyalitätsabsprachen eine weitgehende Immunisierung vor der Sanktionierung durch die Hauptversammlung. Zwar müssen den Depotbanken, um ihre Depotstimmrechte in ihrer eigenen Hauptversammlung auszuüben, nach § 131 I AktG von den Aktionären ausdrückliche Weisungen zu den einzelnen Gegenständen der Tagesordnung vorliegen; Unternehmen, die sich an Ringverflechtungen zwischen verschiedenen Finanz- und Industrieunternehmen beteiligen, sind jedoch selbst dann in der Hauptversammlung abstimmungsberechtigt, wenn sie hundertprozentige Töchter der Aktiengesellschaft sind, deren Hauptversammlung ansteht (*Adams* 1996, S. 21).

Tab. 8.3   **Kontrolle der Kontrolleure: Stimmrechte der fünf größten deutschen Aktienbanken auf ihren eigenen Hauptversammlungen im Jahre 1992**

(Jeweils in Prozent aller auf der Hauptversammlung vertretenen Stimmrechte)

	Deutsche Bank	Dresdner Bank	Commerz-bank	Bayr. Ver-einsbank	Bayr. Hypo	alle zu-sammen:
Deutsche Bank	**32,07**	14,14	3,03	2,75	2,83	**54,82**
Dresdner Bank	4,72	**44,19**	4,75	5,45	5,04	**64,15**
Commerzbank	13,43	16,35	**18,49**	3,78	3,65	**55,70**
Bayr. Vereinsbank	8,80	10,28	3,42	**32,19**	3,42	**58,11**
Bayr. Hypo	5,90	10,19	5,72	10,74	**23,87**	**56,42**

Hierbei sind auch die aufgrund des Depotstimmrechts abgegebenen Stimmen und die Stimmen einbezogen, die von Tochterunternehmen und Kapitalanlagegesellschaften im Eigenbesitz der jeweiligen Bank abgegeben wurden.
Quelle: *Adams* 1996, S. 4, nach: *Baums* und *Fraune* (1995), Institutionelle Anleger und Publikumsgesellschaft, in: Die Aktiengesellschaft, 3/1995, S. 106.

Während in Großbritannien und den Vereinigten Staaten das Bankensystem in den achtziger und neunziger Jahren einen großen Teil der finanziellen Mittel für Unternehmensübernahmen bereitgestellt hat und so dazu beigetragen hat, einen aktiven Markt für Unternehmenskontrolle zu ermöglichen, dient in Deutschland der enge Kontakt zwischen Banken und Unternehmen als Schutz gegen feindliche Übernahmen (*Dimsdale* 1994, S. 27). Hierfür ist nicht allein die Macht der Banken durch die Ausnutzung ihrer eigenen Stimmrechte und der Depotstimmrechte in den Hauptversammlungen ausschlaggebend. Die Banken haben es in vielen Aktiengesellschaften darüber hinaus verstanden, ihre Macht auszuweiten, indem sie für die Einführung unternehmensinterner Regeln zur Beschränkung der maximalen Stimmenzahl, die ein einzelner Investor abgeben kann, gesorgt haben. Diese Regelungen gelten zwar für die Stimmabgabe einzelner Aktionäre, nicht jedoch für die Stimmabgabe der Depotbanken; nicht einmal dann, wenn den Banken die explizite Weisung zur Ausübung der Depotstimmrechte fehlt. Solche Höchststimmrechtsklauseln finden sich in Deutschland in erster Linie bei im Streubesitz befindlichen Aktiengesellschaften und stellen ein probates Mittel dar, um feindliche Unternehmensübernahmen (ohne Mithilfe der Depotbanken) zu verhindern und so den Wettbewerb am Markt für Unternehmenskontrolle zu behindern (*Adams* 1996, S. 12 - 14).

Hierdurch wird nicht nur die externe Unternehmenskontrolle behindert, sondern kann sogar, wie sich am Fall der Übernahmedrohung des *Krupp-Hoesch*-Konzerns gegen *Thyssen* im Jahre 1998 zeigen läßt, gänzlich ad absurdum geführt werden. In diesem Fall hat ein gewinnschwächeres Unternehmen mit Unterstützung der Banken, die dadurch das Ausfallrisiko ihrer Kredite vermindern wollten, ein gewinnstärkeres Unternehmen zur Fusion gezwungen.

Diese Strategie erinnert stark an die britische Wirtschaftspolitik der sechziger und siebziger Jahre. Damals förderte der Staat ebenfalls die Verschmelzung erfolgloser und erfolgreicher Unternehmen, in der Hoffnung, daß sich durch economies of scale und ein besseres Management die Unternehmensleistungen verbessern ließen. Die Gefahr steigender Transaktionskosten aufgrund zunehmender Organisationsprobleme im Zuge des Unternehmenswachstums wurde dabei geflissentlich übersehen. Ähnlich wie im Fall von *Krupp-Hoesch* vs. *Thyssen* war damit auch nicht die Auswechselung des weniger erfolgreichen Managements verbunden. Vielmehr erhielten die Direktoriumsmitglieder auch noch Einfluß auf die Geschäftspolitik des erfolgreicheren Unternehmens.

In der vorliegenden Arbeit wurde gezeigt, daß der Druck, der vom Wettbewerb der Kapitalmärkte auf die Geschäftsleitungen der Aktiengesellschaften und die Ressourcennutzung im Rahmen der unternehmerischen Leistungserstellung ausgeht, auch die Stellung der Unternehmen im Wettbewerb auf den Produktmärkten positiv beeinflußt. Dies zeigt sich auch an der Reaktion deutscher Unternehmen, die immer stärker dem Wettbewerb auf den internationalen Kapitalmärkten ausgesetzt sind. So werden nicht nur immer mehr ausländische Anbieter von und Nachfrager nach Kapital auf deutschen Aktien- und Rentenmärkten aktiv werden, auch die Anzahl deutscher Unternehmen, die ausländische Kapitalmärkte nutzen, steigt kontinuierlich. Ein Beispiel hierfür ist die Tendenz deutscher Großunternehmen, an der *New York Stock Exchange* um Börsennotierung nachzusuchen. Aufgrund des zunehmenden Wettbewerbs auf den nationalen und internationalen Kapitalmärkten steigt der Druck auf die Unternehmen, Gewinne zu erzielen. Wegen der parallelen Zunahme des Wettbewerbs auf den internationalen Gütermärkten sind deshalb mehr und mehr Unternehmen dazu übergegangen, ihre Produkt-

palette auf Güter zu reduzieren, in denen sie gegenüber ihren Konkurrenten komparative
Vorteile besitzen. Weniger profitable Betriebe werden abgestoßen.[12]

Aufgrund der steigenden Intensität des Wettbewerbs auf den internationalen Güter-
und Faktormärkten wächst die Bedeutung der Kohärenz der nationalen und internationalen Wirtschaftsordnung für den Erfolg nationaler Volkswirtschaften kontinuierlich an.
Dabei nimmt der Einfluß der institutionellen Bedingungen für die Organisation der Arbeitsteilung in den Unternehmen auf die Stellung der Volkswirtschaften im internationalen Wettbewerb zu. Die Unternehmensverfassungen und die Wettbewerbsordnung
sowie - damit verbunden - auch die Wettbewerbsintensität auf den Güter-, Arbeits- und
Kapitalmärkten bestimmen die Allokation und Nutzung von Ressourcen.

Die Verdünnung der Eigentumsrechte an Aktiengesellschaften in Deutschland durch
staatliche Vorschriften,[13] die starke wechselseitige Beteiligung zwischen Großunternehmen und die Depotstimmrechte der Banken, haben dazu geführt, daß die Gewinnorientierung der Unternehmensführung gelitten hat. Hierzu trugen vor allem auch die
durch das Anlageverhalten bedingten hohen Kosten des Risikomanagements bei. Dies
verursachte nicht nur Wettbewerbsnachteile auf den internationalen Kapitalmärkten,
insbesondere kleinere, innovative Unternehmen hatten in Deutschland deutlich größere
Schwierigkeiten, Risikokapital aufzunehmen, als beispielsweise in Großbritannien. Im
Rahmen der Interdependenz der Märkte wirkten sich diese Bedingungen auch negativ
auf die Chancen deutscher Unternehmen im Wettbewerb auf den Gütermärkten aus.

Im marktzentrierten System der Unternehmenskontrolle von Aktiengesellschaften in
Großbritannien hat die Wettbewerbsintensität auf den Kapitalmärkten als Katalysator
für eine Entwicklung interner und externer Kontrollmechanismen gewirkt, durch die die
Eigentumsrechte der Aktionäre gestärkt wurden, ohne daß hierdurch die Interessen der
Beschäftigten stärker als in Deutschland vernachlässigt worden wären. Die Veränderung
der Rahmenbedingungen der Kapital-, Arbeits- und Gütermärkte haben die Entwicklung
von Entscheidungsstrukturen in der Unternehmensführung von Aktiengesellschaften
gefördert, die eine flexiblere Anpassung an die Erfordernisse des internationalen Wettbewerbs als in Deutschland ermöglichten.

Gleichzeitig gelang es, durch die staatliche Förderung des direkten Aktienengage-
ments privater Haushalte im Rahmen des Underpricing von Privatisierungsemissionen
und steuerlicher Anreize die Einstellung vieler Bürger zur Aktienanlage nachhaltig zu
verändern. Im Laufe der Zeit wuchs dabei nicht nur das Verständnis der privaten Kleinanleger für die Funktionsweise des Aktienmarktes und die marktwirtschaftlichen Bedingungen erfolgreichen Wirtschaftens in Aktiengesellschaften. Die Chancen kleinerer,
innovativer Unternehmen, Risikokapital aufzunehmen, verbesserten sich; die Tiefe und
Liquidität des britischen Aktienmarktes nahmen zu. Diese Entwicklung ist um so er-
freulicher, als der Anstoß zur Förderung der breiten direkten Beteiligung der Bevölke-

---

[12] Wenn die Anleger im Zuge dieser Entwicklung ihr Anlageportfolio nicht entsprechend
diversifizieren, steigen einerseits zwar ihre Gewinnchancen, andererseits erhöht sich allerdings auch ihr Investitionsrisiko.

[13] Hierzu zählen neben den Gesetzen zur Mitbestimmung vor allem auch Regeln zur Thesaurierung von Gewinnen sowie die Arbeitsmarktordnung.

rung an Aktien ursprünglich weniger in gesellschafts- und vermögenspolitischen Zielsetzungen lag als in der Notwenigkeit, die staatliche Schuldenaufnahme einzuschränken und gleichzeitig in die - damals noch staatlichen - Versorgungsunternehmen zu investieren, damit diese wieder Anschluß an die technologische Entwicklung in der Welt finden konnten.

Literaturverzeichnis

Adams, Michael (1996), Aufsichtsräte und Banken - Kontrolldefizite und Einflußakkumulation in der deutschen Wirtschaft, Diskussionsbeiträge Recht und Ökonomie, Nr. 30, Universität Hamburg, Hamburg.

Albert, Hans (1986), Europa und die Zähmung der Herrschaft, in: *Albert, Hans* (1986), Freiheit und Ordnung, Tübingen, S. 9 - 59.

Alchian, Armen A. (1965/1977), Some Economics of Property Rights, in: *Armen A. Alchian*, Economic Forces at Work, Indianapolis, S. 127 - 149.

Artis, Michael J. (Hg.) (1996), The UK Economy, 14. Aufl., Oxford.

Atityah, P.S. (1991), Common Law, in: *Eatwell, Milgate* und *Newman* (1991), The New Palgrave: The World of Economics, London/Basingstoke, S. 74 - 81.

Atkinson, Nigel (1997), The New Yellow Book, in: *Button* und *Bolton* (1997), S. 1 - 8.

Baker, J.H. (1990), An Introduction to English Legal History, 3. Aufl., London.

Banaga, Abdelgadir, Graham Ray und *Cyril Tomkins* (1995), A Conceptual Framework for Corporate Governance and Effective Management, in: Corporate Governance Research Papers, Vol. 3, No. 3, S. 128 - 137.

Barclay, Christopher R. (1982), The Financing of Nationalised Industries, House of Commons Library Research Division, Background Paper No. 103.

Barnard, Jayne W. (1998), The Hampel Committee Report: a transatlantic critique, in: The Company Lawyer, Vol. 19, No. 4, S. 110 - 115.

Barnes, Paul, Ian Davidson und *Mike Wright* (1996), The Changing Nature of Corporate Control and Ownership Structure, in: Journal of Business Finance and Accounting, Vol. 23, No. 5, S. 651 - 671.

Barrow, Rebecca (1998), Pension scandal hits £ 11 bn, in: Electronic Telegraph, 13. 03. 1998, http://telegraph.co.uk:80/et?ac=00...o=99999999&pg=/et/98/3/13/cpen13.html.

Beecroft, Adrian (1994), The Role of the Venture Capital Industry in the UK, in: *Dimsdale* und *Prevezer* (Hg.), S. 195 - 208.

Berglöf, Erik (1997), Reforming corporate governance: redirecting the European agenda, in: Economic Policy, No. 24, S. 93 - 123.

Berle, Adolf A. (1960), *Power without Property*, London.

Berle, Adolf A. und *Gardiner C. Means* (1932/1968), The Modern Corporation and Private Property, 2. Aufl., New York.

Bhattacharyya, Gautam (1994), Re Hydrodan (Corby) Ltd - shadow directors and wrongful trading, in: The Company Lawyer, Vol. 15, No. 5, S. 151 - 152.

Bishop, Matthew, John Kay und *Colin Mayer* (Hg.) (1994), Privatisation and Economic Performance, Oxford.

Bladen-Hovell, R.C. (1996), Fiscal Policy and the Budget, in: *Artis* (1996), S. 194 - 224.

Blakey, George G. (1993), The Post-War History of the London Stock Market 1945 - 92, Didcot.

Bond, Stephen und *Tim Jenkinson* (1996), The Assessment: Investment Performance and Policy, in: Oxford Review of Economic Policy, Vol. 12, No. 2, S. 1 - 29.

Bostock, Richard (1995), Company Responses to Cadbury, in: Corporate Governance Research Papers, Vol. 3, No. 2, S. 72 - 77.

Brailes, Lord Tombs of (1991), Nationalisation and Privatisation in Post-War Britain, Loughborough University of Technology 25th Anniversary Lecture.

Brickley, James A. und John J. McConnell (1991), Dividend Policy, in: *Eatwell, Milgate und Peter* (1991), S. 168 - 175.

Brown, Peter M. (1997), The Effectiveness of UK Independent Directors, in: Corporate Governance, Vol. 5, No. 4, S. 232 - 235.

Buchanan, James M. (1984), Rights, Efficiency and Exchange: The Irrelevance of Transaction Cost, in: *Manfred Neumann* (Hg.), Ansprüche, Eigentums- und Verfügungsrechte, Berlin, S. 9 - 24.

Buckle, M. und J.L. Thompson (1992), The United Kingdom financial system in transition. Theory and practice, Manchester.

Buckley, Christine (1999a), City forcing 800 firms from market, in: Times, 08. 02. 1999, http://www.sunday-times.co.uk/news/pages/resources/library1.n.html?1041309.

Buckley, Christine (1999b), Byers targets cosy cartels in clean-up of ‚rip-off Britain‘,in: Times, 10. 08. 1999, http://www.sunday-times.co.uk/news/pages/resources/library1.n.html?104 1309.

Butler, Henry N. (1986), General Incorporation in Nineteenth Century England: Interaction of Common Law and Legislative Processes, in: International Review of Law and Economics, Vol. 6, S. 169 - 187.

Button, Maurice und Sarah Bolton (Hg.) (1997), A Practitioner's Guide to the Stock Exchange Yellow Book. 1997 Edition, Guildford.

Cadbury, Adrian (1993), Highlights of the Proposal of the Committee on Financial Aspects of Corporate Governance, in: *Prentice und Holland* (1993), S. 45 - 55.

Cairncross, Alec (1994), The British Economy since 1945, Oxford.

CBI (Confederation of British Industry) (Hg.) (1990), A Nation of Shareholders. Report of the CBI Share Ownership Task Force, London.

Central Statistical Office (1995a), Share Ownership. A Report on the Ownership of Shares at 31st of December 1994, London.

Central Statistical Office (Hg.) (1995b), Social Trends 25. 1995 Edition, London.

Chancellor of the Exchequer (Hg.) (1961/1964), The Financial and Economic Obligations of the Nationalised Industries, 2. ed., London.

Charkham, J.P. (1994), A Larger Role for Institutional Investors, in: *Dimsdale und Prevezer* (1994), S. 99 - 110.

Charkham, Johnathan (1995), Keeping Good Company, Oxford.

Chartered Institute of Management Accountants (CIMA) (1994), A Framework for Internal Control, Corporate Governance Research Papers, Vol. 2, No. 2, S. 109 - 110.

Chester, Norman (1975), The Nationalisation of British Industry 1945 - 1951, London.

Claudy, Peter (o.J.), Takeovers and Financial Reporting in the UK (Manuskript), London.

Coase, Ronald H. (1937), The Nature of the Firm, in: Economica, Vol. 4, S. 386 - 405.

Coase, Ronald H. (1966), The Problem of Social Cost, in: Journal of Law and Economics, Vol. 3; S. 1 - 44.

Coase, Ronald H. (1984), The New Institutional Economics, in: Zeitschrift für die gesamte Staatswissenschaft, H. 140, S. 229 - 231.

Coase, Ronald H. (1992), The Institutional Structure of Production, in: American Economic Review, Vol. 82., No. 4, S. 713 - 719.

Company House (Hg.) (1998a), Notes for Guidance Number 30. Share Capital, http://www. companies-house.gov.uk/frame.cgi?OPT=notes.

Conservative Party Political Centre (Hg.) (1994), Privatization 1979 - 1994: Everyone's a winner, London.

Conyon, Martin J. (1994), Corporate Governance Changes in UK Companies between 1988 and 1993, in: Corporate Governance Research Papers, Vol. 2, No. 2, S. 87 - 99.

Conyon, Martin J. und *Dennis Leech* (1994), Top Pay, Company Performance and Corporate Governance, in: Oxford Bulletin of Economics and Statistics, Vol. 56, No. 3, S. 229 - 247.

Conyon, Martin J. (1997), Institutional Arrangements for Setting Directors' Compensation in UK Companies, in: *Keasey, Thompson* und *Wright* (1997), S. 103 - 121.

Cook, Gary (1994), Privatisation in the 1980s and 1990s, Leicester.

Cook, John und *Robert Falkner* (1992), UK Competition Law, in: Journal of Corporate Finance, 1/1992, S. 62 - 68.

Cooke, T.E., R.G. Luther und *P.R. Pearson* (1998), The Information Content of Defence Documents in UK Hostile Take-over Bids, in: Journal of Business and Finance and Accounting, Vol. 25, Nos. 1&2, S. 115 - 144.

Copeman, George und *Nancy Seear* (1968), Introduction, in: *Wider Share Ownership Council* (ed.), Sharing the Profits, London, S. XVIII - XXII.

Craven, B.M. und *C.L. Maston* (1997), Investor Relations and Corporate Governance in Large UK Companies, in: Corporate Governance, Vol. 5, No. 3, S. 137 - 151.

Croft, Roy (1990), Deregulation and Reregulation of the Financial Service Industry in the UK, in: *Richardson* (1990), S. 141 - 151.

Curphey, Marianne (1999), Doubts grow on FTSE 100 future, in: Times, 08. 02. 1999, http://www.sunday-times.co.uk/news/pages/resources/library1.n.html?1041309.

Curzon Price, Victoria (1982) Structural Aspects of the Thatcher Experiment, in: ORDO, Bd. 33, S. 39 - 60.

DAI (Deutsches Aktieninstitut) (Hg.) (1996), DAI-Factbook 1996. Statistiken, Analysen und Graphiken zu Aktionären, Aktiengesellschaften und Börsen, Frankfurt/Main.

DAI (Deutsches Aktieninstitut) (Hg.) (1998), DAI-Factbook 1998, Frankfurt.

Davies, Paul L. (1993), Institutional Investors in the United Kingdom, in: *Prentice* und *Holland* (1993), S. 69 - 96.

Davies, Paul L. (1997), Institutional Investors as Corporate Monitors in the UK, in: *Klaus J. Hopt* und *Eddy Wymeersch* (Hg.), Comparative Corporate Governance, Berlin, S. 47 - 66.

Delhaes, Karl von und *Ulrich Fehl* (Hg.) (1997), Dimensionen des Wettbewerbs. Schriften zu Ordnungsfragen der Wirtschaft, Bd. 52, Stuttgart.

Demsetz, Harold (1964), The Exchange and Enforcement of Property Rights, in: Journal of Law and Economics, Vol. 7, S. 11 - 26.

Demsetz, Harold (1988), The Theory of the Firm Revisited, in: Journal of Law, Economics and Organization, Vol. 4, No. 1, S. 141 - 161.

Dennison, S.R. (1959), The British Restrictive Trade Practices Act of 1956, in: Journal of Law and Economics, Vol. 2, S. 64 - 83.

Deutsche Bundesbank (Hg.) (1991), Zur Bedeutung der Aktie als Finanzierungsinstrument, in: Deutsche Bundesbank Monatsbericht, 43. Jg., Nr. 10, S. 22 - 29.

Deutsche Bundesbank (Hg.) (1997), Die Aktie als Finanzierungs- und Anlageinstrument, in: Deutsche Bundesbank Monatsbericht, 49. Jg., Nr. 1, S. 27 - 41.

Diacon, Stephen R. und *Noel O'Sullivan* (1995), Does Corporate Governance Influence Performance? Some Evidence from U.K. Insurance Companies, in: International Review of Law and Economics, Vol. 15, No. 4, S. 405 - 424.

Dichtl, E. (1997), Kundenbindung durch Gewährung von Vergünstigungen an Aktionäre, in: WiSt, 26. Jg., H. 4, S. 169.

Dimsdale, Nicholas (1994), The Need to Restore Corporate Accountability: An Agenda for Reform, in: *Dimsdale* und *Prevezer* (1994), S. 13 - 41.

Dimsdale, Nicholas und *Martha Prevezer* (Hg.) (1994), Capital Markets and Corporate Governance, Oxford.

Dine, Janet (1994), Company Law, 2. Aufl., Basingstoke.

Domberger, Simon und *John Piggot* (1994), Privatisation Policies and Public Enterprise: A Survey, in: *Bishop, Kay* und *Mayer* (1994), S. 32 - 61.

Doyle, Margaret (1996), Railtrack rush sees 16 pc profit for small investors, in: Electronic Telegraph, 21. 05. 1996, http://telegraph.co.uk:80/et?ac=00...o=99999999&pg=/et/96/5/21/crail21.html.

DTI (Department for Trade and Industry) (Hg.) (1998a), Modern Company Law for a Competitive Economy. Background, http://www.dti.gov.uk/CLD/comlaw/part2.htm.

DTI (Department for Trade and Industry) (Hg.) (1998b), Modern Company Law for a Competitive Economy. Current Issues, http://www.dti.gov.uk/CLD/comlaw/part3.htm.

DTI (Department of Trade and Industry) (1984), Companies in 1983, London.

DTI (Department of Trade and Industry) (1989), Companies in 1988 - 89, London.

DTI (Department of Trade and Industry) (1997), Companies in 1996 - 97, London.

Eatwell, John, Murray Milgate und *Peter Newman* (Hg.) (1991), The New Palgrave: The World of Economics, London/Basingstoke, S. 74 - 81.

Edwards, J.S.S. und *K. Fischer* (1994), An Overview of the German Financial System, in: *Dimsdale* und *Prevezer* (1994), S. 257 - 283.

Emmet, Susan (1999), Pep sales stay strong, in: Times, 26. 01. 1999, http://www.sunday-times.co.uk/news/pages/resources/library1.n.html?1041309.

Eucken, Walter (1952/1990), Grundsätze der Wirtschaftspolitik, 6. Aufl., Tübingen.

Fama, Eugene F. (1980), Agency Problems and the Theory of the Firm, in: Journal of Political Economy, Vol. 88, No. 2, S. 288 - 307.

Fama, Eugene F. und *Michael C. Jensen* (1983), Separation of Ownership and Control, in: Journal of Law and Economics, Vol. 26, No. 6, S. 301 - 325.

Fehl, Ulrich, Karl von Delhaes und *Carsten Schreiter* (1993), Unternehmensverfassung und Europäische Integration, in: *Helmut Gröner* und *Alfred Schüller* (Hg.) (1993), Die europäische Integration als ordnungspolitische Aufgabe, Stuttgart, S. 319 – 342.

Feldmeier, Gerhard M. (1993), Ordnungspolitische Perspektiven der Europäischen Integration, Frankfurt.

Finch, Vanessa (1992), Board Performance and Cadbury on Corporate Governance, in: Journal of Business Law, S. 581 - 595.

Finch, Vanessa (1994), Corporate Governance and Cadbury: Self-Regulation and Alternatives, in: Journal of Business Law, S. 51 - 62.

Fischer, Marc (1995), Agency-Theorie, in: WiSt, Jg. 24, H. 6, S. 320 - 322.

Florence, P. Sargent (1961), Ownership, Control and Success of Large Companies, London.

Foley, Bernard J. (1994), Capital Markets, 2. Aufl., Basingstoke.

Foreman-Peck, James und *Robert Millward* (1994), Public and Private Ownership of British Industry 1820 - 1990, Oxford.

Freyer, Tony (1992), Regulating Big Business - Antitrust in Great Britain and America: 1880 - 1990, Cambridge.

Friedmann, W., D.H.A. Ingram und *D.K. Miles* (1984), Unternehmensfinanzierung in Großbritannien und in der Bundesrepublik Deutschland, in: *Deutsche Bundesbank* (Hg.) (1984), Monatsberichte der Deutschen Bundesbank, 36. Jg., Nr. 11, S. 35 - 45.

Fröhlich, Hans-Peter und *Claus Schnabel* (1990), Das Thatcher-Jahrzehnt. Eine wirtschaftspolitische Bilanz, Köln.

FSA (Financial Services Authority) (1997a), Regulatory Structure under the FS Act 1986, http://www.fsa.gov.uk/frontreg.htm.

FSA (Financial Services Authority) (1997b), The Self-Regulating Organisations (SROs), http://www.fsa.gov.uk/sib.htm.

FSA (Financial Services Authority) (1997c), The Recognised Investment Exchanges (RIEs), http://www.fsa.gov.uk/sib.htm.

FSA (Financial Services Authority) (1998a), Banking Supervision. Introduction, http://www.fsa.gov.uk/bank/bkgsup.htm.

FSA (Financial Services Authority) (1998b), Financial Services Authority Regulatory Reform, Introduction, http://www.fsa.gov.uk/docs/join.htm.

Gardner, Nick (1998), Fund backs firms that give workers a stake, in: Times, 25.01.1998, http://www.sunday-times.co.uk/news/pages/resources/library1.n.html?1041309.

Garvey, Gerald T. und *Peter L. Swan* (1994), The Economics of Corporate Governance: Beyond the Marshallian Firm, in: Journal of Corporate Finance, No. 1/1994, S. 139 - 174.

Gaved, Matthew (1998), in: Corporate Governance Handbook. Hampel Report and Stock Exchange Combined Code, Issue 1, May 1998.

Gaved, Matthew und *Anthony Goodman* (1992), Deeper Share Ownership, London.

Gillian, George P. (1997), The origins of UK financial-service regulation, in: The Company Lawyer, Vol. 18, No. 6, S. 167 - 176.

Gillibrand, Maurice (1993), Corporate Governance and the British Economy, in: Corporate Governance Research Papers, Vol. 1, No. 4, S. 226 - 229.

Glew, Matthew, Michael Watts und *Ronald Wells* (1979), The Business Organisation and its Environment, London.

Gordon, Lincoln (1938), The Public Corporation in Great Britain, New York.

Gossel, Daniel A. (1994) Die Wirtschaft: Entwicklung – Struktur – Tendenzen, in: *Händel* und *Gossel* (1994), S. 290 – 349.

Gourvish, T.R. (1987), British Business and the Transition to a Corporate Economy: Entrepreneurship and Management Structures, in: Business History, Vol. 29. No. 4, S. 18 - 45.

Gower, L.C.B. (Mit Beiträgen von D.D. Prentice und B.G. Pettet) (1992), Gower's Principles of Modern Company Law, 5. Aufl., London.

Grantham, Ross (1997), Liability of parent companies for the actions of the directors of their subsidiaries, in: The Company Lawyer, Vol. 18, No. 5, S. 138 - 148.

Gribben, Roland (1995), Government ‚loss' on coal sell-off £ 300 m, in: Electronic Telegraph, 05. 07. 1995, http://telegraph.co.uk:80/et?ac=00...o=99999999&pg=/et/95/7/5/cncoal05.html.

Gribben, Roland (1996a), Government £ 2 bn windfall from British Coal sell-off, in: Electronic Telegraph, 03. 05. 1996, http://telegraph.co.uk:80/et?ac=00...mo=99999999&pg=/et/96/5/3/ccoal03.html.

Gribben, Roland (1996b), Remnants sale nets £ m for Treasury, in: Electronic Telegraph, 04. 12. 1996, http://telegraph.co.uk:80/et?ac=00...mo=99999999&pg=/et/96/12/4/ctre04.html.

Gribben, Roland (1999), OFT anxious to use new powers, in: Electronic Telegraph, 26. 01. 1999, http://telegraph.co.uk:80/et?ac=00...mo=99999999&pg=/et/99/1/26/cnoft26.html.

Griffith, Andrew (1993), Corporate Governance and the Uses of the Company, Working Paper No. 18, University of Manchester, Faculty of Law.

Grimstone, Gary (1990), The British Privatisation Program, in: *Richardson* (Hg.) (1990), S. 3 - 13.

Grout, Paul (1994), Popular Capitalism, in: *Bishop, Kay* und *Mayer* (1994), S. 299 - 312.

Händel, Heinrich (1994) Staat und Verwaltung in Großbritannien. Herkunft - Heutige Gestalt - Tendenzen, in: *Händel* und *Gossel* (1994), S. 58 - 164.

Händel, Heinrich und *Daniel A. Gossel* (Hg.) (1994), Großbritannien, 3. Aufl., München.

Hannah, Leslie (1974), Takeover Bids in Britain before 1950: An Exercise in Business "Pre-History", in: Business History, Vol. 29, No. 4, S. 18 - 45.

Hannah, Leslie (1998), Survival and Size Mobility Among the World's Largest 100 Industrial Corporations, 1912 - 1995, in: American Economic Review, Vol. 88, No. 2, S. 62 - 65.

Hannah, Leslie und *J.A. Kay* (1977), Concentration in Modern Industry, London.

Hanson, Charles G. (1984), From Taff Vale to Tebbit, in: *Hayek, Friedrich August von* (1984), 1980s Unemployment and the Unions, Hobbart Paper No. 87, 2.Aufl., London, S. 65 - 78.

Harrington, R.L. (1996), Money and Finance, in: *Artis* (1996), S. 155 – 193.

Harrison, Barry (1997), Corporate Governance, in: British Economy Survey, Vol. 27, No. 1, S. 61 - 64.

Hart, Peter E. (1992), Corporate Governance in Britain and Germany. National Institute of Economic and Social Research Discussion Paper No. 31, London.

Hartley, Keith (1990), Contracting-out in Britain: Achievements and Problems, in: *Richardson* (1990), S. 177 - 198.

Hawley, James P. und *Andrew T. Williams* (1997), The Emergence of Fiduciary Capitalism, in: Corporate Governance, Vol. 5, No. 4, S. 206 - 213.

Hayek, Friedrich August von (1945/1976), Die Verwertung des Wissens in der Gesellschaft, in: *Hayek, Friedrich August von* (1976), Individualismus und Wirtschaftliche Ordnung, 2. Aufl., Salzburg, S. 103 – 121.

Hayek, Friedrich August von (1963/1969), Arten der Ordnung, in: Freiburger Studien, Tübingen, S. 32 – 46.

Hayek, Friedrich August von (1965/1969), Arten des Rationalismus, in: Freiburger Studien, Tübingen, S. 75 – 89.

Hayek, Friedrich August von (1968/1969), Der Wettbewerb als Entdeckungsverfahren, in: Freiburger Studien, Tübingen, S. 249 – 265.

Hefermehl, Wolfgang (1991), Einführung, in: *C.H. Beck* (Hg.), Wettbewerbsrecht und Kartellrecht, 14. Aufl., S. 9 – 43.

Heller, Robert (1984), Shares for employees, London.

Hermalin, Benjamin J. und *Michael S. Weisbach* (1991), The Effects of Board Composition and Direct Incentives on Firm Performance, in: Financial Management, Winter 1991, S. 101 - 112.

Hill, Charles W.L. (1990), Cooperation, Opportunism, and the Invisible Hand: Implications for Transaction Cost Theory, in: Academy of Management Review, Vol. 15, No. 3, S. 500 - 513.

Hilton, Dudley and *Isobel Sharp* (1994), Stock Exchange Reporting, London.

HM Treasury (1995), Share ownership is widening says Young, http://www.hm-treasury. gov.uk/pub/html/press95/p39_95.html.

Horn, Norbert (1979), Aktienrecht und Entwicklung der Großunternehmen, in: ORDO, Bd. 30, S. 311 - 324.

Hubbard, R. Glenn und *Daria Palia* (1995), Benefits of control, managerial ownership, and the stock returns of acquiring firms, in: RAND Journal of Economics, Vol. 26, No. 4, S. 782 - 792.

Huddart, Steven, John S. Huges und *Markus Brunnermeier* (1998), Disclosure Requirements and Stock Exchange Listing Choice in an International Context, London.

Inland Revenue (1997), A New Individual Savings Account, Pressemitteilung vom 01. 07. 1997, in: http://www.open.gov.uk/.

Jackson, Peter M. und *Catherine P. Price* (Hg.) (1994), Privatisation and Regulation, Harlow.

Jarell, Gregg A., James A. Brickley und *Jeffrey M. Netter* (1988), The Market for Corporate Control: The Empirical Evidence since 1980, in: Journal of Economic Perspectives, Vol. 2, No. 1, S. 49 - 68.

Jenkinson, Tim (1998), Corporate Governance and Privatisation via Initial Public Offering (IPO), in: *OECD* (Hg.), Corporate Governance, State-Owned Enterprises and Privatisation, o. O., S. 87 - 118.

Jenkinson, Tim und *Colin Mayer* (1992), The Assessment: Corporate Government and Corporate Control, in: Oxford Review of Economic Policy, Vol. 8, No. 3, S. 1 - 10.

Jenkinson, Tim und *Colin Mayer* (1994), The Costs of Privatization in the UK and France, in: *Bishop, Kay* und *Mayer* (1994), S. 290 - 299.

Jensen, Michael C. (1988), Takeovers: Their Causes and Consequences, in: Journal of Economic Perspectives, Vol. 2, No. 1, S. 21 - 48.

Jensen, Michael C. (1989), Eclipse of the Public Corporation, in: Harvard Business Review, No. 5, S. 61 - 74.

Jensen, Michael C. und *Richard S. Ruback* (1983), The Market for Corporate Control, in: Journal of Financial Economics, Vol. 11, S. 5 - 50.

Jensen, Michael C. und *William H. Meckling* (1976), Theory of the Firm: Managerial Behavior, Agency Costs and Ownership Structure, in: Journal of Financial Economics, 3/1976, S. 305 - 360.

Jewkes, John (1958), British Monopoly Policy 1944 - 56, in: Journal of Law and Economics, Vol. 1, S. 1 - 19.

Jones, Robert (1998), The future role of the state: an international perspective, in: British Economy Survey, Vol. 27, No. 2, S. 33 - 36.

Kavanagh, Dennis und *Peter Morris* (1995), Consensus Politics from Attlee to Major, 2. Aufl., Oxford.

Kay, John (1994), Corporate Strategy and Corporate Accountability, in: *Dimsdale* und *Prevezer* (Hg.), S. 50 - 65.

Keasey, Kevin, Steve Thompson und *Mike Wright* (Hg.) (1997), Corporate Governance: Economic and Financial Issues, Oxford.

Kennedy, M.C. (1996), Macroeconomic Policy, in: *Artis* (1996), S. 123 - 154.

Krag, Joachim (1998), Der Wirtschaftsprüfer zwischen Anspruch und Auftrag, in: *Elmar Gerum, Joachim Krag, Michael Lingenfelder* (Hg.), Betriebswirtschaftliche Studien. Marketing - Organisation - Rechnungslegung, Heft 1/1998, Marburg.

Krüsselberg, Hans-Günter (1986), Transaktionskostenanalyse der Unternehmung und Markttheorie, in: *Leipold* und *Schüller* (1986), S. 67 - 92.

L.C.B. Gower (1984), Review of Investor Protection: Part 1, HMSO, CMND 9125, London

L.C.B. Gower (1985), Review of Investor Protection: Part 2, HMSO, CMND 9125, London.

Lachmann, Ludwig M. (1963), Wirtschaftsordnung und Wirtschaftliche Institutionen, in: ORDO, Bd. 14, S. 63 - 77.

Lachmann, Ludwig M. (1979), The Flow of Legislation and the Permanence of the Legal Order, in: ORDO, Bd. 30, S. 69 - 77.

Lea, Robert (1999), *More listed firms go private*, in: Times, 05. 01. 1999, http://www.sundaytimes.co.uk/news/pages/resources/library1.n.html?1041309.

Leathley, Arthur (1998a), Ministers disagree over £ 1.5 bn air traffic sell-off, in: Times, 25. 01. 1998, http://www.sunday-times.co.uk/news/pages/resources/library1.n.html?1041309.

Leathley, Arthur (1998b), Railtrack's float cost public £ 1.5 bn, in: Times, 16. 12. 1998, http://www.sunday-times.co.uk/news/pages/resources/library1.n.html?1041309.

Leipold, Helmut (1978), Theorie der Property Rights: Forschungsziele und Anwendungsbereiche, in WiSt, H. 11, November 1978, S. 518 - 525.

Leipold, Helmut (1990), Neoliberal Ordnungstheorie and Constitutional Economics: A Comparison between Eucken and Buchanan, in: Constitutional Political Economy, Vol. 1, No. 1, S. 47 - 65.

Leipold, Helmut (1992a), Theorie der Property Rights, in: *Schüller* und *Krüsselberg* (1992), S. 100 - 103.

Leipold, Helmut (1992b), Transaktionskostentheorie, in: *Schüller* und *Krüsselberg* (1992), S. 104 - 108.

Leipold, Helmut (1996), Zur Pfadabhängigkeit der institutionellen Entwicklung. Erklärungsansätze des Wandels von Ordnungen, in: *Dieter Cassel* (Hg.), Entstehung und Wettbewerb von Systemen, Berlin, S. 93 - 115.

Leipold, Helmut (1998), Die große Antinomie in der Nationalökonomie: Versuch einer Standortbestimmung, in: in: ORDO, Bd. 49, S. 15 – 42.

Leipold, Helmut und *Alfred Schüller* (1986a) (Hg.), Zur Interdependenz von Unternehmens- und Wirtschaftsordnung, Stuttgart

Leipold, Helmut und *Alfred Schüller* (1986b), Unternehmen und Wirtschaftsrechnung: Zu einem integriertem dynamischen Erklärungsansatz, in: *Leipold* und *Schüller* (1986a) (Hg.), S. 3 - 40.

Liebowitz, Stan J. und *Stephen E. Margolis* (1995a), Path Dependence, Lock-In, and History, in: Journal of Law, Economics and Organization, April 1995, http://wwwpub.utdallas.edu/˜liebowit/paths.html.

Liebowitz, Stan J. und *Stephen E. Margolis* (1995b), We don't know why she swallowed the fly: Policy and Path Dependence, in: Regulation Magazine, Summer 1995, http://wwwpub.utdallas.edu/˜liebowit/regulatn.html.

Liebowitz, Stan J. und *Stephen E. Margolis* (o.J.), Are Network Externalities a new Source of Market Failure?, http://wwwpub.utdallas.edu/˜liebowit/netwextn.html.

Linaker, Paddy (1993), The Institutional Investor - Investment from M&G's Viewpoint, in: *Prentice* und *Holland* (1993), S. 107 - 134.

Lomax, David (1994), The Role of Banks, in: *Dimsdale* und *Prevezer* (1994), S. 161 - 178.

London Stock Exchange (Hg.) (1997a), Exchange cuts its charges, in: http://www.londonstock ex.co.uk/n_info/24-97.htm.

London Stock Exchange (Hg.) (1997b), Small companies raise £ 1 billion on AIM, in: http:// www.londonstockex.co.uk/n_info/05-97.htm.

London Stock Exchange (Hg.) (1998a), Share ownership in the UK, in: http://www.londonstock ex.co.uk/factbook/share.htm.

London Stock Exchange (Hg.) (1998b), Listing and money raised, in: http://www.londonstock ex.co.uk/factbook/raise08.htm.

Low, Valentine (1987), Personal Equity Plans - An Introduction, in: Stock Exchange Press Guide to Personal Equity Plans, No. 1, S. 6 - 25.

Lübbert, Harald (1992), Der Markt für Unternehmenskontrolle – Chancen und Risiken für Wettbewerb und Konzentration, in: *Helmut Gröner* (Hg.), Der Markt für Unternehmenskontrollen, Schriften des Vereins für Socialpolitik, Bd. 214, Berlin, S. 119 – 126.

Macdonald, Nigel und *Aileen Beattie* (1993), The Corporate Governance Jigsaw, in: Accounting and Business Research, Vol. 23, No. 91A, S. 304 - 310.

March, D. (1991), Privatisation under Mrs. Thatcher, in: Public Administration, Vol. 69, Winter, S. 459 - 480.

Marsh, Paul (1994), Market Assessment of Company Performance, in: *Dimsdale* und *Prevezer* (1994), S. 66 - 98.

Marx, Karl (1894/1957), Das Kapital. Kritik der Politischen Ökonomie. Bd. 3, Der Gesamtprozeß der Kapitalistischen Produktion, 6. Aufl., Berlin.

Mayer, Colin (1994), Stock-markets, Financial Institutions, and Corporate Performance, in: *Dimsdale* und *Prevezer* (1994), S. 179 - 194.

McDonald, Kimberly (1998), Pension funds act on corporate governance, in: Times, 24. 11. 1998, http://www.sunday-times.co.uk/news/pages/resources/library1.n.html?1041 309.

McWilliams, Bruce (1998), Why companies fancy a handout, in: Times, 10. 01. 1998, nach: http://www.sunday-times.co.uk/news/pages/resources/library1.n.html? 1041309.

McWilliams, Douglas und *Andrew Sentance* (1994), The Changing Relationship between the Banks and Business in the UK, in: *Dimsdale* und *Prevezer* (1994), S. 128 - 140.

Menyah, Kojo, Krishna N. Paudyal und *Charles G. Inyangete* (1990), The Pricing of Initial Offerings of Privatised Companies on the London Stock Exchange, in: Accounting and Business Research, Vol. 21, No. 81, S. 50 - 56.

Meyer, Willi (1983), Entwicklung und Bedeutung des Property Rights-Ansatzes in der Nationalökonomie, in: *Alfred Schüller* (1983), S. 1 - 44.

Miles, Lilian (1994), UK company shareholder protection - a call for reform, in: The Company Lawyer, Vol. 15, No. 7, S. 202 - 205.

Miles, Richard (1999), Venture capitalists start to feel the pinch, in: Times, 26. 01. 1999, http://www.sunday-times.co.uk/news/pages/resources/library1.n.html?1041309.

Millward, Robert (1995), Industrial Organisation and Economic Factors in Nationalisation, in: *Millward* und *Singleton* (1995), S. 3 - 12.

Millward, Robert und *John Singleton* (1995), The Ownership of British Industry in the Post-War Era: An Explanation, in: *Millward* und *Singleton* (1995), S. 309 - 320.

Millward, Robert und *John Singleton* (Hg.) (1995), The Political Economy of Nationalisation in Britain 1920 - 1950, Cambridge.

Mitchell, Austin und *Prem Sikka* (1996), Corporate Governance Matters, Fabian Society Discussion Paper No. 24, London.

Moerland, Pieter W. (1995), Alternative disciplinary mechanisms in different corporate systems, in: Journal of Economic Behavior and Organization, Vol. 26, S. 17 - 34.

Morse, K.G. (1991), The City Code on Takeovers and Mergers - Self Regulation or Self Protection?, in: Journal of Business Law, S. 509 - 524.

Moyle, John (1971), The Pattern of Ordinary Share Ownership 1957-1970, Cambridge.

NERA (National Economic Research Associates) (1996), The Performance of Privatised Industries, Vol. 2, Finance, in: *Centre for Policy Studies* (1996), S. i - 36.

Nissé, Jason (1999), Public to private deals „threat to market", in: in: Times, 25. 06. 1999, http://www.sunday-times.co.uk/news/pages/resources/library1.n.html?1041309.

North, Douglass C. (1981), Structure and Change in Economic History, New York.

North, Douglass C. (1990), Institutions, Institutional Change and Economic Performance, Cambridge.

North, Douglass C. (1991), Institutions, in: Journal of Economic Perspectives, Vol. 5, No. 1, S. 97 - 112

North, Douglass C. (1994), Economic Performance Through Time, in: American Economic Review, Vol. 84, No. 3, S. 359 - 368

North, Douglass C. (1995), The Adam Smith Address: Economic Theory in a Dynamic Economic World, in: Business Economics, Vol. 30, No. 1, S. 7 - 12.

o.V. (1997), Proxy voting, in: Corporate Governance Handbook. Gee Quarterly Newsletter, Vol. 1, No. 6, S. 3.

o.V. (1998), Preliminary Report on the UK Committee on Corporate Governance chaired by Sir Roland Hampel, in: Corporate Governance, Vol. 6, No. 1, S. 52 - 56.

O'Leary, John und *Hannah Betts* (1999), Charity to run the first privatised school, in: Times, 09.02.1999, http://www.sunday-times.co.uk/news/pages/resources/library1.n.html?1041 309.

OECD (Organisation for Economic Co-Operation and Development) (1998), OECD Economic Surveys 1997 – 1998. United Kingdom, Paris.

Office for National Statistics (Hg.)(1997), Social Trends 27. 1997 Edition, London 1997.

O'Sullivan, Noel und *Pauline Wong* (1998), The impact of board composition and ownership on the nature and outcome of UK takeovers, in: Corporate Governance, Vol. 6, No. 2, S. 92 - 100.

O'Sullivan, Pauline (1997), Governance by Exit: An Analysis of the Market for Corporate Control, in: *Keasey, Thompson* und *Wright* (1997), S. 122 - 146.

Paisley, Robert (1997), The privatised utilities and the windfall tax, in: British Economy Survey, Vol. 27, No. 1, S. 5 - 8.

Parker, David (1994), Nationalisation, privatisation, and agency status within government: testing for the importance of ownership, in: *Jackson* und *Price* (1994), S. 149 - 169.

Parker, David und *Stephen Martin* (1997), Assessing the Impact of Privatisation on Company Efficiency, London.

Parkin, Michael (1982), Mrs. Thatcher's Monetary Policy: 1979 - 1981, in: ORDO, Bd. 33, S. 61 - 80.

Parkinson, Christine und *Richard Dobbins* (1993), Returns to Shareholders in Successfully Defended Takeover Bids: UK Evidence 1975 - 1984, in: Journal of Business Finance and Accounting, Vol. 20, No. 4, S. 501 - 520.

Paul, Alan (1993), Corporate Governance in the Context of Takeovers of UK Public Companies, in: *Prentice* und *Holland* (1993), S. 135 - 149.

Paul, Alan und *Mark Friend* (1991), The UK Regulatory Framework, in: Journal of Corporate Finance, 12/1991, S. 117 - 126.

Perlitz, Manfred und *Frank Seger* (1994), The Role of Universal Banks in German Corporate Governance, in: Business and the Contemporary World, Vol. 4, S. 49 - 67.

Peston, M.H. (1985), The Nationalized Industries in Great Britain, in: *Morris Bornstein* (Hg.), Comparative Economic Systems: Models and Cases, 5. ed., Homewood, S. 61 - 75.

Pettet, Ben (1998), Towards a competitive company law, in: The Company Lawyer, Vol. 19, No. 5, S. 134 - 140.

Pfaffmann, Eric (1996), Die vertragstheoretische Perspektive in der Neuen Institutionenökonomik, in: WiSt, 25. Jg., H. 12, S. 646 - 648.

Pollard, Sidney (1992), The Development of the British Economy 1914 - 1990, 4. Aufl., New York.

Popper, Karl R. (1992), Die offene Gesellschaft und ihre Feinde. Band 1: Der Zauber Platons, 7. Aufl., Tübingen.

Prentice, D.D. (1993), Some Aspects of the Corporate Governance Debate, in: *Prentice* und *Holland* (1993), S. 25 - 42.

Prentice, D.D. und *P.R.J. Holland* (Hg.) (1993), Contemporary Issues in Corporate Governance, Oxford.

Prevezer, Martha und *Martin Ricketts* (1994), Corporate Governance: The UK compared with Germany and Japan, in: *Dimsdale* und *Prevezer* (1994), S. 237 - 256.

Privatisation Study Group of the Centre for Policy Studies (1996), A Commentary, in: *Centre for Policy Studies* (1996), S. 1 - 10.

Prowse, Stephen (1994), Corporate Governance in an International Perspective: a survey of control mechanisms among large firms in the United States, the United Kingdom, Japan and Germany, BIS (Bank for International Settlements) Economic Papers No. 41, Basle.

Putt, C.H. (1994), A comparison of the general powers and duties of the directors of UK and German companies, in: The Company Lawyer, Vol. 15, No. 8, S. 253 - 255.

Rasch, Sebastian (1996), Der Aktienmarkt für kleine und mittelgroße Unternehmen, Baden-Baden.

Ricardo, David (1817/1972), Grundsätze der politischen Ökonomie und der Besteuerung, *Fritz Neumark* (Hg.), Frankfurt.

Richardson, Jeremy J. (Hg.) (1990), Privatisation and Deregulation in Canada and Britain, Aldershot.

Richter, Rudolf (1994), Institutionen ökonomisch analysiert: zur jüngeren Entwicklung auf einem Gebiet der Wirtschaftstheorie, Tübingen.

Richter, Rudolf und *Ulrich Bindseil* (1995), Neue Institutionenökonomik, in: WiSt, Jg. 24, H. 3, S. 132 - 140.

Richter, Ulrich Peter und *Karl Georg Zinn* (1991), Grundwortschatz wirtschaftswissenschaftlicher Begriffe. Englisch - Deutsch. Deutsch - Englisch. 5. überarbeitete Aufl., Stuttgart.

Roberts, Richard (1994), Regulatory Responses to the Rise of the Market for Corporate Control in Britain in the 1950s, in: Business History, Vol. 34, No. 1, S. 181 - 200.

Rose, Simon (1989), The Shareholder: The Truth About Wider Share Ownership, London.

Rudolph, Jochen (1978), Ein Ordnungsrahmen für Englands Wirtschaft, in: ORDO, Bd. 29, S. 106 - 139.

Rugero, Raneri (1995), Partners and Enemies: the Government's Decision to Nationalise Steel 1944 - 8, in: *Millward* und *Singleton* (1995), 1995, S. 275 - 305.

Rutteman, Paul (1993), Corporate Governance and the Auditor, in: *Prentice* und *Holland* (1993), S. 58 - 65.

Sappington, David E.M. (1991), Anreize bei Principal-Agent Beziehungen, in: Journal of Economic Perspectives, Vol. 5, Nr. 2, S. 45 - 66.

Saunders, Peter und *Colin Harris* (1994), Privatization and Popular Capitalism, Buckingham.

Sawyer, Malcom (1996a), Industry: Its structure and policies towards it, in: *Artis* (1996), S. 225 - 260.

Sawyer, Malcom (1996b), Privatization and Regulation, in: *Artis* (1996), S. 261 - 285.

Schares, Christof (1993), Gewinn- und Kapitalbeteiligung von Arbeitnehmern. Ein Überblick über neuere Forschungsergebnisse, in: Zeitschrift für Wirtschaftspolitik, 42. Jg., H. 2, S. 179 - 215.

Schmidt-Mohr, Udo (1997), Agency-Theorie, in: Gabler Wirtschaftslexikon, Bd. A - E, 14. Aufl., Wiesbaden, S. 65 - 68.

Schneider, Dieter (1993), Betriebswirtschaftslehre, Bd. 1, München.

Schneider-Lenné, Ellen R. (1994), The Role of German Capital Markets and the Universal Banks, Supervisory Boards and Interlocking Relationships, in: *Dimsdale* und *Prevezer* (1994), S. 284 - 305.

Schüller, Alfred (1978), Property Rights, Unternehmerische Legitimation und Wirtschaftsordnung, in: *Schenk, Karl Ernst* (Hg.), Ökonomische Verfügungsrechte und Allokationsmechanismen in Wirtschaftssystemen, Berlin, S. 29 - 87.

Schüller, Alfred (1979), Eigentumsrechte, Unternehmenskontrollen und Wettbewerbsordnung, in: ORDO, Bd. 30, S. 325 - 346.

Schüller, Alfred (1980), Vermögensrechte an marktwirtschaftlichen Unternehmungen -Zur Vermögensbetrachtung des Bundesverfassungsgerichts in seinem Mitbestimmungsurteil vom 1. 3. 1979, in: *Hans-Günter Krüsselberg* (Hg.), Vermögen in ordnungstheoretischer und ordnungspolitischer Sicht, Köln, S. 110 - 132.

Schüller, Alfred (1983a), Einführung, in: *Schüller* (1983), S. VII - XXI.

Schüller, Alfred (1983b), Property Rights, Theorie der Firma und wettbewerbliches Marktsystem, in: *Alfred Schüller* (1983), S. 145 - 183.

Schüller, Alfred (1985), Zur Ökonomik der Property Rights, in: WISU, H. 5, S. 259 - 265.

Schüller, Alfred (1986a), Der theoretische Institutionalismus als Methode des Systemvergleichs, in: *Gernot Gutman* und *Siegfried Mampel* (Hg.), Probleme systemvergleichender Betrachtung, Berlin, S. 131 - 162.

Schüller, Alfred (1986b), Die institutionellen Voraussetzungen einer marktwirtschaftlichen Ordnung, in: *Roland Vaubel* und *Hans D. Barbier* (Hg.), Handbuch Marktwirtschaft, Pfullingen, S. 34 - 44.

Schüller, Alfred (1997), Der Wettbewerbszusammenhang zwischen Kapital- und Gütermärkten, in: *Fehl* und *Delhaes* (1997), S. 177 - 215.

Schüller, Alfred (Hg.) (1983), Property Rights und ökonomische Theorie, München.

Scott, Colin (1993), Privatization, Control and Accountability, in: *McCahery, Picciotto* und *Scott* (1993), S. 231 - 245.

Scott, William Robert (1912), The Constitution and Finance of English, Scottish and Irish Joint-Stock Companies to 1720. The General Development of the Joint-Stock System to 1720, Vol. 1, Cambridge.

Segall, Anne (1999), December sees sharp fall in jobless total, in: Electronic Telegraph, 14. 01. 1999, http://telegraph.co.uk:80/et?ac=00...o=99999999&pg=/et/98/1/14/cnjob14. html.

Shaw, John (1995), Governance and Accountability: public and private sector contrasts, in: David Hume Institute (Hg.), Hume Papers on Public Policy, Vol. 3, No. 4, S. 11 - 20.

Short, Helen und *Kevin Keasey* (1997a), Institutional Shareholders and Corporate Governance in the United Kingdom, in: *Keasey, Thompson* und *Wright* (1997), S. 18 - 53.

Short, Helen und *Kevin Keasey* (1997b), Institutional Voting in the UK: Is Mandatory Voting the Answer?, in: Corporate Governance, Vol. 5, No. 1, S. 37 - 44.

Simon, Herbert (1982), Models of Bounded Rationality, Cambridge.

Singelton, John (1995), Labour, the Conservatives and Nationalisation, in: *Millward* und *Singleton* (1995), S. 13 - 33.

Smith, Adam (1776/1981), An Inquiry into the Nature and Causes of the Wealth of Nations, Vol. II, Indianapolis.

Smith, David und *Stephen Bevan* (1999), Ministers to get tough on high prices, in: Times, 07. 02. 1999, http://www.sunday-times.co.uk/news/pages/resources/library1.n.html?1041 309.

Stapledon, D.G. (1995), Exercise of Voting Rights by Institutional Shareholders in the UK, in: Corporate Governance Research Papers, Vol. 3, No. , S. 144 - 155.

Stapledon, Geof P. (1996), Institutional Shareholders and Corporate Governance, Oxford.

Strätling, Rebecca (1999), Kapitalmärkte und Unternehmenskontrolle im Vergleich: Großbritannien und Deutschland, in: *Karl-Hans Hartwig* und *H. Jörg Thieme* (Hg.), Finanzmärkte. Funktionsweise, Integrationseffekte und ordnungspolitische Konsequenzen, Stuttgart, S. 421 – 466.

Sturm, Roland (1986), Von der „Englischen Krankheit" zum Thatcherismus? Gesellschaftliche Krisen und Politische Strategien im Großbritannien der 70er und 80er Jahre, in: *Karl Rohe* und *Gustav Schmidt* (Hg.), Krise in Großbritannien? Studien zu Strukturproblemen der Britischen Gesellschaft und Politik im 20. Jahrhundert, Bochum, S. 230 - 256.

Tegner, Ian (1993), A View From the Board Room, in: Corporate Governance Research Papers, Vol. 1, No. 4, S. 191 - 195.

Thomas, W.A. (1978), The Finance of British Industry 1918 - 76, London.

Thomas, W.A. (1986), The Big Bang, Oxford.

Tricker, R.I. (1984), Corporate Governance, Aldershot

Turnbull, Steven (1997), The Statutory Framework, in: *Button* und *Bolton* (1997), S. 9 - 30.

Vanberg, Viktor (1981), Liberaler Evolutionismus oder vertragstheoretischer Konstutionalismus? Zum Problem institutioneller Reformen bei F.A. von Hayek und J.M. Buchanan, Tübingen.

Vanberg, Viktor und *Wolfgang Kerber* (1994a), Competition among Institutions: Evolution Within Constraints, Freiburg.

Vanberg, Viktor und *Wolfgang Kerber* (1994b), Institutional Competition Among Jurisdictions: An Evolutionary Approach, in: Constitutional Political Economy, Vol. 5, No. 2, S. 93 - 219.

Vickers John und George Yarrow (1990), Regulation of Privatised Firms in Britain, in: *Richardson* (1990), S. 221 - 228.

Vollmer, Uwe (1998), Finanzmärkte, Bankenstruktur und Regulierungen, in: *Dieter Cassel* (Hg.), 50 Jahre Soziale Marktwirtschaft. Ordnungstheoretische Grundlagen, Realisierungsprobleme und Zukunftsperspektiven einer wirtschaftspolitischen Konzeption, Stuttgart, S. 581 - 604.

Waller, Martin (1999), Noruma sets up £ 1 bn privatisation fund, in: Times, 01.02.1999, http://www.sunday-times.co.uk/news/pages/resources/library1.n.html?1041309.

Walsh, James P. und *James K. Seward* (1990), Internal and External Corporate Control Mechanisms, in: Academy of Management Review, Vol. 15, No. 3, S. 421 - 458.

Watts, Ross L. und *Jerold L. Zimmerman* (1983), Agency Problems, Auditing, and the Theory of the Firm: Some Evidence, in: Journal of Law and Economics, Vol. 26, October 1983, S. 613 - 633.

Webster, Philip (1999), Traders who overcharge to be fined, in: Times, 11.03.1999, nach: http://www.sunday-times.co.uk/news/pages/resources/library1.n.html?1041309.

Weedon, Alexander (1990), Takeovers: The Regulatory Scene, in: Journal of Business Law, S. 203 - 216.

Weedon, Alexander (1993), Corporate Governance - The Role of Banks, in: *Prentice* und *Holland* (Hg.), S. 97 - 105.

Williams, R.W. (1998), From Greenbury to Hempel - a mid-term report on developments in directors' remuneration, in: Corporate Governance, Vol. 6, No. 2, S. 123 - 124.

Williamson, Oliver E. (1963), Managerial Discretion and Business Behavior, in: American Economic Review, Vol. 53, S. 1032 - 1057.

Williamson, Oliver E. (1981), The Modern Corporation: Origins, Evolution, Attributes, in: Journal of Economic Literature, Vol. 19, S. 1537 - 1568.

Williamson, Oliver E. (1988a), Corporate Finance and Corporate Governance, in: Journal of Finance, Vol. 43, No. 3, S. 567 - 591.

Williamson, Oliver E. (1988b), The Logic of Economic Organization, in: Journal of Law, Economics and Organization, Vol. 4, No. 1, S. 65 - 93.

Williamson, Oliver E. (1990), Die ökonomischen Institutionen des Kapitalismus: Unternehmen, Märkte und Kooperation, Tübingen.

Williamson, Oliver E. (1991), Transaction Cost Economics Meets Posnerian Law and Economics, in: Journal of Institutional and Theoretical Economics JITE, Vol. 149. No. 1, S. 99 - 118.

Williamson, Oliver E. (1998), The Institutions of Governance, in: American Economic Review, Vol. 88, No. 2, S. 75 - 79.

Wiltshire, Kenneth (1987), Privatisation. The British Experience, Melbourne.

Winnett, Robert (1999), Investors get raw deal on fund charges, in: Times, 21.02.1999, nach: http://www.sunday-times.co.uk/news/pages/resources/library1.n.html?1041309.

Wright, F.J. (1979), Britain in the Age of Economic Management. An Economic History since 1939, Oxford.

Wright, Mike und *Steve Thompson* (1994), Divestiture of public sector assets, in: *Jackson* und *Price* (1994), S. 35 - 76.

Wright, Mike, Steve Thompson und *Ken Robbie* (1994), Management Buy-outs and Privatization, in: *Bishop, Kay* und *Mayer* (1994), S. 290 - 299.

Wright, Mike, Steve Thompson, Ken Robbie und *Pauline Wong* (1995), Management Buy-outs in the short and long term, in: Journal of Business Finance and Accounting, Vol. 22, No. 4, S. 461 - 482.

Wright, Vincent (1992), Redrawing the Public - Private Boundary: Privatization in the United Kingdom 1979 - 91, in: *Rohe, Schmidt* und *Strandmann* (1992), S. 55 - 79.

Wymeersch, Eddy (1993), The Corporate Governance Discussion in Some European States, in: *Prentice* und *Holland* (1993), S. 3 - 23.

Bei Fragen zur Produktsicherheit wenden Sie sich bitte an:
If you have any questions regarding product safety,
please contact:

Walter de Gruyter GmbH
Genthiner Straße 13
10785 Berlin
productsafety@degruyterbrill.com